rowohlt
HUNDERT AUGEN

SYLVAIN TESSON

Weiß

Aus dem Französischen
von Nicola Denis

ROWOHLT HUNDERT AUGEN

Die Originalausgabe erschien 2022 unter dem Titel
«Blanc» bei Éditions Gallimard, Paris.

2. Auflage Dezember 2023

Deutsche Erstausgabe
Veröffentlicht im Rowohlt Verlag, Hamburg, Dezember 2023

Redaktion Bärbel Brands
Satz aus der Questa bei CPI books GmbH, Leck
Druck und Bindung GGP Media GmbH, Pößneck
ISBN 978-3-498-00373-9

Die Rowohlt Verlage haben sich zu einer nachhaltigen Buchproduktion verpflichtet. Gemeinsam mit unseren Partnern und Lieferanten setzen wir uns für eine klimaneutrale Buchproduktion ein, die den Erwerb von Klimazertifikaten zur Kompensation des CO_2-Ausstoßes einschließt.
www.klimaneutralerverlag.de

FSC www.fsc.org MIX Papier | Fördert gute Waldnutzung FSC® C014496

Für AJG, blond, weiß, blau

«Das Hochgebirg' ein Hochgefühl.»

LORD BYRON, *RITTER HAROLD'S PILGERFAHRT*

«Weiß also bedeutet Freud, Behagen, Wonn,
und bedeutets nicht mit Unrecht,
sondern mit vollem Recht und Würden.»

RABELAIS, *GARGANTUA UND PANTAGRUEL*

«Die unendliche Vielfalt der
Landschaften bewies uns ständig,
dass wir noch nicht alle Formen des Glücks,
der Versunkenheit oder der Traurigkeit erfahren hatten,
die sie umfassen konnten.»

ANDRÉ GIDE, *DIE FRÜCHTE DER ERDE*

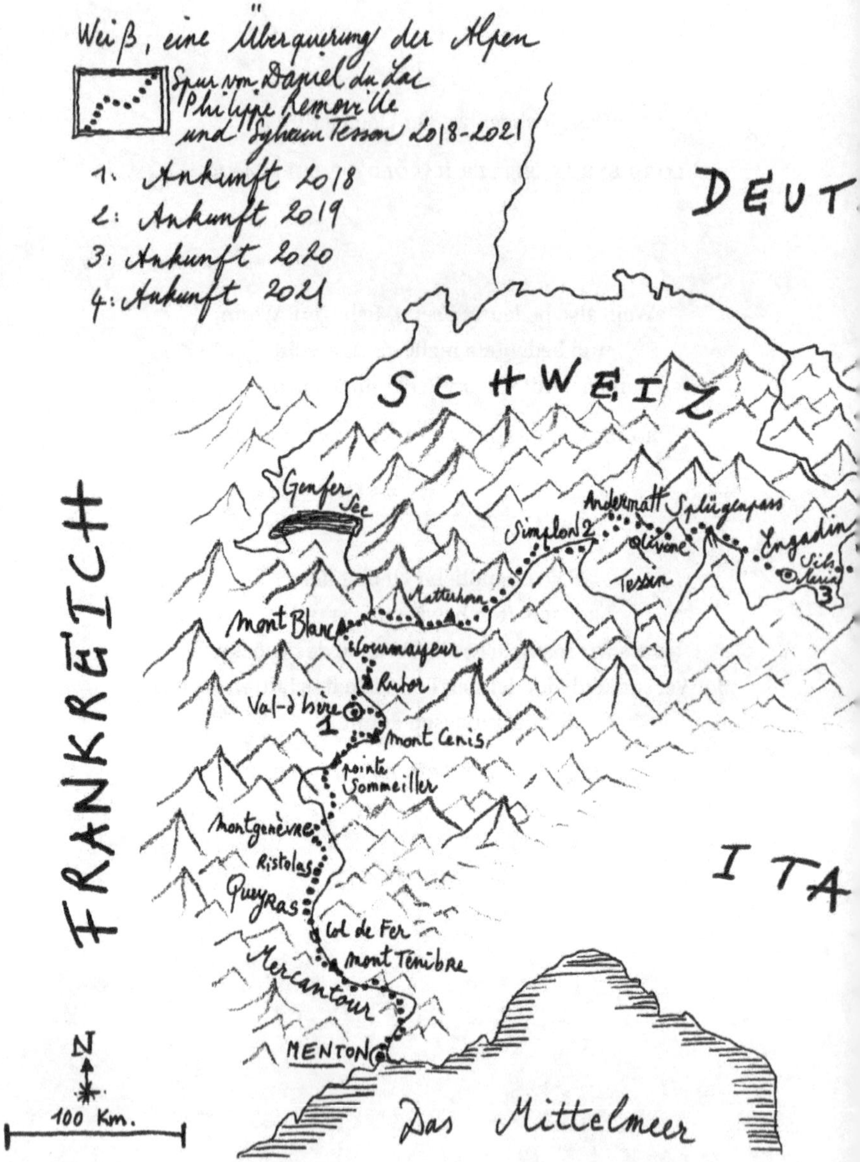

Weiß, eine Überquerung der Alpen
Spur von Daniel du Lac
Philippe Removille
und Sylvain Tesson 2018-2021
1: Ankunft 2018
2: Ankunft 2019
3: Ankunft 2020
4: Ankunft 2021
DEUT
SCHWEIZ
FRANKREICH
ITA
Genfer See
Andermatt
Splügenpass
Simplon 2
Olivone
Engadin
Sils Maria
3
Tessin
Matterhorn
Mont Blanc
Courmayeur
Rutor
Val-d'Isère
1
Mont Cenis
pointe Sommeiller
Montgenèvre
Ristolas
Queyras
Col de Fer
mont Ténibre
Mercantour
MENTON
N
100 Km.
Das Mittelmeer

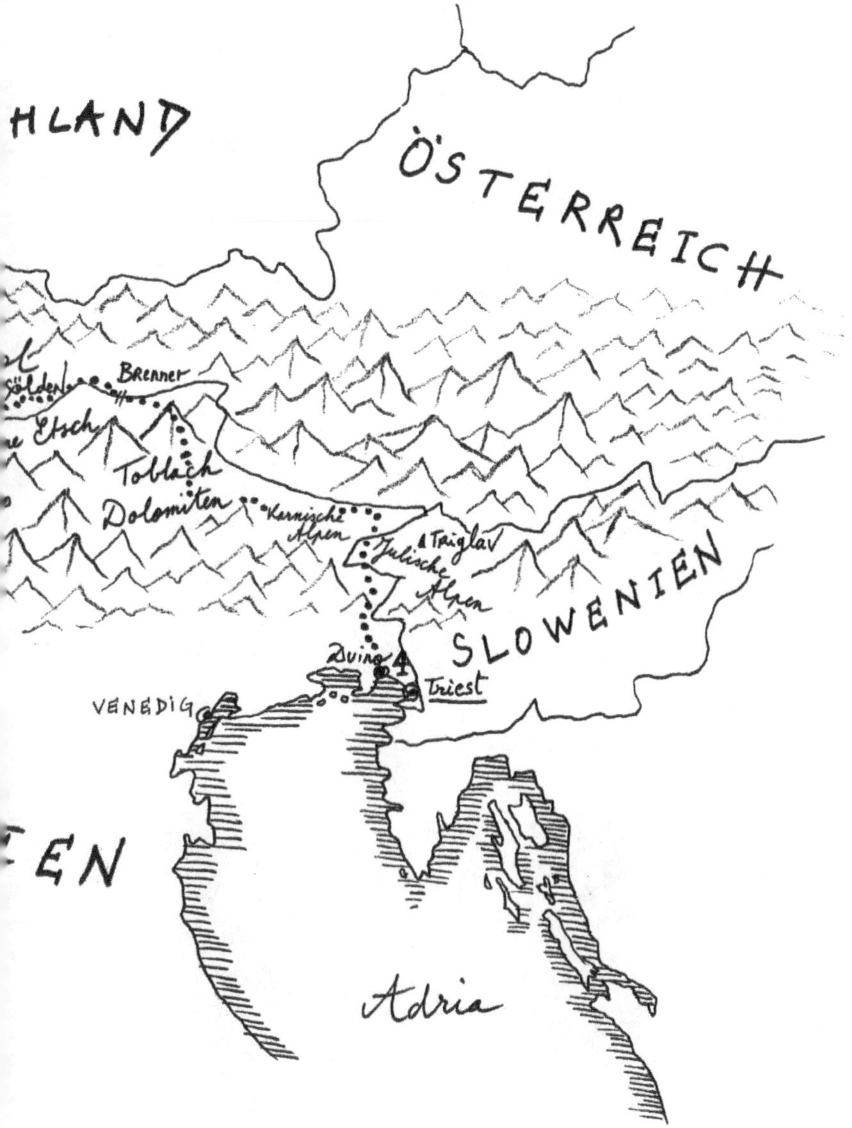
ÖSTERREICH
Sölden
Brenner
Etsch
Toblach
Dolomiten
Karnische Alpen
Triglav
Julische Alpen
SLOWENIEN
Duino
4
Triest
VENEDIG
Adria

VORWORT
Was tun?

Es hatte geschneit. Wir ahnten es, noch bevor wir aus dem Fenster sahen. Der Himmel war verschwunden, die Welt war weiß. Ich hatte die Nacht neben einem Holzofen in einer Hütte verbracht. Mein Freund, der Bergführer Daniel du Lac de Fugères, lag neben einem Stapel Seilen.

Ich hatte Lust, aufzustehen und in die Stille vorzudringen. Das Weiß birgt seine Geheimnisse. Der Schnee diktiert der Erde die Gedanken des Himmels. Der Nebel aber mit seiner leichenhaften Färbung wirkt abschreckend auf jegliche Erkundungslust. Im Morgengrauen mag niemand eine Leichenhalle betreten. Dabei bräuchte man nur den ersten Schleier zu heben.

«Du Lac», sagte ich. «Warum versinken wir nicht einfach im Weiß? Da gibt es doch sicher etwas für uns zu finden.»

«Was tun?», hatte Lenin auf seinem Totenbett gefragt. Die Russen mochten diese Frage. Später sollten sie sich eine andere stellen: «Was haben wir getan?»

Die Geschichte hat es uns bewiesen: Die Zukunft ist niemals rosig. Die Geografie hingegen hält ihre Versprechen. Von ihr lernen wir, dass das Leben in der Bewegung besteht. Du Lac sagte: «Lass uns die Alpen auf Skiern überqueren!»

Seine Idee war folgende: Wir würden im Winter am Mittelmeer aufbrechen, dort, wo sich das Gebirge hinter Palmen verliert. Wir würden der Krümmung der Bergkette Richtung Nord-Ost bis nach Triest folgen, jener unmöglichen Stadt an der Adria, wo der Konvention zufolge die Alpen enden. Unterwegs würden wir uns möglichst nah an den Hauptkamm halten. Wir würden in Berghütten und Schutzräumen übernachten. Ein Ritt, nur auf Skiern, zwischen zwei Meeren. Nichts als Schnee! Wir würden Hunderte von Kilometern zu bewältigen haben, Meter um Meter. Das klang nach Sklavenarbeit. In Wirklichkeit war es ein Geschenk des Himmels: Glück ist, sich in etwas verbeißen zu können.

Beim Bergsteigen löst sich unvermittelt die Zeit auf, der Raum wird weit und der Geist tief ins Innere gedrängt. Der Glanz des Schnees hebt das Bewusstsein auf. Allein das Vorankommen zählt. Die Anstrengung löscht alles – Erinnerung und Reue, Wünsche und Schuldgefühle.

Doch was würde es mir nützen, diese Bergkette über Monate zu überqueren, was hätte ich davon, mir solche Strapazen anzutun? An jenem Morgen wusste ich es noch nicht: Es ging nicht darum, ein Bergmassiv zu überwinden, sondern mit einer Substanz zu verschmelzen. Vielleicht würde mein lang gehegter Traum in Erfüllung gehen, und ich könnte das Reisen zum Gebet werden lassen.

Ein Jahr später, an einem Märzmorgen, standen wir, beide mit einem Paar Skiern in der Hand, am Strand von Menton in der Nähe der italienischen Grenze. Von du Lac hatte ich einen Ausspruch von Paul Morand gelernt: «Anderswo ist ein schöneres Wort als morgen.»

Wir hatten die Frage «Was tun?» beantwortet, denn wir wussten, wohin wir wollten.

2018, erstes Jahr

DIE FREIHEIT

*Der erste Tag, 8. März**

Von Menton über den Col du Berceau nach Olivetta.
13 Kilometer und 1300 Höhenmeter.

Hinter uns lag Menton mit seinen gelben, an blumigen Abhängen gestaffelten Häusern. Wir kosteten das Wasser mit den Fingern. Ich leckte an meinem Zeigefinger, denn das Meer ist das Salz der Erde, als du Lac murmelte: «Lass uns gehen, wir sind nicht von hier.» Auch ich kannte Sätze, die zum Aufbruch passten. Von Rimbaud: «Ich werde mir ein Pferd kaufen und fortziehen.» Von Montaigne: «Man sollte stets gestiefelt sein und bereit zum Aufbruch.» Von Madame Despentes: «Aufstehen und abhauen.» Von Gide: «Eine der großen Regeln der Kunst: nicht verweilen.» Und der schönste, von Christus im Matthäus-Evangelium: «Komm und folge mir nach.»

Du Lac hatte seine Prinzipien: nie jemanden um etwas bitten, nie lange irgendwo bleiben, die Poesie in der Flüchtigkeit finden. «Gehen wir! Es gibt noch so viel zu sehen», einer seiner Lieblingssätze.

* *Weiß* erstreckt sich über vier Winter, von 2018 bis 2021. Ich habe an jedem Tag Buch geführt und meine Aufzeichnungen als eine einzige auf vier Jahre verteilte Reise betrachtet: März–April 2018, März 2019, Februar–März 2020 und März–April 2021.

Unser Abenteuer sollte sich über vier Winter erstrecken, drei bis vier Wochen pro Jahr auf Skiern. Um gegen eine weltumspannende Lungenentzündung anzukämpfen, sollten die Regierungen die Gesellschaft bald unter Hausarrest stellen. Die «Bewegungsfreiheit» würde ein Politikum werden. Und «Aufstehen und abhauen» würde nicht mehr so einfach sein. In Frankreich wären wir eines Tages dazu angehalten, eine selbst ausgefüllte Genehmigung vorzuzeigen, um die Veilchen auf der gegenüberliegenden Böschung pflücken zu dürfen.

Die Treppen von Menton wurden zu einem Weg, der zu einer Piste, die zu einer Spur wurde. Die Feldsteine knirschten eine Musik, die ich kannte: die des Wanderns in der Garrigue. Der Kalkstein roch nach Licht. Die Seekiefern wichen ihren Verwandten, den Aleppokiefern, die an den Kampf (gegen den Abhang) gewöhnt sind. Wie viele Pässe würde es bis zur Adria geben? War es überhaupt möglich, sie alle zu bestreiten?

Nach 1300 Metern Aufstieg erreichten wir den Col du Berceau. Auf der anderen Seite, im Norden: Italien. Der Waldweg war weiß. Fünf Stunden zuvor hatten wir uns vom Meer verabschiedet und stießen bereits auf den ersten Schnee. In diesem Jahr war er bis in die tieferen Lagen gefallen. Wir sahen Spuren des italienischen Eichhörnchens. Vom Meer aufzusteigen ins Gebirge, symbolisierte die vor Milliarden von Jahren begonnene amphibische Anstrengung der Arten.

Dornen, Ruinen und Trockenmauern beim Abstieg zum Dorf Olivetta – diese kehligen Wörter sangen die Litanei der Welt von gestern, als allein die Bauern über dieses Gebiet herrschten. Wir übernachteten in einem Gasthaus, wo du Lac ein Fläschchen Grappa leerte. Ich trank keinen Alkohol mehr. Wehmütig sah ich meinem Kameraden zu und erzählte ihm von der russischen Art, sich auf den Schlaf einzustimmen:

Nach dem ersten Glas: brauchst du kein Wiegenlied!
Nach dem zweiten: brauchst du keine Bettdecke!
Nach dem dritten: brauchst du kein Bett!

Er legte sich mit seinen Visionen nieder, und ich, nüchtern, schlief allein. Das Meer, der Schnee, das Eichhörnchen: ein guter Tag.

Der zweite Tag

Von Olivetta über den Col de Brouis zum Col de Turini. 21 Kilometer und 1800 Höhenmeter.

Nachdem wir zu Fuß den Col de Brouis erklommen hatten, stiegen wir noch 700 Meter durch ein kleines Tal aus Kalk- und Gipsgestein auf. Sobald wir auf 1600 Metern mit dem ersten Schnee in Berührung kamen, schnallten wir unsere Skier an. Das war unsere Segnungszeremonie, ohne Prälaten, ohne Liturgie, ohne alles. Allein das Klacken der einrastenden Bindungen. Das Meer war immer noch zu sehen, schwarz, dort unten in seinem Loch.

Künftig gehörten wir dem Gebirge an. Der Schnee wäre alles: Verlobte, Leichentuch, Verheißung, sexuelle Reinheit und kosmische Kraft, Matrix der Vergebung und der Waschungen, von der wir uns nicht mehr würden trennen wollen.

Unser Ziel war die Militärpiste des Mercantour, ein ehemaliger Grenzweg. Wir mussten über Hänge warmen Schnees waten, die mit Weiden und Lärchen gespickt waren. «Der reinste Klebstoff!», sagte du Lac. Und die Bäume wie Staubwedel. Wir verrenkten uns, um unter den Ästen hindurchzukriechen. Dann erreichten wir den Kamm. Der Winter 2018 war schneereich gewesen. So viel Neuschnee war selten! Er quoll über die Felsvorsprünge. Das Gebirge? Glich einem Werk von Zuckerbäckern. Die Lawinen hatten Skiläufer mitgerissen. Täglich war im Radio zu hören: verschüttete Touristen! Verwandte und Freunde hatten mich gewarnt: «Fahr nicht! Dieses Jahr ist verhext. Du Lac ist verrückt!» Merkwürdig, die Zeichen der Zuneigung dieser Freunde, die einem am liebsten Handschellen anlegen würden ...

Wir folgten der weißen Piste auf 2000 Metern Höhe. Kasernen und kleine Festungen wechselten einander ab wie Rastplätze. Wir betrachteten die schwarzen Ruinen inmitten des Märchenwaldes. Dieser Grat war einmal eine Schusslinie gewesen. Mitte des 18. Jahrhunderts und während der Revolution war dort leidenschaftlich getötet worden. Bonaparte hatte sich seine Sporen hier in Authion verdient. 1930 war befestigt, 1945 nachgebessert worden. In diesen Tannenwäldern für Schneeköniginnen hatten die Schlachten dazu gedient, die Grenzen einer Nation festzulegen, deren unbescholtene Bürger heute keine Grenzen mochten.

Im Jahr 2018 nahmen engagierte Bewohner des Mercantour und der Vallée de la Tinée Emigranten aus dem Sahel und aus Nahost auf. Hannibals Elefanten, Handelsreisende und italienische Schmuggler, die Flüchtlinge des 21. und der Wolf des 20. Jahrhunderts, alle kannten sie diese Passage. Jeder Schutzwall hat seine Schwachstellen. Patrouillierende Ordnungskräfte kontrollierten Schlepper und Wanderer. Am Tag zuvor waren wir im Wald Polizisten und Legionären begegnet. Zwischen zwei Patrouillen kümmerten sich die Mitglieder der Hilfsorganisationen um einzelne Männer und ganze Familien, die aus Syrien, Libyen, Afghanistan, aus dem Irak oder aus Mali gekommen waren. Die Unglücklichen hatten die Wüste und das Meer überquert, bis zum letzten Fallgatter. Hier, im Département Alpes-Maritimes, wurden sie mit offenen Armen empfangen. Diese Migranten migrierten nicht. Sie flohen für immer vor dem Heiligen Krieg. Allein die christlichen Ufer boten ihnen Zuflucht.

Du Lac und ich waren keine Kinder des Exils. Wir fanden am Abend eine offene Tür. Auf Skiern verfolgten wir einen Kindertraum: endloses Schuleschwänzen. Es gefiel uns, über unüberwindliche Stellen an unzugängliche Orte zu gelangen. Dieses Gymkhana war unser Spiel, und eine Grenze zu Fuß zu übertreten eine Übung, bei der wir die weißen Gipfel mit einem «ciao bella» begrüßten. Wir hatten Rückendeckung. Irgendwo wartete jemand auf uns – die Definition von Reichtum.

Um acht Uhr abends klopften wir im Lampenschein an die Tür eines Hotels am Col de Turini.

Am folgenden Morgen brachen wir wieder auf, nachdem wir die Erschöpfung des Vortags fortgewischt hatten. Die Nacht: eine Strafmilderung.

Der dritte Tag

Vom Col de Turini über die Pointe des Trois Communes und den Pas du Diable bis zum unbewirtschafteten Refuge des Merveilles. 12 Kilometer und 1000 Höhenmeter.

Heute morgen zeichneten die Kämme der Pointe des Trois Communes über den weißen Waldrändern ihre Sinuskurven zwischen Himmel und Erde: unten rosafarbener Lack, oben blaue Pastellfarbe. Den Wald (ein Mikado aus Kristall) verließen wir nach 300 Metern Aufstieg. Wir folgten einem Grat, nicht zu nah an der Kante, damit der Schneeüberhang nicht abbrach, aber auch nicht zu weit darunter, um keine Lawine auszulösen. Kurzum, mit Samtpfoten auf Fabergé-Eiern. An der Spitze dieser schmalen Klinge: das Mercantour.

Gegen Mittag kam Wind auf, Eisregen prasselte auf die Welt ein. Wochenlang würde ich mich jenem Wechsel von Anmut und Qual aussetzen. Immer wenn die Welt mir ihre Schönheit offenbarte, würde ich dieses Glück mit einer Ohrfeige bezahlen müssen!

Als ich mich nachmittags um vier an einem 45° steilen Abhang auf den Harscheisen meiner Skier zu halten und meinen Fausthandschuh fester zu ziehen versuchte, fiel mein Stock 100 Meter bergab zwischen die Felsen. Meine

Alpenüberquerung auf Skiern begann mit einem Anfängerfehler. Skiwandern ist etwas für Vierbeiner. Auf drei Beinen kraxelte ich bis zu einer flachen Stelle, während du Lac, ohne ein Wort des Vorwurfs, in einem Korridor abstieg und auf der Suche nach dem Stock den Felsriegel umfuhr. Gedemütigt harrte ich aus. Die halbe Stunde wurde mir lang. Von den Böen gepeitscht, stand ich reglos da und malte mir aus, dass er nie wiederauftauchen würde. Plötzlich, der Wind brachte es inzwischen auf 80 Stundenkilometer, sah ich ihn, mit meinem Stock bewaffnet und weiten Schrittes, über die andere Seite herankommen. Ein paar Gämsen auf den Felsvorsprüngen des Pas du Diable beäugten diese Komödie. Unterhalb des Passes war ich wieder mit du Lac vereint.

Seit fünfzehn Jahren schon streiften wir zusammen durchs Gebirge. Wir hatten uns nach seiner Rückkehr aus Mali kennengelernt, wo ihm die Erstbesteigung einer Route des Schwierigkeitsgrades 8 in den Sandsteinwänden der «Hand der Fatima» gelungen war. Er hatte mir von Bergsteigern erzählt, die geglaubt hatten, als Erste auf einer dieser Felsnadeln angekommen zu sein, und dort auf Keramikscherben gestoßen waren: Demnach hatten es auch urzeitliche Afrikaner hinaufgeschafft! Mir gefielen seine eigensinnigen, nie abgedroschenen Geschichten. Du Lac vertrug viel Wodka, ich schlief damals nur wenig. Wir waren zusammen auf Gebäude geklettert. Wir hatten an Balkonen gebaumelt. Und uns immer gut verstanden.

Als Weltcupsieger im Klettern, internationaler Champion, Bergführer und Pionier extremer Kletterrouten prädestinierte ihn nichts dafür, sich mit mir anzuseilen. Doch wir teilten die Begeisterung fürs Klettern als bestes Mittel gegen die Langeweile. Man klettert, entflieht, und es zählt nicht, was nach der Rückkehr geschieht. Pierre Mazeaud – der erste Franzose auf dem Everest – hatte mit seinem gesellschaftspolitischen Programm eine Richtschnur für unser Leben formuliert: «Ich bin zu den Gaullisten übergelaufen und habe die Anarchie auf das Klettern verlegt.»

Klettern war eine Liturgie gelöster Gesten und fester Knoten. Auf den Granit- oder Kalkplatten dankten wir dem (noch immer nicht gestorbenen) Gott Pan. *Schön ist alles im Tode noch, was auch erscheinet*, hatte Priam auf den Festungsmauern von Troja verkündet. Göttlich ist alles, was leer ist, ergänzten wir. Das Gebirge war unsere Kirche. Unsere allabendliche Erschöpfung nach dem Klettern der Beweis für unseren Glauben. Konnte das Gefühl, am Rande eines Abgrunds lebendig zu sein, nicht den Namen Gott tragen?

Das Klettern ermöglicht es dem *eiligen Menschen*, Zeit zu gewinnen. Auf 300 Metern durchlebt er das ganze Spektrum der Gefühle – Freude, Angst, Hoffnung, Fülle. Alles im Zeitraffer!

Wir fühlten uns zu Hause an diesen Wänden, an denen wir nichts zu suchen hatten. Ich folgte du Lac überallhin. Ich sicherte ihn auf schwierigen Abschnitten, er half mir hinauf, wenn ich nicht weiterkam. Wir waren schnell, und diese Schnelligkeit schärfte unsere Sinne. Wir genossen es, uns an den Steilwänden abzuarbeiten und, sobald es dunkel wurde, unsere Schlafsäcke in eine Grotte zu legen, um dort den Wein zu trinken, den wir mit nach oben geschafft hatten. Das Feuer knisterte, Schatten tanzten, wir rauchten Zigarren – harmlose kleine Feste, mit denen wir die Tausendfüßler aufschreckten. Die Milchsäure ließ unsere Unterarme anschwellen. Und unter dem Gewölbe entfaltete du Lac die Energie seiner Fröhlichkeit. Aus seiner Tasche lugten Flaschen und Bücher. Seine Freundschaft war grenzenlos, sein Rücken stark. Es gab nichts Besseres als diese paläolithischen Höhlen nach Tagen in den Gärten der Lüfte. Nichts Besseres als jene Sternennächte, in denen wir unsere Gedanken auf der Glut räucherten. Manchmal lasen wir einander Gedichte vor. Und wer weiß, ob die Felsschichten der Grotten nicht unsere Gesänge speicherten?

Wir hatten Hunderte von Nächten in salzverkrusteten Quarz- oder Kalkhöhlen geschlafen. Im Jemen, über dem Arabischen Meer, hatten wir eine 500 Meter lange Route erschlossen und dabei mit der Taschenlampe Skorpione aufgescheucht. Auf der Baffininsel waren wir Tag und Nacht unter den Strahlen einer nie ersterbenden Sonne geklettert und auf dem Gipfel der Grands Charmoz in ein Gewitter geraten. Auf dem Pic de Bure hatten wir befürchtet, uns den Schädel zu spalten, und auf den Grandes Jorasses fürstlich genächtigt auf Vorsprüngen, die gerade mal so breit wie ein Nachttisch waren. Ob im Ahaggar, auf dem Mont Blanc, im Verdon oder an den Felswänden in Italien und Spanien – wir redeten uns ein, dass unser Heil in der Flucht liege. Und wir bereiteten den nächsten Streifzug vor, sobald unsere Schwüre, nie wieder damit anzufangen, vergessen waren. Wir brachen immer aufs Neue auf. Die Bewegung ist eine Lösung für alles.

Hinter dem Pas du Diable ließ der Wind nach. Wir liefen noch zwei Kilometer mit unseren Skiern über die glatt gestrichene Crème bis zum Refuge des Merveilles. Im März war die Hütte unbewirtschaftet. Wir schaufelten einen Weg bis zur Tür und schlüpften durch die Schneise in den Raum, der abendlichen Besuchern wie uns zur Verfügung stand. Den Ofen anzünden, die Temperatur auf

10 °C bringen, Suppe kochen: aufregende Tätigkeiten, die auch unter dem Begriff «Überleben» firmieren.

Sich nach einem teuflischen Tag ins Trockene betten: ein Wunder.

Der vierte Tag

Vom Refuge des Merveilles über drei Pässe bis zur Madone de Fenestre. 12 Kilometer und 1000 Höhenmeter.

Um acht Stunden lang über eine Landschaft zu schleifen, braucht es innere Ressourcen. Man rezitiert Gedichte, erinnert sich bestimmter Gesichter oder singt. In geografischen Gegenden, die wie mit dem Hobel bearbeitet erscheinen (Steppen, karge Hochebenen), hatte ich mir so schon über die Langeweile hinweggeholfen.

Eine unsere Beschäftigungen bestand darin, die Höhen wie eine Zeitleiste hinaufzuwandern und sie mit geschichtlichen Daten zu assoziieren. Wir bastelten uns eine eigene Chronologie. Die bunte Zusammenstellung der Ereignisse machte den Mangel an Genauigkeit wett. Wenn wir auf 800 Metern starteten, entrichteten wir einen Gruß an Karl den Großen. Auf 1100 Metern setzten sich, hoch zu Ross, die Ritter der Tafelrunde zu uns. Auf 1500 Metern waren wir in der Neuen Welt angelangt, auf 1700 herrschte Ludwig XV. Ihm folgte Napoleon auf 1800 Metern, und danach kamen, dicht beieinander, Victor Hugos Exil, die Belle Époque, der Tod Apollinaires, der armenische Völkermord, die Aéropostale, der Jom-Kippur-Krieg sowie die Befreiung von Palmyra. Jenseits von 2018 wären wir dann im Bereich der Science-Fiction. Außerdem würden wir unweigerlich auf einen Pass stoßen, über den es wieder abzusteigen gälte: Die Menschheitsgeschichte ist kein endloser Lauf zum Gipfel. Irgendwann geht es, in der Geschichte wie im Gebirge, für alle wieder bergab. Das Refuge des Merveilles befand sich auf 2110 Metern Höhe. Jenseits von Stanley Kubrick.

Bis zur Madone de la Fenestre, einem hochgelegenen Weiler, der von einem einsamen Hüttenwirt gehütet wurde, waren drei Pässe zu überqueren. Unsere letzten hundert Meter hatten es in sich. Sobald ein Abhang eine Neigung von über 40° aufwies, mussten wir messerscharfe Harscheisen aus Aluminium an den Skiern befestigen, die sich im Schnee festkrallten. Es war, wie über Porzellan zu kratzen. Du Lac eroberte die Steilhänge in Zickzacklinien, indem er sie in kurzen und schnellen Kehren erklomm. Mit seinen Stöcken vollführte er heuschreckenartige Choreografien. Er war ein Meister der Spitzkehren. «Die Begeisterung des Bekehrten!», brüllte ich ihm hinterher. Ich folgte seiner Spur. Die Steilhänge lösten Panik in mir aus. An Felswänden empfand ich nie auch nur den geringsten Schwindel. Doch in den vereisten Draperien legte sich die Perspektive in Falten: Die Vorstellung abzurutschen ist schlimmer als die abzustürzen.

Dann erreichten wir den Pass, mussten die Skier abschnallen, die Harscheisen einpacken, die Stöcke richtig einstellen, die Seehundfelle abziehen und falten, sodass sie in den Rucksäcken warm blieben, dann die Skier für die Abfahrt fixieren und die Jacken abdichten: meine Handgriffe für die kommenden Wochen. Ich hoffte, sie würden zu Reflexen werden. Du Lac nannte diese Betätigungen «Übergänge». So wechselten wir zwischen Kehren und Übergängen. Ein modernes Lebensprogramm. Unsere Handgriffe erforderten eine gewisse Kontrolliertheit. Ich verhedderte mich in mir selbst. Mit meiner chaotischen Schlampigkeit hielt ich du Lac auf. Er hatte immer alles zur Hand, was er brauchte. Sich zu organisieren ist eine Kunst. Mir blieben noch hundert Tage, um sie zu vervollkommnen.

Vom Pas de Colomb aus öffnete sich die Vallée de la Tinée. Dort war ich drei Jahre zuvor elendig humpelnd eingetroffen. Damals versuchte ich gerade, mich von einem Unfall zu erholen, der mich etwas Wertvolleres als das Leben gekostet hatte: meinen Lebensmut! Die Rückeroberung meiner selbst hatte ich «Die schwarzen Wege» genannt und dafür drei Monate lang vom Mercantour bis zum Cotentin dornige Pfade beschritten. Die Kräfte waren zurückgekehrt, und in La Hague, oben auf den Steilfelsen, hatte ich all meine Traurigkeit ins Meer geworfen: «Vorbei, der Tod!»

Dieses Mal brach ich ins Weiß auf. Und vertraute auf das Substanzielle dieser Farbe – auf dass sie mich mit Freude erfüllte. Der Aufenthalt in Schneelandschaften ist ein Aderlass der Seele. Man atmet das Weiß, zieht ins Licht. Die Welt explodiert. Man saugt den Raum in sich auf. Und dann erhellt sich das Sein durch die Klärung des Blicks.

Unterhalb des Passes war die Madone de Fenestre in ihrer romanischen Gestalt zu entdecken: eine Kapelle inmitten einer kleinen Ansammlung von Häusern. Vor dem Abstieg deutete du Lac mit einem präzisen Fingerzeig auf eine ungewisse Stelle: «Und morgen sind wir dort drüben.»

Unter dem Schnee zieht sich die Welt zurück. Es bleiben nur wenige chinesische Pinselstriche. Durch den weißen Traum waren Spitzen, Wände, Kämme und Vorsprünge der Berge auf ihre expressiven Linien reduziert. Der Schnee hebt hervor, was er berührt, er ist Schönheit. Rein offenbart er, was genügt. Magisch füllt er die Leere nach einem unsichtbaren Prinzip, löscht die Unvollkommenheit, bewahrt das Hervorspringende. Die Weiße entschuldigt alles Nutzlose – indem sie es verbirgt.

Ich war losgezogen, um mich in den Strapazen zwischen den angedeuteten Formen zu vergessen. Die weiße Durchquerung sollte für mich die Reise schlechthin werden: das Schweben in einer Vorstellung von Landschaft.

Wochenlang würden du Lac und ich durch einen Nicht-Ort im Herzen der Ruhe gleiten. Ebenso gut hätte ich auf einem Segelboot den Ozean befahren können. Ich hätte in blauen Ängsten geschmort. Tage der Flaute hätten mir ein ähnliches Gefühl der Entstofflichung vermittelt. Doch ich hätte das Ruder in der Hand halten müssen, und ich saß nicht gern still. Ich bevorzugte die Disziplin des Skiwanderns: sich lange und ausdauernd abmühen, gelegentlich vorwärtsgleiten, gelegentlich stürzen.

Der fünfte Tag

Von La Madone de Fenestre über den Pas des Ladres nach Boréon. 8 Kilometer und 500 Höhenmeter.

Ein in Frankreich völlig unbekannter, von den Slawen verehrter Maler, Nicholas Roerich, hatte das Weiß zu seinem Stilprinzip erhoben. Sein Schnee glättete die Matrix und vereinfachte die Welt. Tibet, Russland, Mongolei: In seinen Landschaftsbildern hatte er eine Lackschicht über die Berge gelegt, auf deren einfarbigen Flächen sich die Silhouetten kleiner Figuren tummelten – buddhistische Lamas und russische Mönche. Auf Sisleys Schnee in der Île-de-France (wo er damals noch fiel) oder auf Monets Schnee in Norwegen (wo er noch immer fällt) vibrierten das Funkeln und die Schatten. Die Impressionisten erforschten den Schnee als Stoff, nicht als Fläche. Seine Kraft der Auslöschung interessierte sie nicht. Lieber offenbarten sie die einzelnen Partikel. Roerich sah den Schnee als schwarzes Loch. Sein Weiß erdrückte die Materie. Man konnte seine naiven Bilder geringschätzen. Ich mochte ihre Klarheit. Roerich erfüllte den alten Traum der Verzweifelten: die Einheit der Dinge finden, die Reinheit über die Metzelei kommen lassen. Totales Weiß: Schluss mit der Unordnung!

Ein Schweizer Maler der Welt von gestern, Cuno Amiet, hat zu Beginn des 20. Jahrhunderts einen Skifahrer in einer Schneelandschaft dargestellt: ein Punkt auf einer weißen oder besser gesagt gelblichen, nein, hautfarbenen Decke – ist der Schnee doch eine über die Erde gespannte Haut des Himmels. Ich wollte diese Gestalt werden: eine bedeutungslose Anwesenheit in einer Welt ohne Konturen. Meine Reise eine Fortbewegung ohne jeden Zweck, in einer monochromen Schwebe. Sie wäre ein reines, nur auf die Ausführung reduziertes Tun. Nichts als Schweiß, Stille und Spur. Die Türen würden sich öffnen. Ich würde das Unberührte betreten. Befreit.

Wir verließen La Madone. Beim Aufstieg zum Pas des Ladres spürte ich zum ersten Mal, wie ich, vom Raum aufgesogen, auch selbst zerfiel. Sicher, die Anstrengung war von kurzer Dauer, es waren nur 500 Meter zu erklimmen. Doch jene wattigen Augenblicke ohne Horizont genügten, um das Bewusstsein aufzulösen.

Während ich weiterlief, den Blick fest auf die Skispitzen gerichtet, reflektierte mein Gesicht die Helligkeit. Die Skier schlugen im Takt der ausscherenden Schaufeln. Das Tempo war ausgewogen, der Körper erholt, der Winkel perfekt. Die Zeit wanderte im Raum zurück. Die Bewegung hypnotisierte den Geist. Die Welt verschwand in ihrer eigenen Weiße. Auslöschung. Unweigerlich würde der Körper vor Erschöpfung zusammenbrechen. Doch vorher würden wir den Pass erreichen.

Auf dem Pas des Ladres traf uns die Lombarde, der plötzlich aufkommende italienische Ostwind, der ganze Schneebretter fortreißt und auf den Kämmen einen weißen Feuersturm entfacht. 800 Meter weiter unten würde uns der Wald schützen.

Du Lac fand eine Bergrinne, wo ich zum ersten Mal stürzte. Mit blutiger Nase stand ich wieder auf und taufte die Stelle «Tal des Nasenpfropfens». Ich kletterte zurück zu meinen Skiern und wischte mir mit dem Fausthandschuh den roten Rotz ab.

Der sechste Tag

Von Boréon über den Col de la Mercière nach Isola 2000.
14 Kilometer und 900 Höhenmeter.

Von Boréon aus ging es zurück in den Wald. Die Luft knirschte, wir atmeten Glas ein. Wir mussten die Piste verlassen und direkt auf dem Abhang weiterfahren, über Täler und Kuppen. In den Talgründen der Zauber von Märchenwäldern; auf den Kuppen die Angst vor Lawinen. Der Schnee beschwerte die Abhänge, dick und wärmeglänzend, bereit, nachzugeben. Du Lac suchte nach den Wegen, die das geringste Risiko bargen. Er lief voran, ohne ein Wort darüber verloren zu haben, ob er seine Seele irgendjemandem empfehlen wollte. Ich wartete, bis er mir ein Zeichen gab, ihm zu folgen. Er blieb auf einer ebenen Stelle stehen und hob die Arme, ich machte mich auf. Sollte der Abhang wegbrechen, würde ich krachend mitgerissen werden. Ich folgte ihm zu dem Felsblock, wo er auf mich wartete, und fragte ihn: «Empfiehlst du eigentlich jemandem deine Seele, bevor du losläufst?» Er antwortete: «Ich laufe ja nicht irgendwo.» Seine Spurensuche folgte einer Mischung aus Instinkt und Vernunft. Er analysierte jeden einzelnen Meter.

An jenem Tag, als das Lawinenrisiko auf einer Skala

von eins bis fünf bei vier lag, lösten wir keinen Schneerutsch aus.

Wir peilten den Col de la Mercière an, oberhalb der gelben Lärchen. Überreste alter Bunker säumten die ebene Stelle wie dunkle, graue Fransen. Diese Befestigungen hatten die Grenzen Frankreichs verteidigt, um der Freizeitgesellschaft zum Durchbruch zu verhelfen. Auf der anderen Seite, Richtung Norden, Isola 2000, ein dem Wintersport verschriebener Ort aus triumphierendem Beton. In wenigen Schwüngen erreichten wir die von Maschinen festgestampften Pisten. Mit unseren von Seilen und Eispickeln überquellenden Taschen glichen wir zwei blinden Passagieren, die sich aus den Karpaten in den großen Vergnügungspark des westlichen Hotelleriewesens verirrt hatten.

Isola 2000 war in den Siebzigerjahren entstanden. In der Nachkriegszeit wollten die Franzosen unbedingt so leben wie die Amerikaner. Alle hatten genug von der Alten Welt. Die Sechzigerjahre läuteten das Zeitalter der Zerstreuung ein. In den Kellern Jazz, auf der Straße die Nouvelle Vague. Die Kirche lockte niemanden mehr. Der Arbeitsmarkt boomte. Man hatte die Wahl zwischen Yéyé, Maoismus und der Demokratisierung des Wintersports. In *Mythen des Alltags* hatte Roland Barthes eine Ode auf das Plastik verfasst. Die Röcke wurden kürzer, die Haare länger, die Dämme brachen. Beton eröffnete den Architekten die Möglichkeit, ihre Ideen in Form zu gießen. In Isola 2000 fuhren die Skiläufer in Scharen durch die leuchtenden Farben der Sechziger. Ohne sich überhaupt erst in den Schnee hinauswagen zu müssen, gelangte man über Rolltreppen von seinem Appartement zum Skigeschäft und vom Skigeschäft zum Raclette-Restaurant.

Das war «einfach toll»! Das Fest sollte fünfzig Jahre währen, bis die nachfolgende Generation darauf kam, dass die Europäer des Wiederaufbaus trotz allem auch an die Eisbären hätten denken können.

In Isola, dieser Hauptstadt der *Perfektion der Technik*, trieb du Lac in einem Skigeschäft eine Stichsäge auf und öffnete die Plastikverschalung meiner Stiefel. Morgen würden meine Beine in Pantinen schlackern, aber ich würde schmerzfrei Skilaufen können.

Der siebte Tag

Von Isola 2000 über den Col de Tessina zur italienischen Berghütte San Bernolfo. 12 Kilometer und 900 Höhenmeter.

Gestern Abend, in einer Gaststätte in Isola – du Lac angelte gerade mit seinem Messer in einem Fonduetopf nach einem Fetzen Beaufort –, sprach uns ein Doktor F. von der örtlichen Unfallchirurgie an. Seine Augen blitzten, er war aufgekratzt und gesprächig, ganz der «verrückte Wissenschaftler», à la Ray Bradbury, der ihn nach einem Crash mit der Raumkapsel auf einer Betonbasis stranden lassen würde. Gerade hatte er einen Skiläufer mit gebrochenem Oberschenkel per Hubschrauber ausfliegen lassen und vor einer Fettembolie zu retten versucht. Ich fand diese Krankheitsgeschichte widerlich. Mit hoher Stimme rief er mir nach: «Ich weiß, dass Sie einen Unfall hatten, ich hab da ein paar Überraschungen für Sie.» Er gab uns einen Termin in seinem Behandlungszentrum.

Munter wie ein Springteufel reichte er du Lac um acht Uhr morgens eine Tüte: «Da ist alles drin, was Sie brauchen: Kodein, Opiate, Buprenorphin, Morphium. Wenn Sie verletzt sind, mischen Sie das einfach alles, das haut rein wie eine Atombombe!» Mit diesen Ratschlägen gewappnet, stiegen wir in Richtung Italien auf. Über gutmütige Kuppeln und Täler. In solch einem Gelände wurden Skiläufer gelegentlich unter Lawinen begraben («verschüttet», hieß das im Jargon). Sie starben dann in einer Postkartenlandschaft. Wir aber zogen einstweilen weiter, das Schicksal unter den Skiern.

Durch einen Wald gelangten wir in das Dorf Sant'Anna, das im Winter menschenleer war. Rings um die Kirche harrten ein paar graue Gebäude traurig der zurückkehrenden Geschäftigkeit. Der Schnee ließ die Stille vibrieren. Auf den Wegen Spuren von Füchsen, Mardern und einem verletzten Wolf, der Blut verspritzt hatte. In den Maitagen würde das Leben weitergehen. Die Welt würde sich verwandelt haben. Wohin entschwindet das Weiß, wenn der Schnee geschmolzen ist?, soll Shakespeare gefragt haben. Welche Macht hatte die vergängliche Substantivierung des Wassers? Weshalb diese Metamorphose in der immer gleichen Reihenfolge? Die Natur liebt es, sich zu verbergen, flüsterte Heraklit. Gab er damit eine Definition des Schnees? Warum dieses Gefühl einer Reinigung der Strukturen durch den ausgebreiteten Schleier? In diesem Mysterium bewegten wir uns voran. Das Weiß vereinheitlichte die Welt, ließ das Ich zerspringen, betäubte die Angst, weitete den Raum, verflüchtigte die Stunden. Das Element verband sich mit sich selbst und löschte sämtliche Formen in seinem schonungslosen Glanz. Der biologische Terminus *Intussuszeption* bezeichnet das Prinzip einer Erweiterung kraft der Einverleibung von Fremdkörpern. So auch das Weiß: Behältnis und Matrix. Totalität und großes Vergessen.

Wir waren zwei Schatten auf dem Abhang, achteten darauf, den Mantel bloß nicht reißen zu lassen. Unser Geist war allein auf unser Vorankommen gerichtet. Ehrgeiz und

Nostalgie verschwanden. Wir wurden Bewegung. Diese Leichtigkeit war nur in Waldschneisen mit wenig Gefälle möglich, wo der Körper keine Steige zu bewältigen hatte. Man vermeinte dann in einem Traum zu schweben.

Der Rand des Lärchenwaldes bildete die italienische Grenze. Zwischen Bäumen hindurch erreichten wir ein verlassenes Dorf und stiegen 300 Meter zur Hütte San Bernolfo in 1700 Metern Höhe auf. Die Sonne stand hoch, und ich blieb einfach zwei Stunden lang stumpf auf der Terrasse sitzen, trank einen Liter schwarzen Tee und aß Pökelfleisch von Bépé, dem Hüttenwart. Mit seiner geröteten Haut und dem muskulösen Hals verkörperte er einen fröhlichen, auf dieser Höhe in den italienischen Nordalpen weitverbreiteten Menschenschlag, Vertreter eines ganz bestimmten, hochangespannten und niemals kälteempfindlichen Typus, Jagdliebhaber, Speck und Wein zugetan; mit einer Couperose als Zeichen des den Tieren entnommenen Bluts, gebrochener Nase und von Hangarbeiten trainierten Armen. Typ Riccardo Cassin, ein Bergsteiger, der 1938 den Walkerpfeiler der Grandes Jorasses bezwungen hatte. Bépé erzählte uns von den Kühen, vom Schnee und vom Wolf, von seiner Frau und den Wegen. Wir rührten uns nicht von der Stelle, ließen uns vom Photon und den Proteinen neues Leben einhauchen.

Die Essenz des Skiwanderns: der ständige Wechsel zwischen Strapaze und Erholung. Künftig immer das gleiche Schwanken. Morgen für Morgen würden wir uns in den kalten Rachen stürzen, Abend für Abend durften wir uns in der Hütte einfinden, nachdem wir einem Sturz entronnen und bevor wir uns im Morgengrauen erneut ins Unbekannte begeben würden. Dieser Sport war ein Spiel. Und dieses Spiel war das Leben. Wir waren die

Würfel, die jeden Morgen erneut auf einen grünen (hier allerdings weißen) Teppich geworfen wurden.

Die Belohnung nach einem Tag des Skiwanderns bestand darin, während der Rast auf einem Stuhl in der lauen Luft zu baden, einen Tee in den Händen, einen vom Licht rötlich gefärbten Gipfel als Hintergrund, ohne irgendeine Herausforderung annehmen, eine Verabredung einhalten oder sich unterhalten zu müssen.

Doch der Mensch ist so beschaffen, dass er erst dann die Freundschaft eines Holzofens zu schätzen weiß, wenn er sich vorher auf Skiern zwischen Lawinen hindurchgeschlängelt hat. Wäre mir vom Schicksal die Fähigkeit zum Müßiggang schon eher vergönnt gewesen, ich hätte das Glück, neben einem Feuer vor mich hinzudämmern, schon früher empfunden.

Plötzlich stapfte mit großen Schritten eine hochgewachsene Gestalt auf uns zu. Der Mann schnallte seine Skier ab und setzte sich zu uns. Bépé brachte ihm ein italienisches Bier, und ich hatte das Gefühl, an meinem Tisch säße ein Romanheld von Conan Doyle (Schildpattbrille, rotes Haar, die Haut eines Engländers, der mit ein bisschen Glück zweimal im Jahr in Brighton etwas Sonne abbekommt). Er hieß Philippe Rémoville und hatte Sommersprossen.

«Woher kommst du?», fragte du Lac.

«Nizza.»

«Wann bist du los?»

«Letzte Woche. Ich durchquere die Alpen, allein. Ich habe meine Reise ‹Auf weißen Wegen› getauft, zu Ehren von so einem Kerl, der Frankreich zu Fuß durchquert und darüber einen Bericht geschrieben hat: *Auf schwarzen Wegen*.»

«Das bin ich», sagte ich.

«Das ist ja lustig», sagte du Lac.

«Das ist ja verrückt», erwiderte Rémoville.

«Es ist Zeit», sagte Bépé.

Wir aßen zu Abend und schlugen Rémoville vor, am nächsten Tag, so lange er Lust hätte, mit uns Richtung Ubaye zu wandern. So hätten wir einen Gefährten, der mit uns parallele Linien ziehen würde. Wir wussten nicht, dass wir uns bis Triest nicht mehr voneinander trennen sollten. Von nun an waren wir zu dritt im Weiß.

Der achte Tag

Von der italienischen Hütte San Bernolfo über den Pas de Corborant zum unbewirtschafteten Refuge de Rabuons.
7 Kilometer und 1300 Meter Höhenmeter.

Die Morgendämmerung war rosa. Wir stiegen zum Col du Corborant in fast 3000 Metern Höhe auf. Die Skier knarrten im frühen Morgen. Je nach Temperatur klingt ihr Lied pfeifend, zischend oder schleifend – seufzend sogar, wenn der Schnee schmilzt. Heute Morgen trug er perfekt. Das Knirschen beflügelte uns. Wir kamen rasch voran.

1300 Meter weiter oben seilten wir uns am Berggrat an. Von du Lac gesichert, der das Seil um einen Felsen gebunden hatte, sprang Rémoville mit beiden Füßen auf den Felsvorsprung. Als Freundschaftsbeweis ließen wir unseren neuen Gefährten alleine die Gefahrenzone erkunden. Der Felsvorsprung gab nicht nach, und unter dem vom Wind gemeißelten Eisbug erreichten wir den Abhang.

Der Gebirgspass beschrieb die Grenze: Wir waren zurück in Frankreich. Und so sollten wir uns auf der jahrhundertelang umkämpften Linie weiter voranschlängeln. Die Bewohner eines Tals können Seite an Seite mit ihren Nachbarn leben, ohne ihnen je zu begegnen. Der Tag, an dem sie sich von Angesicht zu Angesicht gegenüberstehen, wird den Beginn der Feindseligkeiten einläuten. In sämtlichen Bergmassiven der Welt ist der Pass zunächst ein Fallgitter, der Gipfel ein Wachturm, der Kamm ein Schutzwall. Die Dorfbewohner drängen sich auf ihrem Felsvorsprung zusammen und passen auf, dass sich keine Fremden – sprich, die gesamte Menschheit – nähern.

Natürlich ist die Geschichte der Alpen von einem regen Austausch geprägt: Schmuggler, Kuckucksuhrenhändler, Gämsenjäger, Schornsteinfeger und Kristallglashersteller übernahmen die Aufgabe, sich bei den Nachbarn umzusehen. Gelegentlich zog auch eine bewaffnete Truppe über die Höhen. Doch das waren seltene Überfälle. Die am Chaos der Reliefs geschulten Bergbewohner wissen, um zu überleben, heißt es, Abstand zu wahren. 1000 Meter Höhenunterschied schaffen mehr Distanz als 1000 Kilometer Entfernung. Das Meer ist da, um einander zu begegnen. Das Gebirge dient der Trennung. Das Meer ist eine offene Einladung. Das Gebirge errichtet Verteidigungsanlagen. Auf dem Meer werden Waren und Ideen getauscht, seit die Griechen mit seiner Fläche das Universum umschrieben haben. Wie soll man sich im Gebirge begegnen? Dort oben empfinden die benachbarten Bevölkerungen einander als fremd.

Mit der unlängst aufgeflammten Begeisterung engagierter Alpenbewohner für die Aufnahme von Flüchtlingen aus dem brennenden Orient ließ sich die nachbarschaftliche Feindseligkeit mit der restlosen Aufgeschlossenheit gegenüber der weiten Ferne wettmachen. Die Großzügigkeit gegenüber Exilanten der äußersten Grenzen kompensierte den unvordenklichen Hass auf den Almnachbarn.

Du Lac ließ Rémoville als Ersten den 40° steilen Abhang befahren. Unter Skifahrern gibt es ein Vorrecht der

Spur, das Vergnügen, der Erste zu sein. Eine Entjungferung der Vergänglichkeit – harmloses Laster. Gerade hatte ich mich noch gefreut, einen Gefährten zur Bereicherung unserer Stunden zu haben, als Rémoville in seinem Elan in ein Loch stürzte und seinen rechten Ski zerbrach!

Wir trennten uns. Drei Tage später wollten wir ihn in Larche wiedertreffen, falls es ihm gelingen sollte, eine Stadt zu erreichen, wo er seine Skier reparieren lassen konnte. Vor Einbruch der Dunkelheit würde er den Pass noch zu Fuß hinaufwandern und die italienische Hütte erreichen können.

«Er war sympathisch», sagte du Lac.

«Wir waren glücklich zu dritt», erwiderte ich.

«Es währt nie lange, wenn alles gut geht.»

Zwei Stunden später öffneten wir die Tür zum Winterraum des Refuge de Rabuons in 2523 Metern Höhe. Diese Räume standen einsamen Bergsteigern zur Verfügung. Wir saßen lange am Ofen. In der Altsteinzeit war es die krönende Beschäftigung der Menschen gewesen, sich um ein Feuer zu scharen. Jene Faszination für die Flammen ist noch immer in mich eingeschrieben. Im Zelt der tibetischen Yakführer, in den Hütten Sibiriens oder im mongolischen Winter bildete der Ofen die Achse der Tage. Im Himalaya spielte sich jede Kindheit neben ihm ab. Er war der Hausaltar, das Totem einer vertrauten, beruhigenden Welt. Die trägen Stunden in der Hütte kontrastierten mit den Kämpfen am Hang. Auf dem Regal: eine angeschlagene Kaffeedose, drei Kerzen und eine Taschenbuchausgabe von *Eine Liebe von Swann*. An diesem Abend las ich in dem 6 °C warmen Raum unter einer Schichttorte aus Wolldecken im Schein der Stirnlampe. Die Mutter des Erzählers verstand, dass der Kummer ihres Sohnes von einem unauslöschlichen Schmerz herrührte. Als wiederum das Kind verstand, dass seine Mutter endlich verstanden hatte, merkte es, dass sie plötzlich gealtert war.

Ich hatte keine Mutter mehr, niemand würde heute Abend kommen, und es herrschte eine beißende Kälte.

Der neunte Tag

Vom Refuge de Rabuons über den Mont Ténibre und die Brèche Borgonio zum unbewirtschafteten Refuge de Vens. 14 Kilometer und 900 Höhenmeter.

Frühmorgens ist der Schnee hart, der Himmel hell, die Welt sträubt sich. Im elektrischen Licht erklimmt der Körper ohne Müdigkeit die Höhen. Wir brachen um sechs Uhr auf. Am frühen Morgen schlägt die Stunde der Jugend, später wäre noch immer Zeit für das reife Alter, sprich um zehn Uhr abends.

Die Welt öffnete sich. Ich bedauerte es nicht mehr, mich aus der Hütte gequält und in den Eiskeller gestürzt zu haben. Das extra-uterine Herausgeschleudertwerden aus den beheizten Hütten war eine psychoanalytische Herausforderung. Jean-Paul Sartre, nicht gerade ein Kenner des Bergsteigens, rief dazu auf, «sich aus der feuchten, gastrischen Intimität loszureißen, um über sich selbst hinaus auf etwas zuzustreben, das nicht das Ich ist». Das war das Spannungsfeld von Odysseus, hin- und hergerissen zwischen dem Wunsch, zu Mama-Penelope zurückzukehren, und dem Verlangen, sich weiter mit den Nymphen im Wasser zu tummeln. Um halb acht Uhr morgens erreichten wir den Gipfel des Ténibre, fern der «gastrischen Intimität» der Hütte, von der gerade noch das Dach zu sehen war: ein von den Kämmen gestürztes Trümmerteil.

Dann erneut die Grenze. Auf der anderen Seite Italien, das unsere engen Kurven aufnahm, danach wieder Frankreich in einem Tal aus Eis. Im Talgrund ein kleiner See, wo wir abermals die Steigfelle aufziehen mussten, um die Brèche Borgonio zu erreichen. Der raue Schnee war cremig geworden. Nachher würde er schwer sein. Schnee ist so sensibel wie Haut. Er lebt, speichert die Schattierungen der Atmosphäre, ändert seine Beschaffenheit, schillert und spiegelt.

Wir rissen die letzten hundert Meter der Scharte ab, die Skier auf dem Rücken und den Pickel in der Hand. Dann machten wir uns auf dem bereits befahrenen Schnee an die letzte Abfahrt des Tages zum Refuge de Vens. Die Zacken des Queyras formten ein anthrazitgraues Gebiss unter dem Nordhimmel, das Eis erbrach sich an jeder Zinne von den Felsvorsprüngen.

Wir wurden von drei Skifahrern empfangen. Der eine kam aus den Pyrenäen, der andere aus Korsika. Die junge Frau war Schafhirtin. Sie waren Anfang Januar aus Wien aufgebrochen und hatten zweieinhalb Monate gebraucht, um hierher zu gelangen, in die Nähe ihres Ziels. Doch erschöpft von den wochenlangen Strapazen beschlossen sie hier ihre Unternehmung.

«Wir haben heute Morgen die Brèche Borgonio erklommen. Dort liegt aber zu viel Schnee.»

«In einer Woche könntet ihr am Meer sein!», sagte du Lac.

«Ja, das wissen wir.»

«Dann macht doch weiter!»

«Nein, wir fahren zurück.»

Wir verabschiedeten uns herzlich von ihnen, sie stiegen Richtung Norden ab, durch das Tal, das sie wieder zu den Menschen bringen würde. Während ich den Ofen anzündete, dachte ich: *Sie kehren in die Stadt zurück. Warum laufen wir nur weiter? Ist du Lac leichtsinnig?*

Dann vertraute ich mich erneut dem kleinen Gott, dem Ofen, an und brachte ihm mein Holzopfer dar. Abermals folgten Stunden des Nichtstuns, in denen ich in die Glut schaute und vor mich hinmurmelte: «Mir tut nichts weh, mir kann nichts passieren, meine Beine erholen sich, die Nacht ist mein Aufschub.» Doch leider hatte ich gestern *Swann* gelesen, und der kleine Marcel hatte mich mit seiner Unfähigkeit, die Dinge zu genießen, angesteckt. Als die Mutter mit einer Glücksverheißung das Zimmer in Combray betritt, quält sich das Ungeheuer-Kind bei der Vorstellung, sie könne wieder gehen, und versagt sich so das Auskosten ihrer Anwesenheit. Ich selbst hatte an diesem Nachmittag Mühe, mich durch die trägen Stunden treiben zu lassen, weil ich mich am nächsten Morgen um sechs wieder in das Weiß würde stürzen müssen!

Der zehnte Tag

Vom Refuge de Vens über den Col de Fer nach Larche.
12 Kilometer und 500 Höhenmeter.

Die ersten morgendlichen Handgriffe galten dem Anzünden des Ofens. Eigentlich absurd. Denn wir bereiteten unseren Aufbruch vor und entfachten zugleich das Feuer, das uns zurückhalten würde. Nach einer Stunde öffneten wir die Tür.

Auf dem Col de Fer blies der Wind.

«Wie stark?», fragte ich du Lac.

Den Kopf fest eingeschnürt in Kapuzen, hörte ich seine Antwort nicht. Er schrie vermutlich so etwas wie «80 pro Stunde». Durch eine einfach zu nehmende Schlucht tauchten wir nach Italien ab. Wieder das aufregende Gefühl, eine Grenze zu überfahren. Diese Linien waren nicht nur Abstraktionen. Sie trennten Welten und bestätigten, dass deren Existenz keine pure Konvention war. Sprachen, Gewohnheiten, Unterhaltungen wie auch das Verhältnis zum Himmel, zur Liebe und zum Tod unterschieden sich auf beiden Seiten. In der Biologie bezeichnet der Terminus *Kompartimentierung* die Unterteilung eines Gewebes oder Organs in verschiedene Teilbereiche. Jedes Organ grenzt sich hinter einer Membran von den anderen ab, bleibt aber für bestimmte Stoffe durchlässig. Die einzelnen Elemente schützen sich, ohne sich zu isolieren. Alle gedeihen, ohne in einem Ganzen aufzugehen. Vorgestern hatte ich mir Prousts Beschreibung eines Kastanienbaums notiert: Er «lief nicht auf die anderen Dinge über, machte sich nicht mit ihnen gemein, blieb fest umgrenzt».

Im Wald ging es zwischen den Tannen 1200 Meter abwärts, wir mussten dem Hang jede Kurve abtrotzen und den Baumstämmen, den Zweig-Guillotinen und den Wurzelfallen ausweichen. Das Leben schuf seine Unordnung, und das Skifahren glich dem Kampf in einem Chaos aus Bäumen, in dem jeder um sein Stückchen Himmel rang. Dort oben, über dem Mikado, regierte das Weiß, die Heimat des geruchlosen Nichts, der reinen Ordnung und des toten Traums. Ein Land aus Linien, das ins Nirgendwo führte. Ein nihilistischer Traum, dem wir uns möglichst rasch nähern wollten, um den Augenblick auszukosten, in dem wir ihn wieder verlassen würden.

Zu Fuß stiegen wir zum Col de la Madeleine auf. Ein einfacher Hang führte nach Larche. Die Etappenhütte war von diesem ganz bestimmten Typ Skiwanderer bevölkert: rüstige Opas, liebenswürdige Großmütter, junge Athleten im Kampfanzug. Alle bestens gelaunt. Im Leben genügt es, seine Ernte an täglichen Kilometern einzufahren, um mit sich selbst im Reinen zu sein. Die Menschheit schien dieses Axiom begriffen zu haben: Alle Welt hatte sich aufs Joggen verlegt.

Der elfte Tag

Von Larche über den Col de Mallemort und zwei weitere Pässe zum unbewirtschafteten Refuge de Chambeyron. 10 Kilometer und 1300 Höhenmeter.

Am Abend zuvor war Philippe Rémoville, mit neuen Skiern ausgerüstet, wieder zu uns gestoßen. An diesem Morgen brachen wir über den Col de Mallemort zum Vallée de l'Ubaye auf.

«Wie ein Name aus einem Andersen-Märchen», sagte Rémoville.

«Eher Tolkien», entgegnete du Lac.

«Es ist weit», sagte ich.

Rémoville war Ingenieur. Sein Leben folgte einer Mechanik mit präziser Frau, begabten Kindern und der Verantwortung eines Erwachsenen, die Komplexe bei mir auslöste. Das Skilaufen war seine Befreiung. Er floh in das Weiß und machte sich im Gebirge seine Lebensgrundsätze zunutze: Disziplin, Berechnung, Effizienz. Da, wo du Lac instinktiv vorging, zog er die Vernunft zurate. Er blieb auf dem Hang stehen und befragte seine diversen Bildschirme, um unsere Position oder das Lawinenrisiko zu bestimmen. Du Lac sagte: «Ich fahre da entlang, weil ich ein gutes Gefühl habe.» Rémoville: «Und ich, weil ich es so kalkuliert habe.» Du Lac witterte, Rémoville überlegte, ich kommentierte und folgte den Vorgaben aus der Vermählung von Instinkt und Vernunft. So hatte du Lac einen wertvollen Gefährten für die Neigungsmessung, die Wettervorhersagen und die allgemeine Orientierung gefunden.

Wir überquerten die Pässe von Mallemort, Vallonnet und Coulette, zogen weiter zwischen Kalksteinaufschlüssen und durch Schluchten voller Winterschnee.

Dem Blick blieb nur noch die auf Umrisszeichnungen beschränkte Architektur des Reliefs. Ein metallischer Himmel wölbte sich über den Skizzen. Und in dieser Haiku-Landschaft spornte allein ein diffuses Bild in den Tiefen unserer gelähmten Psyche das Denken an. All das ist nur eine raffinierte Art, zuzugeben, dass wir uns stumpf voranarbeiteten.

Ist es das, das weiße Denken, ohne Form und Muster, ohne Struktur und Führung, eine Umgebung, in der sich die Vernunft verflüchtigt? «Ihr Geist ist ohne Richtung», schrieb Claudel an Gide. Und Gide freute sich über dieses Urteil. Er nahm es als Kompliment, träumte er doch von einem schwebenden, sumpfigen, überdeckenden, immensen, «nebulösen» Denken, wie er in seinem Tagebuch vermerkte, ein Denken, das die Welt mit seinem Wesen einhüllte, sich ohne Effekte, fast farblos entfaltete, unmerklich die offene Vereinfachung erreichte, die Nietzsche seinerseits, frei nach Gide, als «die gewaltige Erosion der Konturen» bezeichnete. Wir taten so, als käuten wir alle diese Fragen wieder, den Kopf in der Kapuze, auf die sich Flocken legten, während unsere Skier inmitten der großen Auslöschung gleich einem Metronom den Takt vorgaben.

Dann erreichten wir den Winterraum der Hütte in Chambeyron auf 2626 Metern Höhe, und es folgten der Reihe nach: Ofen, Suppe und Körperschwere vor der Glut. Jene winzigen Eroberungen wogen umso schwerer, weil hart erkämpft. Diese Wohltaten waren heilsam: die Tür nach dem Wind, der Ofen nach dem Schnee, die Suppe nach der Anstrengung, die Flamme nach der Weiße.

Posten, Unterstand, Hütte und Zelt werden zu Palästen, sofern man sie sich erobert hat. Eine Definition von Luxus liegt eher im Beenden der Anstrengung als in der Raffinesse oder der Fülle von Genüssen. Luxus ist Erfüllung.

Ich schlief ohne Albträume. Draußen trieb das Gebirge, weißer Hai, gebleckte Zähne.

Der zwölfte Tag

Vom Refuge de Chambeyron über fünf Pässe nach Maljasset. 17 Kilometer und 1000 Höhenmeter.

Auf dem Col de Chambeyron: ein in den Aufschluss gestecktes Kreuz. Das Kreuz war ein paar Jahrzehnte, der Kalkstein 200 Millionen Jahre alt. Die Welt ist älter als die Erzählungen der Menschen. Laizistische Sprengstoffattentäter, in deren Augen die Geschichte mit dem Tag ihrer eigenen Geburt begonnen hatte, träumten im Tal davon, die sichtbaren Zeichen des Glaubens auszureißen. Glücklicherweise waren sie ganz mit den Äußerungen ihrer Empörung beschäftigt und nicht willens, 1000 Meter Höhenunterschied mit einem Brecheisen im Gepäck zu überwinden. Die bleiernen Jungfrauen und die Kruzifixe des Alpenbogens hätten ihnen eine elende Plackerei beschert. Alle Aktivisten haben es erst einmal auf eine Statue in ihrer Nähe abgesehen. Der Zorn hat seine Grenzen.

Am Vallée de l'Ubaye entlang überquert man einen Rosenkranz aus fünf kleinen Pässen. Wo immer das Gebirge eine Schwachstelle offenbarte, schlüpften wir hindurch. Weiße Türme, durchbrochene Felsen, steinerne Zähne: Der Schnee vergipste das zarte Kalkgewebe. Dann kamen die Wolken. Der Wind entfachte Wirbel und besprühte die

Abhänge. Das Gebirge loderte weiß. Der Himmel hüllte uns ein. Wir streiften die Steigfelle ab, glitten voran, zogen die Felle wieder auf, stiegen hoch und fuhren ab. Sobald der Rhythmus verinnerlicht war, schien es undenkbar, dass das Geräusch der Schaufeln verstummen könnte. In dieser absoluten Klarheit spaltete sich das Denken in Moleküle. Die Hypnose glich der buddhistischen Erfahrung: Wachzustand, Schwebe. Die Bewusstlosigkeit lag nahe.

Dann fuhren wir unter den Wolken entlang, aufs Neue streichelte das Licht die Berge. Wir glitten zwischen den Lärchen dahin. Wieder die Sehnsucht nach der abendlichen Rast, der Verheißung eines Zigarillos. Die Landschaft verfeinerte sich zusehends, als hätte sich der Pinselstrich eines japanischen Malers in ein niederländisches Gemälde geschlichen. Wir erreichten ein gespenstisches Dorf, wo noch ein alter provenzalischer Glockenturm über die zerfallenen Schafställe wachte. In Maljasset aßen wir in einem mehrstöckigen alten Bauernhof, der zu einer Hütte umfunktioniert worden war, zusammen mit den Tagesskifahrern, die von ihren Erinnerungen (Abfahrten) und Plänen (Aufstiegen) erzählten.

Es war warm. Unsere Substanz veränderte sich. Die Wärme nach dem Weiß; bald die Dunkelheit.

Die Reise wurde unser Gedicht. Der Schnee fiel. Er würde schmelzen. Es würde hell werden. Wir machten uns auf, voller Liebe für das Vergängliche.

Der dreizehnte Tag

Von Maljasset über den Col de la Noire zum Refuge de la Blanche. 15 Kilometer und 1000 Höhenmeter.

Um sieben Uhr glitten wir auf die Kirche zu, die bis zu den Türflügeln im Schnee steckte. Christus und die beiden Schächer waren da, halb nackt. In der Nacht Israels hatte die christliche Offenbarung weder von ihrem Erfolg noch von ihrer Verbreitung in den Schneewehen geahnt. Wir drangen in eine Allee aus Lichtern, bläulichen Schatten und vom Frühling schamlos aufgeblähten neuen Trieben vor. Der Blutrote Hartriegel glühte über den Lärchen. Alles ruhte, so rein wie die Meditation eines Brahmanen. Tierspuren zogen sich wie Narben über den Schnee, zeugten vom Tumult in der Nacht, wenn das nächtliche Jagen das Gebirge beherrscht.

«Jungs! Das Weiß ist Shiva, das Gegenteil von Vishnu!»

«Was sagt er?», fragte du Lac.

«Irgendwas von einer Fischkuh», antwortete Rémoville.

Die mit zarten Lichtreflexen glanzpolierten Hänge luden zum Aufstieg ein. Die Schönheit ließ die Sorgen fahren. In dieser Harmonie wollte man nicht an Gefahren denken. Die Lawine ist eine Giftschlange. Plötzlich beißt sie zu. «Ihr wisst weder den Tag noch die Stunde», sagt Christus im Matthäus-Evangelium.

«Doch! Wissen wir», sagten die Lawinenforscher, Theoretiker des Unvorhersehbaren. Man könne die Konsistenz der Schneedecke analysieren, ihre Textur bestimmen, ihre Bruchstellen voraussagen. Und ich malte mir aus, wie sie, die Spekulanten des Unüberprüfbaren, von der Schneemasse mitgerissen wurden, just während sie sich zu ihren Vorhersagen beglückwünschten.

Die Skier schnitten wie durch Seide. Das Trogtal wurde zur Talmulde und schließlich zur Schlucht. Das Serpentingestein hinterließ grüne Schlieren auf den von bräunlichen Adern oxydierten Felswänden. Wir fuhren den Bach entlang, der von Schneewehen verstopft war, und glitten lautlos von einem Ufer zum anderen, um ja nicht die Schneebrücken überqueren zu müssen. Es beschämte uns, diese Pracht zu trüben. Dann öffnete sich der Abhang hin zum Col de la Noire auf fast 3000 Metern. Auf halber Höhe des Hangs stand eine verlassene Hütte, wo wir uns auf den von der Sonne angewärmten Kalkschiefersteinen ausstreckten und uns das saftige Fett einer Dauerwurst die Kehle hinabrinnen ließen. Dann erreichten wir den Pass und fuhren in dem vor Kälte bläulichen Pulverschnee hinab zur Hütte. Dabei empfanden wir die Freude eines Kindes, das sein eigenes Sandschloss zerstört: in einigen wenigen Schwüngen den geduldigen Aufstieg zunichtemachen.

In der Hütte herrschte großer Andrang, im Bücherregal stand *Die Signatur des Feuers*. Vor der Suppe hatte ich Zeit, mir Blaise Cendrars Theorie über die Arbeit des Schriftstellers zu Gemüte zu führen. Der Künstler solle der Landschaft den Rücken zukehren, nie vor dem Fenster schreiben. Die Betrachtung sei dem Werk abträglich. Er habe die Landschaft gesehen, schloss er. Blaise, du Glücklicher! Ich brauchte sie alle. Ich war bereit, mich bis zur völligen Erschöpfung zu quälen, um sie zu durchqueren. Ich wollte, dass sich mein Gesicht – die Landschaft der Seele – all die Landschaften einprägt, denn sie sind die Seele der Welt. An jenem Abend wusste ich, dass ich die Landschaft schlechthin gefunden hatte. Das Relief löste sich auf, der Himmel war nicht mehr von der Erde getrennt, der Körper geriet ohne Orientierungspunkte aus dem Gleichgewicht, das Gestein verflüchtigte sich, der Geist erschien in neuem Glanz, die Formen verschmolzen miteinander.

Der vierzehnte Tag

Vom Refuge de la Blanche nach Ristolas.
16 Kilometer und 1000 Höhenmeter.

Die Felle, der Hang, Ostern.

Christus war auferstanden, aber die Bergsteiger vom Vortag schienen darum kein großes Aufheben zu machen. Außerdem hatte es Blaubeertarte gegeben.

Der Schnee fällt und schmilzt. Nichts wird bleiben. Alles kommt wieder.

Wir legten 1000 Höhenmeter zurück, ich sagte du Lac mein Haiku auf:

Vergänglichkeit ist
Ewig fällt der neue Schnee
Weiß auf die Erde

Viel Schnee war gestern Nachmittag auf die südlichen Hänge gerieselt, gerade und langsam wie Tränen. Wir überquerten drei Pässe.

Beim Aufstieg hatten wir bei jedem Schritt Gelegenheit, die besten, sprich die einfachsten Bewegungen zu vervollkommnen. Wir probierten aus, welcher Kantenwinkel, welche Schrittlänge und Spurneigung dem Schnee am wenigsten Widerstand leisteten. So gesehen war das Skifahren ein Kampfsport, der nach der perfekten, jeden Widerstand zunichtemachenden Bewegung strebte. Eine Anstrengung, die der weißen Landschaft entspricht: die Abwesenheit suchen.

Ein Fuchs rannte davon. Tiere, die dort, wo ich mich abmühte, herumtollten, lösten Minderwertigkeitskomplexe in mir aus. Im Mercantour hatten wir Gämsen aufgestört. Wenn das Tier dem Menschen begegnet, wendet es ihm rasch den Rücken zu. Kehrtwenden ohne die geringste Panik. Das Tier sagte nicht «ich habe Angst», es sagte «lasst mich in Ruhe».

Wir erklommen den letzten Pass vor dem Dorf Ristolas im Queyras. In umgekehrter chronologischer Reihenfolge zum Aufstieg fanden sich hier die Höhenmotive in ihrer ganzen Bandbreite: spärliche, als Botschafter vorgeschickte Tannen, der Wald mit bemoosten Felsen, dann eine Piste, ein Sturzbach, eine erste Brücke, ein erstes Chalet, auf einmal offene Almwiesen, geschlossene Zäune und die Dächer des Dorfs, um das Wiedersehen abzurunden.

Um fünf Uhr, wir saßen gerade auf einer Holzbank in der Sonne, erfuhren wir vom Tod des Arztes Manu Cauchy, der in den Aiguilles Rouges von einer Lawine mitgerissen worden war. Er hatte sich in Chamonix auf typische Krankheitsbilder von Bergsteigern spezialisiert – Sauerstoffmangel, Erfrierungen, Ödeme, Polytraumata. In seinen Büchern berichtete er von Rettungsaktionen direkt an der Felswand. Er hatte Bergsteiger ins Leben zurückgeholt, die sich, einmal genesen, sofort wieder in unmögliche Situationen gebracht hatten, aus denen Doktor Cauchy sie, am Kabel des Rettungshubschraubers der Hochgebirgspolizei hängend, befreien würde. Ein Wunderwerk des französischen Alpinismus, dieses Sozialsystem. Es verschaffte uns, Rebellen auf Zeit, die beim kleinsten Zwischenfall den Rettungsdienst riefen, eine Portion Freiheit.

Ich erzählte Rémoville von einem Telefongespräch, das ich zwei Jahre zuvor mitten in der Nacht auf dem Hochplateau von Pamir mit Cauchy geführt hatte. Ich biwakierte gerade mit ein paar Kameraden auf 4800 Metern Höhe, fern sämtlicher Täler, in der tiefsten Steppe. Es hagelte, und einer von uns litt an einem Hirnödem. Mit einer von der Satellitenkommunikation verzerrten Stimme hatte Cauchy uns gesagt, was wir machen sollten. Wir hatten unseren Freund in eine Überdruckkammer gesteckt und ihn überwacht, während Cauchy uns zurückrief, um den Stand der Dinge zu überprüfen. Jetzt aber war der «vertikale Doktor», wie er in Chamonix genannt wurde, selbst von einer jener Lawinen mitgerissen worden, aus denen er so viele Unglückliche befreit hatte.

Der fünfzehnte Tag

In Ristolas.

Ich blieb den ganzen Tag in der Herberge liegen. Du Lac hatte morgens einen «Ruhetag» angekündigt, war aufgesprungen und dann bis zum Abend durch Ristolas gerannt, um etwas zu finden, womit sich eine Skibindung reparieren ließ.

Ich dachte an Cauchy unter seinem Leichentuch.

Die Gefahr resultiert aus einer «Schneeakkumulation». Bei einer Hangneigung von über 30° droht eine von der Schmelze beschwerte Schneedecke einzubrechen. Da aber eine Neigung von 30° der allgemeinen Definition des Gebirges entspricht, war davon auszugehen, dass die Lawinengefahr überall lauerte. Insofern war das Risikomanagement eher eine Frage der Intuition als der Berechnung. Bei starkem Sonnenschein nimmt das Risiko zu. Am besten stieg man also frühmorgens auf die Skier und vermied die Reliefmulden, in denen sich Schnee sammelte. Der ideale Mantel war eine frische Schneedecke, die von der Sonne verwandelt, von der Luft gekühlt und mit der Zeit festgefahren worden war. Zartheit und Frische, Sonne und Zeit: Diese Zutaten ergaben eine treffende Definition des Lebens.

Das Akkumulationsprinzip stellte nicht nur eine Bedrohung für den Skifahrer dar, es beherrschte unser ganzes Leben. Zu viele Informationen für das Kind, zu viele Besitztümer für den Erwachsenen, zu viele Jahre für den Greis: Wir lebten unter beschwerten Felsvorsprüngen. «Nichts zu viel», wussten die Priester Apollos im Tempel von Delphi. «Zu viel von allem», entgegnete unser Jahrhundert. Die Gesten wurden schwerfälliger, das Denken plump, die Einbauschränke erbrachen sich im Überfluss: Wir kamen ins Rutschen. Und in unseren fettleibigen, reizüberfluteten Leben duckten wir uns und warteten auf die Lawine.

Aufbruch bedeutete Erleichterung. Mit einem auf wenige Kilo beschränkten Gepäck zogen wir unseres Weges. Diese Entlastung bot den Vorteil, sich nur einer Aufgabe am Tag widmen zu müssen: am Abend lebendig anzukommen. Nichts weiter als «nichts zu viel». Das war lebenswichtig, ausreichend. Wir schüttelten uns und machten uns davon.

Der sechzehnte Tag

Von Ristolas über zwei Pässe nach Montgenèvre.
28 Kilometer und 1800 Höhenmeter.

Der junge Flaubert hatte den Bericht seiner Wanderung entlang der Loire mit seinem Freund Maxime Du Camp *Über Felder und Strände* genannt.

«Und wenn Flaubert eine Skiwanderung unternommen hätte?»

«Über Hänge und Kämme», sagte du Lac.

«Über Leere und Weiß», warf ich ein.

«Über Eis und Himmel», schloss Rémoville.

Eigentlich hätte es heißen müssen «Über die Ohrfeige und den Frost». Der Sturm wollte sich an diesem Tag nicht legen. Im weißen Tageslicht legten wir 28 Kilometer bis nach Montgenèvre zurück. Auf ebenem Weg überquerten wir die Hänge eines zwei Kilometer langen Kars. Vier Jahre zuvor hatte ein Unfall meine Bauchmuskulatur gelähmt, und ich quälte mich auf den Abhängen, die sich rechts von mir erhoben. Ich hatte Schlagseite und mühte mich, meinen Oberkörper aufrecht zu halten. Das Skiwandern wurde zum Kampf. Jeder zurückgelegte Kilometer war ein kleiner Triumph. Dieses Abtauchen in sich selbst, die Umwandlung des Willens in Kilometer, war eine der Formen des Abstiegs ins Weiß. Um voranzukommen, musste man einen Punkt in seinem Inneren anvisieren. Alles Übrige verschwand. Dieser Punkt war ein Wort, konnte ein Gesicht, einen Ort oder eine Form heraufbeschwören. Der Geist stützte sich auf diese Erinnerung, um sie zu mobilisieren und den Körper weiterzuziehen, wie ein Segelboot, dessen Antriebskräfte an einer Stelle des Masts zusammenlaufen, die sich «Segelpunkt» nennt.

Wir erreichten den roten Wald. Über den Böschungen bluteten die Erlen. Übersät mit Bauernhöfen aus Holz, barocken Kapellen und bemalten Chalets, erstreckte sich die Vallée de la Cervières, vor den Böen geschützt, Richtung Norden. Die Wolken rissen auf, als wir jene Schreine einer gesegneten, weil vergangenen Zeit passierten. Es war ein Tal für die russischen Maler der Künstlergruppe Peredwischniki – Schischkin, Serow oder Sawrassow –, die sich nie gescheut hatten, einen Weg in ihre großen Schneeflächen zu graben: die einzigen Künstler, bei denen man Lust bekam, die Skier anzuschnallen und sich in das Gemälde zu begeben.

Wir stiegen erneut in dem inzwischen perlmuttblauen Schnee auf, zwischen den durchscheinenden, von Tannen schraffierten Wolken. Abermals verdüsterte sich der Himmel. Ich erinnere den Pass, den Abstieg durch den Wald und die Ankunft in Montgenèvre als blinde Anstrengung, bei der es galt, sich aufrecht zu halten und den Spuren zu folgen, die du Lac, scheinbar ohne jedes Zaudern, gezogen hatte.

Der siebzehnte Tag

Von Montgenèvre über den Col des Trois Frères
und einen anderen Pass nach Rochemolles.
10 Kilometer und 800 Höhenmeter.

Du Lac war gern unser Führer. Manchmal überließ er es Rémoville, «die Spur zu legen». Seinen Weg zu suchen, ist eine edle Aufgabe «am Himmel, wo kein Stern uns lacht». Der Vorkletterer prüfte ständig den Schnee, gab intuitiv die Richtung vor und versuchte, stetig, kraftvoll und langsam, den einfachsten und sichersten Weg zu finden. Die Definition der Spur: den größtmöglichen Höhenunterschied mit dem geringstmöglichen Aufwand zurücklegen, Schwachstellen vermeiden, durchhalten, um ans Ziel zu gelangen. «Ich spüre den Abhang unter meinen Schaufeln», sagte du Lac. Ich gab mich der Bewegung hin im Vertrauen auf die doppelte, vor mir gepflügte Rinne. Ich verließ mich auf meine Freunde.

Auf dem Pass wandten wir uns um. Die dunklere Spur zog sich durch das Tal und mündete auf dem steilen Hang in eine abknickende Zickzacklinie. Wir hatten einen Strich im Weiß hinterlassen: Schriftzüge im Gebirge. Binnen weniger Tage wäre alles zugedeckt, als wäre nie jemand vorbeigekommen. Das Weiß regenerierte sich von selbst.

Von Montgenèvre aus, wo wir eingekehrt waren, uns in einem Bad geaalt und in einem Bett geschlafen hatten, stiegen wir zum Col des Trois Frères auf. Du Lac legte seine Spur in der breiten Talmulde. Es war warm, der Schnee klebte, wir schlängelten uns durch den Schatten der Lärchen. Hinter dem Pass erreichten wir ein Unterholz, bevor wir zum Col des Acles aufstiegen. Ein paar Tage zuvor hatte ich die vom Wind abgeschliffenen Eisplatten verflucht. Der Bergsteiger ist ein Mensch auf dem Sprung. Er brennt für den Gipfel. Sobald er ihn erreicht hat, drängt es ihn zum Abstieg. Unten träumt er vom neuerlichen Aufstieg. Wenn der Schnee klebrig ist, wünscht er sich ihn hart; wenn die Schneedecke gefroren ist, lechzt er nach Sonne. Unbefriedigt geht er weiter, sucht in der Ferne, was er nie finden wird. Ein sorgenvolles Wesen, ständig auf der Suche, ein Gleichgesinnter, ein einfacher Bruder.

Später, in Paris, fand ich in Pascals *Gedanken* diese Sätze über unser ewiges Elend. Sie erinnerten mich an den Tag in Montgenèvre. Schließlich war auch Pascal mit seinen Messgeräten über die Puys de l'Auvergne gewandert. Pascal, der Bergsteiger!

«Auf einer unermeßlichen Mitte treiben wir dahin, immer im Ungewissen und treibend und von einem Ende gegen das andere gestoßen. An welchen Grenzpfahl immer wir uns binden und halten möchten, jeder schwankt und entschwindet. (...) Wir brennen vor Gier einen festen Grund zu finden (...) aber all unsere Fundamente zerbrechen, und die Erde öffnet sich bis zu den Abgründen.»

Das lernten wir vom Jansenismus: Leben bedeutet, einen «festen Grund» zu suchen. Kurzum, eine Spur zu legen.

Nach dem Col des Acles nahm du Lac die falsche Talmulde, er wagte sich in einen Engpass vor, der sich zu einer Felsschlucht zusammenzog und zum Nadelöhr wurde. Wir stießen mit beiden Armen an die Wände. Wir mussten Wasserlöchern ausweichen, die Skier abschnallen, um die Böschungen zu erklimmen, und uns an Schiefervorsprüngen entlangtasten. Wir versuchten, uns herauszumanövrieren, stießen dabei aber an die Spitze eines vereisten Wasserfalls: eine Falle, aus der wir nur mithilfe des an einem Baum befestigten Halteseils wieder herauskamen. Wir mühten uns durch den engen Korridor, bevor wir über einen Abhang zum Wald aufstiegen.

Das Dorf unten hieß Rochemolles. Die Gemeinde hatte auf den Bürgersteigen Holzpuppen aufstellen lassen. Was hatten sich die Stadtväter, die den Straßen mit diesem Aufmarsch an Gespenstern offenbar Leben einhauchen wollten, dabei bloß gedacht? Alberto, Vorsitzender der Bergführervereinigung, empfing uns unter den geschwärzten Balken seines Chalets. Er sprach über sein Leben in den Lawinen. Er hatte zwei Bergunfälle überlebt, von denen ihm ein leichtes Zittern geblieben war. Er hatte Bonatti, Cassin und Messner kennengelernt, die Berühmtheiten des italienischen Alpinismus, deren Namen er andächtig aufsagte, während er Rémoville und du Lac Wein aus dem Valfredo einschenkte. Da die Ärzte der Meinung waren, dass ich bereits über die Stränge geschlagen hatte, trank ich keinen Alkohol mehr und zog an kleinen Toscano-Zigarren, die hart wie geronnenes Schweineblut waren. Dann erzählte Alberto die Geschichte des Dorfes, die einem Requiem auf die europäischen Gebirge glich. Nach dem Krieg seien die Bauern fortgezogen, um sich in den Tälern Arbeit zu suchen und auf französische Baustellen abzuwandern. Daraufhin seien die Städter aus Rom, Mailand und Genua heraufgekommen und hätten die ursprüngliche Bevölkerung ersetzt.

In der Wintersportsaison wohnten Touristen in den Häusern. Die restliche Zeit über hielten die Puppen Wache. Heute griff die Armee die illegalen Einwanderer auf, die durch den Tunnel kamen. Um Mitternacht gestand Alberto uns umgeben von Qualm: «Ich mag Bergsteiger, ich werde immer versuchen, ihnen zu helfen.»

Der achtzehnte Tag

Von Rochemolles über den Col Sommeiller zum Refuge d'Ambin. 15 Kilometer und 1500 Höhenmeter.

«*Again to the sea*» lautet ein Vers von Lord Byron. Ich hatte ihn abgewandelt und sagte jeden Morgen: «*Again to the Blanc*». Rémoville war in aller Frühe Richtung Frankreich aufgebrochen. Er würde später, auf den Bergkämmen, erneut zu uns stoßen. Eines Tages würden wir den Faden wieder aufnehmen.

In einer halben Stunde katapultierten uns die Lifte an die Grenzen des Skigebiets. «Lasst uns wieder die Felle aufziehen!», sagte du Lac. Wir erreichten einen schmalen Pass, wo der Wind die Schieferterrassen freigefegt hatte, und drangen nach einem Abstieg von 1000 Metern inmitten chinesisch anmutender Lärchen auf einem von der Nacht zuvorkommend geglätteten Schnee tief in das Valfredo ein.

Sechs Stunden lang stiegen wir aus dem Tal wieder auf. Fröhlich quietschend streiften die Skier den Abhang. Der Geist folgte den Linien, ungewissen Wegen. Die Talmulde mündete in einen von Kämmen umstandenen Kessel, dessen Eingang unser Ziel war. Die bewaldeten Ufer beäugten einander diesseits wie jenseits der Mulde. Alles war geordnet.

«Die Perfektion der Landschaft», sagte ich zu du Lac.

«Schön ist es, so vergeht die Zeit schneller», erwiderte er.

Das langsame Vorangleiten und der vom Rhythmus der Schaufeln hypnotisierte Blick beschworen Visionen herauf.

Die Erscheinungen des Tages: zunächst ein russisches Gesicht mit grünen Augen in einem Heiligenschein aus braunen Haaren, ein Hafen mit Sirenen, ein Abendessen auf einer Terrasse in Neapel, ein elfenbeinfarbener Körper in roten Laken. Ich hob den Kopf. Eine Schar von Gämsen durchquerte das Tal, um sich auf einer Felsklippe auszuruhen und uns von dort zu beobachten. Ich fixierte meine Skier wieder. Jetzt war es die Vision eines Aufstiegs zum Piton de la Fournaise mit einem Orchideen-Mädchen, das sein Gift unter lauen Regengüssen verströmte. Abermals ein Blick auf den Lärchenwald, um zu prüfen, dass auch alles – Bäume, Tiere und Felsen – an Ort und Stelle war, wirklich, anwesend und wohlgeordnet. Mit gesenktem Kopf ging ich sodann die Symbolik durch: das leidgeprüfte Gebirge von Mario Rigoni Stern mit den aufgereihten italienischen Leichen am Rand russischer Straßen. Das Gebirge von Milarepa, wo grüne Götter auf dem Wolkenozean tanzten, das Gebirge von Ramuz, wo Selbstgebrannter in gelben Scheunen floss, die nie existiert hatten, und das Gebirge von Rébuffat, wo virtuose Bergsteiger stets den richtigen Griff fanden.

Auf diese Weise förderte die von der Anstrengung aktivierte Laterna Magica in raschem Wechsel Bilder aus den Tiefen des Unbewussten zutage. Wir kamen in den

Genuss einer Gratisvorstellung auf der weißen Leinwand.

Auf 3100 Metern Höhe rasteten wir, an die Ruine einer ehemaligen italienischen Befestigungsanlage gelehnt. Eine schwächliche Sonne wärmte den Zement.

«Und du, an was hast du gedacht?», fragte du Lac.

«An nichts», sagte ich.

Dann abermals eine zweistündige Gratwanderung bis zur Pointe Sommeiller auf 3350 Metern Höhe. Oben der Blick über die gesamten Alpen. Von dort aus betrachtet, kehrten uns die nördlichen wie südlichen Alpen, das Oisans und das Mont-Blanc-Massiv sternförmig ihre Rücken zu.

Richtung Osten, uns zu Füßen, die von einer blasslila Wolke verhangene Turiner Ebene. Das Tal mit seinen Ausdünstungen. Plötzlich das Verlangen, nie wieder in die Galerien des Termitenhügels hinabsteigen zu müssen.

Eine Gefahr des Bergsteigens: zu glauben, das körperliche Darüberstehen berechtige dazu, die Welt dort unten zu verachten. Die Analogie zwischen kristallklarer Luft und reinem Geist, zwischen blühender Gesundheit und hohem Denken lag auf der Hand. Diese Stammtischsymbolik hatte eine stählerne Literatur über die läuternden Tugenden des Gebirges inspiriert, in der Gipfelsturm und moralische Überlegenheit miteinander verschmolzen. In Wirklichkeit wertet der Gipfel jedoch nie den Wert des Menschen auf. Er kann nicht aus seiner Haut. Er bringt sein Elend mit auf die erhabenen Höhen. Die Entdeckungsgeschichte wimmelt nur so von erbärmlichen Begebenheiten, die sich an zauberhaften Orten zugetragen haben sollen: Bergsteiger, die unter den Kristallgipfeln handgreiflich werden, Schiffbrüchige, die sich unter

Kokospalmen gegenseitig an den Kragen wollen. Der Mensch mag sich in eine noch so unberührte Schönheit begeben, er verfällt doch immer wieder seinen Neigungen. Dagegen vermag auch die Kulisse nichts auszurichten!

Außerdem holt eine Böe den Tartarin, der das Gebirge für das Podest seiner Majestät hält, in die Wirklichkeit zurück: Er hat dort nichts verloren und muss sich wieder in seinen Schal hüllen.

Hinabzusteigen war also unser Schicksal. Heute spannte der Schnee eine zarte Seide aus, wir fuhren abseits der Pisten über die 40° steilen Hänge. Du Lac schlängelte sich elegant zwischen den Felsriegeln hindurch. Er holte die Seile nicht aus dem Rucksack.

Der Wächter des Refuge d'Ambin richtete sich gerade erst in seinem Frühlingsquartier ein. Er war zwei Stunden vor uns angekommen und räumte den Schnee vor der Eingangstür. Wir halfen ihm bei dieser lästigen Arbeit. Du Lac schaufelte wie ein Straßenarbeiter. In den Bücherregalen der Hütte stand eine Ausgabe des Larousse von 1975. Auf den rosafarbenen Seiten mit den griechisch-lateinischen Maximen stach mir *Abyssus abyssum invocat* ins Auge. «Der Abgrund ruft nach dem Abgrund.»

«Wie unser Leben», sagte ich.

«Wie das Skifahren», sagte du Lac.

Der neunzehnte Tag

Vom Refuge d'Ambin über den Col du Mont Cenis nach Lanslebourg. 15 Kilometer und 600 Höhenmeter.

Anschließend mit dem Auto nach Bonneval.

Wir brachen wieder auf. Um halb sieben Uhr morgens schnappte sich du Lac ganz selbstverständlich sein Zuggeschirr. Tolstois Theorie: vier Stunden körperlicher Arbeit pro Tag vor der Suppe. An seinem Lebensende pflügte der Russe eigenhändig das Land auf seinem Gut Jasnaja Poljana um.

«Du Lac, ist das Spurenlegen deine Pflicht?»
«Meine Freude.»

Wir glitten bis zur Brücke, die über den Bach Ambin führte, bevor wir 400 Meter durch einen steilen Wald aufstiegen. Die Bäume wuchsen auf Felsschüttungen. Wir mussten die Skier abschnallen, um die Vorsprünge zu erklimmen. Die Lombarde, der Ostwind, war aufgekommen, schwer und lau. Wir scheuchten Schneehühner auf, die von den Böen davongetragen wurden. Sie hatten den Winter in einem selbst gebauten Schneeloch verbracht und dessen Temperatur stabil gehalten, um überleben zu können. «Der Wind ist der Zufall der Vögel». Am Col du Mont Cenis war er der Zufall unserer Gedanken. Er erreichte 70 Stundenkilometer. Zwei Stunden lang arbeiteten wir uns durch die schneegefüllte Luft voran, ohne weiter als 10 Meter sehen zu können, von einem einzigen Ziel beseelt: einen Fuß vor den anderen zu setzen, immer wieder. Unsere fixe Idee war das Gleiten auf der Kante. Wir zerteilten die Substanz.

Die Spur verwehte. Ich versuchte, die Gestalt meines Gefährten nicht aus den Augen zu verlieren. Die Sonne brach durch die Wolken und beleuchtete Tufftürme, die uns als Landmarken dienten. Wir ließen eine Ruine, eine Kapelle, einen See, eine Hütte und ein kleines Fort hinter uns – unsere Inseln. Nach dem Col du Mont Cenis wechselten wir hinüber in die Maurienne, und schon bald überquerten wir die Pisten des Skiortes Lanslevillard.

Auf den markierten Abfahrten, die von den Pistenraupen planiert worden waren, konnten wir endlich die Luft zerstäuben und auf die Wirtshäuser im Tal zujagen. Wir waren *Wostok* und *Sojus*, rostige sowjetische Raumkapseln: nach dem Schwimmen im Nichts zurück auf der Erde.

Es war ein gehaltvoller Tag. Er hatte in Watte begonnen und endete in einer Schussfahrt zum abendlichen Fondue.

Der zwanzigste Tag

Von Bonneval über den Col de la Fourche und den Gipfel des Albaron zum Refuge des Evettes. 12 Kilometer und 1000 Höhenmeter.

Eigentlich war das Wetter an diesem Morgen schön gewesen. Wir hatten unter dem Dach eines Chalets in Bonneval geschlafen. Über dem Kalkschiefer lastete die Schneedecke auf dem Gebälk. Der Himmel über dem Schnee war blau. Seit den Neunzigerjahren war keine so dicke Schicht mehr gefallen. Im Dorf waren sogar Dachbalken eingekracht. Die Sonne flutete die Luft.

«Eine richtige Zuckerbäckerei», sagte du Lac.

Wir ließen uns von der morgendlichen Freude anstecken. Die Seilbahn brachte uns auf die 3000er-Marke, und über den glitzernden Schnee stiegen wir zum Gipfel des Albaron auf. Ich versuchte, mich an die Bach-Kantate BWV 51 zu erinnern: an das Gold der Blechbläser, den Ruhm Gottes, die beschwingten Da-capo-Reprisen. Das Jubilieren der Protestantinnen ähnelt der Morgendämmerung im Gebirge.

Wir wollten es nicht wahrhaben (denn die Heiterkeit riss uns mit), doch schon längst war auf den Kämmen Wind aufgekommen. Die Gipfel rauchten, wir setzten unseren Aufstieg über eine Mauer aus Neuschnee fort. Rasch wurde die Luft weiß, und das Weiß des Himmels verschmolz mit dem Weiß der Erde zu einem totalen Weiß. Der Nebel verschleierte die Leere, und ich hatte keinerlei Angst, weil ich die Fluchtlinien nicht sah. Nichts wissen, einfach weiter aufsteigen, so unser Katechismus. Abends gestand du Lac mir, dass er ans Umkehren gedacht hatte.

Wir nahmen das falsche Kar und mussten uns über Fels- und Eisbänder kämpfen, um an den Fuß des Albaron zu gelangen. Sobald der Hang nach links abfiel, hatte ich Mühe, mich gerade zu halten. Es war ein Kampf gegen meine eigene Traurigkeit. Er warf mich auf das zurück, was mir vier Jahre zuvor beim Sturz von einem Dach, der mir den Rücken gebrochen, den Schädel zertrümmert und die Seele getrübt hatte, gewaltsam abhandengekommen war. Ich hatte das Grauen in mir verschlossen. Doch während dieser kurzen unheilvollen Durchquerung trat die Melancholie erneut zutage. Aus dem Weiß stiegen meine Schatten auf. Diese Farbe hatte die merkwürdige Macht, als Heilmittel für die von ihr selbst bewirkten Ängste zu dienen.

Gegen Selbstmitleid half Sturm. In den Böen musste man rasch gehen, Entscheidungen treffen, die Steigfelle ab- und wieder aufziehen, was wenig Zeit für Metaphysik ließ. Irgendwann standen wir am Fuß des Albaron (dieser syrische Name: arabisch und aristokratisch!). Im Eisregen seilten wir uns an und erklommen mühelos den Gipfel. Auf 3640 Metern streckte die Lombarde uns nieder, der gefrierende Wind verwandelte uns in Eisskulpturen. Ich wollte umkehren, du Lac wollte weitergehen, wir gingen weiter. Freundschaft ist Gehorsam.

In die Wolken der Maurienne malt der flache Gipfel des Albaron einen steinernen Tisch, der mexikanischen Tafelbergen gleicht. Ich hatte ihn von der gegenübererliegenden Seite aus betrachtet, auf dem Pissaillas-Gletscher an der Grenze zwischen der Maurienne und der Tarentaise, wo ich schon oft Ski gelaufen war. Jedes Mal nahm ich mir vor, eines Tages den Albaron zu besteigen. Doch ich hatte nicht damit gerechnet, dass meine Verabredung einer Tracht Prügel gleichen würde.

Mit Steigeisen an den Füßen arbeiteten wir uns blindlings zum Kamm hinunter. Nach zwei Stunden Akrobatik erreichten wir, knirschend vor Frost, den Sattel, von dem aus wir nach Norden umschwenken konnten. Es galt nicht mehr, Ski zu laufen, sondern bei einem Wind von 100 Stundenkilometern an Höhe zu verlieren. Mit großen Schritten machten wir uns, gleichgültig gegenüber der Lawinengefahr, davon.

Ganz oben auf der Risikoskala steht der Blitz, der selten ist, aber auf der Stelle tötet. Es folgen der Sturz, die Lawine und das Verirren im Nebel (das die beiden anderen Risiken nach sich ziehen kann). Kälte und Wind bilden die Schlusslichter, weil es immer möglich ist, sich in ein Schneeloch zu flüchten. Aber die Theorie ist das eine, das Leiden das andere. Wir mochten die Hierarchie dieser Gefahren noch so gut kennen und wissen, dass die Lawinen weit oben rangierten, wir preschten dennoch über den Abhang, um Schutz vor dem Wind zu suchen.

Auf 3000 Metern Höhe zeigten sich die Eiszacken der Gletscher und boten uns Orientierungspunkte. Auf 2800 Metern fanden wir uns unter den Wolken wieder. In der Ferne tauchte die Hütte auf. Bald würden wir am Feuer sitzen, dem wahren Gott der ersten Menschen. Sie hatten recht gehabt! Wozu abstrakte Götter und sinnlose Sportarten ersinnen, wenn man das Feuer einmal unter Kontrolle hatte?

Das Skiwandern: durch Windschneisen von Feuer zu Feuer ziehen.

Der einundzwanzigste Tag

Vom Refuge des Evettes zum Refuge du Carro.
6 Kilometer und 800 Höhenmeter.

Tags zuvor, in der Hütte, waren wir auf einen italienischen Bergführer und den heiligen Augustinus gestoßen. Mit Ersterem sprachen wir über das Abenteuer und gelangten zu der Schlussfolgerung, dass das Abenteuer die Richtung ist, die wir unserem Tatendrang geben. Die *Bekenntnisse* von Letzterem thronten auf einem Tisch. Das Taschenbuchformat war erfunden worden, damit Bergsteiger etwas zum Lesen mitnehmen konnten. In den Hütten erleichterten sie ihre Rucksäcke, ließen ein Buch zurück und packten ein anderes ein. So entstanden bunt zusammengewürfelte Höhenbibliotheken, die aus den Tiefen der Rucksäcke zutage gefördert wurden. Aus Fundstücken auf den Regalen und Entdeckungen in den Schlafräumen erntete ich Abend für Abend die Früchte meiner Zufallslektüre. Sie glichen Sondierungen der Gedanken, die jeweils am Ende einer Tagesetappe durchgeführt wurden. So zog ich in den Alpen mit einer Gedichtzeile oder einer Meditation meinen Verabredungen entgegen. Skifahren: in den ausgesäten Büchern Wissen sammeln. Wenn ich die Tür zur Hütte öffnete, wusste ich, dass ein paar Worte meinen Abend aufwerten würden. Gestern ging es in den *Bekenntnissen* um die «unruhigen Wogen der Jugendzeit», die sich im «Hafen der Ehe» brachen, und um die Linderungen des Glaubens: In der geistigen Rangordnung ähnelte das der Beschreibung unserer Tage. Das Skiwandern war nichts anderes. Die «Wogen» des Himmels mündeten in den «Hafen» der Hütte.

Du Lac orientierte sich mithilfe einer klassischen Landkarte. Sein Faible für Karten stammte aus seiner Kindheit auf dem Land. «Ich sehe das Relief, wenn ich das Papier auffalte.» Das Gebirge war zu schön, als dass er sich einfach dem Befehl von Algorithmen, eher hier als dort entlangzufahren, hätte fügen mögen. Die Blätter, die in wasserdichten Hüllen steckten und mit Kordeln an seinem Oberkörper befestigt waren, schlugen an seine Rippen, wenn er Fahrt aufnahm. Ich amüsierte mich über den Albatros, der sich in seinen eigenen Flügeln verhedderte. Ich bewunderte den Landvermesser, der sich nie verirrte.

Wie jeden Morgen hatten wir die Karten auf den Holztischen ausgebreitet. Eine reiche Ernte an Toponymen: oberhalb des Refuge des Evettes der «Col de la Disgrâce» (Pass der Ungnade). Weiter weg ein Aufschluss mit dem Namen *rocher pénible* (mühsamer Felsen).

«Das lässt Schlimmes vermuten!»

«Wir werden diese Fallen vermeiden», entgegnete du Lac.

«Wir schlängeln uns einfach an den Wörtern vorbei.»

Wir tauchten in die Gorges de la Reculaz ab und stiegen durch ein in Öl gemaltes Tal sofort wieder zum Refuge du Carro auf. Entlang der weißen Anhöhe und der erhabenen Abhänge lagen die Chalets wie Monstranzen auf dem glasierten, in der Sonne zuckrig glänzenden Schnee. In der kalten Luft vermeinte das Auge die Maserungen der Holzbalken zu erkennen. Doch der Nebel verschleierte das Bild. Und es brauchte du Lacs Instinkt, um die Hütte zu erreichen. Eine seiner Skifixierungen löste sich, wir reparierten sie im Schneetreiben. Es schneite immer stärker, wir fuhren weiter. Ein Abgrund tat sich vor unseren Skiern auf, wir umrundeten ihn. Die beschwerten Hänge waren gefährlich. Wir fuhren Schlangenlinien.

Der Nebel versetzte uns in einen zuversichtlichen Zustand. Wir sahen nichts von den Abgründen. Das war auch besser so. Verschließt der Mensch nicht die Augen vor der Gefahr? Politische Allegorie: Die Fürsten kultivieren die allgemeine Blindheit, um keine Panik auszulösen! Der Nebel ist Benebelung. Iwan Turgenjew an die Brüder Goncourt: «Für uns andere hat der slawische Nebel auch sein Gutes ... er hat das Verdienst, uns der Logik unserer Ideen zu entziehen (...) bei mir verschwindet die Vorstellung vom Tod.» Letzten Endes hatte es nichts Absurdes, sich gewisse Sorgen zu ersparen, indem man seine Scheuklappen aufsetzte. Ob Romane, Glaube, Liebe oder Wahlkämpfe: Alle lebten wir in Trugbildern. Auch das war die Durchquerung des Weiß: am Rand des Abgrunds zu tanzen und ja nicht über die Brüstungen zu schauen. Heute waren du Lac und ich erleichtert, nichts von den Schlünden zu wissen, zwischen denen wir uns einen Weg bahnten.

Im Refuge du Carro, allein mit dem Wirt, zelebrierten wir die abendliche Liturgie und blickten hinter dem dampfenden Tee in die Flammen des Feuers. Unterdessen löste die Nacht den Nebel ab.

Der zweiundzwanzigste Tag

Vom Refuge du Carro zum Refuge du Fond des Fours. 15 Kilometer und 1200 Höhenmeter. Dann weiter nach Val-d'Isère.

Der Sturm war stärker geworden. «Wartet noch einen Tag», sagte der Hüttenwirt. «Gebt es auf», sagte der Wind. «Los jetzt», sagte du Lac. Wir irrten vier Stunden lang unter den Felsriegeln umher.

Die körperliche Anstrengung wärmte uns in den Böen. Die Rettung bestand in der Bewegung und verlangte die Flucht. Vom Schnee gepeitscht, folgte ich du Lac in zehn Metern Abstand. Wusste er eigentlich, wohin er uns führte? Egal: Vorankommen bedeutete zu leben.

Das Gesicht maskiert, den Kopf in die Wolle gesteckt, tat man gut daran, sich innerlich zurückzuziehen. Die Gedanken stiegen hinab ins Labyrinth, auf der Suche nach einem Leuchtfeuer. Wir fingen das Bild einer gesegneten Stunde ein – ein Maienabend in den atlantischen Wäldern – und umkreisten diesen Funken wie ein Nachtfalter, der rings um die Lampe seine Flugbahn sucht.

War dies die Heimat des «inneren Menschen» des heiligen Augustinus, die «Citadelle» von Saint-Exupéry, das geistige Ithaka, jene Insel in einem selbst? Dort brannte ein Feuer, an dem der Geist verschmelzen, sich aufwärmen und vergessen konnte, dass wir uns unter 50° steilen Hängen verirrt hatten.

Ich dachte an den Lichtschein des Gasherds im Haus meiner Großmutter, schwach, unauslöschlich. Und während der Wind an den Zinnen der Felsvorsprünge riss, sehnte ich mich nach dem Herd. Es gab noch eine andere Hilfe gegen den Sturm: sich an den Schmerz der anderen erinnern, den eigenen damit vergleichen und sich bewusst werden, dass er nichts dagegen ist. Ich dachte an Pierre Mazeaud, der eine Woche lang am Pilier du Frêney eingeschlossen war, an das Martyrium von Sterns Unteroffizieren im sowjetischen Schnee, und dieses Blättern durch die Archive des Unglücks erfüllte seinen Zweck: *Was ich hier erlebe, in den 100 Stundenkilometer starken Windböen, mit dieser Schneelawine, die gerade von du Lacs Skiern ausgelöst worden ist, ist in Wirklichkeit ein Sonntagsspaziergang.*

Wir erreichten den Pass, die Brèche de l'Ouille, auf 3300 Metern Höhe – der Beweis, dass die Technik der Gedankenumlenkung Früchte trug: Irgendwann kamen wir immer an. Auf der anderen Seite beherrschte das «Wüstenland», das Randgebiet des Pissaillas-Gletschers, das Skigebiet von Val-d'Isère und damit das Ende des ersten Kapitels unserer Alpenerklimmung. Wir konnten noch immer nicht weiter als zehn Meter sehen, doch diese Weiße wurde zu einer anderen Substanz, weil sie unser Ziel darstellte.

Der Wind blies. Die Skilifte waren geschlossen. Die Sessellifte schaukelten an einem vereisten Kabel. Was machte dieser Japaner da unten am Gletscher, der erste Skiläufer, dem wir seit Tagen begegneten? Er trug den für

Japaner typischen Gesichtsausdruck, als hätte er alles verstanden und wollte doch nichts preisgeben. Grußlos verschwand er wieder.

Wir fuhren durch den Pulverschnee bis auf 2500 Meter hinunter und stiegen dann zum Col de Fours auf, während sich die Sonne begleitet von heftigen Windstößen einen Weg durch die Wolken brach. Über die Hänge des Pélaou Blanc, die sich in hellenistischen Faltenwürfen darboten, glitten wir über immer seidigere Abhänge bis zur letzten Etappe, dem Refuge du Fond des Fours.

Als wir zum letzten Mal in diesem Jahr an der Tür unsere Skier abschnallten, waren wir glücklich. Wir würden unsere Freundinnen wiedersehen. Einen Monat zuvor hatten sie uns versprochen, uns bei der Ankunft in der Hütte zu erwarten. Charlotte, Virginie, Charlène und vielleicht Anna: die Mädchen aus Val-d'Isère. Wir kannten sie seit den Jahren, als wir hier regelmäßig Ostern gefeiert hatten. In Val-d'Isère hatten wir Nächte mit Slalomlaufen verbracht und blaue Tage, an denen wir der Geschwindigkeit nachjagten. Seit inzwischen dreiundzwanzig Tagen kämpften wir uns im Weiß ab und dachten an die Mädchen im Refuge du Fond des Fours: Sie würden unsere letzte Etappe feiern und am nächsten Tag mit uns bis zu den Gasthöfen gleiten. Ja, wir hatten davon geträumt, die Tür zu öffnen und blonde Schöpfe und rote Pullover zu sehen. Die vier würden die tapferen sowjetischen Skifahrer, die vom warmen Meer kamen, willkommen heißen.

Du Lac stieß die Tür auf: «Da sind wir!»

Niemand war da.

Der Bergsteiger ist jemand, der oben nie findet, was ihm unten fehlt, aber stets bereit ist, sich erneut auf den Weg zu machen. Es stimmte also: Man konnte sich von der

Langeweile befreien, die Qualen vergessen und alle Bitterkeit wegwaschen, indem man in die Weiße eintauchte. Der Schnee war eine schmerzlose Säure. Er scheuerte die Seele blank. Wir mussten wieder in ihn eintauchen. Die Alpen waren noch groß, wir würden wiederkommen.

2019, zweites Jahr

DIE ZEIT

Der dreiundzwanzigste Tag, 18. März

Von Val-d'Isère über den Col de la Sassière und einen weiteren Pass zum Rifugio Mario Bezzi. 15 Kilometer und 1500 Höhenmeter.

Der Schnee hüllt die Welt in Schweigen. Val-d'Isère wagte sich nicht zu regen. Wir brachen von der Kirche auf. Dort, wo wir unsere Tour vor einem Jahr beendet hatten.

«Heißt das, den Faden wieder aufzunehmen?», fragte du Lac.

Doch die Zeit war vergangen. Die Tage waren verstrichen, das mörderische Spiel hatte sich fortgesetzt. «*The show must go on*», sagt der Tod. Meine Tante war zwei Tage zuvor gestorben. In unserer Familie verkörperte sie das lässige Leben: Sie hatte fünfzig Jahre lang in den Tropen gelebt und aus ihren Hibiskusnächten die Kunst des Gintrinkens mitgebracht, als gäbe es nichts Eleganteres auf der Welt. Sie trug luftige Blusen. Für uns, die wir sonntags in die Comédie-Française gingen, war sie die Tante der sanften Passatwinde.

Nach einem zweijährigen Kampf gegen die Krankheit hatte sie darum gebeten, die Bestimmungen des Leonetti-Gesetzes in Anspruch nehmen zu dürfen: Seit 2005 erlaubte dieses Gesetz der Ärzteschaft, die Leiden der Patienten zu verkürzen. Man sedierte sie langsam, um die Auslöschung zu bewirken. Ohne die Befehle vom Gehirn gab der Organismus auf. Niemand machte sich über dieses Verfahren Illusionen. Es war die Euthanasie der wohlerzogenen Leute, ein um wenige Tage vorverlegtes Fingerschnippen. Dieses System schonte die Geistlichen und ihren Leidenskult.

Zwei Tage zuvor hatte der Arzt im Hôpital-Saint-Antoine das Zimmer meiner Tante betreten, um die nötigen Handgriffe zur endgültigen Verschickung *ad patres* auszuführen. Er bat uns hinaus. Sie sah uns mit ihren blassen Augen an und sagte: «Auf geht's, Herr Doktor.» Diese Worte – ihre letzten oder doch zumindest die letzten, die mir zu hören vergönnt waren – schienen mir eine der treffendsten Leitsprüche für die Einschiffung zu sein.

«Entfliehn! Hinweg!», diese Worte stammen von Mallarmé. «Wenn du liebst, geh auf die Reise» von Cendrars, und jetzt gab es auch den Ausspruch meiner Tante.

«Seid ihr bereit?», fragte du Lac.

«Vertrauen wir uns dem Weiß an», sagte Rémoville.

«Auf geht's, Herr Doktor», sagte ich.

Während der ersten 15 Kilometer wiederholte ich die Bewegungen des Vorjahres, stellte am Material alles ein, fand meine Reflexe wieder. Wir stapften aufwärts durch den dunstverhangenen Wald. Ein glückliches Gleiten: Wir waren wieder unterwegs. Wie durch Zauberhand gerieten die vergangenen zwölf Monate – formlose Städte, nutzlose Reisen, lärmende Bücher und fettige Mittagessen – in Vergessenheit. Bekehrung auf den Hängen, Vergebung der Sünden.

Der Hang führte zum Col de la Sassière. Die Windböen

säumten die Kämme mit Dampfschwaden. Vom Wind aufgewirbelt, wird der Schnee zu Gas.

Am Pass versuchte du Lac, mit einem Seil an einer Felsnase gesichert, die Abkürzung über eine Schlucht. Er ließ es sein. Wir umrundeten den Felsriegel und stiegen in einiger Entfernung ab, als der Hang sich öffnete.

Ein konkretes Vergnügen: sich darüber Gedanken machen, wo es langgehen soll. Sich zu orientieren, ist das älteste Handwerk des Menschen. Wir erklommen einen kleinen Pass in 3100 Metern Höhe. Das Rifugio Mario Bezzi tauchte vor uns auf und bestätigte, dass «die andere Seite» stets hält, was sie verspricht. Der vom Wind des Vortags verblasene Schnee war brüchig. Ich erinnerte mich nicht mehr daran, wie es sich anfühlte, über etwas hinwegzugleiten, das nicht trug. Glücklicherweise hatte ich diesen Satz aus *Das Irrlicht* als Beschwörungsformel im Kopf: «Dass sich bloß nichts bewegt um mich herum.»

Wir erreichten die Hütte, die Suppe war wie ein Freund.

Der vierundzwanzigste Tag

Vom Rifugio Mario Bezzi zum unbewirtschafteten Rifugio degli Angeli. 16 Kilometer und 1500 Höhenmeter.

Ein langer Abstieg im Morgengrauen zum verlassenen Dorf San Leonardo. Wie eine marode Kulisse warteten diverse Bauwerke auf ihren endgültigen Zusammensturz. Aus den löchrigen Dächern ragten die Balken. Die Ruinen umstanden eine Kapelle. Auf einer Wand prangte eine Inschrift: «Auf dass sich alles zum Besten wende, das Gebirge gnädig sei und das Leben nicht zu hart.» Mit einem solchen Gebet waren wir für Wochen in Sicherheit.

Es hatte eine Zeit gegeben, in der Kuhglocken durch diese Täler schepperten. Die Weidewirtschaft im Gebirge hatte einen widerstandsfähigen, abgesonderten und argwöhnischen Menschenschlag hervorgebracht, der über seine Almen wachte wie über die Rücklagen auf der Bank. Auf unseren Skiern spielten wir bloß die alltäglichste bäuerliche Bewegung nach: Wir liefen durchs Gebirge.

Wir kletterten zum Rutor empor. Auf einem Berggrat richteten wir uns neu aus. Er führte zum Rifugio degli Angeli. Der pulvrige Schnee gab nach.

«Das ist riskant», sagte du Lac.

Er wagte sich auf die nackten Felsen, auf denen unsere Sohlen leichter rutschten, die jedoch tragfähiger waren als die Schneedecken: Von einem Felsblock konnten wir zwar abgleiten, aber einstürzen würden die vom Eis zementierten Felsen nicht.

Auf unseren Skiern durchquerten wir das Unbeständige. Da sich nirgends ein fester Halt bot, waren wir zur Bewegung verdammt. Wenn wir stehen blieben, drohten wir einen Schneerutsch auszulösen. Weitergehen oder sterben – eine Devise für ungewisse Tage.

Im Fall einer Lawine würden die Ortungsgeräte, die wir auf der Brust trugen, ihre Signale aussenden. Freunde würden sich durch den Schnee graben. Vielleicht würden wir gerettet. Ein Hubschrauber würde uns holen. Der Staat würde uns versorgen. Und sobald wir wieder auf dem Damm wären, würden wir erneut losziehen.

Jahrtausendelang hatte der Mensch darum gerungen, ein Stückchen Land zu ergattern, es zu bestellen, einen Altar zu errichten, ein Rind zu opfern und dann eine Stadt mit Museum und Standbildern zu bauen. Alles Trachten hatte darauf abgezielt, «dass jeder an seinem Platz bleibt, ihn pflegt und weitergibt».

Plötzlich ein radikaler Wandel. Im 20. Jahrhundert hatte sich die profitgierige Menschheit in Bewegung gesetzt und beschlossen, alles in Umlauf zu bringen. Die Legitimität der Bewegung beruhte auf ihrer Permanenz. Der Warenverkehr schuf ihren Wert. Ab jetzt war Schluss mit der Ruhe. Auf dem weltweiten Basar waren die Menschen Monaden, die Besitztümer Produkte, die Geschichte eine Tektonik, die Nationen Plasmen. Die ständige Bewegung war vielleicht nur ein anderer Name für den *Fall*. «*Sic transit gloria mundi*», sagten die Römer. «Der Ruhm der

Welt ist der Transit!», erwiderte unsere Epoche. Der Bruder von Ernst Jünger hatte in *Die Perfektion der Technik* eine treffende Definition dieses Chaos gegeben: «die Bewegung des Unbeweglichen».

«Die Welt verändert sich, wir wollen sie dabei begleiten», sagten die Politiker der Warendemokratien. Als Sklaven des Unausweichlichen gestanden sie: «Lasst uns unter der Lawine überleben, weil wir *nichts dagegen ausrichten können.*»

Die Sonne knallte noch immer auf die Terrasse des Rifugio degli Angeli. Wir blieben auf der aus der Schneeschmelze entstandenen Sonnenuhr sitzen. Die Sonne sank hinter dem Kamm. Die Sonnenuhr erfüllte ihren Zweck nicht mehr, der Schatten hatte den Himmel sofort abgekühlt. Wir schauten ein letztes Mal zum Mont Blanc, bevor wir uns in der Wellblechhütte unter einem Stapel aus sechs Decken, die uns gegen die nächtlichen –9 °C schützen sollten, vergruben.

Der fünfundzwanzigste Tag

Vom Rifugio degli Angeli über den Rutor-Gletscher nach La Thuile. 10 Kilometer und 500 Höhenmeter.

Wir hatten wieder in unseren Rhythmus gefunden. Wir standen auf und verstauten die Decken. Du Lac warf den Gaskocher an, Rémoville präparierte die Skier, glättete die Steigfelle, und ich schrieb ein paar Zeilen, nachdem ich den Stift an meinem Bauch angewärmt hatte. Meine beiden Freunde prüften die Wetterberichte, wir tranken unseren Kaffee, während wir die Namen der Pässe rekapitulierten, die uns erwarteten, und eine Stunde nach dem Erwachen glitten wir der Reihe nach hinaus: du Lac an der Spitze, ich in der Mitte, Rémoville als Schlusslicht.

Unter dem makellosen Azur strebte du Lac auf den Fuß der Rutor-Pyramide zu. Wir fuhren 150 Meter unterhalb der Spitze auf einem 55° steilen Abhang an ihr entlang. Wir querten ihn auf gleicher Höhe, ohne auf die Gletscherspalten zu schauen. Mit dem Pickel in der Hand hatte ich Schwierigkeiten, in du Lacs schmaler Spur das Gleichgewicht zu halten. Es folgten weit ausholende Schwünge auf satinweichen Abhängen Richtung Italien. Unten: der Schatten der Wälder und die Maserungen der Eisenbahnlinien. Am Himmel stolze Wachen: Matterhorn,

Mont Blanc, Jorasses und Capucin. Eine Landschaft wie auf Schweizer Pralinenschachteln über einer Spielzeugeisenbahnkulisse.

Um La Thuile zu erreichen, wählte du Lac den geraden Weg durch den Wald. Wir kletterten Felsvorsprünge hinab und suchten, die Skier an den Füßen, an den Bäumen nach Halt. Auf der Terrasse eines italienischen Gasthauses blieben wir, eine Toscano vecchio zwischen den Lippen (die einzigen Zigarren, die erst beim Tod des Rauchers erlöschen), bis um vier Uhr nachmittags in der Sonne sitzen. Du Lac trank eine Flasche Chianti. Rémoville hing am Telefon und führte mit seinen Pariser Kollegen Gespräche, die uns einschüchterten.

Das Weiß war die Farbe der wiedergefundenen Zeit. Auf einer Seite meines Notizbuchs versammelte ich die heraldischen Motive des weißen Wappens. Das Bündnis bestand aus vier Wörtern: Substanz, Geduld, Mäßigung, Wechsel.

Substanz: Wir steigen auf, der Zeit einverleibt. Jene auf Dauer angelegte Einschiffung ist das Gegenteil der Buchhaltung. Es gilt nicht, die Stunden abzuzählen, sondern in ihnen aufzugehen. Man klettert, müht sich und verschnauft, die Zeit verstreicht, die Skier schlagen den Rhythmus, das Herz pocht, die Stunden nehmen dich mit. Im ständigen Fließen. Plötzlich bist du angekommen. Der Fluss hat dich ans Ufer gespült.

Geduld: Die Akzeptanz ist der Schlüssel. Mehr als mit Stärke besiegst du die unermessliche Weite mit Geduld. Denk daran, wie die Bisons über die Weide ziehen: langsam, schwerfällig, unermüdlich. Am Ende das Ziel.

Mäßigung: Warum genießen wir die Stunden in den Hütten? Weil diese Hütten eine bescheidene Ruhe spenden, in der die Gegenstände sich dem Menschen in ihrer bloßen Funktion darbieten. Jedes Ding erfüllt allein seinen Nutzen. Der Ofen heizt, der Tisch ist breit, das Fenster öffnet sich zum Gebirge hin. Das Gespräch entsteht aus der Wärme. Die Suppe dampft, die Holzscheite knistern. In dieser freundschaftlichen Welt haben Neuerungen keinen Platz. Die Technik sorgt für alles Nötige. Dort oben erfüllt sich Hölderlins Wunsch: Es ist möglich, wie ein Dichter zu wohnen. In Freiheit, weil in Sicherheit.

Wechsel: Das permanente Überschreiten der Grenze. Vom Gebirge zur Abfahrt, von der Mühsal zum Gleiten. Von der Nord- zur Südseite, gleichsam vom Schatten zum Licht. Von der Strapaze zur Hütte, vom Tag in die Nacht. Und sogar in der Vorstellung, die wir uns vom Reisen machen, wechseln wir zwischen der strategischen und der taktischen Fährte. Erstere – die Totale – widmet sich der Entscheidung, ob wir Wien oder Triest ansteuern wollen. Letztere – als Nahaufnahme – der Frage, ob wir die nächste Schlucht mit dem Pickel in Angriff nehmen oder besser umfahren sollen. Großer oder kleiner Maßstab. Die gleiche Dialektik bestimmt die Entscheidungen des Lebens: Schicksal oder Weg? Stillstand oder Bewegung? Beschauliche oder flüchtige Liebe? Ein beständiges Schwanken. Wir überqueren die Alpen, doch fürs Erste zählt nur, dass wir das nächste Tal bewältigen.

Der sechsundzwanzigste Tag

Von La Thuile über den Ghiacciaio del Miage zum Rifugio Francesco Gonella. 10 Kilometer und 1200 Höhenmeter.

Mit der Seilbahn gelangten wir aus Courmayeur in den Tiefschnee abseits der Pisten. Die Lärchenwälder führten zur Combal-Hütte. Auf einem sumpfigen Gelände (Birken, Erlen, vereister Stechginster) zogen wir die Seehundfelle auf. Wir überquerten die Moräne und erklommen den langsamen Miage-Gletscher, wobei wir unverwüstliche Gämsen aufscheuchten. Um fünfzehn Uhr erreichten wir, auf dem Eis aneinandergeseilt, die Gonella-Hütte. Auf dem Hubschrauberlandeplatz kochte du Lac pausenlos Tee, und die wohltuende Wärme brannte uns in der Kehle, während die Sonne hinter den Aiguilles Rouges unterging. Vom Schatten verscheucht, begaben wir uns in die dem Wind ausgesetzte Holzhütte: Wir räumten den Schnee von den Bettgestellen, kratzten den Raureif von den Matratzen und verbrachten die Nacht in knisternden Decken, die immer weicher wurden, je länger unsere Körperwärme das Eis zum Schmelzen brachte.

Der siebenundzwanzigste Tag

Vom Rifugio Francesco Gonella über den Dôme du Goûter (4300 Meter) zum unbewirtschafteten Refuge des Grands Mulets. 1300 Höhenmeter.

Um drei Uhr morgens blies du Lac zum Angriff:

«Draußen sind es 1 °C, Jungs.»

«Deutlich über Null», sagte Rémoville.

«Was wollen wir mehr?», warf ich ein.

Mit Stirnlampen ausgerüstet, verließen wir die Hütte. Der Mont Blanc lag vor uns in der Nacht, unsichtbar über unseren Köpfen. Wir hatten ein Rendezvous mit ihm. Drei Stunden lang stiegen wir den Gletscher hinauf, glücklich, die Kälte mit der Anstrengung, die Nacht mit der Lampe und die Sorge mit dem Vertrauen auf du Lac verdrängen zu können. Manchmal löste Rémoville ihn ab, um die Spur zu legen. Ich folgte, die Augen auf die vom Lichtkegel erhellte Doppellinie geheftet, die schon nach zehn Metern wieder von der Nacht verschluckt wurde. Wir wiederholten die immer gleichen Schritte, ohne Gespür für die Dauer. Das schlurfende Geräusch der Felle schlug in der Stille den Takt. Ich murmelte zwei Gedichtzeilen von Baudelaire vor mich hin. Sie halfen mir zu vergessen, dass wir uns auf einen Vorplatz verirrt hatten: «O Wanduhr! finstres Numen du und ungerührtes / Dein Finger weist auf uns und sagt: ‹Erinnre dich!›» Mit dem klassischen Alexandriner lässt sich die mechanische Anstrengung am besten skandieren. Die Dunkelheit machte das Gehen weniger beschwerlich: Unsere Augen sahen nichts von der absurden Unermesslichkeit, die wir zu durchqueren vorhatten.

Es wurde hell. Zunächst eine gelbe Linie, die sich ausdehnte, den Himmel aufstemmte und ihn öffnete wie eine Muschel. Das graue Licht wurde weiß, dann blau. Unser Geist geriet in Wallung. Der keimende Morgen ließ seine Blüten im Organismus aufgehen. Die Photonen durchtränkten unsere Zellen.

Der Wind trieb uns tief in unsere Kapuzen zurück. Es war acht Uhr, als wir die 4000-Meter-Marke erreichten. Am Horizont das Vercors, das Jura, die Fiz-Kette, eine andere Welt. Der Berggrat verwandelte sich in einen vereisten Kamm, hart wie Glas. Die zu leichten Steigeisen saßen schlecht an den Skischuhen und krallten sich nur unzureichend in die blaue Kruste. Rémoville fiel hin, und nur die von du Lac eingerammte Eisschraube bewahrte ihn in letzter Minute davor, mehrere Hundert Meter tief zu stürzen. Du Lac, der Unverwüstliche, brauchte zwei Stunden, um uns über die 50 Meter lange Eiswand zu helfen, indem er mit dem Pickel Stufen schlug und sich verwünschte, dass er uns nicht mit stählernen Steigeisen ausgerüstet hatte. Am Schluss zogen wir uns am Seil nach oben. Der Wind nahm zu, als wir erneut unsere Skier anschnallten. Nach dem Piton des Italiens verwandelte sich der Grat in blaues Eis. Mein Klettermesser aus Aluminium zerbrach, und ich rutschte auf einem Eishang ab. Meine Kameraden bremsten meinen Sturz und stemmten sich eine Viertelstunde lang auf ihre Pickel, um das Seil zurückzuhalten. Ich kroch bis zu der von du Lac gesetzten Schraube und befestigte, auf der Seite liegend und an einem Strang hängend, eine Ersatzklinge. Wir erreichten den Gipfel des Dôme du Goûter. Mit Erleichterung vernahmen Rémoville und ich, wie du Lac auf 4300 Metern Höhe beschloss, dass wir auf der Nordseite zum Refuge des Grands Mulets abtauchen würden.

Wir flitzten unter den Eiszacken des Gletschers entlang. Türkisfarbene Wunden öffneten sich in einem Chaos aus Porzellan. Über uns bröselnde, einsturzbereite Städte aus Eis. Das Skifahren war ein Roulette: Man setzte alles auf Weiß.

Im Refuge des Grands Mulets, unser Glückstag. Der Hüttenwart, Ludovic, hatte per Hubschrauber gerade einen neuen Holzofen geliefert bekommen und dübelte ihn am Boden fest. «Ihr seid die Ersten, die sich daran aufwärmen!» Seit ein paar Jahren trug er alle möglichen Bücher über das Gebirge im Gemeinschaftsraum zusammen. «Eines Tages eröffne ich hier eine Schriftstellerresidenz: eine Villa Médicis in den Wolken!» Ludovic schob den ersten Holzscheit in den Ofen. Er zog gut. «Hier gibt es 500 Bücher, von Petrarca bis Reinhold Messner! Damit haltet ihr zwei Jahre durch. Und ich komme wieder und liefere euch Holz.» Um fünf Uhr nachmittags holte der Hubschrauber unseren Gastgeber ab, und wir blieben allein zurück, schauten vom Landeplatz aus in den Himmel und rauchten unsere Montecristo, die wir seit Italien in ihren Aluminiumröhrchen mit dabeihatten. Wir teilten ein Viertel eines Tomme de Savoie mit den Dohlen. Die Portionen waren ungleich bemessen. «Die Kühnsten werden belohnt», sagte Rémoville. Er setzte hinzu: «Die Klügsten vielleicht.»

Das Abendlicht entzündete die Aiguilles Rouges. Die Aiguille du Peigne und die Aiguille de Blaitière verfinsterten sich am bereits nachtblauen Osthimmel. Weit oben schwebten, noch blutrot, Zirruswolken. Die Lektüre würde warten müssen.

Der achtundzwanzigste Tag

Vom Refuge des Grands Mulets zum Eingang des Mont-Blanc-Tunnels in Chamonix, und weiter von der Aiguille du Midi zur unbewirtschafteten Winterhütte, dem Refuge du Couvercle. 700 Höhenmeter.

In einigem Abstand zueinander fuhren wir rasch auf Chamonix zu. Falls einer von uns in eine Gletscherspalte fallen sollte, würden ihm die beiden anderen zu Hilfe eilen. Aber wenn es du Lac träfe? Würden wir ihm helfen können? Rémoville und ich redeten es uns ein. Es stimmte nicht.

Wenn wir von all den Gletscherspalten gewusst hätten, die wir blindlings überquerten, wären wir das Wagnis nie eingegangen. Eine Lektion fürs Leben: Man sollte nicht immer über alles im Bilde sein. Die Transparenz ist ein Zustand, in dem man nicht nur alles weiß, sondern auch alles fürchtet. Der Schnee maskierte, was vor uns lag, und erlaubte uns, leichtsinnig und somit glücklich voranzugleiten. In der Stadt galt das gleiche Prinzip. Wenn wir über das Privatleben unserer Angehörigen Bescheid wüssten, würden wir sofort jeden Kontakt unterbinden.

Wir rasten durch weiße Ruinen. Die klassischen Epochen hatten diese Formen hässlich gefunden. Bis zum

18. Jahrhundert hatten die Künstler sie aus der Ferne betrachtet. Die Romantiker kamen näher. Sie setzten neue ästhetische Maßstäbe und lernten das Chaos schätzen. Ich mochte diese Labyrinthe. Ich sah darin, was uns erwartete. Sturz, Gebrösel, Schmelze.

Wir fuhren eine von einer Engstelle verriegelte Felsrinne hinab. Wir waren im Wald. In Chamonix versorgten wir uns mit Klettermessern und neuen Steigeisen. Zwei Stunden lang packten wir unsere Rucksäcke in den Büroräumen des Verlags Guérin neu und verwandelten die schöne Buchhandlung von Lorraine Afanassieff in eine Abstellkammer fliegender Händler.

«Warum bleibt ihr nicht wenigstens einen Tag lang hier?», fragte sie.

Wenn es jemanden gab in Chamonix, der Bescheid wusste, dann Lorraine. Sie war genug Bergsteigern begegnet, um zu wissen, dass das Gebirge die Kletterer zu Idioten macht, die bereit sind, alles zu zerstören – Liebe, Familie und sich selbst –, um immer wieder in die Matrix aufzubrechen. Die Gesellschaft der Bergsteiger (und in ihrem rot ausgekleideten Büro traf man viele davon) hatte meist Individuen mit bewundernswerten Biografien zu bieten, die das große Wort führten und kreuzunglücklich waren.

Lorraine half uns dabei, wieder in Gang zu kommen. Gegen Mittag hatten wir das obere Ende der Seilbahn der Aiguille du Midi erreicht, mit der Ambition migrierender Gnus: immer weiterziehen. Unser Gestank war den anderen Besuchern zuwider: teuer gekleidete Saudierinnen, indogangetische Urlauberinnen mit ihrem Tilaka auf der Stirn, Frauen aus Shanghai in Daunenjacken, die vom Schwanken der Gondel schwer beeindruckt waren. Die

Kabine in Chamonix beförderte die Gewinner der glücklichen Globalisierung in 3800 Meter Höhe. Die weltweite *upper class* war mit den Gipfeln per Du. Wir nahmen den Grat, der zu den Hängen des weißen Tals führte. Dann die Abfahrt zum Refuge du Requin. Die Felsnadeln glühten rötlich, der Himmel war aus Metall. Azur und Elfenbein, brennendes Protogin: Das Wappen von Chamonix prangte am Himmel. Ein Festtag.

Über ein kleines Tal stiegen wir zum Refuge du Couvercle auf. Während der zwei Stunden im klebrigen Schnee dachte ich an Reinhold Messners Bericht über die Durchquerung der Antarktis. In den Höllentemperaturen hatte der italienische Bergsteiger Dante rezitiert und sich die Frauen, die er geliebt hatte, in Erinnerung gerufen. Er hatte recht: Nichts vermag die Kälte besser zu verdrängen als die Erinnerung an einen warmen Körper. Ich hatte meine Kameraden im Verdacht, es ihm nachzutun. Das ganz aus Kurven bestehende Gebirge löst Visionen aus: Brüste, Hintern, volle Lippen. Seit Baudelaire ist die Landschaft eine Frau: «Ich hätte (...) bei einer jungen riesin leben wollen ... Und über ihre prächtigen glieder eilen ... Im schatten ihrer brust gebettet sein.» Und wir, arme Maden, krochen über herrliche Flanken und träumten von marmornen Liebkosungen.

Das als Winterraum genutzte Refuge du Couvercle ist eine blechverkleidete Schutzhütte, die unter einen überhängenden Granitblock gezwängt ist. An diesem Abend war sie komplett überbevölkert. Beschlagene Luft schlug uns entgegen. Keine erotische Vision überlebt den Anblick von dreißig zusammengepferchten Skifahrern in einer für zwölf Menschen ausgelegten Hütte.

Der neunundzwanzigste Tag

Vom Refuge du Couvercle über den Col de Talèfre zum unbewirtschafteten Rifugio Cesare Dalmazzi. 1100 Höhenmeter.

Auf dem Gipfel des Talèfre-Korridors, in der bläulichen Morgenfrühe, schlug du Lac mit dem Pickel Stufen, damit Rémoville und ich die letzten Meter Eis bei einer Hangneigung von 55° überwinden konnten. Um sechs Uhr waren wir vom Refuge du Couvercle aufgebrochen und erreichten just in dem Moment, als die Sonne den Grat berührte, die Scharte, die die Grenze zu Italien bildet. Unter uns, noch blasslila, das Val Ferret.

«Jungs», sagte du Lac, «ein 200 Meter breiter Felsriegel trennt uns vom italienischen Gletscher. Wir können ihn auf den östlichen Abhängen umfahren. Am besten seilen wir uns aber ab. Was meint ihr?»

Wenn du Lac uns nach unserer Meinung fragte, hatte er seine Entscheidung bereits getroffen. Wir holten die beiden 60 Meter langen Seile hervor. Rémoville war mit den Abseiltechniken nicht vertraut, aber sein Phlegma machte ihn zu einem idealen Gefährten für unsere Akrobatik. Die höchste Tugend: sein Schweigen. Du Lac befestigte die Seile an vereisten Felszacken.

«Hält das?», fragte ich.

«Aber sicher», sagte du Lac.

«Die exakten Wissenschaften», sagte Rémoville.

Du Lac schwang sich, die Skier am Rucksack befestigt, in die Tiefe. Er verschwand unter einer Felsausbuchtung, und wir, Rémoville und ich, warteten zwanzig Minuten lang schweigend vor dem auskragenden Granit, bis sich unser Gefährte meldete. 200 Meter weiter unterhalb funkelte der Gletscher, begann unter den morgendlichen Sonnenstrahlen allmählich zu vibrieren. Eine scheinbar unpassierbare Ebene. Du Lacs Rufen erlöste uns: Er hatte einen Ankerplatz gefunden. Wir konnten ihm folgen. Und so wiederholte sich der ganze Vorgang vier Mal, immer kontrollierter, aber auch immer beunruhigender, weil wir in überhängende Abschnitte kamen und manchmal frei in der Luft schwebten. Unter unseren ruckartigen Bewegungen bogen sich beim Abstieg die Felszacken, an denen das Seil befestigt war. Ich sah schon den Augenblick, in dem sie sich lockern oder unvermittelt abbrechen und uns in die Tiefe schleudern würden. Ich erinnere mich, wie dankbar ich war, als wir nach einem letzten, 60 Meter langen Stück über den aufklaffenden Lippen den Fuß auf den Gletscher setzten. Das Gebirge hatte uns am Leben gelassen. Mir war, als würde ich mit dem Gletscher nach einem Sturm wieder Festland betreten. Verglichen mit dem, was wir gerade durchgemacht hatten, erschien mir die Tatsache, auf 3200 Metern Höhe am Rand einer Gletscherspalte zu stehen, fast wie ein Kinderspiel.

Im italienischen Rifugio Dalmazzi waren wir für uns und verbrachten den Nachmittag mit Teetrinken. Die Wärme strömte in unsere Körper. Wir dachten wieder an den Felsriegel, wussten, dass es am nächsten Tag weitergehen sollte, dass keine Eile bestand, dass die auch ihrerseits erwärmten Stunden verstrichen und allmählich in der Nacht verklingen würden. An solchen Nachmittagen auf den Abhängen der Zeit hatten die Menschen Märchen ersonnen, Rätsel und Seefahrerknoten, Zaubertricks und Kartenspiele. Einstweilen aber standen wir noch zu sehr unter dem Eindruck des gerade Erlebten, um eine Runde Belote zu spielen.

Der dreißigste Tag

Vom Rifugio Cesare Dalmazzi über den Petit Col Ferret nach La Fouly. 800 Höhenmeter.

In den 1860er-Jahren konnte Albert Mummery sämtliche Erstbesteigungen der Alpengipfel für sich verbuchen und sah im Bergsteigen «den Einfallsreichtum und die Beschwingtheit eines herrlichen Sports».

Unsere Tage glichen seiner Definition: sorglos aufbrechen, sich so gut es ging einen Weg bahnen, die Gefahren ausblenden, nichts besitzen, wachsam auf- und leichtfüßig wieder absteigen. «Fantasie und Fröhlichkeit», das Programm eines Lebens.

Aus dem Val Ferret blies der Föhn zu uns. Die Böen verschleierten die Berghänge. Merkwürdigerweise litt der Körper in diesem Tumult nicht: Es war mild inmitten des Gewirbels.

Voller Tatendrang (er hatte Mummery gelesen) wollte du Lac an diesem Morgen einen Weg durch die Felsriegel erzwingen. Doch dafür hätten wir uns wieder abseilen müssen. Die Erinnerungen an die Übungen vom Vortag hielten uns davon ab. Wir verhandelten am Rand des Abgrunds in den Schneewellen. Ausnahmsweise setzten Rémoville und ich uns durch. Wir suchten nach einer

Ersatzlösung, die vielleicht länger dauern und uns den Séracs aussetzen, dafür aber die akrobatischen Kunststücke auf dem nackten Fels ersparen würde. Wir erklommen das von einer türkisfarbenen Eisansammlung gekrönte Hochplateau, und du Lac lotste uns über 50° steile Schluchten weiter. Ungelenk fuhren wir im lauen Wind über die zerzausten Abhänge, bis wir den 2000-Meter-Garten mit seinen sternförmigen Marderspuren zwischen den Sträuchern erreicht hatten; dann zogen wir die Felle wieder auf, um unser Sisyphoswerk bis zum Petit Col Ferret fortzusetzen. Endlich ging es talwärts. Sämtliche Totems des Menschenlebens flogen auf uns zu: Umzäunungen, Pfosten, Hütten, Pisten, bald auch die ersten Chalets bis zu dem Gasthof in La Fouly, wo ich meine Kameraden zurückließ.

Ich fuhr für vierundzwanzig Stunden nach Paris, um mich vor den sterblichen Überresten meiner Tante zu verneigen. Ein libanesischer Prälat zelebrierte in Saint-Julien-le-Pauvre südlich von Notre-Dame de Paris die prachtvolle Liturgie der melkitisch-griechischen Katholiken. Zwölf Stunden lang badete ich im orientalischen Weihrauch und den aus allen Teilen der Welt vorgebrachten Erinnerungen an meine Tante – so fern vom Weiß und den glatten Lärchen. Ihr Leben in Polynesien, in Kalifornien, in Singapur und ihr Leiden in der Provence glichen der Dichtung von Louis Brauquier:

Trage sie auf deiner Haut
Trage sie bis nach Marseille
Die feuchte Erinnerung an die Inseln

Um ihr Leben in den Tropen und am Mont Ventoux rankten sich stolze Motive: vom Wind gesäte Inseln, Blumen am Meer, Piers zur Einschiffung, offene Häuser. Von Tahiti bis zum Comtat Venaissin ein einziges Hin- und Herschwingen zwischen Atollen und den Dentelles de Montmirail, zwischen Zyklonen und Zikaden, Kopra und Weinbergen: das Schwanken des Exils. Die Heraldik der Elemente enthält die Erinnerungen der Lebenden an die Toten und deren Gruß an die Hinterbliebenen. Eines Tages atmet man den Duft einer Blume ein, sieht ein Schillern auf dem Wasser, wird vom Wind gestreichelt. Und eine Stimme trifft uns: *Erinnere dich an mich, die ich die lauen Nächte an trägen Meeren so geliebt habe.*

Am folgenden Abend stieß ich wieder zu meinen Freunden in La Fouly. Mein Kummer würde Trost finden in der Erschöpfung der weißen Wanderungen.

Der einunddreißigste Tag

Von La Fouly über den Großen Sankt Bernhard zum Hospiz der Augustiner-Chorherren. 1200 Höhenmeter.

Wir stiegen durch den Wald auf. Vorbei an Kapellen und Wegkreuzen im Schnee, an denen sich Pilger bekreuzigten. Die Luft roch nach Harz und Gelbmetall, wir kamen schnell voran. In der Nacht waren Füchse hier gewesen. Die Kartografie ihrer Erkundungen ergab, dass sie an jedem Baum geschnüffelt hatten. Wir verließen die letzte Lärchenreihe und erreichten binnen weniger Stunden über lichtpolierte Abhänge einen unter dem Schnee begrabenen See, dann, auf 2470 Metern Höhe, den Großen Sankt Bernhard. Es war mild. Am Fuß des Kreuzes von 1812 rauchten wir eine *Robusto.* Geduldig warteten ein paar Dohlen, die sich ein Mittagessen erbetteln wollten. Wir hatten ihnen nur kubanische Tabakabfälle zu bieten. Der bläuliche Qualm stieg uns zu Kopf.

«Bist du traurig, Tesson?»

«Meine Tante», erwiderte ich.

«Sie stammte aus der Karibik», sagte Rémoville.

«Der Schnee, das Kreuz, diese schwarzen Vögel. Nichts erinnert hier an sie», sagte ich.

1799 überquerte General Bonaparte nach seinem Sieg

über die Österreicher in Marengo den Großen Sankt Bernhard «an der Spitze jener jungen Armee» und so weiter. Er sah die gleichen Gipfel, die gleichen Vögel, die gleichen Felsen. Er ging seinem Ruhm und mithin seinem Sturz entgegen. Er war pure Bewegung. Er durchquerte die Geografie. Er errichtete ein Imperium. Das Imperium brach zusammen. Er besiegte Fürsten. Die Fürsten überlebten. Er durchkämmte Straßen. Die Straßen blieben. Die Geschichte ist das, was im Bleibenden vergeht.

Derweil war unterhalb des Passes ein von den Augustiner-Chorherren des Großen Sankt Bernhard geführtes Hospiz errichtet worden, das der Aufnahme der Reisenden dienen sollte. Eine imposante Herbergsanlage schluckte den Menschenstrom. Zweiundvierzig Chorherren erwarteten den Kunden, sprich den Durchreisenden, also ihren Nächsten, von dem nichts verlangt und dem alles gegeben wurde – Mahlzeit, Gebet, Freundschaft. Der Besucher verkörperte die Figur des verlorenen Sohns. Die Tür stand stets offen: die Definition von Liebe.

Das Hospiz war weitläufig, eindrucksvoll, hell und schmucklos, schweizerische Eigenschaften. Chorherr Raphaël servierte uns die Suppe und lauschte freundlich unseren Erzählungen. Dieser Geistliche hatte sich für Gott entschieden und Theologie studiert. Und an jenem Abend saß er in einem fahlen Refektorium und ließ die Banalitäten dreier Skifahrer auf Zeit über sich ergehen.

Warum tat er sich das an? War das etwa «die Nachfolge Christi»? War es eine Definition von Hochmut, wenn man sich zwang, die Suppe zuzubereiten, obwohl man in der Lage war, die Texte des heiligen Bernhard zu deuten? Diesen unbedingten Drang zur Demut nannte ich das «Pessoa-Syndrom». Der portugiesische Dichter hatte ein unauffälliges Büroleben geführt. Und in dieser Bedeutungslosigkeit ein wichtiges Werk geschaffen. Mit der Gewissheit seines Genies tröstete er sich über die Demütigungen des Lebens hinweg. Vielleicht wusste er die Verachtung seiner Vorgesetzten zu schätzen. Die Unbedarftheit seiner Kollegen bestätigte seine eigene Überlegenheit. Er war der Einzige, der um dieses Geheimnis wusste.

Hatte Pater Raphaël vielleicht etwas von Pessoa? Eine dumme Frage. Indem ich sie stellte, vergaß ich einen wesentlichen Punkt. Der Chorherr war möglicherweise *von Grund auf* ein guter Mensch.

«Noch etwas Suppe?», fragte er.

Der zweiunddreißigste Tag

Vom Hospiz über die Croix de Tsousse (2829 Meter) zur Cabane de Valsorey. 15 Kilometer und 1600 Höhenmeter.

Sie blieben, wir zogen weiter. Wir nahmen Abschied von den Chorherren. Möge der Himmel ihnen beweisen, dass sie ihn zu Recht für bevölkert hielten. Sie hofften ohne Beweis, erwarteten etwas, dessen sie nicht sicher waren: Darin bestand ihr Edelmut. Wir anderen benötigten wirkliche Dinge. Wir brauchten das Gebirge vor den Augen, den Abhang unter den Füßen. Nichts garantierte uns, dass der Schnee halten würde: Jederzeit konnte sich eine Lawine lösen. Das war unser einziger Handel mit dem Ungewissen.

Wir schlüpften hinaus in den frühen Morgen. Die ersten Sekunden nach dem Überqueren der Schwelle glichen einem belebenden Bad. Der Organismus tauchte in die eisige Luft ein, erwachte aus der Trägheit. Die Kälte beschleunigte den Herzschlag. Das Wunder jeden heraufdämmernden Tages, der Segen jeden Aufbruchs. Stets werde ich den Anfang der Dinge ihrem Ende vorziehen, den ersten Kuss dem ersten Kind, den Aufbruch der Ankunft, das Morgengrauen der Abenddämmerung und die Reinheit der Morgenstunde den schmutzigen kleinen Verabredungen des Abends. Ich war immer Richtung Orient gereist, der Wiege der Sonne entgegen.

Die Luft knisterte, der Schnee trug, wir hielten uns für unbesiegbar. Wir wussten, dass es Tag werden würde, und diese Gewissheit berauschte uns. Wir strebten auf die Helligkeit zu, und die abstrakte Schönheit dieser Verheißung beflügelte die noch schlummernden Kräfte. Leider würden wir im Laufe der Stunden bald schwerfälliger werden. Ein Tag mündet, wie das Leben, in die Nacht.

In den unberührten Tälern feilte Rémoville an seinem Fahrstil und gab uns Tipps für elegante Kurven. Er hinterließ eine Schlangenlinie. Du Lac fuhr etwas mechanischer, aber seine Spur war sauber genug, um neben Rémovilles Sinuskurven nicht abzufallen. Ich selbst passte auf, dass ich nicht stürzte, und hinterließ abgebrochene Zeilen auf dem Blatt.

Unterhalb von Valsorey trieb der Wind von den Wolken gefallene Lichtbrösel auf den Abhängen vor sich her. Elfenbeinfarbene Flächen schoben sich zwischen die Schatten. Plötzlich glitt eine helle Marmorierung über den Hang, drang in eine von einer dicken Kumuluswolke überschattete Zone vor. El Lissitzky hatte ein politisches Plakat entworfen, auf dem ein rotes Dreieck in einen weißen Kreis eindringt: «Mit dem roten Keil schlagt die Weißen.» Auf ähnliche Weise setzte der Wind die Einzelteile der suprematistischen Intarsienarbeit zusammen. Und diese stets bewegliche Choreografie schuf ein beständiges Fließen, das die Illusion eines Zauberbergs heraufbeschwor.

Während der Wind das Wolkengefolge der Sonne über den Hang jagte, zogen wir unsere Spur. Der Tag verstrich, unveränderlich, scheinbar eintönig, regelmäßig und kraftvoll, mitgerissen von den Stunden. Wenn der Hang sich dehnte, musste man sich nur in Erinnerung rufen, dass die Welt aus endlichen räumlichen Dimensionen bestand, dass die Konstanz über die Distanz triumphieren würde.

Man setzt einen Fuß vor den anderen und steht plötzlich an der Hütte. Hinter der Tür dann, nach dem langsamen Vorankämpfen, das inwendige, ebenso langsame, ebenso erfüllte, aber unbewegliche Schwimmen. Erneut sammeln sich die in der Bewegung verausgabten Kräfte.

Der dreiunddreißigste Tag

Von der Cabane de Valsorey über den Biagio Musso und den Col de l'Evêque zum Rifugio Nacamuli. 25 Kilometer und 2000 Höhenmeter.

Um fünf Uhr morgens läutete du Lac zum Aufbruch. Es galt, bis zum Rifugio Nacamuli 2000 Meter Höhenunterschied und 25 Kilometer zu bewältigen.

Wir kletterten mit Steigeisen steile Abhänge hinauf, schnallten auf einem schmalen Pass unsere Skier wieder an und fuhren durch ein Kar auf hochragende Séracs zu. Dann ging es einen Engpass hinauf, bis wir auf einem Gletscher standen und vier Stunden später seine Quelle 1300 Meter weiter oben erreichten.

Wieder hatten wir die immer gleiche Formel im Kopf: Weder Energie noch Kraft noch Gesundheit (noch «das Material») bildeten die Waffen des Langzeitskifahrers. Allein die Stunden vermögen den Raum zu überwinden. Schlicht zu akzeptieren, dass sie verfliegen, ihrem Verstreichen gleichgültig beizuwohnen und zu wissen, wozu sie dienen, besiegelt den Triumph über die Berge. «Gäbe es denn keine Wissenschaft, die der Zeit wäre, was die Geometrie dem Raum ist?», fragte Maeterlinck. Diese Wissenschaft war die Bewegung: eine Maßeinheit.

Ein Vers aus den *Züchtigungen* beschrieb die Landvermessung: «Nach der weißen Ebene, eine andere weiße Ebene». Es genügte, sich Hugos Gedichtzeile regelmäßig aufzusagen. Eines Tages würden wir ankommen, die Zeit würde ihre Pflicht erfüllen.

Und die Zeit erfüllte ihre Pflicht. Das Rifugio hatte seinen Hüttenwart, der Hüttenwart seine Kunden. Die Sonne auf der Terrasse reichte für eine Zigarre. Der kalte Tabak kratzte im Hals. Der Rauch filterte die Sonnenstrahlen. Die Gipfel empfingen noch die abendlichen Lichtstreifen, und jeder Einzelne der gestaffelt angeordneten Kämme erhielt seine eigene Farbe, die ihm die Sonne, der Entfernung nach abgestuft, zuwies: Grellorange für den Kamm im Vordergrund, Dunkellila für die Horizontlinie.

«Gott ist vielleicht ein Zigarrenliebhaber. Aber vor allem ist er ein begnadeter Gebirgsmaler», sagte Rémoville.

«Komisch eigentlich, dass die Maler sich nicht auf die Höhenlagen gestürzt haben», gab ich zu bedenken.

«Und was ist mit Loppé, und mit Ruskin?»

Der Mann, der das gesagt hatte, genoss gerade die letzten Sonnenstrahlen auf der Türschwelle. Er trat zu uns.

«Schon im frühen 19. Jahrhundert wussten die Maler, dass das Gebirge die schönste Palette zu bieten hat. Das Problem bestand eher darin, die Aussichtspunkte zu erreichen. Loppé und Ruskin waren selbst Bergsteiger.»

Wir verbrachten den Abend mit unserem neuen Freund. Pierre erzählte aus seiner Kindheit. Sein Vater, der Schweizer Psychiater Jean Starobinski, hatte ihn in der Verehrung der Literatur und Künste erzogen. Zu den Gästen am Familientisch zählten Denis de Rougemont, Nicolas Bouvier und Jean-Bertrand Pontalis. Der Vater las Montaigne und Rousseau, korrespondierte mit Yves Bonnefoy, veröffentlichte eigene Kritiken, studierte die Psychoanalyse und lauschte der Mantik der Worte. Unterdessen entdeckte der Sohn das Klettern, seilte sich mit den Großmeistern der Achtzigerjahre an und erschloss, den Kletterhaken zwischen den Zähnen, anspruchsvolle Routen an den Felswänden des Verdon. Jean publizierte sein Meisterwerk über die Melancholie, Pierre wurde Bergführer. Ob der Sohn mit der Wahl einer Extremsportart den Vater töten wollte? Nein, Vater und Sohn waren mehr wert als der Ödipuskomplex. Statt den Vater abzumurksen, war der Sohn ihm auf anderen Wegen gefolgt. Wie Telemach, der auf der Suche nach Odysseus die Meere durchpflügt.

In seiner Jugend hatte Pierre, im siebten Grad am Überhang baumelnd, die Gedichte von Roger Caillois herausgeschrien. Inzwischen leitete er eine Galerie und veröffentlichte Kunstbücher, bestieg aber immer noch Gletscher und bezwang Kalksteinrisse. Und so gelang ihm die mir so wichtige Verknüpfung zwischen Muskeln und Seele, ungebundenem Leben und geistiger Verfeinerung.

Er gefiel mir, dieser Starobinski, der im selben Atemzug die Heldentaten der berühmten Bergsteigerbrüder Rémy und *Les filles du feu* von Gérard de Nerval erwähnte. Das war doch mal etwas anderes als diese Athleten, die für schöpferische Dinge unempfänglich waren, oder die jeder Anstrengung abgeneigten Künstler. Ja, wir hatten die Nase voll von all diesen Leuten, die sich auf einen unausgegorenen Dualismus versteift hatten und zwischen Körper und Geist eine unüberwindliche Trennungslinie gezogen hatten. Erstere ließ alles Schöngeistige völlig kalt. Letztere sahen im Sport einen Zeitvertreib für Proleten. Starobinski gelang es, an diesem Abend im Rifugio Nacamuli die Vermählung zwischen Feder und Pickel zu zelebrieren: Über dem Gebirge wehte die Flagge eines vollkommenen Königreichs.

Der vierunddreißigste Tag

Vom Rifugio Nacamuli über den Col du Mont Brulé nach Zermatt. 900 Höhenmeter.

Die gleichförmige Anstrengung hatte eine hypnotisierende Wirkung. Wenn der Abhang nicht zu steil und die Spur nicht zu gewagt war, schwang der Geist sich empor. Der Körper war mit einer einfachen Aufgabe beschäftigt (einem geraden Strich auf einer Fläche folgen), der befreite Geist schweifte über seine Aue. Eine andere Vorbedingung für die Meditation: Die Landschaft darf nicht zu spektakulär sein. Das Erhabene erdrückt, Stendhal hatte es bewiesen. In einer mit Stalaktiten gespickten Schlucht ließ es sich nur mit Mühe denken. Sanfte, leicht hügelige Flächen eigneten sich besser dafür. Das Gedächtnis nahm die Landschaft in Beschlag.

So auch an jenem Morgen auf dem Weg durch die verschachtelten Schluchten zum Mont Brulé. Visionen drängten sich auf. Ein Bild verschwand und wurde durch eine Erinnerung ersetzt, deren Faden man verlor, um anderswo wieder anzuknüpfen. Einem Prinzip der Thermodynamik gehorchend, zog die Bewegung ihre eigene Produktion nach sich.

Warum nur dachte ich an diesem Morgen an das Biwak

unter dem Menhir an der Pointe de Lostmarc'h, an die Klettertouren mit einem violetten Mädchen auf den Felsen an der Pointe de Pen-Hir über der Iroise, an das nächtliche Schwimmen in Saint-Anne-la-Palud? Warum ausgerechnet diese Visionen, und warum knetete mein Geist sie so ausgiebig? War diese Produktion widersprüchlicher Bilder surrealistisch? Was löste ihre Flut aus?

In der Treue zum Weiß wird der Schnee eine Spiegelfläche der Fantasie. Man spaltet die Substanz der Landschaften, lässt sich vom beständigen Fließen davontragen, geht in der Anstrengung auf. Plötzlich drängen die Erinnerungen hoch. Ohne ersichtlichen Grund taucht ein Gesicht auf. Ein heimlicher, aus dem Weiß kommender Besuch. Das Mädchen, das ich geliebt habe, weiß, blond und blau, gesellte sich in den Tagen der Durchquerung oft zu mir. Später, in Paris, stieß ich auf die folgenden Worte von Camões:

«Im Haar ist goldnes Gleißen, hell zu sehen,
Schnee deckt die Brust, der mir das Herz entfacht.»

Ja, das Weiß war eine Quelle des Hypnotischen. Abwechselnd versorgte es unsere Stimmungen mit passenden *imagos* oder ließ sie willkürlich in unserem Gedächtnis erwachen. Das Weiß als Bilderfabrik.

Und dann plötzlich nichts mehr. Der Rhythmus der Schritte und das Hobeln des Schnees rissen jede Idee mit sich. Die absolute Auslöschung! Schluss mit dem Denken! Einzig das Geräusch der Skier. Welche Klarheit! Der Körper wurde zum Transportmittel. Wir waren seine Passagiere. Das Bewusstsein verlor sich. Die Identität zerfiel. Arbeitsstillstand, psychische Bewusstlosigkeit, Auflösung des Egos: das weiße Denken.

Auf dem letzten Pass erschien das Matterhorn in seinen endgültigen Proportionen. Gott (ein Schweizer) hatte diesen Gipfel nach dem Goldenen Schnitt modelliert, um die Toblerone-Packungen zu zieren und dem Universum die schweizerische Perfektion zu beweisen. Wir fuhren hinab in ein Labyrinth aus Felsspalten. Fühlten uns wie Marzipanfigürchen auf einer Hochzeitstorte, die in der Baiser-Masse plötzlich lebendig werden.

In der Talsohle: Zermatt, im Schatten des absoluten Bergs, auf den die Schweizer mit einem adretten Dorf zu antworten gewusst hatten: dunkle Chalets, Fußgängerzonen, gepflasterte Straßen, makelloses Mobiliar, aus dem Ei gepellte Einwohner. Dass die Franzosen sich über die schweizerische Ordentlichkeit lustig machten, bewies deren Existenz.

Wir besuchten das Grab von Michel Auguste Croz, dem größten Bergsteiger des 19. Jahrhunderts (vielleicht sogar aller Zeiten). In den 1860er-Jahren hatte er zusammen mit Edward Whymper als Erster die Grandes Jorasses, die Aiguille Verte, die Barre des Écrins und das Matterhorn bestiegen, auf dem er später den Tod finden sollte. Warum wollen wir Berge erklimmen? Das war die wichtigste, schönste und unsinnigste Frage überhaupt. Morgen für Morgen jagten wir auf unseren Skiern der Antwort nach. An jenem Abend in unserem Gasthof, wo du Lac sich mit einem defekten Fonduebrenner herumschlug, gab Rémoville seine Antwort.

«Warum? Weil es so viel zu bedenken gibt. Das Wetter, den Spurwinkel, die Beschaffenheit des Schnees, die Lawinengefahr, die Tageszeit, die Temperaturauswirkungen, die Entfernung der Hütte, die Möglichkeit des Umkehrens, die Hangneigung. Alles ist Berechnung, Entscheidungsfindung. Ein Schachspiel! Die Gleichung!»

«Und deine, du Lac?»

Er hatte gerade über den Dichtungsring triumphiert, die Flamme flackerte auf.

«Das Gefühl, meine Pflicht getan zu haben.»

Der fünfunddreißigste Tag

Von Zermatt über den Gipfel des Strahlhorns (4190 Meter) zur Britannia-Hütte. 1500 Höhenmeter.

Die Seilbahn brachte uns an die Tore des Reichs. Ein breiter Grat erstreckte sich gen Osten. Wir machten uns auf in die Regionen der Freiheit. Adieu, blumengeschmückte Chalets und Glöckchenkutschen. Wir stürzten uns erneut in das Leben am Abhang!

Ständig schaute sich einer von uns zum Matterhorn um. Wie drei behäbige Kühe, deren Augen feucht werden beim Anblick des gerade verlassenen Stalls. Seine schwarze Spitze schien zu vollkommen, um aus dem Kampf zwischen Tektonik und Erosion hervorgegangen zu sein. Das Matterhorn gliederte den Himmel. Er war die Idee des aus Stein gewachsenen und stilisierten Gebirges, das Propagandabild der Deutschen Grammophon. Die fein aufeinander abgestimmten Grate mündeten in den Gipfel und boten dem Himmel das Opfer einer unanfechtbaren Bronzepyramide dar. Rings um diesen Sockel für Herbert von Karajans Büste verteilten sich wahllos die anderen Viertausender. Das Matterhorn machte diese Schlamperei wett.

Nachdem wir den Gletscher überquert hatten, erklommen wir über den Adlerpass die Abhänge des Strahlhorns. Die Hangneigung betrug über 40°. Wieder mussten wir unsere Harscheisen anbringen. Du Lac stieg in exakten Spitzkehren auf und behielt die Felsnasen ständig im Blick, die im Fall einer Lawine so etwas wie eine Verankerung abgegeben hätten. Die Spitzkehren folgten in immer engeren Abständen aufeinander. Der Hang entzog sich, der Blick glitt über die unersättlichen Linien. Mit Steigeisen erreichten wir, die Skier auf dem Rücken, den Gipfel des Strahlhorns mit seinem Metallkreuz auf 4200 Metern Höhe.

Das Berner Oberland erstreckte sich Richtung Österreich. Weiter weg türmten sich schon die dunklen Massen des Engadins und Tessins. Auf dem Abstieg verschwand das Matterhorn für immer. Das Wesen des Skiwanderns: Ein Ziel taucht auf. Es scheint unerreichbar. Es rückt näher. Man beginnt, darüber zu sprechen. Zieht weiter. Eines Abends schläft man zu seinen Füßen. Am folgenden Tag lässt man es hinter sich. Ein weiterer Tag, und es ist verloren. Wie im Leben – alles kündigt sich an, alles kommt und alles vergeht. Was vor uns liegt, ist eines Tages vorbei, und wir blicken mit Wehmut auf das noch Unbekannte.

Schwer fiel ich in die schroffen Eisplatten. Der Wind hatte aus dem Eis fünfzig Zentimeter breite, scharfkantige Schuppen gemeißelt, und ich hatte größte Mühe, meine Skier wieder anzuschnallen, während die vom Oberland aufsteigenden Böen Späne aus dem Schnee rissen. Richtung Osten entfalteten sich unendlich verschachtelte Täler und Grate voller Verheißungen und Geheimnisse. «Bald irgendwann», sagte ich. Das Beste, was man angesichts eines Horizonts äußern kann.

Ein letzter Aufstieg über 100 Meter, und wir standen auf 3000 Metern Höhe vor der Tür zur Britannia-Hütte des English Swiss Alpine Clubs. Trotz des Namens war die Atmosphäre eher deutsch-rustikal: quadratische Tische, Bierkrüge, Ofenwärme, Steingut und helles Holz. Die Bergsteiger trugen leuchtende Farben. Um fünf Uhr nachmittags wirkten sie alle frisch rasiert. Unter den Wolldecken nahm mein Traum die Form einer schwarzen Pyramide an.

Der sechsunddreißigste Tag

Von der Britannia-Hütte über Saas-Fee zur unbewirtschafteten Fletschhornhütte. 1200 Höhenmeter.

Man durfte die Folge der Ab- und Aufstiege, der Täler und Pässe, der Kurven und Spitzkehren nicht als Straflitanei auffassen, eher als eine sich ständig wiederholende Übung der Wiederbelebung. Der Neuanfang bei Tagesanbruch steigerte ihren Wert. Das Skibergsteigen bezog seinen Sinn aus den Ritualen. Morgen für Morgen widmeten wir uns nach einer besonderen Liturgie, die Rémoville *Protokoll* nannte, für zwanzig Minuten der Vorbereitung unseres Materials, wobei jeder seine speziellen Ticks hatte – angefangen bei der Befestigung des Pickels am Rucksack, über das Kontrollieren des «Lawinenverschüttetensuchgeräts» bis zur Einstellung der Bindungen. Dann öffneten wir die Tür zur gleichen Zeit wie tags zuvor und stürzten uns hinaus ins Weiß ...

«Die ewige Wiederkehr», sagte ich.

«Das hast du gestern schon gesagt», erwiderte Rémoville.

In Saas-Fee, eine Skistunde von der Britannia-Hütte entfernt, rasteten wir auf einer Holzbank, um mit den schweizerischen Vögeln eine Brezel zu teilen. Die ersten

Frühlingstriller tönten von den Bäumen. Ich versuchte Rémoville für meine Theorie der vom Gesang der Spatzen beschleunigten Schneeschmelze zu überzeugen. Doch vergeblich: Er hatte sich zu lange mit den Naturwissenschaften beschäftigt, er misstraute Analogien. Auf den Flanken des Fletschhorns nahmen wir die Bürde, sprich den Weg, sprich den Anstieg erneut in Angriff.

Auf 3700 Metern Höhe, unter dem Gipfel, schlängelten wir uns an Gletscherspalten vorbei, während der Himmel sich maulwurfgrau färbte. Die Sonne verkam zu einem Lämpchen in der Ecke einer schmutzigen Zimmerdecke. Wohin das Auge auch blickte, die Welt war weiß.

Im Norden das Oberland, im Westen das Matterhorn-Massiv und seine «Horn»-Satelliten. Bis hinauf in den Himmel hatte der Schnee die Materie verstofflicht, die Wirklichkeit neu erfunden, die Welt nacherschaffen. Jeden Winter die gleiche Schöpfungsgeschichte. Und diese ganze Komposition würde innerhalb weniger Tauwetterstunden verschwinden. Die Neubestimmung der Welt durch den Schnee war ein umfassendes, aber zeitlich begrenztes Angebot. Im Gedächtnis haften bliebe uns die Spur unserer Skier auf der Oberfläche des Unbeständigen.

Du Lac inspizierte die Fletschhornhütte. Es war eine einfache, am Abgrund balancierende Holzkabine, die den Bergsteigern auf 3000 Metern Höhe zur freien Verfügung stand. Wir spalteten drei Holzscheite für den Ofen. Die Hütte war perfekt in Schuss. Ich musste an den sibirischen Förster denken, der eines Morgens in meiner Hütte am Baikalsee aufgekreuzt war und, beeindruckt von der Sauberkeit meines kleinen Innenraums, ausgerufen hatte: «Deutsche Hütte!»

Wir heizten den Ofen an, und die Stunden verschwammen in der Trägheit der Suppe. Der Himmel hatte sich zugezogen, der Ofen bullerte, die Hütte war leicht angewärmt, das Fenster fahl. Wir waren geschützt in dem hölzernen Bauch.

Manche Psychoanalytiker verknüpften die Visionen der Weiße mit einer krankhaften Halluzination, die angeblich der Erinnerung an fehlende Mutterliebe Ausdruck verleiht. Andere mit einem Wunsch nach Abwesenheit, nach einem Aufheben sozialer Bindungen und Auslöschung. Alles in allem zeuge die Liebe zum totalen Weiß von der schmerzhaften Versuchung einer Aufhebung. Nervtötend, diese österreichisch-depressiven Sexologen ... Es war doch eher Lust als Leid, sich die eigene Entmaterialisierung auszumalen. Besser noch: ein Grund zur Freude!

«Was meinst du, du Lac?»

«Psychologen sollten Ski laufen.»

Der siebenunddreißigste Tag

Von der Fletschhornhütte zum Hospiz der Augustiner-Chorherren auf dem Simplonpass. 500 Höhenmeter.

Der Himmel hatte sich wieder erholt. Wir verließen die Hütte in einer austernhaften Klarheit. Goldene Schlieren zogen über das Perlmutt. Du Lac bahnte sich einen Weg durch die 45° steilen Steinplatten und die Eisschollen. Man musste sich den Hang hinunterrutschen lassen. Rémoville kämpfte sich mit stumpfen Klingen voran: ein Schlag in die eine, ein Schlag in die andere Richtung. Er setzte Kommas zwischen die Felsen. Wir erreichten den Grund des Talwegs.

Das letzte Hindernis: Eine Fernsehantenne krönte einen kleinen Gipfel, von dem aus man zum Simplonpass mit dem dort gelegenen Hospiz schauen konnte. Es wurde von Augustiner-Chorherren geführt, enge Verwandte der Ordensbrüder am Großen Sankt Bernhard. Wir stiegen über Felsvorsprünge hinab; die Schneeansammlungen, die sich als dicke weiße Federbetten über die Stufen breiteten, gaben unter unseren Schritten nach. Wir scheuchten ein Moorschneehuhn auf. Um fünfzehn Uhr erreichten wir in der Mündung eines Engpasses, an dem Blaubeersträucher sprossen, das Hospiz.

An den Wänden begrüßten uns die Lebensgeschichten von Pater Gratien Volluz und Bernard Gabioud, Priester und Bergführer.

«Du Lac, eines Tages trittst du in einen Orden ein.»

«Gott bewahre ...»

Die beiden Priester hatten nach Gemeinsamkeiten zwischen dem religiösen Leben und dem Beruf des Bergsteigers gesucht. Die physisch-mystischen Metaphern hatten Jahrtausende überdauert: Nichts ist dem Altar Gottes ähnlicher als der Gipfel eines Berges. Wir kannten das Lied – der Aufstieg war ein Gebet, der Schnee ein Mantel der Reinheit, der Seilschaftspartner der ideale Nächste, während das Seil das Band der Liebe symbolisierte. «Gib, Herr, dass ich gehe, dass ich aufsteige zu dir, über die Gipfel», heißt es im Gebet der Bergpilger. Diese Analogien waren so einfallsreich wie ein Skilift. Mir waren sie lieber als die psychoanalytischen Theorien der weißen Auflösung. Tatsächlich war die Heiligkeit des Schnees im Spiel der Deutungen und Übereinstimmungen nobler als ihr morbider Glanz.

Die Alpen waren groß. Wir hatten unsere Spur noch nicht vollständig gelegt. Wir hatten den Weg noch nicht vollständig entschlüsselt. Hatten die Zeichen in der Einheitlichkeit des Weiß noch nicht vollständig gedeutet.

2020, drittes Jahr

DIE SCHÖNHEIT

Der achtunddreißigste Tag, 27. Februar

Vom Hospiz am Simplonpass über den Chaltwasserpass zum Winterraum im Rifugio *Citta di Arona*. 12 Kilometer und 900 Höhenmeter.

2019 hatten sich die Menschen weiterhin mit Hingabe gegenseitig abgeschlachtet, und das iPhone 11 war entdeckt worden – der Fortschritt hatte Fortschritte gemacht. Der Turm von Notre-Dame zum Beispiel war abgebrannt. Wofür hatte er, der sich über dem 21. Jahrhundert erhob, gestanden? Es war nur folgerichtig, dass er sich zurückzog. Der moderne Mensch hat anderes zu tun, als zum Himmel aufzuschauen.

Für mich war das Jahr mit Herumschweifen und Klettern verbunden gewesen, unproduktiv und lustvoll. «Angenehm und hingepfuscht», hatte Françoise Sagan ihr Leben resümiert. Sie inspirierte mich zu solchen Definitionen in Form eines Diptychons.

Ich war auf einem Segelschiff zu einer Reportage ins Mittelmeer aufgebrochen und hatte mich anschließend mit den Soldaten der Gebirgstruppe in Patagonien aufgehalten. Es war mir vergönnt gewesen, die Sonne über den Ausläufern des Cerro Torre auf- und auf den Abhängen des Ätna untergehen zu sehen.

Derzeit war in den Zeitungen von einem Virus die Rede, das chinesische Bauern in einem Dorf inmitten des Han-Imperiums befallen hatte: Nichts, was uns beträfe.

Da nichts weiter geschah, waren du Lac und ich an den Holztisch des Hospizes am Simplonpass zurückgekehrt. Als Kind hatte ich in der Theaterbibliothek meines Vaters gerne die Regieanweisungen bei Feydeau gelesen. Meine Lieblingsstelle: *«dieselben, am selben Ort, etwas später»*. Das traf an diesem Morgen auch auf uns zu.

Die Schweizer Chorherren hießen uns willkommen. Pater François erinnerte sich an unseren Besuch Ende des vergangenen Winters:

«Sind Sie wieder mit Ihren Skiern hier? Ich werde Sie segnen, wenn Sie aufbrechen.»

«Wir warten noch auf unseren Kameraden.»

Rémoville stieß um acht Uhr morgens zu uns. Er war die ganze Nacht lang unterwegs gewesen, hatte im Zug nach Lausanne seinen Stadtanzug ausgezogen, war in seine Klamotten gestiegen und hatte noch im Bus, der ihn zum Simplonpass brachte, seinen Rucksack gepackt.

Eine Stunde später empfingen wir den Segen des Paters, um neun Uhr stürzten wir uns nach draußen. Es waren –14 °C, der Eisregen peitschte uns, und wir mussten sämtliche Reflexe neu verinnerlichen: die Gurte einstellen, die Skier fixieren, die Steigfelle anpassen. Das Gebirge duldet keinen Aufschub. Hinter der Tür der Hütte packt einen die Welt an der Gurgel.

Auf dem Chaltwasserpass auf 3000 Metern Höhe verwischte der Wind die Welt. Ohne etwas erkennen zu können, seilten wir uns in den Schluchten an und sicherten uns abwechselnd. Wir wollten an die glücklichen Tage anknüpfen und fanden uns unvermittelt in einem Waschkessel wieder. Oberhalb des im Winter ausgestorbenen Dorfes Arona erreichten wir den Wald. Lärchen säumten ihn, und bald schälten sich die ersten Häuser aus diesem Geisterland. Wir verkrochen uns auf die Bettstellen in dem kleinen Winterraum. Es war vier Uhr nachmittags. Das Thermometer stieg nie über –2 °C, und wir schliefen zehn Stunden lang – das Mindeste nach dieser ersten Aufwärmrunde.

Der neununddreißigste Tag

Vom Rifugio *Citta di Arona* über zwei Pässe nach Devero.
11 Kilometer und 1000 Höhenmeter.

Es war eine Nacht wie im Grimm'schen Märchen, mit einer im Wind ächzenden Hütte und rosigen Kindern, die sich vor dem Riesen fürchteten. Die Böen hielten mich wach. Du Lac wirkte ungerührt, er bereitete auf seinem Gaskocher Kaffee zu. Rémoville stellte auf einer Karte im Maßstab 1:25000 bereits erste Hypothesen auf. Wie könnte es uns gelingen, uns zwischen den Triebschneeplatten einen Weg zu bahnen? Wir ließen die Steinhäuser mit ihren zweieinhalb Meter dicken Schneedecken hinter uns und verabschiedeten uns von dem Dorf. Die Bäume boten Schutz, aber der Wind ohrfeigte uns, sobald wir den Waldrand erreicht hatten. Das Gebirge dampfte. Schneeschwaden glitten wie Schlangen über die Hänge und verschreckten das Gebirge. Wir stiegen durch das Herabrieseln empor. Das Weiß franste aus.

Du Lac nahm die steilste Route, weil er darauf setzte, dass sich auf den Steilhängen weniger Schnee ansammelte. Er verschwand in den Wirbeln und gönnte uns in drei Stunden nicht eine Pause. Es war ein märchenhaftes und albtraumartiges Schauspiel zugleich, als kämen die Strudel eines Eisfeuers vom Himmel herab, wickelten sich um du Lacs Umrisse, saugten ihn auf in ihr Glühen und spuckten ihn ein Stückchen weiter wieder aus, am Ende seiner Spur, die der Wind mit einer stürmischen Ohrfeige verwehte.

Das Weiß fegt die Schatten weg. Der Wind treibt die Lebewesen vor sich her. Er löscht ihre Spuren. Keiner von uns hatte Lust, auf dem Pass zu verweilen. Wir sehnten uns nach dem Schutz der Bäume. Wir glitten rasch voran, im Wald beruhigte sich das Prasseln. Über die Forststraßen erreichten wir Devero, in Italien.

«Vor anderthalb Tagen war ich noch an meinem Arbeitsplatz», sagte Rémoville.

«Das Gleiche sagt ein Bergführer, wenn er in die Stadt kommt», erwiderte du Lac.

Im Dorf fanden wir ein Gasthaus. Dort blieben wir sitzen, blickten aus dem Fenster, warteten darauf, dass die Wärme in den Organismus zurückkehrte, und wollten nichts anderes, als mit der Tasse Tee zwischen den Händen in die Helligkeit blicken. Wie der Dampf aus unseren Tassen verflüchtigten sich auch die Stunden. Reglos, still und aufrecht, waren wir endlich in der Lage zu verstehen, weshalb Katzen auf dem Fliesenboden diese Ernsthaftigkeit rundum zufriedener Lebewesen ausstrahlten – Synonym eines erfüllten Lebens, das Gegenteil menschlicher Sorge.

Der vierzigste Tag

Von Devero über den Albrunpass zur unbewirtschafteten Binntalhütte. 850 Höhenmeter.

Zwischen Steigeisen und Klettergurt hatte ich in meinen Rucksack auch eine Taschenbuchausgabe mit Rimbaud-Gedichten gestopft. Nach drei Tagen fielen die Seiten heraus.

«Die Einbände der alten Garnier-Flammarion-Ausgaben sind völlig unbrauchbar.»

«Du hast Probleme», sagte Rémoville.

Der Wind hatte sich gelegt, alles war stabil, reingewaschen von der Kälte. Wir durchquerten Sereno Richtung Osten und stiegen zwischen Baumgruppen mit vereinzelten Bauernhöfen auf, die aussahen wie auf einem flämischen Gemälde.

«Warum ein flämisches Gemälde?», fragte du Lac.

«Vom Schnee geölt, und mit lauter kleinen Schlittschuhläufern.»

In der Nacht waren wir wieder zu Kräften gekommen. Wir flitzten über den Neuschnee. Du Lac kommentierte die Motti der Sonnenuhren auf den Barockfassaden: *Horas Non Numero Nisi Serenas*, «Ich zähle nur die heiteren Stunden». Die Menschen täten gut daran, sich an dem

Zeiger ein Beispiel zu nehmen: nur die Sonnenstrahlen des Lebens bewahren. Nie die Schatten.

Die hohen, klaren Stunden halfen bei dieser Übung: auslöschen, was beschmutzt. Weder Groll noch Verdruss bewahren. Weiß bleiben. Weiß wie Schnee.

Rémoville schäumte über vor Energie und las in meinem Band *Das trunkene Schiff*.

«Und manchmal sah mein Auge, was Menschenauge träumt.»

Glitzernde Türmchen überragten das Tal. Beim Aufstieg brüllten wir die halluzinierten Verse hinaus. Welche *Illuminationen* hätte Rimbaud wohl mit zurückgebracht, wenn er sich ins Hochgebirge vorgewagt hätte? Welche Dichtung wäre von diesen Zinnen gefallen, wenn er sein Tanzseil hier gespannt hätte? «Ich werde eine fantastische Oper», sagte das Kind aus dem Unterholz der Ardennen. Rimbaud musste gar nicht erst auf die Berge, hinauf in die Atmosphäre, ins Reich der toten Visionen steigen, um mithilfe der Wirklichkeit *sehen* zu können.

Während wir den Wald hinter uns ließen, deklamierte Rémoville die letzten Strophen. Das Schiff konnte nicht mehr segeln: «Und wo die Brücken glotzen, da schwimm ich nimmermehr». Es hatte alles gesehen – das Reine, das Unreine, den Tod und *Panther in Menschenhäuten* –, nun war es an der Zeit, zu schweigen und zu sterben. Wir hingegen mussten 1000 Meter Höhenunterschied überwinden.

Du Lac legte zwei Stunden lang eine schöne Spur in die Hänge eines Kars.

Der Vorkletterer hinterließ seine Linie auf einem unbeschriebenen Blatt, versuchte, den einfachsten, bequemsten Weg nach oben zu nehmen, und achtete darauf, den

Winkel nicht zu verkanten, um die Kräfte zu schonen und dennoch zügig emporzukommen. Er mochte es, den Schnee zu erschließen, uns den Weg zu leuchten. Das Prickeln eines Aufklärungsregiments. Ich bildete die Nachhut.

In der auf 2350 Metern gelegenen Binntalhütte teilten sich drei Schweizer Bergsteiger mit Lola, einer Norwegerin, die Bettstellen und planten die Route für den nächsten Tag. Wir lasen ihnen *Eine Zeit in der Hölle* vor. Alle kannten Rimbaud. Die Schweizer hatten ihn in der Schule durchgenommen. Lola erinnerte sich, wie schön er war. Auch Arthur hätte sich an Lola erinnert.

Der einundvierzigste Tag

Von der Binntalhütte über drei Pässe zur bewirtschafteten Corno-Gries-Hütte. 19 Kilometer und 1500 Höhenmeter.

Du Lac konnte sich gar nicht genug daran ergötzen: In der Hütte wies ein Schild darauf hin, wie nach der Methode des Schweizer Alpen-Clubs die Wolldecken zu falten seien. Ein beruhigendes Gefühl: Der Helvetier erwies sich in seiner Logistik der Perfektion der Berge ebenbürtig.

Wir brachen auf, um uns das Recht zu verdienen, abends auszuruhen.

Der Mont Blanc erschien auf dem ersten Pass in südwestlicher Richtung. Das Licht lackierte die Berge. Der Schatten spannte blasslila Baldachine zwischen den hellen Flächen auf. Das erste Tal führte zu einem Pass in 3015 Metern Höhe. Der zweite Pass versteckte sich unter sahnigen Schneeverwehungen, durch die sich du Lac mit Fausthieben einen Weg bahnte. Wir krochen durch den Neuschnee, bevor wir uns auf einem Felsvorsprung wieder aufrichteten.

Dann eine ausgedehnte Abfahrt zu den offenen Talmulden am Griessee. Ein Staudamm aus Beton verbaute den von Pylonen gespickten Horizont. Windkraftanlagen peitschten den Himmel, die riesige, stumme und triumphierende Apparatur verlieh der Landschaft das Beklemmende der Comic-Zeichnungen von Enki Bilal oder François Schuiten. Diese Maschinen schienen an den Ufern zurückgelassen worden zu sein. Sie funktionierten im Leerlauf, einsamer als Derwische, so als hätte der Mensch nach seinem Verschwinden die Mechanismen seiner einstigen Macht einfach weiterrotieren lassen. Lämpchen, Flügel und Antennen sollten keinerlei Erinnerung an den verrückten Professor haben, der sie in Gang gesetzt hatte.

Wir querten den letzten Pass. War dieses Skiwandern zu einem stets zurückweichenden Horizont in Rimbauds Sinne? Unser Weg, den wir Morgen für Morgen in der Substanz fortsetzten, wurde mit einem ganzen Strauß von Visionen belohnt. Diese merkwürdigen, manchmal sexuellen, selten menschlichen, oft abstrakten Formen – gläserne Leitungen und blütenweiße Draperien – waren die Projektionen unserer Laterna magica!

«Wir fahren durch das Gedicht, Jungs.»

«Der Schnee oder die Keuschheit der Sonne», sagte du Lac.

«Das Sperma der Königin», warf ich ein.

«Die Lymphe des Himmels», sagte Rémoville.

«Die dürftigen Hobelspäne der Reinheit.»

Leider vermochten wir unsere *Illuminationen* nicht in Worte zu fassen. Unsere kläglichen Versuche waren nur eine schwache Hommage auf den siebzehnjährigen *Seher*, der die Pracht nicht hatte sehen müssen, um sie beschreiben zu können, und der die Sprache so sinnreich zu meißeln verstand. Das Rätsel von Arthurs Genie beschäftigte uns den ganzen Tag. Vielleicht war das die Definition der Poesie: Erzählen, was man nie gesehen hat. Für keine seiner *Illuminationen* hatte Rimbaud das Beschriebene zuvor auch erlebt haben müssen.

Gegen sechs Uhr abends zeigte sich die Hütte: eine Raute auf Pfählen. Der Bau sah aus wie der Entwurf eines sowjetischen Ingenieurs. Monica, die Hüttenwartin, bewirtete uns üppig. Der Himmel verfärbte sich orange. Wir waren alleine mit Monica und der Poesie: Ort und Formulierung.

Der zweiundvierzigste Tag

Von der Corno-Gries-Hütte über zwei Pässe zur bewirtschafteten Rotondohütte. 1400 Höhenmeter.

Der pistazien-erdbeerfarbene Himmel ließ das Elend des Tages noch nicht vermuten. Wir wussten, dass nachmittags ein Gewitter aufziehen sollte, doch du Lac wollte noch vorher über den Pass kommen. Du Lac hoffte immer, noch vorher weiterzukommen. Meist gelang ihm das auch. «Zurückweichen? Nie und nimmer», lautete die Devise der Roten Armee. «Nach mir die Sintflut», stammte von der Pompadour. «*Wait and see*», von Churchill. «Das wird schon», von du Lac.

Sein Optimismus wuchs, je unmöglicher die Lösung schien. Oft hatte er in Anbetracht einer Situation, die mir selbst unüberwindlich vorkam, «kein Problem» gesagt.

An diesem Morgen reichte das allerdings nicht. Nachdem wir einen mit Pylonen (eine Seilschaft aus Skeletten) bestückten Hang erklommen hatten, kletterten wir weiter auf den ersten Pass auf 2800 Metern Höhe. Der Sturm kam früher als gedacht. Er brach über uns herein.

Skier an Skier arbeiteten wir uns voran, um uns nicht aus den Augen zu verlieren. Wir umgingen die Felsausläufer unter dem Pizzo Rotondo. Wir konnten kaum noch die eigenen Skier erkennen. Du Lac verirrte sich. Wir drückten uns an eine Wand auf einem vom Wind abgeschliffenen Felsvorsprung. Das Thermometer zeigte –15 °C. Die Böen schlugen uns die Stöcke aus der Hand. «Wir müssen weiter!», schrie du Lac.

Nichts deutete darauf hin, dass der Hang rissig war. Plötzlich wuchs das Gebirge um mich herum in die Höhe. Ein sonderbares, fast angenehmes Gefühl. Ich glitt mühelos abwärts, spürte eine unbestimmte Bewegung jenseits meiner selbst: Ich war in einen Schneerutsch geraten.

Die kleine Lawinenzunge wälzte sich circa zehn Meter weit abwärts, dann stoppte sie. Das war alles. Es war nichts passiert: Ich war nicht verschüttet. Du Lac war bereits zur Stelle. Meine Skier waren abgefallen. Man zog mich heraus, ich wühlte nach meinen Skiern und richtete mich wieder auf. Weiter ging's durch das Geheul.

Der Wind blies mit über 100 Stundenkilometern. Unter den Masken verborgen, fragte ich mich: «Werden wir uns nachher, in der Hütte, noch an unsere Strapazen erinnern und mitleidig auf das gerade Erlebte zurückblicken?»

Schnell vergisst der Geist die Leiden des Körpers. Die Triebfeder des Lebens: auslöschen und neu beginnen. Der Wille ist ein Raubtier. Er pocht auf sein Stück Fleisch. Sobald die Ruhe ausgekostet ist, träumt er vom neuerlichen Aufbruch. Wenn die Erfahrung uns davon abhält, sind wir älter geworden.

Auf 2804 Metern erwartete uns der Pass. In einem Schneeloch zogen wir die Steigfelle ab und folgten du Lac, der blind dem GPS-Gerät folgte. Plötzlich standen wir vor der Hütte. Wir verbrachten einen trägen Nachmittag am Kachelofen. Noch eine Mitteilung an die theologischen Fakultäten: Eine Holztür trennt das Paradies von der Hölle.

Der dreiundvierzigste Tag

Von der Rotondohütte über Andermatt zur unbewirtschafteten Vermigelhütte. 15 Kilometer und 600 Höhenmeter.

Der Vortag saß uns noch in den Knochen, sodass wir uns berechtigt fühlten, den nächsten Pass zu umgehen. Wir umrundeten den Gotthardpass und fuhren durch freundliche Täler nach Realp hinab. Die Dampfbahnstation funkelte. Der Wald war gepflegt, ringsum verteilten sich anmutig die Chalets: eine Spielzugeisenbahnkulisse der Marke Märklin (eine geordnete Welt, millimetergenau geregelte Weichen, minutiöse Ausrüstung). Nach dem Sturm war diese Modelllandschaft genau das Richtige.

Der Aufstieg von Andermatt zur Vermigelhütte war gemütlich. Ganz anders als die kosmische Tracht Prügel, die wir gestern eingesteckt hatten. In der Winterhütte bereiteten zwei Polen schweigend die Suppe zu.

Rémoville las *Eine Zeit in der Hölle.* Er wunderte sich über Rimbauds Drang zu verfallen. Arthur behandelte seinen Körper wie ein Stück Fleisch und quälte ihn. Verlaine half ihm dabei. Die Seele blieb aus Smaragd. In den Gedichten stets jenes Schwanken zwischen Reinheit und

Schmutz. Im Bestreben, die Welt zu besudeln, machte Arthur bei sich selbst den Anfang.

Ich sah einen Zusammenhang zwischen der *Verabschaumung* des Künstlers und dem Selbstzerstörungsdrang im Sport. Die Dichter suchten den Verfall in der Gossensprache. Der Bergsteiger wollte das Tier in der Schönheit schinden. Was hatten sie zu sühnen? In beiden Fällen ging es um Selbstbestrafung. Abschaum und Erhabenheit, Vergebung und Verderben, Ab- und Aufstieg: die gleiche Spannung. Im Morast blitzten kleine Lichter auf. Im Weiß schwärzliche Stellen. «O du mein Kiel, zersplittre!», sagte *Das trunkene Schiff*. Was sagten wir im Sturm?

Beim Dichter zog diese Lust an der Prüfung einen Schweif unvergänglicher Verse nach sich. Beim Sportler eine vergängliche Spur zu einer Hütte, in der eine bezopfte Gundula Ovomaltine zubereitete.

Der vierundvierzigste und fünfundvierzigste Tag

Von der Vermigelhütte über den Piz Borel zum Lai da Sontga Maria. 20 Kilometer und 1000 Höhenmeter. Dann im Auto weiter nach Olivone.

In der Morgenfrühe herrschten −18 °C. Mit Steigeisen erklommen wir den Piz Borel, auf dem ein vereistes Metallkreuz stand. Wir seilten uns an, um uns am Grat entlangzuarbeiten. Dann spulten wir erneut unser Repertoire ab: Täler, Felsen, Pässe, riesige Talmulden, in denen meine Gefährten sich mit der Spurlegung abwechselten, bis zum Lai da Sontga Maria, der lange auf sich warten ließ.

Wir fuhren über ebene Flächen. Der Himmel blendete. Die Stunden wurden lang. Das Herz fand seinen Rhythmus. Aufs Neue erlosch in der Blindheit das Denken. Die körperliche Anstrengung verwandelte sich in geistige Trägheit. Das Sein zersplitterte. Wir zogen durch die *aufgehobenen* Stunden. Es war kein Koma, sondern ein konzentrierter Wachzustand, in dem die Erschöpfung die Kraft zum Weitergehen barg, aber alles Nachdenken zunichtemachte. Die Buddhisten strebten nach dieser Verflüchtigung. Buddha hatte sich mit gekreuzten Beinen unter eine Pappelfeige gesetzt, um vor sich selbst zu verschwinden. Ebenso gut hätte er ein paar Skier anschnallen und du Lac in die Matrix folgen können. Schmerzlos glitten wir voran. Innen die Taubheit; außen die Abstraktion.

Ich erinnere mich an die dumpfe Blendung vor der Anästhesie unter den OP-Scheinwerfern. Die Narkosemittel verströmten ihre feuchte Schwere in meinem Organismus – bis zur Auslöschung. Reglos schweifte man ab, bevor man endgültig wegsackte. Im Gebirge handelte es sich um eine andere Vernichtung. Der Körper lief mechanisch weiter durch ein Nichts aus Formen, anstatt die Trägheit in sich einsickern zu lassen.

Die Reise war das genaue Gegenteil der Chateaubriand'schen Route durch das Heilige Land, wo der Reisende sich in einer historischen Geografie bewegt und unter den Steinen nach einem Hinweis sucht. «Jeder Name verschließt ein Geheimnis; aus jeder Grotte redet die Zukunft; auf jeder Berghöhe erschallt die Stimme eines Propheten», sagt der Reisende im historischen Raum. Bei Chateaubriand muss man wissen, um zu verstehen. Im erinnerungslosen Weiß herrscht allein der Raum. Die Geschichte hinterlässt keine Spuren, der Mensch schreibt nichts. Es ist das Heimatland der Leere, die «mir sein Weiß verwehrt».

Am Lai da Sontga Maria warfen uns die industriellen Motive wieder auf die Materie zurück. Staudamm, Tunnel, Pylone: Es war keine Rede mehr davon, sich in der Metaphysik aufzulösen. Ein Italiener nahm uns die 6 Kilometer vom Staudamm bis nach Olivone im Auto mit, wo wir einen Gasthof entdeckten. Und als wären all die Anstrengungen der letzten drei Jahre über Pässe und Kämme nur vollführt worden, um dieses hölzerne Bett zu erreichen, ließ ich mich hineinfallen – und stand erst am übernächsten Tag wieder auf.

Der sechsundvierzigste Tag

Von Olivone über die Tunnel in der Luzzone-Staumauer zur unbewirtschafteten Adulahütte. 12 Kilometer und 900 Höhenmeter.

Die italienische Milde stieg von den Seen auf und erfüllte die germanischen Wälder. Diese Komposition übertrug sich auch auf die österreichisch inspirierten Urlaubsorte. Die Belle Époque hatte hier Erfrischung gesucht. Eine Autostunde weiter südlich fächelten Palmen den Stränden des Lago Maggiore Kühlung zu.

Der italienische Gastwirt wurde immer redseliger, je mehr Kaffee er uns einschenkte. Fröhlich beschied er uns, dass das Tessin der schönste Platz auf Erden sei, dass binnen vierundzwanzig Stunden 110 cm Neuschnee gefallen seien, dass wir uns schwertun würden, ins Engadin zu gelangen, und sich im Tal ein offenbar aus China stammendes Lungenvirus ausbreite, das uns in der Höhe allerdings nichts anhaben könne. Rémoville schien sich als Einziger für diese Information zu interessieren.

«Das ist eine Grippe, alles halb so wild», sagte ich und bewies damit meinen Sinn für Geschichte.

Unter dem Staudamm des Lago di Luzzone stiegen wir in den Wald auf und passierten die üblichen katholischen

Requisiten am Wegrand: Christusaltäre, Marienkapellen und Kreuzwegstationen.

Auf 1600 Metern Höhe erstreckte sich ein Talsperrensystem, dessen einzelne Staumauern über terrassenförmig angelegte Tunnel miteinander verbunden waren: die Kulisse zu einem Spionagefilm aus den Fünfzigerjahren. Mit geschulterten Skiern drangen wir in einen unterirdischen Gang vor, wo sich ein Breschnew-Spion im Dreiteiler hätte verkriechen können, bereit, mit einer Makarow 9 mm (inklusive Schalldämpfer) auf Cary Grant zu feuern. Stalaktiten brachen durch das Gewölbe. Wir liefen zwei Kilometer durch die Galerien, bevor wir plötzlich in hellem Tageslicht auf der Brücke einer an einen bewaldeten Hang gestützten Staumauer standen.

«Jungs, wir haben gerade den Tunnel von Bosch durchquert», sagte ich.

«Ist Gott denn eine Staumauer?», fragte du Lac.

«Gott ist Energie», sagte Rémoville.

Das Tal der Adulahütte kostete uns ganze drei Stunden. Du Lac atmete schwer im sonnigen Schnee. Woher nahm mein Kamerad seine Kraft? Seitdem wir über die Bergkämme zogen, sah ich ihn immer die erstbeste Gelegenheit nutzen, nach Luft zu schnappen, um der Gefahr eines Selbstgesprächs auszuweichen. Dafür bewunderte ich ihn nicht gerade wenig. Für mich war die Flucht das edelste Handwerk der Welt.

An jeder halb verschütteten Alphütte pressten wir unseren Rücken an die dunklen, sonnenwarmen Holzbalken. Wir kamen uns vor wie Katzen. In der Hütte verstrich der Nachmittag, warm und geborgen. «*First do nothing, then rest*», hatte ein Zen-Meister gesagt. Wenn nicht sogar ein Skiwanderer.

Der siebenundvierzigste Tag

Kehrtwende nach dem Schneerutsch am Rheinwaldhorn.
17 Kilometer und 600 Höhenmeter.

An diesem Morgen um fünf erzählte ich am Ofen von meinem Vorhaben, nach unserer Rückkehr die Aiguille d'Etretat erklettern zu wollen. Maurice Leblanc hatte sie «die hohle Nadel» getauft und zum Schlupfwinkel von Arsène Lupin erkoren. Der weiße Monolith aus «Feuersteinkreide» ragte 60 Meter hoch aus dem Meer auf, einen Steinwurf von den Kreidefelsen der Küste entfernt. Ich müsste nur mit einem Boot bis zum Sockel fahren und dann, im Gehrock, mit Seilen und Felshaken hinaufklettern. Auf dem Gipfel würde ich vor den Möwen, Richtung Großbritannien, an den «Übermut» appellieren, um in genau dieser Reihenfolge die öffentliche Fröhlichkeit, die private Ungezwungenheit und den kindlichen Geist zu zelebrieren. Diese Tugenden waren einst Frankreichs Antwort auf sämtliche Widrigkeiten. Jahrhundertelang hatte die Welt die Franzosen als leichtfertig abgetan. Was war binnen weniger Jahrzehnte passiert, dass wir so missmutig geworden sind, felsenfest überzeugt von unserem Platz auf dem Podium des globalen Unglücks? In meinem Pariser Umfeld begriffen sich die Leute als Opfer des

Schicksals, von ihren Mitmenschen gekränkt, vom Leben benachteiligt und von einem Staat, dessen umfassenden Beistand sie verlangten, ohne auch nur die geringste Einmischung zu dulden, im Stich gelassen. Sogar die Fröhlichkeit galt mittlerweile als verdächtig und war durch Empörung ersetzt worden. Die Demokratie hatte ihre Ambitionen hinter sich gelassen: Jeder störte jeden, und alle hassten einander. Wir würden der Verbitterung entgegenwirken, indem wir in der Tradition Arsène Lupins unsere sinnlose Bitte von der Felsnadel rufen würden.

«Bist du dabei?», fragte ich du Lac, «wir könnten es im September versuchen, im Morgengrauen.»

Du Lac antwortete nicht. Er schürte den Ofen. Ich hatte Angst, dass er ablehnen würde. Nach einer langen Stille dann: «Da können wir aber keine flachen Felshaken setzen. In der Kreide müssen wir uns mit 12 Zentimeter langen Eisschrauben sichern.»

«Er ist einverstanden», sagte Rémoville.

Es herrschten −7 °C. Der Wind blies mit 60 Stundenkilometern. Als wir uns dem Passo del Laghetto näherten, zeichneten die Böen feine Wellenlinien in den Schnee. Die Schlechtwettertaktik: mit starrem Blick nach innen abtauchen und sich in den Kapuzen vergraben. Ich dachte an die Aiguille d'Etretat. Rémoville murmelte die dritte Strophe des *Trunkenen Schiffs* vor sich hin. Du Lac suchte nach einem Weg, die steilen Passhänge zu vermeiden. Im Osten, tief in einem Kar, brach der Schnee unter seinen Skiern entzwei. Der Hang rutschte ab, der Spalt endete vor Rémoville. Du Lac rutschte abwärts, er war gefangen. Zu unserem Glück handelte es sich um relativ leichten Neuschnee. Wir sahen zu unserem Freund, hypnotisiert von der Bewegung des Schnees. Geräuschlos glitt die unaufhaltsame Schneedecke abwärts. Du Lac kämpfte um sein Gleichgewicht, ließ sich nicht unterkriegen. Die Lawinenzunge mündete in eine ebene Stelle, 60 Meter unterhalb, vor einem Felsabbruch, wo sich die Lawine in ein Leichentuch verwandelt hätte. Er befreite sich und schloss zu uns auf – ohne weitere Diskussionen fassten wir den Entschluss, in dem nicht enden wollenden Unwetter nach Olivone zurückzukehren.

Mit dem Zug würden wir nach San Bernardino fahren und so die Kämme des Passo del Laghetto umgehen. Das Tal hatte uns den Aufstieg schwer gemacht. Der Abstieg war auch nicht leichter. Zu dem zäh gewordenen Schnee gesellte sich der Missmut über das Umkehren, und zu allem Überfluss peitschte der Wind. Gestern hatten wir uns wenigstens unter einem strahlend blauen Himmel abgemüht. Ich hatte einen Satz in petto: «Ein gerader Weg führt immer nur ans Ziel.» Wohin aber führte unsere Spur? Gingen wir wirklich einem Ziel entgegen? Nein, wir liefen einfach durch das Weiß. Waren Passagiere der Substanz. Sie war ein Narkotikum. Sorgte für das Vergessen und garantierte die Hypnose. Zum ersten Mal seit all den Jahren, in denen ich die Welt durchwanderte, fand ich mehr Gefallen am Weg als am Ziel. Das lehrte uns das Weiß. Es beförderte uns. Wir mussten aufpassen, dass es uns nicht begrub.

Der achtundvierzigste Tag

Von San Bernardino über zwei Pässe nach Splügen.
19 Kilometer und 1500 Höhenmeter.

Am Vorabend hatten wir Graubünden mit dem Zug umfahren und das Dorf San Bernardino erreicht, zehn Kilometer von der Adulahütte entfernt. Wir brachen an der von düsteren Wolken bewachten östlichen Pforte auf, Richtung Engadin, ein Name, der Zucker und Kristall verhieß! Nietzsche hatte sich nach Sils Maria zurückgezogen, weil er dieses Strahlen und Funkeln für seiner würdig erachtet hatte. Unter den weißen Kämmen hatte er die Lehre Zarathustras ersonnen und ein radikales Umdenken bewirkt.

«Wir gehen zu Nietzsche», sagte Rémoville.

«Und lesen dabei Rimbaud», ergänzte ich.

«Ihr Snobs!», sagte du Lac.

Gleich nach dem Aufwachen bereiteten wir uns vor. Das Aufbrechen wurde zur Gewohnheit. Der Himmel beruhigte sich nicht. Der dreistündige Aufstieg im Wind führte uns zu einer Anhöhe über einem breiten Tal, auf der ein Bauernhof thronte. Jeden Morgen lasen wir ein paar Verse aus den *Illuminationen*. So konnte ich den ganzen Tag auf der Feststellung herumkauen, dass ich Rimbaud einfach nicht begriff.

Gestern hatte Rémoville mich auf das Ende des Gedichts *Die Brücken* hingewiesen: «Ein weißer Strahl, der hoch vom Himmel fällt, vernichtet diese Komödie.»

Die gewöhnliche Ernte: ein Pass, die Vorbereitung des Abstiegs in den Böen, Skiklettern unter den Felswänden, von den Kämmen stürzende Eisorgeln, scharfe bläuliche Platten, Schwünge im kalten Satin, ein Bach auf 1800 Metern Höhe: unsere *Illuminationen*.

«Man hört schon das Wasser unter dem Schnee!», sagte du Lac.

Das Gebirge zerrann. Das Weiß wich zurück.

«Wir müssen an die Rückkehr denken», sagte Rémoville.

Du Lac beschloss, durch eine 45° steile Schlucht zum zweiten Pass aufzusteigen. Aus der Ferne betrachtet, wirkte der Engpass senkrecht. Wir malten uns das Schlimmste aus: Kaum hätten unsere Skier die Oberfläche berührt, würde der Hang einstürzen. Doch sobald wir den ersten Schritt machten, zerstoben alle Zweifel. Das Prinzip der Hochgebirgserkundung war ein Axiom. Von Weitem wirkt das Hindernis erschreckend. Wenn man sich nähert, lösen sich die Schwierigkeiten. Hatte das nicht auch Alexandra David-Néel schon gesagt, die erfahrene Kommandantin der Tibet-Expeditionen und erste Reisende, die 1924 nach Lhasa vorgedrungen war? «Wenn man erst einmal unterwegs ist, ist alles viel einfacher.»

Meine zwei Kameraden bewältigten die 800 Meter Höhenunterschied zuerst und warteten, bis ich ihnen auf den Pass oberhalb von Splügen gefolgt war.

«Tesson, wir müssen nach Frankreich zurück.»

«Ein Liebeskummer?»

«Nicht ganz so schlimm: eine Epidemie. Unten schließen sie die Grenzen, in den Tälern ersticken die Leute.»

Zum ersten Mal in der Geschichte würden acht Millionen Menschen in Echtzeit die Experimente der Regierungen zur Kontrolle der Massen miterleben. Es war von einer «Pandemie» die Rede. Der gleiche Begriff wie für die historischen Pestseuchen, als der Knochenmann Millionen Seelen dahingerafft hatte! Es konnte einem kalt über den Rücken laufen, wenn man den selbst ernannten Angehörigen der neuen Elite lauschte, den Gesundheitsexperten.

Die Bürokratie feilte an ihrem Arsenal hässlicher Formulierungen und infantiler Konzepte. Sie sollten zu Gemeinplätzen werden: «Abstandsregeln», «Hygienemaßnahmen». Wir hörten sie zum ersten Mal. Das große Eingeschlossenwerden nahm seinen Anfang. In ein paar Tagen würde die Welt in Quarantäne sein. Vorerst wussten wir nichts davon. Noch konnten wir weg. Du Lac und mir war das nur recht. Wir hielten den Ausdruck aus Victor Hugos *Die Orientalen* für das oberste Motiv des Lebens – «die Freiheit auf den Bergen eben!» Der Rest kümmerte uns wenig. Wir hatten das Weiß, das genügte uns. Es gab einen Ausspruch des Polarforschers Knud Rasmussen: «Gebt mir den Winter, gebt mir die Hunde, und behaltet den Rest.» Rémoville war nicht ganz so lässig. Er schaute auf sein Telefon:

«Das ist kein Witz, ihr solltet mal die Zeitung lesen.»

Aber du Lac handelte getreu seiner Technik des Überlebens durch Nichtwissen.

«Morgen um fünf hauen wir ab.»

Der neunundvierzigste Tag

Von Splügen über den Splügenpass zum Winterraum des Rifugio Bertacchi. 11 Kilometer und 400 Höhenmeter.

Es herrschten –8 °C. Die im Gasthaus einverleibte Wohligkeit erwies sich im Unwetter als völlig unbrauchbar. Vom Kamin ging es geradewegs in den Kühlraum, ohne dass Ersterer ein bisschen Wärme an Letzteren abgegeben hätte. Wohlergehen lässt sich ebenso wenig speichern wie Elektrizität.

Auf dem Abhang des Splügenpasses fiel mir die Handlung zu einer Erzählung ein: Drei Freunde reisen über die Kämme. Unten sterben die Menschen an der Pest. Weshalb sollten sie also hinabsteigen? Sie erinnern sich nicht mehr an ihre Mitmenschen. Sie bleiben im Kristall: gläsernes Gebirge, perlmuttfarbener Himmel, ultraviolettes Leben. Eines Tages will einer von ihnen zurück nach unten, zu den Seinen. Er wird dabei sterben, er weiß es, doch er kann nicht anders. Die beiden anderen halten ihn zurück, sie prügeln sich: Zwietracht, Verletzung, Hass. Sie töten einander. Unten ist die Pest verschwunden, das Leben ist zurückgekehrt. Oben ist der Ausweg in die Wälder gescheitert. Die Reinheit ist gefährlich.

Auf der anderen Seite des Passes, auf 1900 Metern

Höhe, säumte ein leer stehender Weiler den Lago di Montespluga. Im Sommer würden die Bewohner wiederkommen. Wir gingen zwischen den Häusern hindurch. Die Gebäude warteten in vier Meter hohen Schneeverwehungen auf Tauwetter.

Drei Stunden später, auf dem Weg zum Rifugio Bertacchi, arbeiteten wir uns auf einem Felsband voran, das einen Bergvorsprung zerfurchte – mit Steigeisen an den Füßen, Skiern auf dem Rücken und an der Taille angeseilt. Der Wind hatte zugenommen. Im Gebirge braucht eine Böe nur einen Graupelschauer aufzuwirbeln, damit eine Situation zum Abenteuer wird.

Der Winterraum, der den Bergbewohnern zur Verfügung stand, war zwei mal zwei Meter groß. Wir schaufelten uns den Weg zur Tür frei. In dieser Kapsel verkrochen, schlürften wir den Tee, die Suppe und die Zeit. Draußen mühte sich der Sturm ab. Niemand sagte dem Wind, dass die Berge standhalten würden. Wir schliefen um sechs Uhr abends unter zu dünnen Decken ein. Stimmte es, was wir tags zuvor in unserem Gasthof im Fernseher gesehen hatten? Dass die Leute sich in den Städten nicht mehr vor die Tür trauten? Dass die Friedhöfe überquollen und man in den italienischen Kirchen wieder die Apokalypse las?

In unserem Aluminiumunterstand stieg die Temperatur auf 4 °C. Purer Luxus. Um nichts in der Welt wären wir wieder in die Infektion dort unten zurückgekehrt, nach Sodom und Gomorra.

Der fünfzigste Tag

Vom Rifugio Bertacchi über den Passo di Sterla Settentrionale, den Lago di Lei und den Passo del Scengio nach Avers. 15 Kilometer und 1500 Höhenmeter.

An diesem Morgen eröffnete du Lac die Spur mit dem GPS-Gerät. Der fahle Himmel war auf die Erde gestürzt. Die Sichtverhältnisse verlangten, dass man eingeschlossen blieb. Du Lacs übliche Methode bestand jedoch darin, aufzubrechen, bevor man sich fragen konnte, ob es auch wirklich vernünftig war. Schlimmstenfalls würden wir umkehren müssen. Die sportliche Umsetzung von Pessoas Metaphysik: «Handeln bedeutet, Ruhe zu kennen.»

Wir folgten ihm und vertrauten unser Leben der kleinen Box unseres Freundes an. Heute galt es, zwei Pässe zu bewältigen.

Und wenn das Gerät ausfallen würde? Wenn die Maschinen beschließen sollten, sich zu rächen? Nicht wenige von uns hassten sie. Sie verfügten über subtilere Mittel als die Waffen der rebellischen Roboter von Philip K. Dick, um sich gegen uns aufzulehnen. Sie konnten auf heimtückische Weise Systeme entern und Fehler in Programme einbauen. Damit würde unsere Korrespondenz an die falschen Adressaten gerichtet. Die Nachricht an die

Geliebte würde an die Ehefrau gehen, das GPS-Gerät geradewegs in den Abgrund führen. Die Wettervorhersage würde kurz vor dem Sturm eine Warmfront ankündigen. Die künstliche Intelligenz muss zwingend auch eine perverse Seite haben.

An jenem Morgen geschah jedoch nichts dergleichen. Du Lacs Gerät funktionierte reibungslos. Der Krieg der Maschinen würde niemals stattfinden: Sie hatten das Spiel längst für sich entschieden.

Der Wind fegte den Pass blank: ein Felsrücken. Wir falteten die Seehundfelle zusammen. Die Luft war mild, die Böen belebend. Wir kamen rasch voran. Unsere Muskelkraft sorgte in unseren drei Organismen für einhellige Freude.

Die Route führte durch schmale, von Staudämmen abgeriegelte Täler. Ein Spalt gab den Blick auf die Stauseen unten im Tal frei. Wir erreichten den zweiten Pass und fuhren auf samtweichem Schnee in Hunderten von Schwüngen zum Lago di Lei.

Die von Tierspuren gescheckte Piste führte an den Seen vorbei. Wildschweine, Hirsche, Gämsen, Hermeline und Hasen verwoben und entwoben ihre unablässigen Spuren in den Nächten des Lei. In der Ferne die fahle Talsperre. Die Fährten der Rehe setzten den brutalen Betonperspektiven ihre Zartheit entgegen. Um meine Sinne zu erregen, brauchte es spektakuläre Landschaften. Paul Valérys Monsieur Teste warnte mich: «Ich hasse alles Außerordentliche. Dieses ist Bedürfnis der schwachen Geister.» Manche überlegene Seelen begnügten sich mit pastellfarbenen Abenden in einem Proust'schen Garten. Ich brauchte eine grandiose Kulisse zum Skifahren – ein Zeichen von Unzulänglichkeit.

Zwei verlassene, bis zu den Fenstern eingeschneite Barackenlager markierten die Grenze zwischen der Schweiz und Italien. Wir überquerten den Staudamm auf der Staumauer. Der Verbindungstunnel zum Tal war geschlossen.

«Wir haben keine andere Wahl, wir müssen über den Pass», sagte du Lac.

Die Stimmung war düster. Es schneite. Wir lehnten uns über die Brüstung. Die Fluchtlinien des Staudamms lösten heimliche Fantasien aus. Wir setzten uns auf zwei Elektroturbinen und aßen gepökeltes Fleisch. Jeder holt sich seine Energie, wo er kann.

Zwei Stunden später nahmen wir unseren Weg wieder auf und lösten oben auf dem Pass eine Lawine aus. Ein paar Hundert Meter weiter weg sahen wir sie ins Tal stürzen. Die von uns geschlagene Welle hatte sich bis auf die Rückseite fortgepflanzt, das Kar getroffen und den Abhang einbrechen lassen.

Durch den Wald rauschten wir über eine Treppe aus Baumstümpfen, Stämmen und Pulverschneebuckel, die wir durch abruptes Abstoppen zum Platzen brachten.

Im Val d'Avers, auf 2000 Metern Höhe, empfingen uns Deutsch-Schweizer in ihrem stilvollen Holzgasthof. Jenseits der Siedlung Juf ragten die letzten Pässe vor Sils Maria auf.

Der Gasthof war ein Inbegriff alemannischer Wesensart. Alles war dezent aufeinander abgestimmt. Die Gedanken klar, das Leben robust. Die Welt musste diesen Gastwirten, die ihre Zahnstocher fein säuberlich in hübschen Döschen angeordnet hatten, wie ein Zirkus Kunterbunt vorkommen. Sie waren damit beschäftigt, die Stuhlbeine auf Hochglanz zu polieren, und erwähnten das mysteriöse Virus, das sich unten verbreitete, mit keinem Wort.

Angefangen bei der Verwaltung des Staudamms bis hin zur Aufreihung der Marmeladengläser verstand sich dieses Land meisterlich auf die Organisation der Dinge. Die formale Ordnung ist ein zivilisatorisches Motiv. Jedes einzelne Element, von schlicht bis hochkomplex, kam in den Genuss des Perfektionsprinzips.

In einem Land, in dem ein liebevoller Umgang mit Zierdeckchen gepflegt wird, sind die Züge pünktlich. Die Tugend im Detail ist der Gesamtorganisation dienlich. Dieses System hatte auch die Theorien von Didier Daurat, in den 1920er-Jahren Direktor der Aéropostale, befruchtet. Für die Verantwortlichen der Luftpost auf der argentinischen und chilenischen Fluglinie musste selbst der kleinste Schraubenbolzen tadellos sein. Jedes Versäumnis wurde mit unverhältnismäßiger Härte bestraft. Hinter dieser Detailversessenheit verbarg sich jedoch ein wichtigeres Anliegen: das Leben der Piloten. Wenn die Fenster blank waren, stürzten die Flugzeuge nicht ab. Die Zahnstocher in unserem Gasthof waren für den Zustand des Landes ebenso bezeichnend wie die Instandhaltung des Straßennetzes. Umgekehrt waren die kaputten Straßenlaternen in der sozialistischen Ukraine der Achtzigerjahre Vorboten von Tschernobyl.

Natürlich erzeugte die formale Pingeligkeit eine tödlich konventionelle Atmosphäre. Und doch war die Inspiration in dieser schnurgeraden Geografie zu Hause. Schließlich war *Zarathustra* im Land der Spielzeugeisenbahnen entstanden.

Beim Abendessen bemühten wir uns, nicht auf die Tischdecke zu kleckern.

Der einundfünfzigste Tag

Von Juf über zwei Pässe und den Silsersee nach Sils Maria, 17 Kilometer und 800 Höhenmeter.

Nach einer Nacht in einem Schweizer Bett fühlt man sich wie neugeboren. Um sieben Uhr morgens verließen wir den Gasthof. Das Wetter war ein helvetischer Traum: blau, weiß und trocken. Das Gebirge stieß seinen alten Schnee ab. In jeder allzu schwungvoll genommenen Kurve lösten sich Schneemassen. Man musste auf Zehenspitzen Ski laufen und in großem Abstand zueinander, um nicht gemeinsam in die Falle zu gehen.

Über den Pass Lunghin stiegen wir am Ufer des Sees im Tiefschnee nach Maloja hinab. Sils Maria flirrte in der Durchsichtigkeit. Wir hatten noch acht Kilometer auf der Schneedecke vor uns. Die Gipfel hielten Wache. Der Himmel war silbern. Auf dem See liefen Bilderbuchschweizer lautlos Schlittschuh. Die Sonne glänzte. So wie sie. Skiläufer im Seniorenalter in karierten Pullovern glitten ebenso leicht dahin, wie die Zeit über sie selbst hinweggeglitten war. Gebräunte ältere Herren mit weißen Haarschöpfen liefen Schlittschuh, das perfekte «Philharmonie-Publikum». Damen mit perlmuttfarbenem Haar machten seit achtzig Jahren ihren täglichen Langlaufausflug. Eine von ihnen, ein Seidentuch um den Kopf gebunden, rief «Bravo!», als sie an uns vorbeizog: «Ich mag sportliche junge Männer.» Am See bewahrten der Sport und das Bankensystem die Bevölkerung vor dem Verfall. Eben dort hatte ein irrer Schnurrbärtiger hundertvierzig Jahre zuvor die Umwertung aller Werte proklamiert und die klassische Philosophie ebenso wie seine eigene Gesundheit zugrunde gerichtet. Wenn Zarathustra nicht auf dem Seil getanzt, sondern sich zum Schlittschuhlaufen zu den drahtig-gestählten Achtzigjährigen aus Sils Maria gesellt hätte, wäre er nicht im herrlichen Schmerz seines traurigen Wissens versunken.

Nach den Tagen auf steilen Abhängen lockte Sils mit seinen Reizen. Der Wechsel war das Lebensprinzip der britischen und amerikanischen Sportler um 1920, von denen Sils Maria sich den Gesundheitsfanatismus und die Art-Nouveau-Ecken bewahrte. In der Zwischenkriegszeit hatten westliche Gentlemen von Cannes bis Montreux auf dem Umweg über Nairobi Elefanten gejagt, waren über Seen gerudert, eisgelaufen und hatten Schwertfische geangelt, bevor sie sich am Abend unter den Laubengängen im Fitzgerald-Stil, wo ausnehmend dürre Mädchen die Moral der in weiße Blazer gekleideten Raubtiere untergruben, ihren Gin Fizz genehmigten. Diese Begegnung zwischen dem *high life* und der «großen Gesundheit» war Hemingways Leitmotiv gewesen. In seinen Romanen tummelten sich Skiläufer, die durch die blaue Luft patrouillierten, bevor sie in zurechtgestutzten Gärten ein paar Dreiwortsätze von sich gaben. Im Allgemeinen endete dieses Leben zwischen Safari und Sexorgie mit dem Pistolenlauf im Mund. Wir nahmen uns ein einfaches Hotel aus hellem Holz neben dem Nietzsche-

Haus mit den blauen Fensterläden. Mit der Schneedecke auf dem Dach sah es aus wie die Hütte aus einem barocken Märchen.

Der zweiundfünfzigste Tag

Sils Maria.

In *Freuden und Tage* schenkt Proust Sils Maria einen geschliffenen Satz, den es verdient: «Wir haben einander geliebt in einem verlorenen Örtchen des Engadins, das einen zweifach süßen Namen trägt, die traumhaft tiefen deutschen Laute verlieren sich in der Sinnenfreude italienischer Silben.»

Das Zitat hängt im ersten Stock des Nietzsche-Hauses im Flur. Deutsche Studenten auf Pilgerreise – blasse Gesichter, schwarze Mäntel – atmeten gierig den Geruch nach Bohnerwachs ein. Glaubten diese pickeligen Sukkuben wirklich, dass sie hier ein Molekül des Nietzsche'schen Genies aufschnappen konnten?

In dem spärlich möblierten Schlafzimmer hatte Nietzsche an einem Holztisch das Fundament für seinen *Zarathustra* gelegt und begonnen, die westliche Vernunft auseinanderzunehmen. Die Moral der Geschichte: Auch von einem Schlafzimmer aus lässt sich ein Weltkrieg führen.

In der Bibliothek des Hauses thronten die Übersetzungen der *Fröhlichen Wissenschaft*. Im 15. Kapitel des Ersten Buchs las ich folgende Zeilen über den Berg: «... und so steigen wir auf ihn hinauf und sind enttäuscht (...) wir hatten vergessen, dass manche Größe, wie manche Güte, nur auf eine gewisse Distanz hin gesehen werden will, und durchaus von unten, nicht von oben, – so allein wirkt sie.»

Der Bergsteiger empfindet das Gegenteil. Auf dem Gipfel enttäuscht die Landschaft nie. Sie ist die Erfüllung eines tagelangen Kampfes. Die Erinnerung setzt die moralische Karte der Gebiete neu zusammen: «Hier der schwer zu überwindende Pass, dort das stürmische Kar. Und denk nur an den Gletscher ...» Diese Anstrengungen waren dem Traum geopfert worden.

Doch Nietzsche war kein Skifahrer, und wir waren nicht würdig, sein Wort zu empfangen. Gerade erst, seit zwei Wochen, öffnete uns das Skiwandern die Tore des Lebens.

«Ich fahre nach Paris zurück», sagte Rémoville.

«Nein, lass uns weitermachen», erwiderte du Lac.

«Die Lage verschlimmert sich», sagte Rémoville, «ich kann meine Familie nicht alleinlassen.»

Wir kauften ein paar Zeitungen. Von Sils Maria aus betrachtet, war die Situation erschreckend. Das Virus triumphierte. Es hieß, die Bevölkerung müsste eingepfercht werden. Die Chiliasten rieben sich die Hände. «Das haben wir doch gleich gesagt», beglückwünschten sich jene, die eigentlich etwas ganz anderes gesagt hatten. Ein Schatten breitete sich aus, vor dem Höhe und Schönheit uns bewahren würden, dachte ich.

Der See funkelte. Der Himmel blendete. Die alten Herren glitten weiter. Ales schwebte im Azur. Wie sollten wir glauben, dass sich 1000 Meter weiter unten die Menschen zu Tode husteten? Sollten wir auf den Bergkämmen ausharren? An einem blendenden See Zigarillos rauchen?

Wir waren von der Schwere der Ereignisse nicht überzeugt genug, um unsere Route zu unterbrechen, nahmen aber die Krise doch so ernst, dass wir auch nicht einfach weiter über die gläsernen Kämme turnen wollten.

Rémoville gestaltete sein Leben nach rationalen Grundsätzen. Frau und Kinder verlangten, dass er Entscheidungen traf. Er sprang in den Zug.

Das Paradies strahlte weiterhin seine unbezwingbare Milde aus. Die Eichhörnchen tanzten ihre Reigen in den Schneeverwehungen. Sils Maria verströmte seinen Zauber. Ein Honigwind liebkoste das schimmernde Licht. Noch zwei Tage blieben wir auf den silbernen Hängen. Dann erfuhren wir, dass die italienischen Carabinieri über die Kämme patrouillierten, um die Wintersportorte zu schließen.

In Frankreich sollte achtundvierzig Stunden später die Quarantäne beginnen. Noch war Zeit, zurückzukehren. Das Leben auf den Spitzen genügt nicht. Der Mensch zieht die Wärme seiner Lieben vor. Selbst angesichts der Infektion.

Wir nahmen den Zug Richtung Zürich. Das Engadin verschwand im Himmel.

In Lausanne trugen die Leute Masken im Zug.

Ich fand das lächerlich. Masken! Zum Glück würde es in Frankreich nie so weit kommen.

2021, viertes Jahr

DAS VERGESSEN

Das ganze Jahr über hatte die Menschheit mit der grassierenden Infektion gerungen. Für die Regierungen war der Kampf gegen das Virus eine Gelegenheit gewesen, sich in der Kontrolle der Massen zu üben. Im Namen des privaten Heils und der öffentlichen Gesundheit hatten die Behörden die Bevölkerung eingeschlossen. Die Bürokratie hatte ein Experimentierfeld gefunden, das durch zwanzig Jahre Cyber-Hypnose bereitet worden war. Wenn die Gesellschaft bereit ist, hinter einem Bildschirm zu leben, lässt sie sich auch zum Tragen einer Maske bewegen. Die Ergebnisse übertrafen sämtliche Erwartungen. Binnen vierundzwanzig Stunden hatten alle den Hausarrest akzeptiert. Der Menschenpark war formbarer als gedacht.

Die Behörden hatten sich geirrt. Indem es ihnen gelungen war, innerhalb weniger Stunden Hunderte Millionen Menschen einzusperren, hatten sie ihre Handlungsfähigkeit bewiesen. Demnach konnten sie also regieren. Sie brauchten es nur zu beschließen. Künftig würden sich die Politiker nicht mehr hinter «der Unvermeidbarkeit der Geschichte» verschanzen können, um ihre Untätigkeit zu rechtfertigen.

Mit der Schneeschmelze im Mai 2020 hatte das Verwaltungspersonal den ersten Ausgang genehmigt. Die Quarantäne («Lockdown» im Managersprech) war aufgehoben worden. Du Lac und ich hatten die Grandes Jorasses über die Nordseite erklommen und die Aiguille d'Etretat bestiegen. Alles war genau so verlaufen, wie wir es ein paar Monate zuvor in der italienischen Hütte geplant hatten. Unser Freund Philibert Humm hatte uns mit dem Boot am Fuß des Monolithen abgesetzt. Wir waren auf den Feuersteinkalk geklettert. Auf dem Gipfel hatte ich im Angesicht der Möwen einen Text deklamiert. Die Kreidefelsen warfen ihren Glanz zurück. Auch hier herrschte das Weiß, seine magische Substanz, sein Aufruf zum Träumen. Wir hatten uns abgeseilt und waren an die Küste zurückgeschwommen, ohne von der Polizei geschnappt zu werden. Sie war damit beschäftigt, die Badegäste am Strand zu kontrollieren.

Anschließend war ich nach Armenien gereist, wo die Türken ihrer Lieblingsbeschäftigung nachgingen: Menschen auszulöschen. Dann war ich einer Einladung nach Französisch-Guayana gefolgt, um am Überlebenstraining der Fremdenlegionäre teilzunehmen. Dort unterwiesen einige Ungarn ein paar Moldo-Walachen in der Kunst, unter den Mangroven einen Tukan zu rupfen. Jede einzelne Szene glich einem Gedicht von René de Obaldia. Dann hatte du Lac gesagt: «Wir haben noch ein Stückchen vor uns», und so trafen wir uns am Morgen des 8. März in Sils Maria, um die Überquerung der Alpen zum Abschluss zu bringen. Rémoville war überzeugt, dass wir in diesem Jahr Triest erreichen würden. «Rückkehr ins Engadin» – das klang wie der Titel eines englischen Romans.

Der dreiundfünfzigste Tag, 8. März

Von Sils Maria über den Chapütschinpass zur unbewirtschafteten Tschiervahütte. 13 Kilometer und 1100 Höhenmeter.

Ein Gasthof in Sils Maria. Wir packten unsere Rucksäcke in dem geblümten Zimmer. Wir würden einen ganzen Monat im Gebirge verbringen. Du Lac und Rémoville trugen sechzehn Kilo. Ich nahm nur zehn auf meinen lädierten Rücken. Mit einem gewissen Stolz breiteten wir auf dem Bett unser Arsenal aus: Eispickel, Seehundfelle, Seile, Steigeisen, Klettermesser, Skimasken, Gaskocher, Schlafsack, Kompass und Karten.

In der Stadt lebte ich verschüttet unter den *Dingen.* Mein Wandschrank spuckte lauter Zeug *made in China* aus. Die globale Profitgier drängte uns, die kleinen, immer abscheulicheren, immer weniger haltbaren Dinge unseres Lebens ständig zu ersetzen. Die Erde verkraftete den Sturzbach aus Abfällen nicht mehr. Die antike Schönheit sagte: genug! Die Werbung brüllte: mehr! Die Regierungen wetterten: Wachstum! Unsere Städte quollen über. Manchmal besichtigten wir ein Kloster und wurden von einem Gefühl des Luxus überwältigt, das wir erst nach ein paar Sekunden als Ergebnis der Leere erkannten.

Wenigstens animierte das Skiwandern zur Tugend: Man befreit sich von allem. Wir behielten nur etwas zum Anziehen, Orientieren, Wasserkochen, Lesen und Schreiben. Einen Stift, ein Messer, Feuer, Papier und eine Lampe. Ich hatte eine Anthologie mit etwa hundert Gedichten dabei. Wir würden sie lesen und auswendig lernen, das müsste reichen.

Omnia mea mecum porto: «Alles, was ich besitze, trage ich bei mir», hatte Cicero gesagt, alle Gedanken, Träume und Erinnerungen – die wahre Last des Menschen. Man konnte diesen Aphorismus vordergründig deuten. Und ihn auf die materielle Logistik des Lebens anwenden. Wenn man all seine Habseligkeiten in eine kleine Tasche stopft, erlangt man eine gewisse Leichtigkeit, den ersten Schritt zur Eigenständigkeit, die wiederum in die Unabhängigkeit, auch Freiheit genannt, mündet.

Ich saß auf dem Bett und betrachtete meinen fest verschnürten Rucksack. Mein Leben in zehn Kilo. Damit konnte ich durch das Gebirge streifen. Bei meiner Rückkehr nach Paris würde ich wieder auf meine überfüllten Frachträume stoßen. Ich verbrachte einen Teil meines Lebens damit, mich um Dinge zu kümmern und immer mehr von ihnen zu erwerben.

Wir erreichten den Chapütschinpass auf 3200 Metern Höhe, die erste Tür zu einem einmonatigen Gang quer über Kämme und Täler. Wir ließen das Skigebiet, die «Raumplanung» hinter uns und betraten das Weiß. Über Wochen hinweg würden wir der Anstrengung die Geduld, der Weite die Langsamkeit, der Schönheit die Stille entgegenhalten. Fürs Erste galt es jedoch nicht, Sätze zu meißeln, sondern sich an einer Steige abzuseilen, bevor wir wieder unsere Skier anschnallten, um den Gletscher zu erreichen und an zwei Moränenabhängen entlangzufahren, die vom Wind glatt gefegt und von Rinnsalen durchfurcht wurden. Die Sonne strahlte auf die Schlacken, der Staub färbte sich mit jaspisgrünen Lichtsprenkeln. Auf einem Felsvorsprung auf 2600 Metern Höhe ragte ein einzelner Block kahl hervor. Der Winterraum der Tschiervahütte gewährte uns einen einsamen Unterschlupf.

Kaum waren die Skier verstaut, brodelte auf du Lacs Gaskocher schon der Veilchentee. Das Bergsteigen: täglicher Wechsel zwischen dem Leben eines Sportlers und dem einer alten Dame.

Der vierundfünfzigste Tag

Von Tschierva über zwei Pässe zum Hospiz am Berninapass.
10 Kilometer und 800 Höhenmeter.

Warum hatte der Mensch so lange gewartet, um die Berge zu besteigen? Rein technisch betrachtet, hätte auch ein antiker Grieche schon den Mont Blanc erklimmen können. Wenn man das Pantheon errichten konnte, wird man wahrscheinlich auch in der Lage gewesen sein, ein Paar Steigeisen anzufertigen. Warum also hatte man bis zur Renaissance und der Aufklärung warten müssen? Der Hinderungsgrund war eher moralischer als technischer Natur gewesen. Die eigentliche Schwierigkeit hatte nicht darin bestanden, den Gipfel zu erreichen, sondern sich *das Recht* zuzugestehen, es überhaupt zu versuchen. Als die Berge noch Tempel symbolisierten, wagte man sich nicht dorthin. In der Renaissance beschloss der Mensch, keine Angst mehr zu haben vor einer Welt, deren Gipfel er beherrschte. 1492 erkletterte er den Mont Aiguille. Dann tötete man Gott. Und als Gott tot war, konnte der Mensch nach oben steigen. Der moderne Alpinismus war geboren.

Es war acht Uhr morgens, wir standen bei –14 °C auf dem Fuorcla-Tschierva-Pass. Man konnte die Graubündener Berge überblicken. Ein weißer Rücken, der sich in blauen Bewegungen aufbäumte, erstreckte sich Richtung Nordost. Hatte diese Geografie aus Spitzen und Abgründen womöglich die österreichisch-ungarische Glaubenslehre geprägt? Die Bergspitze rief nach dem Schloss, der Engpass verlangte nach der Festungsmauer, die Schlucht kündigte den Riegel an, der Pass verhieß das Bündnis, das Tal beflügelte den Wohlstand. In der Ferne inspirierten die Wälder finstere Mythologien, die Kämme verlangten klare philosophische Positionen. Das Ganze in Azur, mit rokokohaft aufgeplusterten Wolken. Und wenn das Heilige Reich die politische Form dieser Geomorphologie verkörperte?

Derlei Überlegungen wären vor dreißig Jahren von meinen Geografielehrern an der Uni scharf verurteilt worden. Sie verwarfen den «Determinismus», lehnten jede Erklärung menschlicher Effekte durch materielle Ursachen ab. Nein!, behaupteten sie, der Schnee ist der moralischen Erhabenheit nicht zuträglich. Doch ich gefiel mir in dem Glauben, dass wir die Söhne unserer Landschaften waren und die Welt wenigstens auf unsere Vorstellungswelt Einfluss nahm. Auf dem Fuorcla-Tschierva-Pass träumte ich eher von Sissis Kleidern als von der gefiederten Schlange des mexikanischen Karnevals. Ich war das Kind der Landschaft. Ein Kind mit zahlreichen Müttern, aus so vielen war ich hervorgegangen!

Ich dachte an die Kaiserinnen. Du Lac prüfte die Felssimse. Die Sicherungstechnik bestand darin, unsere Skier in eine vereiste Schneebank zu rammen und unseren Freund an diesem toten Körper anzuseilen. Der Schnee hielt, wir seilten uns ab. Anschließend bezwangen wir einen 52° steilen Eiszapfen, an dem Rémoville mich mit dem Langseil sicherte.

Die Skier schnitten durch die Schneedecken, bevor sie über die Platten schleiften. Der zwei Tage zuvor aufgekommene Scirocco hatte den Sahara-Sand zu uns getragen. Rinnsale aus gelbem Schnee und Schlamm streiften die Hänge. In diesem Chaos stiegen wir ab nach Morteratsch, wo sich biedere Schweizer Wintersportler tummelten. Pärchen begaben sich auf Langlaufskiern von einem Holzgasthof bis zum nächsten blumengeschmückten Chalet.

Mit der Zahnradbahn erreichten wir Bernina Suot und aßen in der Bahnhofsgaststätte mit Albana zu Abend. Sie war mit dem Auto aus Sils Maria hochgekommen. Sie wollte uns unbedingt sehen, weil sie die Reisenden und ihre ins Engadin zurückkehrenden Schatten ins Herz geschlossen hatte. Als ehemalige Hüttenhilfe in Adula hatte sie uns im Vorjahr in Sils Maria empfangen. Wie ihre Mutter und ihre Schwestern war sie früher Skirennen für die Schweiz gelaufen. Sie stammte aus einer Linie von Abfahrern. Achtzigjährig streifte sie mit ihrem von der Sonne gestählten Körper über die Hänge von Silvaplana und genehmigte sich ihre tägliche Ration Höhenunterschied. «Morgen klettere ich 1000 Meter hoch!» Ich nannte sie «die Großherzogin des Stockeinsatzes», weil sie dann lachen musste und sich ihre baltischen Augen zu einem Blinzeln verengten. Sie sagte: «Dieses Jahr habe ich meinen Motorradführerschein gemacht, um meine BMW 850 GS fahren zu können.»

Nur die alten Damen von Sils Maria sagen solche Sätze.

Der fünfundfünfzigste Tag

Von Bernina Suot über den Piz la Stretta nach Livigno.
15 Kilometer und 1000 Höhenmeter.

Pökelfleisch und Eier vom Bauernhof: Das Schweizer Frühstück ähnelt einem Truppenessen. Albana schnallte ihre Skier an und sauste los gen Westen. Wir brachen in die entgegengesetzte Richtung auf, zum Strettapass, über ein kleines, durch früher abgegangene Lawinen gebeuteltes Tal. Sie hatten Klumpen, groß wie Fässer, vor sich hergetrieben. Am Rand des Lärchenwalds flogen Steinhühner auf: honigfarbene Federn, helle Zweige.

Nach zwei Pässen kam der Balkon über Livigno in Sicht. Es war ein wilder Lauf. Wind, Wald, Leere und Sonne: Wir glitten durch die Motive des Wunderbaren. Jede Reise webt ihr eigenes Wappen. Unseres, zwischen zwei Tälern, bestand aus Kristall und Azur. Die Welt funkelte, die Luft war rein, die Bäume auf ihrem Posten, über dem Schnee lag Stille. Wir zogen durch das Unbewegliche. Im 12. Jahrhundert hatten die Ritter so die Wälder der Artus-Sage durchquert, nur ohne Schnee. Auf der Suche nach Liebe und Heldentaten ritten sie durch das Übersinnliche. In *Brocéliande* schreibt Aragon: «Mein Gedächtnis ist ein Gesang ohne Appogiatura / Ein Karussell, das sich mit seinen Rittern dreht / Und der Widerschein, den es mahlt, stammt aus der Artus-Sage.» Im Wald wohnten die Helden dem Wunder bei. Die wirkliche Welt verwandelte sich. Eine weiße Hirschkuh erschien. Eine schöne Dame ging vorüber. Sie überquerte eine Brücke. Unsere Erkundungsfahrten ließen einen solchen Zauber vermissen. In den Jahrhunderten der Maschinen gibt es keine Drachen mehr. Es sei denn, sie haben sich in Maschinen verwandelt.

Das «Wunderbare» – Ausdruck des Göttlichen in der Bekundung des Lebendigen, geistiger Widerschein der Wirklichkeitssplitter – war noch immer spürbar. Im Wald mussten wir nur ein bisschen die Augen zusammenkneifen: Schon wurde das Moos der Lärchen zu im Wind wogendem Haar. «Wir nennen Wunder die Erscheinungen, die sich unserem Verständnis entziehen, obgleich sie natürlich sind.» Diese Definition gefiel uns: Das Wunderbare war eine plausible Erscheinung. Kein Trugbild.

Dann erreichten wir Livigno in Italien: Grenztal und Freihandelszone. Die Schweizer kreuzten hier auf, um zollfrei Alkohol einzukaufen. Mit den Skiern auf dem Rücken gingen wir an einer langen Reihe von Einzelhändlern vorbei: die Herrschaft der Discounter. Die Schaufenster waren schreiend hässlich. Der kommerzielle Irrsinn grotesk. Die Werbung triefte vor Bosheit. Die Götter hatten sich vorübergehend zurückgezogen. Sie waren nicht fern. Morgen wären wir wieder im Wald.

Der sechsundfünfzigste Tag

Von Livigno mit dem Auto zum Eira-Pass, dann weiter über das Val Trela zum Lago di San Giacomo. Von dort aus über das Val Mora und zwei Pässe zum Ofenpass. 26 Kilometer und 900 Höhenmeter.

Warum erscheinen uns diese Tage in weißen Spuren so wunderbar?

«Weil wir durch die Schönheit streifen», sagte du Lac.

«Weil wir im Gebirge unsere Freiheit haben», erwiderte Rémoville.

«Weil wir nicht zu weit hinaus wollen», schloss ich.

Das Prinzip des historischen Nomadentums empfiehlt, nie an die letzte Etappe zu denken. Der Weite hält man besser Maß als Geschwindigkeit entgegen. Der Steppenreiter denkt entsprechend nicht über das Abendlager hinaus. Er durchquert das Reich in kurzen Etappen. Er strebt nicht nach der Zielgeraden. Bescheidener Anspruch, kontinuierliche Mühe, Freude der Erfüllung, Triumph der Beharrlichkeit, Teilen der Wegstrecke: das Verdienst der Bewegung. Am Fuß eines Berges tut man gut daran, seinen Ehrgeiz zu zügeln. Den nächsten Felsblock anzupeilen, den darauffolgenden, noch einen weiteren, und erst dann das Kar. So gelangt man von einem winzigen Etappen-Sieg zum nächsten und schließlich hoch auf den Gipfel.

Wir hatten diese Taktik angewandt. Es galt nicht mehr, die Alpen bis nach Triest zu überwinden, sondern die nächste Rast zu erreichen.

An diesem Morgen war das Tal ein Garten. Wir folgten den Spuren der Tiere. Sie durchquerten Bäche, erklommen Abhänge. Unter den Tannen gelangten wir in ein Kirchenschiff aus lackiertem Schnee. Wir bewegten uns voran wie finnische Jäger, leichtfüßig in der Stille. Wir stöberten einen Hirsch auf, der von seinem Gefolge flankiert wurde. Die Hirschkühe raschelten durch das Gebüsch und suchten wieder Schutz unter dem Dach der Bäume, ruhig, feierlich und aufrecht, wie einem mittelalterlichen Fries entsprungen. Ihre unbeweglichen Köpfe ragten über dem im Lauf aufgewirbelten Schnee auf. Wir waren fetter als der Hirsch und darüber hinaus auch noch ungelenk, ganz zu schweigen von der fehlenden galanten Begleitung.

Der Schnee war aus dem Bett der Gebirgsbäche gewichen. Das Wasser rann über die Kieselsteine. Wir gingen bachaufwärts und gelangten auf ein Plateau, das sich auf der Karte «die Außengrenzen» nannte. Du Lac peilte mit dem Kompass in der Hand über eine Ebene hinweg einen gezackten Bergkessel an. Auf den Gipfeln sträubte der Kalkstein seinen elfenbeinfarbenen Rücken. Der Wind fegte die Felsen blank. Wir nahmen 45° steile Flanken. Der von den Schneemassen der letzten Woche beschwerte Hang schien einbrechen zu wollen. Keiner von uns dreien wagte zu sagen, dass die Route beängstigend wirkte, so lieblich war die Aussicht. Der Wald siegte über die Rundungen. Doch die Weiße ist gefährlich, weil man ihr verfällt. Bricht sie, ist man tot.

Neun Stunden waren wir nun schon unterwegs. Die Müdigkeit verströmte ihren Fatalismus in uns. Wir waren so weit, dass wir die Möglichkeit einer Lawine akzeptierten.

Wir hatten den Tag in der Verzückung eines durch das im eigenen Glitzern reflektierenden Lichts verbracht, hatten die reinsten Formen durchquert. Wenn wir die Söhne unserer Landschaft sind, dann, weil die langen Aufenthalte in den Museumsräumen – Kämme, Wälder, hohe Sattel – in uns einsickern. Zwischen der Welt der Menschen und der Welt der Adler liegt der Höhenstreifen, auf dem wir dahingleiten: Waldränder, Plateaus und warme Schluchten, schwebende Almen und Täler. Hergé hatte ein Land in den slawischen Randzonen auf den genialen Namen Bordurien getauft. Die antiken Griechen hatten jene entlegenen Räume, von denen eine magische Strahlkraft ausging, *Eschatiai* getauft. Die Hirten ließen ihre Tiere dort weiden. Dämonen und Geister hatten sich einquartiert. Eine Begegnung war keine Seltenheit. Ein Faun? Ein Gott? Ich nannte diese Orte «Zwischenräume». Dort lebte man einen Traum. Sie waren die Pforten zur Materie. Alle öffneten sich hin zum Weiß.

Der siebenundfünfzigste Tag

Vom Ofenpass nach S-charl.
13 Kilometer und 300 Höhenmeter.

Sie waren finster, die Wälder auf dem Ofenpass. Die Sonne drang durch die Kiefern. Wir glitten über blaue Schatten. Wir stiegen zum Pass Funtana da S-charl auf, unser Bordurien.

Wir durchquerten die vom Himmel herabgeschleuderten Lichtstrahlen. Die Skier schleiften zwischen den Baumstämmen über das Eis. Im Gasthaus am Pass hatte es eine lackierte Kuckucksuhr gegeben. Gleich nach dem Aufwachen hatte der Kuckuck seine Pünktlichkeit herausgeträllert, stolz darauf, die genaue Uhrzeit zu verkünden. Diese Leidenschaft für das Zeitmessen war eine Tugend von Busunternehmern! Beim Skiwandern galt es mit der Zeit zu verschmelzen. Man maß das Vergessen mit den Skiern. Wir stiegen wieder hinauf, und der Raum entsprach den Stunden; die Anstrengung gab uns den Rhythmus vor. Das Finale von Mahlers Neunter Symphonie beschreibt diese Verschmelzung. Musikräume begegnen und durchdringen einander wie Nebelbänke. Kaum hörbar zerfallen sie ineinander. Man nahm gerade noch die Melodielinie wahr. Eine Note, *pianissimo*, hält der allgemeinen Vermischung stand, nimmt die Auflösung vorweg. Die Dauer dehnt sich. Gelassenheit – alles erlischt. Klarheit – die Zeit verblasst. Bleibt das Weiß. Die Ruhe.

Wir überquerten den Pass und näherten uns den fruchtbaren Berghängen von Saint-Charles. Wir verließen den *Zwischenraum* und erreichten die von Holzzäunen umgebenen Bauernhöfe am Waldrand. Sie thronten über breiten Talmulden, die mich an die in Zentralasien in die Steppe gesetzten Kolchosen erinnerten: Holzzäune unterteilten ein eingeebnetes Tal. Auf 1800 Metern Höhe riegelte Saint-Charles, Festung der Almen, den Zusammenlauf dreier Täler ab. Die Flüsse hatten eine idyllische Ebene geschaffen, auf der die Kirche stand, Häuser mit barocken Fassadenmalereien und Ställe voller heller Pferde.

Die Schweizer Fahne flatterte im Abendlicht. «Dort will ich sein», sagte das weiße Kreuz auf seinem roten Hintergrund.

Der achtundfünfzigste Tag

Von S-charl nach Schleis, dann weiter über den Sesvennapass nach Sankt Valentin. 22 Kilometer und 1100 Höhenmeter.

Um sechs Uhr morgens brachen wir zu unserer Auflösungsmeditation auf. Die Grenze führte an den Kämmen entlang. Wir wechselten von der Schweiz nach Italien. In der kühlen Morgenluft stiegen wir zum Sesvennapass empor.

Adalbert Stifter beschreibt die Jugend des Morgens wie folgt: «Auf einem schönen grünen Platze, der bergan steigt, wo Bäume stehen und Nachtigallen schlagen, gingen mehrere Jünglinge in dem Brausen und Schäumen ihres jungen, kaum erst beginnenden Lebens.»

Ich mochte diesen Satz, mit dem *Der Hagestolz* begann. Doch unser Morgen hatte nichts von Stifters überschäumender Freude. Tags zuvor hatte ich erfahren, dass der Bruder meines Freundes O. F. gestorben war. Das Gebirge bestätigte dieses Gesetz: Es spiegelt unsere Seelenzustände wider. An diesem Morgen war das Engadin ein mit Schnee verhangener Katafalk. Saatkrähen krächzten von den Nadelbäumen. Traurig kam der Schiefer zum Vorschein. Ich lief Ski mit meinen Verstorbenen. Mallarmé hatte seine Gedichte mit Visionen von trauerndem Weiß gespickt: «das Weiß der Lilien, sehnsuchtsgleich», «der Winterdämmrung Weiß».

Unten ließ ich meine Familie mit der Lungenpest, der digitalen Umzingelung, der öffentlichen Panik, der privaten Isolation und den wieder aufkeimenden Hassgefühlen zurück. War es feige, aufzubrechen? Im Weiß säten wir unsere Traurigkeit und übergaben sie unseren Familien, die auf ihrem Posten geblieben waren. Wir begruben den Tod im Leichentuch der Schönheit. Diese Flucht hatte nichts Nobles an sich. Doch wie konnten wir dem Ruf der Ausreißer widerstehen?

Wir spulten die übliche Litanei ab. Bergauf, bergab: der Bronzewald, das schnelle Eis, der Pass wie ein schmaler Sattel auf dem Felsen, wieder Eis, und wieder Wald. Dieses kleine Tal mündete ins Oberetschtal. Vom Felsvorsprung aus öffnete sich der Blick über die norditalienische Tiefebene. Im Schutz einer Lärche hatte die Gemeinde eine Holzbank aufstellen lassen. Wir setzten uns, um eine Toscano zu schmauchen, die hart wie ein Zahnstumpf war. Wir saßen auf dem Balkon über dem Oberetschtal. In diesem alten tektonischen Korridor waren zahlreiche Reichtümer, Sprachen und Truppen im Umlauf gewesen. Es wurde Deutsch gesprochen. Die Österreicher nannten diesen Landstrich «Südtirol».

Unsere Bank war ein Symbol des Alters. Eine Dorfgemeinschaft hatte zusammengelegt, für Passanten, die in der Lage waren, eine ins Licht getauchte Geometrie bewirtschafteter Felder zu betrachten.

«Eine Bank für die Allgemeinheit ist ein Allgemeingut», sagte Rémoville.

«Die Bank hat ihr Gegensymbol: Roller für Erwachsene.

Sie beanspruchen den öffentlichen Raum im Namen des Eigeninteresses. Mobil, hässlich und individuell – modern eben.»

«Ja, aber eine Bank führt nirgendwohin», sagte du Lac.

Keiner von uns hatte bisher die fünfzig erreicht. Und doch führten wir auf einer Bank mit Blick in die Wolken schon Altherrengespräche. Über Güterwege erreichten wir Schleis zu Fuß. Schleis mit seinen bunten Kirchen, seinen Holzmadonnen und seinen öffentlichen Bänken.

Der neunundfünfzigste Tag

Von Sankt Valentin im Auto nach Melago. Von dort über den Weißkugelpass zum unbewirtschafteten Hochjochhospiz. 20 Kilometer und 1700 Höhenmeter.

Das Weiß veränderte sich nicht. Wir arbeiteten uns durch das Stabile und Homogene voran. Die Landschaften vergingen, es blieb die Substanz. Jeden Morgen machten wir uns erneut auf den Weg. Abend für Abend die Gesten der Suppe, des Feuers und der Bettstelle. Wir gingen zu Bett mit dem einzigen Wunsch, es wiederholen zu dürfen.

Darin besteht der Luxus des Skiwanderns. Anderswo der allseits geforderte Mensch. Geschwindigkeit, Vielfalt, Intensität: Eines Tages würden wir nach Hause zurückkehren. Dann würde die technische Ordnung uns ihre Vorschriften diktieren. Wir wären reaktionsschnell, gewandt und angepasst. Aufs Neue Lakaien unserer kybernetischen Terminals. Komfort, Folgsamkeit, Aufregung: der Pakt der Städte. Angst, Ringen und Freude: der Pakt des Gebirges.

Im Weiß schämten wir uns nicht, schwerfällig, langsam und still zu sein, nicht mehr als 20 Kilometer am Tag zu schaffen. Ruhiges Denken, einfache Handgriffe, maßvolle Wünsche – maximale Aufmerksamkeit.

Landvermesser war ein Beruf. Unsere beiden Bretter schleiften über die Erde. Auf dieser Reise ermaßen wir, wie viel Mühe ein Kilometer erforderte. Es ging nicht darum, die Berge zu *besiegen*, sondern sie zu *vermessen*: sie zu erklimmen, durch sie hindurchzukriechen und vorsichtig abzusteigen.

Der Nomade des 21. Jahrhunderts findet es cool, montags in Brighton und freitags in Cancún zu sein. Dazwischen *hub* und *duty free*. Die Cyber-Turbo-Revolution hatte uns zu Kreiseln gemacht. Für den globalen Menschen bedeuteten Entfernungen nichts mehr. Mit einem Barrel Öl zu dreißig Dollar konnte man überall leben. Das barg allerdings die Gefahr, dass man sich in der Aufgeschlossenheit einschloss. Für Paul Morands *Mann in Eile* zumindest begründete die Bewegung eine Ästhetik. Seine Rennwagen waren schnittig. Seine Eleganz verlieh der Unruhe Gestalt. Die Futuristen hatten das 1920 gespürt. Und sie hatten die Geschwindigkeit zur Kunst erhoben.

Unsere technisierte Zivilisation hatte den Raum durch eine Tausch-Topografie ersetzt: Börsenplatz, Cybercloud, *Just in time*-Produktion. Die permanente Mobilität war zum Prinzip erhoben worden. Die moderne Wirtschaft orchestrierte den Container-Walzer. Der Wert der Dinge bestand eher in ihrem Tausch als in ihrem Wesen. Das Gesetz des Marktes war ein Gesetz der Inbetriebnahme.

Doch wenn 50 Meter Höhenunterschied eine unüberwindliche Anstrengung erfordern, klingen Konzepte wie «Schrumpfender Planet», «Universeller Raum» oder «Globales Dorf» absurd. Für den Bergsteiger ist die Erde kein Markt, durch den die Zugluft weht. Wenn man sich abrackert, um unter einer Eiswölbung 15 Meter gutzumachen, fühlt man sich ganz und gar nicht als «Weltbürger». In einer 55° steil aufragenden Schlucht denkt man nicht in «Kontinentalströmen». Die Geografie besinnt sich auf ihre Wahrheit: das Hindernis.

Ein Bergsteiger kann 100 Meter von einer Hütte entfernt an Erschöpfung sterben. Akira Kurosawa hatte daraus eine Filmszene gemacht. So lässt sich der Wert des Raums wiederherstellen. «Nein!», rief die Erde. «Ich bin keine abstrakte Plattform! Ich bin ein durch und durch echtes Labyrinth. Meine Geografie findet nicht nur im Kopf statt! Wenn man mich begehen will, muss man leiden.»

Ich sah, wie Rémoville die letzten Meter zurücklegte. In ein paar Wochen würde derselbe Mann mit algebraischen Gleichungen jonglieren und Strategien für globale Unternehmen ersinnen. Seine Entscheidungen würden sich in Echtzeit auf 10 000 Kilometer entfernten Finanzplätzen niederschlagen. Er würde am anderen Ende der Welt eingreifen, ohne von seinem Arbeitsplatz aufstehen zu müssen. Hier kehrte er zur noch nicht abgeschafften Physik zurück. Die Schwerkraft als schwere Last. Es gab Reibungen. Ein Meter war ein Meter. Jeder einzelne kostete ihn Mühe. Ein Fehltritt hätte ihn in den Tod gerissen.

In meinem Rucksack hatte ich eine Geschichte der Habsburger in Kurzfassung (Taschenbuch, ungarischer Verfasser, 150 Gramm). Karl V. hatte von der Einheit seines Reichs geträumt. Um die Königshäuser zu konsolidieren und die Grenzen festzulegen, hatte er sein Reich zu Pferd durchstreift. Er hatte sich mit Leib und Seele der Geografie verschrieben, um die Geschichte zu erfinden. Karl V., Herr der Wege, Bereiter der Kaiserreiche, Fürst in Bewegung, König des Geländes.

Von Melago aus brauchten wir sieben Stunden, um die

1300 Meter Höhenunterschied über den Gletscher bis zum Weißkugelpass zurückzulegen. Das Thermometer zeigte –17 °C. Der Wind pfiff mit über 80 Stundenkilometern, was nicht gerade zum Gespräch über die Habsburger einlud. Der Pass markierte die Grenze. Von den Böen vertrieben, zogen wir die Seehundfelle ab und sausten talwärts Richtung Österreich. Auf 2400 Metern Höhe wärmten uns die –11 °C Umgebungstemperatur. Das Hochjochhospiz mit den weiß-roten Fensterläden war auf einer Terrasse aus Steinblöcken errichtet worden. Wir hatten Mühe, zu ihm vorzudringen, mussten erst eine Geröllhalde überqueren. Dann quartierten wir uns im Winterraum ein. Wie immer waren wir die einzigen Bewohner des Schutzraumes. Wir kämpften mit dem Ofen, um die Temperatur nach oben zu treiben. Wir schafften es auf 14 °C, ein Hochgenuss.

Das lodernde Feuer, der Ofen, die Suppe: unsere Eroberungen. Das Leben drehte sich um Freuden, die auf ihre absolute Notwendigkeit zugeschnitten waren. Das Skiwandern basierte auf einer Relativitätstheorie. Das Ende des Sturms, das Stillen einer Sehnsucht sind kostbarere Wonnen als die raffiniertesten Vergnügungen. Anders gesagt: sich aufwärmen zu können, nachdem man gefroren hat, ist lustvoller als der Verzehr von Trüffelperlen in einem mit Champagner gefüllten Whirlpool.

Der sechzigste Tag

Vom unbewirtschafteten Hochjochhospiz über die Rofenschlucht zur unbewirtschafteten Breslauer Hütte. 8 Kilometer und 800 Höhenmeter.

An diesem Tag dachte ich mir ein Benotungssystem für den Tagesverlauf aus, das auf einer Skala von 0 bis 5 und unter der Abkürzung «SAM» den Schmerz-, Angst- und Müdigkeitsgrad erfassen sollte. Jeden Abend verglichen wir unseren SAM-Wert. Meiner belief sich heute auf 022. Die Angst bewertete ich mit 2, weil wir auf dem Sommerweg, der 100 Meter oberhalb des Flusses in den Felsen eingelassen war, am linken Ufer einen Engpass entlangliefen. Die von der Felswand tropfenden Stalaktiten trieben uns der Leere entgegen. Manchmal schabte einer unserer Skier über den Rand des Felsvorsprungs. Wir versuchten, das Gleichgewicht zu halten, wurden allein durch die Harscheisen außen am Ski gesichert. Es war eine Prozession des Todes, und ich hatte große Mühe, diese drei Kilometer zu bewältigen. Immer wieder taumelte ich Richtung Abgrund, weil ich wegen meines Unfalls meine Bauchmuskeln nicht trainieren konnte.

Du Lac folgte den Spuren der Gämsen, um aus dem Tal zu gelangen. Der Instinkt der Tiere hatte sich einen Weg zwischen den Lawinen gebahnt. «Da, wo die Gämsen waren, hält das Gebirge.» Das war du Lacs Intuition. Es klang wie ein chinesisches Sprichwort.

Der einundsechzigste Tag

Von der Breslauer Hütte zur Breslauer Hütte.
1,5 Kilometer Entfernung hin und zurück, 200 Höhenmeter,
8 Stunden Anstrengung.

Heute: 253. Der Schmerz entsprach den –13 °C bei einem Wind von 80 Stundenkilometern. Die Müdigkeit den acht Stunden, die wir für anderthalb Kilometer brauchten. Die Angst betraf die Lawine und unseren Rückzug in den Windböen. Warum hatten wir heute morgen bloß die Hütte verlassen? Warum waren wir nicht einfach geblieben?

Ein auf 3100 Metern aufragender Gletscher trennte uns von Sölden. Wir erreichten ihn nicht einmal. Die Schneeakkumulation machte jede Hoffnung zunichte. Du Lac stürzte sich wie ein russischer Gulag-Sträfling in den Tiefschnee und wollte nicht ans Umkehren denken. Wir mühten uns ab. Nacheinander wagten wir uns auf die Abhänge vor, machten kaum 200 Meter Entfernung pro Stunde wett. Manchmal gab die Schneedecke mit einem dumpfen Geräusch unter unseren Füßen nach. Dieses Vibrato war der Vorbote der Lawine. Ich nannte es das «*de profundis* des Schnees». Versteinert blieben wir stehen, rechneten mit dem Schlimmsten. Kein Riss im Schnee. Wir liefen weiter.

Dreimal erstickte die Schneedecke ihren Seufzer. Dreimal hielt der Hang stand. Angeseilt suchten wir Schutz hinter den Felsen. Der Schnee rann an den Felswänden herab. Einer nach dem anderen arbeiteten wir uns zwischen den Blöcken weiter, von denen du Lac sich Schutz erhoffte.

Plötzlich dann der Riss: Der Abhang gab nach. Du Lac wurde mitgeschleift. Die Lawine schob sich auf die Steilfelsen zu, 100 Meter weiter unterhalb. Das Seil dehnte sich von dem Granitvorsprung, an dem wir es befestigt hatten, bis auf 20 Meter. Du Lac hielt sich mit Schwimmbewegungen oben, der Schnee rutschte weiter, unsere Sicherung hielt. Das Brett hatte den Hang leer geräumt und den Schnee unter uns mitgerissen. Rémoville und ich hingen, in unsere Skier verheddert, an dem kleinen Granitzacken. Wir brauchten eine Weile, bis wir uns entwirrt hatten.

Du Lac wollte weitergehen. Wir versuchten ihn umzustimmen. Er blieb stur. Wir gingen weiter.

Und so folgten wir unserem Freund und versteiften uns, von Felsblock zu Felsblock, auf unser Scheitern. Er avancierte vom Sträfling zum sträflich Verbissenen. An jedem Felsblock organisierten wir einen Standplatz zum Sichern beim Anseilen. Die Stunden verstrichen. Unter uns die Abhänge. Darüber der Sturm. Du Lac erklomm eine 45° steile Schlucht. Und zog uns hinauf bis zu dem Felsblock, an dem er selbst angeseilt war. Der Wind wurde stärker. Du Lac musste einsehen, dass es sinnlos war. Wir hatten 750 Meter in vier Stunden geschafft. Wir brauchten ebenso viele, um die Hütte wieder zu erreichen.

Meine Gefährten waren zwei weiße Gespenster. Wir wiederholten jeden einzelnen Schritt: die Felsen erklimmen, einen Standplatz anlegen, das Seil hochziehen, die Skier wieder anschnallen, weiterfahren. Hin und wieder knirschte es. Die Sicht betrug nur zehn Meter. Plötzlich sah ich die Tür der Hütte vor mir. Ich schwor mir, mich für immer an jenen Moment zu erinnern, da meine Hand nach der Klinke griff: die Tür zum Paradies.

Der zweiundsechzigste Tag

Von der Breslauer Hütte nach Sölden. 5 Kilometer Abstieg, dann weiter im Auto über die Straße.

In dieser Jahreszeit kam niemand hoch in die Winterbiwaks. Wir waren die Einzigen, die wachten. Der Wind hatte sich die ganze Nacht lang abgekämpft. Wir saßen im Warmen, wir waren glücklich. Ich hatte meine Geschichte der Habsburger gelesen. Sie erzählte von dem unmöglichen Traum der Einheit zwischen den Königen Europas, Katholiken und Protestanten, Spaniern und Österreichern. Karl V. hatte diesen Traum verfolgt und war durch sein ganzes Reich galoppiert mit dem Anliegen, das Unversöhnliche zu verbinden und das Auseinanderdriften der tektonischen Platten zu verhindern. Die österreichischen Fürsten, ungarischen Satrapen und iberischen Könige schlossen sich nur in einem Fall zusammen: wenn an der Grenze der turbangekrönte Mörder aufkreuzte, der sich seit seiner Ankunft aus der Steppe zum Ziel gesetzt hatte, die Festungswälle der Balkanländer zu stürmen. Freundschaft bedeutet, einen gemeinsamen Feind zu haben.

Der gestrige Rückzug hatte uns entmutigt. Am Morgen schnallten wir unsere Skier an und fuhren ins Tal hinab, wo wir einen Bus nach Sölden erwischten. So umgingen wir das Wildspitzgebirge. Anschließend würden wir den Faden bis zur Siegerlandhütte und weiter bis zum Brenner wieder aufnehmen.

An diesem Morgen elektrisierten die Böen einen blauen Himmel. Der Wind riss den Pulverschnee von den Hängen, die Atmosphäre füllte sich mit Gold. Die Luft roch nach Licht, die Abhänge glitzerten. Bei der Eiskunstlaufweltmeisterschaft hatte ich das unvergleichliche Trikot der Russin Alina Sagitowa schillern sehen. Auch die Natur kennt so etwas wie Kitsch. Rémoville versuchte, das Funkeln zu fotografieren. Doch dem Apparat wollte es nicht gelingen, dieses Phänomen einzufangen. Die Technologie erfasst den Zauber nicht. Dafür gibt es Maler.

Hinter dem Glitzern vibrierten die Ötztaler Alpen. Im Jahr 1990 hatten Spaziergänger dort eine dreitausend Jahre alte Mumie entdeckt. Der kleine jungzeitliche Jäger und Sammler war, von einem feindlichen Pfeil getroffen, zum Sterben auf den Gletscher gekommen. In gefriergetrocknetem Zustand ist er uns erhalten geblieben, um uns die Geschichte eines Jägers und Sammlers zu erzählen. Nach einem Leben des ungehinderten Jagens auf den Graten war er auf der Flucht gestorben. Man hatte ihn Ötzi getauft. Als elegante Beigaben: Leder, Felle und geschmeidige Schuhe. Ötzi, ein Vorbild der Skiwanderer.

Vom dreiundsechzigsten bis zum siebenundsechzigsten Tag

Zwei Tage lang in Sölden, dann Verbindung zur Siegerlandhütte mit anschließendem Aufenthalt. 12 Kilometer und 1400 Höhenmeter.

In Sölden hatten wir uns in einem Gasthof erholt, dessen Fassade mit einer barocken Gottesmutter geschmückt war. Das Land hatte seine Quarantäneregeln verschärft. Masken, Tests, Hausarrest, Ausgangssperre oder -erlaubnis: Der ganze Zirkus der Speichelsekretion fing wieder von vorn an. Meine wunderbare Reise war leider noch lange nicht zu Ende, und ich wollte nicht, dass mich ein teutonischer Polizist im Namen des Kampfs gegen den Husten daran hinderte, die blauen Pässe zu überqueren.

Die siebzigjährige österreichische Wirtin hatte uns am Vortag mit einem Selbstgebrannten empfangen. «Pas Covid grâce à schnaps», hatte sie gesagt. Sie schien sich nicht für die Kontrolle ihrer Mitmenschen zu interessieren und hatte auch nicht nach unseren Lungen-Attesten gefragt. Seit einem Jahr teilte sich die Menschheit in zwei Kategorien: Manche Menschen waren von dem globalen Speicheltröpfchen fasziniert. Anderen war es komplett egal. Unsere neue Freundin fiel in die zweite Kategorie. Um sieben Uhr morgens schnallten wir wieder unsere Skier an und fuhren auf den Wald zu. Hinter dem Waldesrand würden wir nicht kontrolliert werden. In Bewegung zu bleiben, erlaubte uns, den Behörden zu entwischen. Der Aufbruch ist die Antwort auf alle Probleme. «Bloß nie zwei Nächte am selben Ort verbringen», das Prinzip der Freiheit.

Wir waren wohlerzogene Männer, wollten aber nicht irgendwelche hemdsärmligen Schreibtischmenschen über unsere Ausflüge bestimmen lassen. Anstatt in die Proteste gegen die neue Gesundheitsschutzverordnung einzustimmen, entzogen wir uns ihr. Was die Infragestellung der Autorität betraf, war ich eher ein Verfechter des Abtauchens als der Sabotage. Letztere rechtfertigte den Einsatz der Bereitschaftspolizei, mir war es lieber, einfach in der Matrix zu verschwinden. Indem der Staat Menschen verlor, die er überwachen konnte, verlor er Macht. Refuseniks aller Länder, verdrückt euch!

Wir bewältigten die 1500 Meter Höhenunterschied bis zum Siegerlandtals. Zunächst wuchsen die Hänge in einem vereisten Wald empor. Das Laub schimmerte golden. Wir stiegen zwischen den bemoosten, mit Eisorgeln überzogenen Felsen auf. Eine Landschaft für Waldzwerge und in Hütten eingeschlossene Prinzessinnen, wie aus einem Andersen-Märchen. Dann erreichten wir das hoch gelegene Tal, das mit dunklen Bauernhöfen und winzigen Kapellen übersät war. Die Welt war blasslila, die Kälte unerbittlich. Die österreichischen Berge ähnelten einer Intarsienarbeit mit perfekt eingelegten Motiven. Eine auf einer Bergspitze errichtete Kapelle zeugte von der menschlichen Akribie. Ein Stück weiter weg hielt der Wald seine lackierten Tannen umklammert. Er säumte ein blaues Tal. Die Granitwände erhoben sich über den weißen Kurven. Klare Linien umgrenzten die Schatten. Raureif vergipste die Felswände. Die Kämme schlossen das Tal ab. Hoch über dem Ganzen ein acrylartiger Himmel. Die Landschaft entsprach seinem Prinzip der Unterscheidung, Hierarchie und Reinheit. Diese klaren Formen hatten die Plakatmaler der Dreißigerjahre beeinflusst. Das Gebirge an sich war eine «Art-Nouveau-Fabrik». In der Zwischenkriegszeit waren zuhauf Bilder von Skifahrerinnen im roten Pulli produziert worden, die vor scharfen Graten ihre Brüste vorstreckten.

In politischer Hinsicht nimmt es Wunder, dass wache Geister nicht schon früher gegen die Symbolik der Berglandschaft rebelliert haben. Die Vertikale bedeutete eine Kritik der egalitären Theorie. Die Hierarchie strukturierte die Formen. Jedes Element der Hügellandschaft grenzte, von einem Ring umrandet, an ein anderes. Der Waldrand säumte die Alm, die Randkluft den Gletscher. Die klare Trennung zwischen den Einheiten widersprach dem *Geist der Offenheit*.

Der Sturm brach just in dem Moment über uns hinein, als der Ofen zog. Zwei ganze Tage wurde in dem winzigen Winterbiwak im Siegerland eine Ausgangssperre über uns verhängt. Diesmal ordnete der Himmel die Quarantäne an, nicht die Verwaltungsbehörde. Den Anweisungen der Meteorologie fügten wir uns bereitwilliger. Bei −23 °C ist die Legitimität des Windes unanfechtbar. Es gelang uns, die Temperatur auf 12 °C über Null zu halten, und an dem Holztisch tranken wir literweise warmes Wasser. Das intensive Leben.

Rémoville lernte ein Gedicht, du Lac stellte seine Berechnungen für die Überquerung des Brenners an. Ich schrieb eine Geschichte über den Kampf gegen «die Ungleichheit der Territorien».

*

GLEICHHEIT – GLEICHHEIT – GLEICHHEIT

Als Roberta Pistolero, Ministerin für die Gleichheit der Territorien, ihre Rede vortrug, perlte ihr eine Träne aus dem Augenwinkel. Sie hatte ihr Ministerium zu einer Maschine im Dienst der neuen Devise des französischen Staats gemacht, die im Jahr 2050 vom Parlament verabschiedet wurde:

Gleichheit – Gleichheit – Gleichheit

Zu Beginn der dreijährigen Amtszeit 2053 hatte das Ministerium für Aufsehen gesorgt, weil es eine Namensänderung für den höchsten Berg Frankreichs erwirkt hatte. In puncto Gender und Farbe vereinte der Mont Blanc sämtliche Charakteristika der einstigen Herrschaft. Roberta hatte gehandelt. Der Berg nannte sich fortan «Se Mount». Doch das genügte nicht. Das gesamte Gebirge zog die Werte der Republik in den Schmutz. Die Tektonik hatte Berge über Ebenen aufgeworfen! Granitspitzen wuchsen in den Himmel, ein abscheulicher Anblick. Die Kräfte des Rückschritts hatten sich nicht geirrt: Früher hatten die Ultras Kreuze auf Sockeln errichtet. Die Ministerin hatte ein Verbot des Alpinismus durchgesetzt, einer Praxis, die das Gefühl der moralischen Kraft der physischen Überlegenheit verherrlichte.

Dass es Gipfel mit einer Höhe von 4000 Metern gab, während die Camargue nicht über das Stockmaß eines

Stiers hinauskam, dass die Alpillen die Crau-Ebene herausforderten und der Mont Ventoux die Drôme dominierte, war inakzeptabel. In der Auvergne warteten Vulkanformationen wie der Dent de la Rancune mit phallischen Formen auf. Die Geomorphologie musste büßen. Roberta hatte beschlossen, die Reform der Formen zu beschleunigen. Man dachte darüber nach, die tatsächliche Nivellierung der Berge in Betracht zu ziehen. Die blaue Linie der Vogesen würde auf den Horizont des Meeres heruntergeschraubt werden. Man würde die Erhebungen sprengen. Die Pioniereinheiten der Legion würden die Gipfel abhobeln. Die nationale Einebnung würde den Einsatz nuklearer Waffen erfordern. Die Geografie würde dem Lauf der Geschichte nicht entkommen.

Morgen würde die Ministerin den symbolischen Startschuss für die großen Pläne der territorialen Gleichheit, mit anderem Namen «Null-Ebene für eine gerechtere Welt», geben. Um dieses Vorhaben anzustoßen, würde man den Mont d'Arguel sprengen, der sich mit mehr als 150 Metern über die Ebene der Somme erhob. Man hatte den Hügel durchbohrt, die Sprengladungen in den Stollen deponiert, die Nachbarschaft evakuiert und Baggereinheiten aufgeboten, um die Trümmer wegzuschaffen. Roberta würde den Befehl zur Zündung geben.

*

Die Sonne tauchte die Ebene in festliches Licht. Auf der offiziellen, drei Kilometer vom Mont d'Arguel errichteten Tribüne begrüßte der Staatspräsident das neu anbrechende Zeitalter. Roberta ergriff das Wort. Sie verlas ihre Anklagerede gegen «die Geologie der Schande, wo die harten die weichen Schichten erdrücken, wo die alten herzynischen Sockel die jungen Sedimentationen überleben, wo vertikale Felswände sprudelnde Quellen kanalisieren.» Die neue Welt würde sich nicht auf einem unvordenklichen Substrat entwickeln können. Die Topografie war die letzte elitäre Wissenschaft: Man würde sie auslöschen, indem man kurzerhand ihren Gegenstand abschaffte. Die Geschichte wäre der Hobel, die Landschaft die Werkbank. Wenn die Welt aussähe wie die ebene Landschaft der Beauce, hätte die Menschheit das prachtvolle Schauspiel eines abgezirkelten Weizenfeldes zu bieten. Endlich wäre die Geschichte vorbei. Sie würde nicht mehr über das Flache hinauskommen.

Es gab viel Beifall. Die Blaskapelle der Republikanischen Garde stimmte mit der Maultrommel *We Are the World* an, die Explosion zerriss die Luft. Die Leute zuckten zusammen. Der Minister der sanften Energie erwachte. Die Luft zitterte. Die grünen Wellensittiche aus der Somme hörten auf zu kreischen. Der Präsident zog die Kapuze seines Sweatshirts über den Kopf, Roberta frohlockte. Alles Grandiose fiel in sich zusammen, der Mont d'Arguel, eine Anomalie der Zeiten, existierte nicht mehr. Der Himmel hing über der Ebene. Zwischen den beiden: der gerade Horizont, eine Zukunftsprämisse.

Roberta stieg von der Tribüne. «Nächste Woche müssen wir uns um den Mont-Saint-Michel kümmern», träumte sie, «wir evakuieren diesen uninspirierten Hügel und damit die letzten Türme in diesem Land.» Dabei übersah sie den kleinen Kieselstein, der in der Sohle ihres Louboutin stecken blieb. Ihrer Leibwächterin, der entwaffnenden Sylvia Mascula, gelang es nicht, ihre Ministerin aufzufangen. Roberta schrammte sich das Knie auf und zog sich eine Laufmasche zu.

Sie sprang auf, zupfte eine Haarsträhne zurecht und murmelte, den Blick starr auf das winzige Steinchen gerichtet: «So schaffen wir das nie, wir müssen Frankreich mit Beton ausgießen.»

Ende

*

Der Brenner verweigerte sich uns. Die südtirolischen Gletscher brachten eine kalte Masse hervor, die die Atmosphäre erstarren und starken Wind aufkommen ließ. Wir saßen fest hinter einer Tür aus Eis. Die Stunden verstrichen, und ich las über die Abenteuer von Maria Theresia und Friedrich II. Die Habsburger-Frage lautete: Wie das Unversöhnliche versöhnen? Die Kaiser hatten sich einreden müssen, dass es eine Schicksalsgemeinschaft zwischen spanischen Tänzerinnen, ungarischen Reitern und flämischen Bankkaufleuten gab. Der Krieg 1914 tötete das Kaiserreich und schuf klare Verhältnisse. Der Wind wehte drei Tage lang.

Der achtundsechzigste Tag

Von der Siegerlandhütte über drei Pässe (Windachscharte, Schwarzwand und Freigerscharte) sowie über das Stubaital und die Straße zum Brennerpass. 17 Kilometer und 1000 Höhenmeter.

Langsam wurden wir es leid. Rémoville beschloss, nach Paris zurückzufahren. Er würde seine Familie wiedersehen, am Ende der schweizerisch-österreichischen Eisenbahnstrecken, und später, am Rand der Dolomiten, erneut zu uns stoßen, damit wir unsere Route beenden konnten. Du Lac und ich hatten das Glück, kein Erwachsenenleben zu führen. Wir blieben in der Hütte und versuchten am übernächsten Tag, uns dem Brenner zu nähern. An einem Tag querten wir gleich drei Pässe. Wir seilten uns an, um die Felsvorsprünge am ersten Pass zu überwinden. Kurz bevor wir den zweiten erreichten, löste du Lac einen Schneerutsch aus. Oberhalb der türkisfarbenen Seracs zog du Lac über den Gletscher. Der Wind ließ nicht nach. Das Plateau zeichnete eine weiße Blüte auf die Karten. Die Eiszungen versorgten das Etschtal und die österreichischen Täler: «ein Kältereaktor», sagte du Lac. Richtung Süden, talwärts, breiteten sich die Wälder aus wie ein weicher Pelz. Die Skier auf dem Rücken, erklommen wir mit dem Pickel die 55° steile vereiste Schlucht, die uns zum dritten Hindernis des Tages führte, dem Freigerschartenpass auf 3023 Metern Höhe. Dort oben, in den Böen, bat ich du Lac, uns aus der Falle zu befreien. Diese Form des Bergsteigens war zu anspruchsvoll für mich. Wir sausten ins Stubaital hinab. Von dort aus würden wir leicht zum Humlerhof finden, der unter dem nur wenige Kilometer entfernten Brenner lag. Wir nahmen gefährliche Abhänge.

Und wir fuhren schnell. Um uns der Illusion hinzugeben, den rutschenden Schneemassen voraus zu sein. Über nicht tragfähige Hänge zu gleiten, war eine Herausforderung für das Nervensystem. Wir träumten von Stabilität. Als das kleine Tal mit seinen bemalten Bauernhöfen und finsteren Wäldern vor uns auftauchte, atmeten wir endlich auf: Wir wussten, dass alles halten würde.

Man konnte eine psycho-politische Lawinentheorie aufstellen. Das Glück einer menschlichen Gesellschaft beruht auf der Unbeweglichkeit. Völker wie Individuen lieben das, was bleibt. Weder die Gestalt der Städte noch der Zyklus der Jahre noch die Gewohnheiten des Tages können sich ständig ändern. Das sonntägliche Angeln ist vielleicht die höchste Errungenschaft einer Kultur. «Ich schlage mein Lager im heiligen Gebirge auf», sagt die Jungfrau Maria in der Kapelle Notre-Dame de la Gorge in Contamines.

Die neue produktive Ordnung hat die Beständigkeit des Unbeständigen eingeführt. Die Forderung nach «Veränderung» hat die Menschen irgendwann kopflos gemacht. Binnen weniger Jahrzehnte hat die globale Organisation «die Innovation» zum Dogma erhoben. Immer mehr, immer anders, immer anderswo. Daher die Notwendigkeit, schnell zu leben. Weil sich alles wandelt, werden wir auch immer zu spät kommen. Unter der drohenden Obsoleszenz wird das Ergebnis nie befriedigend sein: Frust, Groll und Gewalt. Die Forderung nach einer Übertragung des digitalen «Updates» auf das anthropologische Feld macht die Geschichte zu einem stummen Walzer, bei dem der Tanzpartner im Takt wechselt.

«Anpassung» nennt es die Ohnmacht. «Geschichtsbewusstsein» nennen es unfähige Politiker, die diese Entwicklung nicht zu verhindern wissen. So ersparen sie sich die Last, sorgsam mit dem Erbe der Geschichte umzugehen.

Victor Hugo in *Strahlen und Schatten*: «Wie wenig Zeit es braucht, alles zu ändern.» Ein Kaiser der Habsburger soll gesagt haben, als er die Macht an seine Nachkommen weitergab: «Auf dass sich nur nichts ändere.» Ein Ausspruch von Bergbewohnern, die vor dem Ungewissen zurückschrecken und die Lawinen fürchten. Sie sind für die Geografie das, was die Revolutionen für die Geschichte sind.

Das Hotel Humlerhof war menschenleer. Corona hatte die Alpen leer gefegt. Die Wirtsleute empfingen uns und stellten gleich das Radio leiser, aus dem ABBA plärrte. Wir aßen allein zu Abend in einer riesigen *Shining*-Kulisse, eingerichtet von der alten Dame aus *Psycho*.

Vom neunundsechzigsten bis zum einundsiebzigsten Tag

Vom Brenner zur unbewirtschafteten Geraerhütte. 5 Kilometer und 1000 Meter Aufstieg.

Von der Geraerhütte über einen Pass zu einer Hütte am Pfitscher Joch. 10 Kilometer und 1000 Meter Aufstieg.

Vom Pfitscher Joch über zwei Pässe nach Lappach (dann im Auto weiter nach Prettau im Ahrntal). 20 Kilometer und 1600 Höhenmeter.

Wir überquerten Täler und Gletscher, Gletscher und Pässe, und manchmal stiegen wir hinab zu den Almen, auf denen verschlossene Scheunen standen. Wir fuhren eine regelmäßige Ernte ein: täglich mehr als 1000 Meter Höhenunterschied. Der Winter war noch nicht tot, Tirol noch nicht geschmolzen. Und die Tiroler hatten sich noch nicht vom Christentum abgekehrt. An jedem Pass ein Kreuz. An jedem Chalet ein Marien-Medaillon. An jeder Brücke eine Kapelle. Das alte Mitteleuropa stand weiterhin für jene Landschaft, in der sich der finno-ugrische Feldarbeiter, der strenge Protestant und die katholische Lehrerin versammelten, im Osten dem russischen Drängen ausgesetzt, im Süden der türkischen Barbarei und im

Westen der französischen Leichtsinnigkeit. Das Zentrum der Kaiserreiche wusste noch, dass es einst die Christenheit vor den Türken beschützt hatte. Budapest hatte sich als Festung gegen den Islam bezeichnet, bevor der Turban südlich der Balkanländer zurückgedrängt wurde.

In meiner Kindheit, als meine Eltern als Herausgeber verschiedener Tageszeitungen tätig waren, hatte Eva Pastor, eine aus kommunistischer Gefangenschaft geflohene Ungarin, bei uns gewohnt. Sie kümmerte sich um meine Schwestern und mich. Sie hatte ihren Namen französisiert, schwor auf Liszt, kochte mit viel Paprika und schaute fassungslos zu, wie die französischen Kleinbürger vom Sozialismus träumten und dazu *Bella Ciao* sangen. Aus meiner Kindheit hatte ich mir ein Misstrauen gegenüber den *Internationalen* und eine mysteriöse Zärtlichkeit für Gesichter mit breiten Wangenknochen bewahrt, die aus der Steppe der Puszta stammen. Hier, unweit der Grenze, in diesen Tagen voller Mühsal, dachte ich wieder an Eva und ihre für den Anblick der Steppe so perfekt geschlitzten Augen. Einer der Zauber des Weiß: sich erneut die Gespinste der Kindheit ins Gedächtnis rufen. Die Definition des Skifahrens querfeldein: eine Matrix der Bilder.

Über ein frisch eingeschneites Tal stiegen wir zum Übernachten nach oben in den Winterraum der Geraerhütte. Die österreichischen Öfen zogen wunderbar, mit der Axt spalteten wir die Holzscheite. Das Feuer bereitete uns herrliche Nächte. Nie war auch nur eine Menschenseele in den Hütten. Das Gebirge war leer gefegt. Du Lac bereitete die Route für den nächsten Tag vor. Ich las meine Kapitel über Maria Theresia. Über die Alpeiner Scharte und den Zamser Grund erreichten wir die Grenze zwischen Tirol und Oberetsch, wo uns die winzige Hütte am

Pfitscher Joch wärmte, so gut sie konnte. Mit anderen Worten: Es gelang uns, sie mit zahlreichen Scheiten den ganzen Abend lang auf 1 °C zu halten.

Wir betraten italienischen Boden, obwohl das Land seine Grenzen geschlossen hatte. Die Bemühungen der Bürokratie gegen die in Umlauf befindlichen Miasmen endeten an den Moränen. Jenseits einer bestimmten Höhe und hinter einem Nebelvorhang hatten wir wieder Bewegungsfreiheit. Wir wussten nicht, ob die Freiheit einen Preis hatte. Sie hatte ihre Kartografie.

Auf die Dünen folgten weitere Dünen. Die Sahara-Durchquerung eines Karawanenführers, ein Schwimmen in der Stille. Wir fürchteten uns vor der Lawine wie die Kameltreiber vor dem Sandsturm. Wir litten unter der Kälte wie sie unter dem Durst. Der Unterschied: Wir transportierten weder Juwelen noch Sklaven. Wir begnügten uns damit, uns selbst fortzubewegen. Wie sie zogen wir eine Spur durch die Substanz.

Die Wüste der Beduinen, das Meer der Seeleute, der Schnee der Skifahrer: Sand, Blau, Weiß. In ihrem Element folgen diese Reisenden keinen Pisten, sondern ziehen von Stellungen zu Positionen, zeichnen Linien in die Abstraktion. Die Seeleute steuern ihren Hafen an, die Bergsteiger ihre Hütte, der Karawanenführer seinen Brunnen. Zwischen jenen Inseln das Unbekannte. Und immer ein über dem Abgrund gespannter Lebensfaden.

O Hütten, o Wälder: Die stillen Abende verstrichen in einem anderen Raum. Dem der Zeit, wo Tee, Ofen, Buch und Notizheft das Maß vorgaben. Es galt durchzuhalten. Triest war noch fern. Wir sprachen von der Ankunft wie von einer Idee. Nichts war anmutig in jenen Tagen des Vorwärtskämpfens. Vier Jahre zuvor hatte ich mir das Skiwandern als ausnehmend elegantes Dahingleiten durch eine ursprüngliche Landschaft vorgestellt. Jetzt arbeiteten wir uns schon seit Tagen hartnäckig an ein paar Dutzend Kilometern ab. Wir waren schwerfällig, langsam und einsam, wir kämpften gegen den Wind, den Abhang und die Kälte. In der Tat: Es war kein fröhliches, vielmehr ein mühevolles Skilaufen. Doch dank dieser Strapazen entkamen wir immerhin dem vorsorglichen Eingesperrtsein. 2020 hatten die Bürokraten der Welt verkündet, dass das Leben um jeden Preis zu verlängern sei. Wie trostlos auch immer, Hauptsache man lebt!

Vom Pfitscher Joch aus erreichten wir die Weißzintscharte auf 3180 Metern Höhe. Die Geografie dieser Berge verlangte uns einiges an Sprachfertigkeit ab. Du Lac zog seine Spur oberhalb der Steilfelsen, die über eine Schlucht wachten. Wie fand er seinen Weg durch Wind und Nebel? Mein abendlicher SAM zeigte 132. In Anbetracht der 47° steilen Eisflächen war die Angst auf 3 gestiegen. Als der Nebel aufriss, offenbarte sich eine düstere Landschaft. Sie schnürte mir die Kehle zu, und ich war erleichtert, als sie aufs Neue verschwand. Das Pech senkte sich vom Himmel und erstickte die Geräusche. Der Nebel verhüllte die Fallen. Er beruhigte mich. Ich begnügte mich damit, Meter für Meter aufzusteigen. Nahezu blind, die Augen auf du Lacs Spur geheftet, rezitierte ich die Verse aus meinem kleinen Gedichtband.

Hinter einem schwarzen Granitblock tranken wir einen Tee. Dann ging es weiter. Zwei Stunden später zerfurchte der Wind den Pass. Lauer Föhn im Süden, woher wir kamen. Kalter Wind im Norden, wohin wir gingen. Bei −10 °C stiegen wir vorsichtig tastend abwärts. Die Sicht schwand. Du Lac schlug mit dem Stock an seine

Schüssel, damit ich ihm nach Gehör folgen konnte. Da ich nicht mehr gut hören kann, wusste ich die Herkunft des Klangs nicht richtig einzuordnen und fuhr manchmal direkt auf die Felsriegel zu.

Mit dem Kompass fand du Lac die Hütte. Anders, als uns am Brenner beschieden worden war, stießen wir an dem Winterraum auf ein Vorhängeschloss. Vergeblich suchten wir nach einem Eingang, nachdem wir den Schnee weggeschaufelt hatten. Wir beschlossen, noch 1000 Meter durch den Tiefschnee bis zum Staudamm von Lappach zu gehen. Unter der Wolkendecke tauchten Betonmauern auf. Gespenstische Bauten riegelten die Schlucht ab. Der Staudamm glich einer Militärbasis aus den Fünfzigerjahren, einer Zeit, in der die industrielle Kraft noch vertrauenswürdig schien. Damals war der Fortschritt noch nicht die Summe aller aufgewendeten Anstrengungen zur Bekämpfung seiner eigenen Auswirkungen. Wir suchten nach einer lebendigen Seele. Das Wasserkraftwerk lag da wie ausgestorben.

Vom zweiundsiebzigsten bis zum fünfundsiebzigsten Tag

Von Prettau nach Rein über das Merbjoch in 2839 Metern Höhe und das Klammjoch (2288 Meter). 14 Kilometer und 1400 Höhenmeter.

Von Rein nach Antholz Mittertal über den Anterselvapass auf 2814 Metern Höhe. 11 Kilometer und 1400 Höhenmeter.

Von Antholz Mittertal nach Harmer (San Martino) über den Grüblpass in 2394 Metern Höhe. 13 Kilometer und 1200 Höhenmeter.

Von Harmer nach Toblach über die Pässe Grubers Lenke (2487 Meter), Pfanntörl (2511 Meter) und Pfannhorn (2663 Meter). 12 Kilometer und 1500 Höhenmeter.

Vier Tage lang zogen wir, von Prettau bis Toblach, südwärts und querten die Berge über diverse 3000-Meter-Pässe. Auf der Karte ein Hürdensprung über die sich von Ost nach West erstreckenden Rücken Südtirols. Jeden Tag rangen wir den Bergen 1000 Meter waldgestützte, gezähmte Hänge ab.

Unten: italienische Dörfer mit Bildern des heiligen Christophorus auf den Kirchen oder tirolische Dörfer mit Schäferfresken. Oben auf den Kämmen: die österreichisch-ungarischen Kreuze. Dazwischen die stehen gebliebenen Gondeln, die in den von der Pest leer gefegten Wintersportorten an ihrem Seil schwebten.

In Stufen ging es hinauf: erst die stillen Bäume, dann die verschwiegenen Täler, schließlich das blaue Eis, bis zum Kamm. Es war ein Traum, in dem die sportliche Anstrengung den Schlaf ersetzte. Wir holten tief Luft. Dort oben eine Landschaft – zugewandt, weiß und brüderlich. Wir stiegen wieder hinab und achteten darauf, auf den Südseiten keine Lawinen auszulösen. Der Frühling machte Fortschritte. Die Luft roch nach Wald. Wir hörten Flügelschlagen. Wir störten Tiere auf, die sich raschelnd aus dem Staub machten. Nach dem Pass ein paar Stunden des ungehinderten Gleitens über Abhänge und durch Wälder. Zu Fuß erreichten wir schließlich eine Unterkunft, in der wir den Abend auf einer Bank verbrachten, an unseren Toscanos zogen und von den Abenteuern der geliebten Sissi lasen.

Mehrmals täglich überquerten wir die Grenze und kreuzten am Abend entweder in einer tirolischen Herberge oder einem italienischen Gasthof auf, wo uns ein argwöhnischer Wirt empfing. Italien, im März 2020 zuerst mit dem Virus konfrontiert, hatte besonders stark unter seiner Verbreitung gelitten. Die Regierung fuhr einen strengen politischen Kurs und schränkte die Bewegungsfreiheit in den inneren Provinzen ein. Wir behielten wohlweislich für uns, dass wir «von der anderen Seite» kamen. Die fröhliche Globalisierung hatte erreicht, dass man auf keinen Fall in der Öffentlichkeit husten durfte. Vor Tagesanbruch machten wir uns wieder davon.

In Prettau hingen Flechten von den Bäumen. Wir schoben die Vorhänge beiseite. In Rein war ein Bauernhof von einer Lawine mitgerissen worden. Die Gämsen waren, vom Winter geschwächt, weit unten zu finden. Das Gebirge schüttelte sich, der Wald lebte auf. Antholz lehnte sich an einen *bois d'amour*. Der Stamm der glatten Buchen schwang hin und her wie der Hals einer Giraffe. Das Licht verströmte sein Pastell. Wir stiegen 500 Meter auf, Tannen lösten die Buchen ab. Die dichte Atmosphäre erzeugte die Farben der Nabis. Die Luft war blau. Der Schnee golden. Die Tannen schimmerten rötlich. Man hätte sie essen mögen.

In diesen Tagen des Spurlegens zwischen sanften Hügeln und prachtvoll vereisten Pässen stand der SAM auf 000. Keinerlei Schmerz unter dem milden Himmel, keine Angst auf den makellosen Hängen, weniger Müdigkeit in unserem vom wochenlangen Skiwandern abgehärteten Organismus. Mit seiner Glasur ähnelte das Gebirge einem Palast. Erklärte sich der Wienerische Kitsch aus der Nachahmung der vom Schnee gestalteten Formen? Unter diesen Zierleisten hätte man sich nicht gewundert, die Pralinenschachtel-Sissi mit dem Pferdeschlitten um die Ecke biegen zu sehen. Nach unserer Rückkehr fand ich das folgende Sonett von Théophile Gautier, das nach jungfräulichem Rokoko duftete:

Singend, den weißen Hals gebogen,
Zeigt in den Märchen uns der Nord
Schwanenjungfrauen in den Wogen
Des alten Rheines, nah dem Bord.

Oberhalb der Romahütte, die wegen der globalen Infektionsgefahr geschlossen war, las ich an der Fassade einer barocken Kapelle folgende Apostrophe an den Reisenden: «Wohin des Wegs, Wanderer?» Noch ganz erfüllt von meiner abendlichen Lektüre, hätte ich antworten wollen: «Durch das Kaiserreich, zu den Grenzen.» Doch die Zeichen standen nicht mehr auf Vereinigung der Völker unter dem Schutz einer blassen Kaiserin. Bis zum Ersten Weltkrieg hatte das Habsburgerreich seine Grenzen fließend ausgeweitet, bis dorthin, wo sich die Barbaren herumtrieben. Nach 1918 hatten die Nationalstaaten das Territorium ersatzhalber in lauter Einzelteile zerstückelt. Das Kaiserreich war ein Mantel gewesen, den ein heiliger Schneider, der Kaiser höchstpersönlich, zusammengeflickt hatte. Die Nation wiederum machte Tabula rasa und grenzte Räume ab, die rechtlich geregelt wurden. An jedem Pass ein Grenzstein. Abends zeigten wir einem Gastwirt unsere Papiere.

Es blieb noch ein letztes kaiserliches Prinzip: Ozon und Schnee. Jahr für Jahr, von Tinée bis Triest, begründete der Winter aufs Neue sein organisches Reich. Seine Untertanen folgten ihm aus freien Stücken. Es galt, den Wald zu durchqueren, weiter aufzusteigen, die Spur in der Substanz zu legen und sich dem Himmel zu nähern, um die höchsten Posten der Stille und Gleichförmigkeit zu erreichen. Der Geist des Ortes beeinflusste die menschliche Natur. Wir fühlten uns leicht, robust und verletzlich zugleich. Um zu überleben, mussten wir weiterziehen. Die Höhe drängte zur Flucht. Die Tugend der Bewegung besteht darin, dass sie sich aus sich selbst speist. Im Weitergehen findet man die nötige Kraft, noch immer weiterzugehen. Und diese Dynamik beflügelt den Geist und spannt den Körper. Man fühlt sich frei.

Das letzte Kaiserreich: das Weiß.

Am Pfannhorn tauchten die Dolomiten auf. Dieses Schauspiel hatte ich herbeigesehnt. Die Gipfel füllten den Horizont aus, je näher wir der Spitze kamen. Plötzlich sahen wir Dino Buzzatis «gläserne Berge». Ich hatte sie in den Büchern so eingehend betrachtet. Marmolada, Drei Zinnen, Civetta ... Namen wie Talismane. Stelen für italienische Krieger. Diese hatten den Kampf in den Bergen erfunden, Kanonen auf die Bergspitzen geschleppt und Tunnel gegraben, um den Feind zu treffen. Sie waren Denkmäler zu Ehren bedeutender Bergsteiger. Preuss, Messner, Cassin, Comici ... Wir kannten ihre Abenteuer in- und auswendig – Tragödien und Dummheiten.

Dank dieser Gruppe von Italienern, die in Espadrilles an 500 Meter hohen Felswänden hingen, entwickelte ich als Kind die kurios-fantastische Vision von einem Biwak unter Sternen.

Fast eine Stunde lang blieben wir auf dem Sockel des Gipfelkreuzes am Pfannhorn sitzen und rührten uns nicht angesichts dieses aus den Wolken gefallenen Traums. Die Gipfel stanzten ihre Motive aus: Türme, Bergfriede, Wälle, Erker, Ruinen und Säulen. Die Mauern waren klassisch. Die Zinnen romantisch. Eine Burg schwebte am Himmel, gemeißelt, um zu träumen und die Muskeln zu gebrauchen. In ein paar Tagen würden wir in dieses Reich aus Porzellan und Tod hineingleiten!

Um Toblach zu erreichen, turnten wir zwei Stunden lang durch einen Wald mit vergrabenen Baumstümpfen. Wir krochen unter Windwürfen hindurch, überquerten das Wurzelmikado. Mit Skiern über Bäume zu klettern, ist kein Kinderspiel. Wir zerrissen dabei unsere Jacken.

Rémoville, unser treuloser Freund, hatte das nördliche Italien mit der Eisenbahn durchquert und erwartete uns in einer Herberge in Toblach, wie immer im Stil eines Reiters der Indian Army, dessen Zug am Fuß des Himalaya liegen geblieben ist und der mit einem Blick gipfelwärts den einzigen eines Briten würdigen Rückschluss zieht: *Well, let's go threw*. Du Lac und ich, weitaus weniger elegant, brauchten eine Dusche und Tabak. Wir brachten zwei Tage damit zu, den letzten Abschnitt unserer Route Richtung Meer zu planen. Eine Frage ging du Lac nicht mehr aus dem Kopf: Sollten wir die südliche Route durch die Dolomiten nehmen oder unsere Skiwanderung bis nach Slowenien fortsetzen? Mit anderen Worten: Venedig oder Triest? Ich formulierte die Dinge einfacher: Lord Byron oder Paul Morand? In beiden Fällen bildete die Adriaküste die Bordüre.

Wir entschieden uns für den Südosten: Nach den kartografischen Konventionen markierte Triest den Südrand des Alpenbogens. Wir würden den Norden der Dolomiten durchqueren, Venezien sowie die Karnischen und Julischen Alpen und schließlich den Marsch auf Triest antreten, und nicht «auf Fiume», obgleich mich du Lac mit seinem kahlen Schädel und seinen Kulleraugen zunehmend an Gabriele D'Annunzio erinnerte, was ich vor den italienischen Bergführern, die jeden Abend kamen und uns, über die Karten gebeugt, dabei halfen, unseren Weg aus den Alpen zu finden, für mich behielt.

Rémoville las Stendhals *Italienische Chroniken*, ein richtiges Handbuch für das Skiwandern. Nicht weil Stendhal sich für das Bergsteigen interessiert hätte, sondern weil er einen dem Abenteuer vergleichbaren Lebensstil ausstrahlte. Er beschränkte sich auf drei Verben: wollen, entscheiden, handeln. Und zwar schnell, das Ganze! «Die Energie» war Stendhals Erklärung. In seiner Beschreibung der Gesellschaften machte er ein großes Aufheben um sie. Er suchte sie bei seinen Freunden. Er übertrug sie in sein Schreiben. Er zog das Gefühl dem Gedanken vor. In Neapel, Florenz und Rom verbrachte er seine Vormittage in Kirchen, die Nachmittage in Parks und, in der Hoffnung auf eine Bettstatt für die Nacht, den Abend im Theater. Die Tage verstrichen mit ihrer Ernte an Schönheit. Wie konnte man Stendhal nacheifern? Man musste seine Spur zwischen den Zeichen der Pracht und den Auswirkungen der Fantasie ziehen. Über die Oberfläche der Dinge gleiten, um sie in ihrem Inneren zu erspüren. Die Tagesordnung: alles ergreifen, alles lieben, sich vor Theorien hüten, allgemeine Ideen verachten, besondere Eindrücke sammeln. Ich las meinen Freunden folgende Zeilen aus dem Tagebuch vom 19. Januar 1817 vor: «Einmal beobachtete ich einen Schweizer Hüttenhirten, der drei Stunden lang mit verschränkten Armen die schneebedeckten Gipfel der Jungfrau betrachtete. Für ihn war das eine Musik.»

Sollte es uns gelingen, die Stendhal'sche Mikrotaktik auf das Skiwandern zu übertragen, würden wir durch das nördliche Venezien und das westliche Slowenien streifen wie durch die Galerien eines Museums und einzig danach trachten, die unbeweglichen Formen der Schönheit zu würdigen.

Kurz gesagt: aufstehen, abhauen und alles, was man kann, in sich aufnehmen.

Der sechsundsiebzigste Tag

Von Toblach über die Drei Zinnen nach Moos.
16 Kilometer und 1200 Höhenmeter.

Der verschneite Kalkstein unter der Dreizinnen-Hütte hatte einen elfenbeinfarbenen Teint. Die Kiefern hoben sich dunkel davon ab. Die Wildbäche waren aus Jade. Der Wald lichtete sich. Der Wirbelsturm Vaia hatte die Bäume in Riemen über die Felswände gelegt. Weiter oberhalb hatten Lawinen die Abhänge zerfetzt.

Die drei Zinnen zeichneten sich scharf und einsam ab – drei weiße Schwestern, die ihre Gesichter der Sonne zukehrten. Sie symbolisierten den energetischen Stolz der Erde. Illusion! In Wirklichkeit handelte es sich um drei ins Geröll gerammte Stümpfe. Das Gebirge stürzt auf sich selbst nieder.

Der Himmel war kalt, die Luft frisch, die Welt wirkte jung: ein Glockenspiel der Lüge. In Wahrheit brach das geologische Gefüge zusammen, und wir streiften durch ein Totenhaus. Man meint, das Gebirge erhebt sich. Es stürzt jedoch ein. Der Kalkstein ist ein Sedimentgestein. Milliarden von mikroskopisch kleinen Tierchen haben sich abgelagert und durch Kompression Schichten gebildet, die von der Tektonik aufgeworfen und von der Erosion zerstört worden sind. Die Zeit setzt die Unterhöhlung fort. Nur Geduld (sagen die Geologieprofessoren, denen es nicht auf zwei Millionen Jahre ankommt)! Aus dem Meer geboren, werden diese für Athleten geformten Berge wieder in die Ebene eingehen, sobald der Mensch verschwunden ist. Das Gebirge, eine Sanduhr.

Die Dolomiten strahlten eine ästhetische Vollkommenheit aus. Die Einfassung all dieser Türmchen verlieh dem Gebirge etwas Labyrinthartiges. Lauter Wertgegenstände waren, voneinander abgesondert, vorsichtig verteilt worden. Wir glitten am Fuße dieser Perlen dahin. Jedes einzelne Schmuckstück hatte seinen Platz. In weiten Schwüngen fuhren wir nach Moos hinab.

Um Triest zu erreichen, brauchten wir zehn Tage quer durch Venetien, das Friaul und die Karnischen Alpen. Drei Tage lang brach die Kälte über uns herein und ließ das Schmelzwasser gefrieren. Triest zog uns magnetisch an. Du Lac übertrieb es mit den Distanzen. Er kannte kein Halten mehr. Der Frühling kam, die Alpen senkten sich. Das Weiß gab seine Positionen auf. Das Kaiserreich wich zurück. Der Frühling sprengte die herrliche Einheit. Unsere Durchquerung näherte sich ihrem Ende. Wir fuhren immer weiter. Der Himmel gab sich mal mild, mal rau. Abends gingen wir zu Fuß durch das Chaos aus Schnee und umgepflügter Erde. Im Morgengrauen stiegen wir mit dem Klettermesser auf keramikartigem Schnee aus den Tälern aufwärts. Plötzlich verlieh der mittägliche Wärmeeinbruch dem Weiß eine gelbliche Färbung. Und wir hörten die Vögel singen.

Der siebenundsiebzigste Tag

Von Moos zur unbewirtschafteten Casera Malga Campobon.
20 Kilometer und 1500 Höhenmeter.

Die Alpen duckten sich, das Meer kam näher, der Frühling brach an, der Schnee wanderte nach oben, wir durchquerten die Wälder. Wir liefen stundenlang zu Fuß durch die Laubwälder. Drei Bergsteiger, die sich mit geschulterten Skiern auf Pilzlichtungen verirrt hatten. Es galt, sich an die Reste des früheren Schnees (vom März) zu halten. Gelegentlich herrschte noch der Winter. Oder er hatte sich zumindest auf einem Pass noch einquartiert. Wir brauchten geschlagene zwei Stunden, um mit dem Pickel die Eingangstür von einem Eispanzer zu befreien und in den Winterraum der Casera Malga Campobon zu gelangen.

Der achtundsiebzigste Tag

Von der unbewirtschafteten Casera Malga Campobon nach Forni Avoltri. 20 Kilometer und 600 Höhenmeter.

2018 hatte der Orkan die Randgebiete des Friauls getroffen. Holzfäller waren noch immer mit der Holzabfuhr beschäftigt. Jeden Tag der gleiche Walzer. Frühmorgens brachen wir aus der Hütte oder dem Gasthof auf. Manchmal brachte uns der Wirt ein paar Kilometer weit bis zum nächsten Hang. Dann folgte der Aufstieg durch den Wald, das Wiedersehen mit dem Schnee oberhalb von 1400 Metern. Jetzt wussten wir, was wir zu tun hatten, fühlten uns zu Hause. Der Pass näherte sich, war mehr oder minder leicht zu überqueren. Wir prüften die Felsvorsprünge, sicherten uns in den Schluchten. Wir erreichten die Waldränder, und abends fielen wir in einer Herberge auf unsere Matratzen. Seitens der Elemente die immer gleiche Übung. Morgens das Unterholz, mittags das Eis, nachmittags die Schneeschmelze und am Waldessaum die abendlichen Kirchtürme. Unser Gleichgewicht beruhte auf der quälenden Aufzählung der Bilder. Das Schöpfrad der Tage forderte immer das Gleiche – die Definition von Glück. Unsere Anstrengung garantierte die Beständigkeit. Aragon auf den Seiten meines Gedichtbandes: «Es wird immer das Wasser geben, den Wind, das Licht. Nach allem geht nichts vorbei, allenfalls der Vorbeiziehende.» Der Vorbeiziehende, das waren wir. Diese beiden Alexandriner gefielen Rémoville so sehr, dass er sie laut herausbrüllte und damit die Vögel verscheuchte, die gerade erst aus dem südlichen Mittelmeerraum zurückgekehrt waren. Die Verse illustrierten unsere gleichförmigen Tage, die einem neuen Traum entgegenstrebten: dem Meer.

Der neunundsiebzigste Tag

Von Forni Avoltri nach Mauthen in Kärnten.
16 Kilometer und 1600 Höhenmeter.

Der Sturm peinigte uns auf dem Giramondopass. Wir überquerten einen «passo» auf vereistem Schnee bei –15 Himmelsgraden. Die Abhänge des Waldes verlangten höchste Konzentration: bloß nicht über einem notdürftig von einer Brüstung aus Zwergbäumen geschützten Felsvorsprung aus der Bindung fallen. Zwischen Bäumen ist man auf Skiern gefährlicher unterwegs als in Gletscherspalten.

Es war eine Herausforderung, die Eintönigkeit zu überwinden. Dafür gab es ein Mittel: in der Erinnerung stöbern. Ich erlebte noch einmal meine Klettertouren auf den Steilfelsen der Pointe de Pen-Hir über der Iroise-See oder das Biwak in der Heidelandschaft des Trégor. Warum stellte sich immer wieder das Leuchten des Keltischen Meers und der lauen Abende an den Gestaden des Westens ein? Weil diese Visionen das Gegenteil des Weiß waren. Stets widerspricht die Erinnerung der Gegenwart.

Im Gasthof prüften wir unser Material. Die Seehundfelle waren abgenutzt, die Messer stumpf, die Jacken zerrissen. Wir wetzten die einen und flickten die anderen.

Wir *wussten*, was wir besaßen: die Definition des vorsorglichen Haushaltens. Mein Notizheft, meine Stirnlampe, meine Gedichtsammlung – die Gegenstände, die ich am meisten benutzte. Mein Rucksack wog momentan acht Kilo. Die Heilkraft der Schlankheitskur: Die Logistik nimmt ab, das Leben zu. Das Glück liegt in der Entschlackung.

Warum taten wir uns diese eintönigen Etappen an, die nicht einmal mehr das epische Ausmaß der Höhenrouten hatten? Auf diesen Fluchten trafen wir niemanden, lernten nichts über die Geschichte des Heiligen Reichs oder über die Verbreitung des Barocks in den Tälern Friauls. Weder unterhielten wir uns abends mit den Bergbauern noch besichtigten wir die Festungen der habsburgischen Herrschaft. In Sachen Bildung verwahrlosten wir. Doch die Stunden boten sich zur Meditation an. Tag für Tag war der Körper acht oder zehn Stunden lang damit beschäftigt, langsam voranzukommen. Sofern die Anstrengung regelmäßig war, konnte der Geist ungehindert abschweifen. Nennen wir es eine Poesie- und Bewegungserfahrung.

Wir versuchten, uns nach Stendhals Empfehlungen fortzubewegen: abwechslungsreiche Momente, rasche Ausführung, flüchtige Bewertungen, aufblitzende Empfindungen, unterschiedliche Zustände. Wir reisten um des Gefühls, des Vergnügens und der Fröhlichkeit willen, mit Schnellig- und Leichtigkeit – indem wir unsere ästhetische Nahrung in einer natürlichen und nicht einer künstlerischen Quelle fanden. Mit anderen Worten: Wir wollten vor den Gebirgslandschaften niederknien statt vor den florentinischen Madonnen.

Der achtzigste Tag

Von Plöckenhaus nach Paluzza.
13 Kilometer und 1000 Höhenmeter.

Wie Seiltänzer balancierten wir 300 Kilometer von Ungarn entfernt über das Kärnten des alten Kaiserreichs. Auf den Graten folgten wir der Frontlinie des Gebirgskrieges zwischen Italienern und Österreichern 1915–1917. Im Schutz der Kapellen zum Gedächtnis der ehemaligen Kämpfer legten wir unsere Teepause ein. Wir gelangten ins Friaul. Ein heftiger Sturm auf 1800 Metern Höhe zwang uns auf dem Kamm zu Boden und reinigte den Himmel. Auf einer Schulter des Blaustein sahen wir, genau Richtung Süden, einen Lichtteppich am Horizont: die schimmernden Lagunen von Udine. Das Meer ruhte am Fuß der Alpen, die Sonne säte ihre Flecken. In dieser Nacht schliefen wir in Paluzza, hinter den Buchenhainen, zu denen wir vom Pass aus zwei Stunden gebraucht hatten, und noch einmal genauso lange, um sie zu durchqueren. Wir hatten das Meer gesehen!

Der einundachtzigste Tag

Von Paluzza nach Moggio Udinese.
30 Kilometer und 1300 Höhenmeter.

Jeder Morgen war eine Pforte. Wir trafen erschöpft ein, brachen belebt wieder auf. Acht Stunden Schlaf erteilten uns die Absolution. Die Hygienevorschriften hatten ganz Norditalien abgedichtet. Sämtliche Herbergen waren geschlossen. Die Carabinieri überwachten alles. Die Italiener erinnerten sich an das Frühjahr 2020, als das ausbrechende Virus den *Decamerone* wieder lebendig gemacht hatte. Jeden Abend waren unsere Bergführerfreunde aus Toblach uns telefonisch dabei behilflich, eine Familie zu finden, die bereit war, uns in einem Dorf in Höhenlage ein Zimmer zu vermieten. So zogen wir mehrere Tage lang in einem abgeriegelten Italien durch Wälder und über Pässe, von Häusern zu Weilern.

Zwischen Paluzza und Moggio schnallten wir kein einziges Mal unsere Skier an. Die Pässe waren nicht höher als 1400 Meter. Die Buchen rochen nach Pflanzensaft. Der Schnee war geschmolzen und gab Nadelteppiche frei. In der Luft zitterten Pollen. In der Atmosphäre braute sich das große Aufstoßen des Frühlings zusammen. Das Unterholz war von Sonnenstrichen gestreift. Bald würde der

Ballon platzen: die Orgie des Mais. Wir legten eine Etappe von 30 Kilometern zurück und versuchten, uns einzureden, dass dieses Wandern durch die Wälder noch etwas mit dem Bergsteigen zu tun hatte.

Abends wieder Stendhal. Diese Seiten waren unser einziges Gespräch. Sein italienisches Leben ähnelte einer Razzia. Ob er die Langsamkeit unserer Karawane durch die Wälder des Friauls verachtet hätte, er, der sich mit folgenden Worten über das Leben in Rom beschwert hatte: «Keine Mühe, kein Kraftaufwand, nichts geht schnell.» Die Alpen senkten sich dem Meer entgegen. Wir näherten uns, so langsam! So langsam! Der Himmel schimmerte schlammfarben.

Der zweiundachtzigste und dreiundachtzigste Tag

Von Moggio in den Winterraum der Hütte in Montemaggiore. 15 Kilometer und 1700 Meter Aufstieg. Von der Hütte aus weiter nach Kobarid. 30 Kilometer und 800 Höhenmeter. Dann zu Fuß bis ans Meer.

An der slowenischen Grenze, oberhalb der Kirche Sankt-Anna, stand auf einem Schild im italienisch-slowenischen Dialekt *confino del estato.* Diese Wendung beschrieb die Färbung jener Tage in zaudernden Welten. Wir schlängelten uns durch das Zögern, stets an der Grenze zwischen Italien und Slowenien, zwischen Himmel und Erde, zwischen Eis und Wald, Trockenheit und Feuchtigkeit. Hinter Sella Carnizza vollendete ein unter der Bocchetta di Zaiavor verlassenes Dorf den Eindruck jener Gegend: Zwischenräume an der Bruchlinie der Kaiserreiche. Auf spitz zulaufenden Kämmen auf 2000 Metern Höhe gingen wir an der Grenze entlang. Wir schliefen in einer heruntergekommenen Kaserne, die als italienischer Wachtposten vor dem sowjetischen Block gedient hatte. Diese Gegend hatte in Berührung mit dem ehemaligen kommunistischen Jugoslawien die äußersten Enden der freien Welt gebildet. Die Slowenen waren – nach zwei Weltkriegen – direkt von den Gefälligkeiten des österreichisch-barocken Kaiserreichs zur sozialistischen Betonierung übergelaufen. Entsprechend hatten sie sich ein halbes Jahrhundert lang unter einer mit einem roten Stern gekrönten Glasglocke verschanzt.

Eschen und Lärchen kümmerten sich wenig um die Abgrenzungen des Jahrhunderts. Sie erschwerten uns die Aufgabe. Die Bäume auf dem Gipfelkamm verstellten uns den Weg und warfen uns auf die Steilflanken zurück.

Von der ehemaligen Kaserne aus, in der wir uns einquartiert hatten, brauchten wir dreizehn Stunden bis zu dem slowenischen Dorf Kobarid.

Beiderseits des Gebirgsrückens fielen die Hänge steil ab. Unten schlummerten die Dörfer. Durch die Nebelschwaden erkannte man abwechselnd Bäume und Felsen. Manchmal zerrissen die Schleier, und auf dem Gemälde offenbarte sich das Meer. Goldene Plättchen tanzten auf der Oberfläche und kündeten vom Ende unserer vierjährigen Überquerung. In diesen Lichtreflexen lag die Verheißung von Milde.

Der Grat wurde schmaler, breit wie eine Schneide. Der Blick erfasste gleich zwei Schwindel auf einmal. Im Osten wie im Westen lagen die Talgründe 1000 Meter weiter unterhalb. Linker Hand der frühere Pakt. Rechter Hand Italien. Der rote Himmel auf der einen Seite, auf der anderen *la dolce vita*. Und vor unseren Skiern die Aufreihung der Nadelbäume auf den verschneiten Felsblöcken. Auf jener Klinge, die Mastroiannis Welt von Wyssozkis getrennt hatte, schafften wir nicht mehr als einen oder zwei Kilometer pro Stunde.

Ich trug den Gegensatz der mitteleuropäischen Welten in mir. Die slawische Tiefe hatte auf eigentümliche Weise meine Kindheit geprägt. Wir, meine Schwestern und ich, waren von der nostalgischen Russlandliebe meiner Mutter eingehüllt gewesen. Im antikommunistischen Kampf, den die Zeitungen meines Vaters führten, traf sich unsere Affinität für Tschechows Russland mit einer tiefen Abneigung gegen die fortschrittliche Anmaßung. Eva, die aus dem sozialistischen Ungarn geflohen war, hatte bei uns Aufnahme gefunden, um uns zu hüten. Jene slawischen Akzente, kombiniert mit einem familientypischen Faible für die künstlerischen Ausdrucksformen Mitteleuropas, verwandelten unsere letzten Skitage auf den Kämmen in eine Wanderung quer durch meine Kindheit.

Der Grat wurde ebener, wir standen auf dem Gipfel des Stol und wandten uns, erschöpft von der Tagestour, Slowenien zu. Der übrige Schnee schenkte uns noch 400 Meter auf Skiern auf einer frühlingshaften, über die Almen gebreiteten Seide. Auf 1300 Metern Höhe dann das Ende des Schnees. Wir glitten noch ein paar Meter über das gelbliche Gras. Ein lauer Wind stieg aus dem Tal empor. Die Welt roch nach warmem Pferd. Etwas ging zu Ende. Die Pforte des Weiß schloss sich. Ich erinnere mich an den Klang einer Glocke im Tal, an einen auf dem Wipfel einer Tanne sitzenden Raubvogel. Damit war unsere Alpenüberquerung vorüber.

Wir schnallten unsere Skier ab, um in den Wald zu gehen. Wir sollten sie nicht mehr anschnallen. Um Mitternacht erreichten wir schwankend das slowenische Dorf Kobarid, wo niemand mehr Russisch sprach.

Der vierundachtzigste Tag

Von Kobarid nach Gorizia.

Eine lange Wanderung im Regen durch die slowenischen Wälder führte uns in die italienische Ebene. Das Gebirge ergoss sich über die Soca-Schluchten Richtung Meer. Eine halbe Million italienischer und österreichisch-ungarischer Kriegsteilnehmer hatten sich in diesem Labyrinth zwischen 1915 und 1917 zum Ruhm der Nationen und dem Untergang der Habsburger gegenseitig abgeschlachtet. In den von Bunkern übersäten Wäldern waberten noch immer der Tod und der nationale Narzissmus, der das Ende der Herrschaft (über sich selbst) einläutete.

Wir begegneten einem gelb gefleckten Salamander auf einem toten Baumstumpf. Wir grüßten ihn. Er war ein Vorzeichen: Wir sollten wiedererwachen, auf weitere Reisen sinnen. Wir verließen die Schlucht durch eine genau nach Süden weisende, die Höhenlinien steil durchmessende Furche. Das Schmelzwasser auf dem Grund der Schlucht war jadefarben. Der Höhenmesser sank, die Luft roch salzig.

Italien hatte aus prophylaktischen Gründen die Grenze für Besucher geschlossen. Wir überquerten sie im Wald, indem wir einfach über die Straße rannten. Rémoville fragte sich, ob drei Gestalten am Waldrand mit Skiern auf dem Rücken die italienischen Ordnungskräfte wohl alarmieren würden. Ich beruhigte ihn mit Offenbachs Banditen: «Wir sind die Herrn vom Militär / wir haben leider oft Malheur: / Wo wirklich was zu finden wär, / kommt's Militär zu spät daher!»

Innerhalb von hundert Metern entfaltete die Grenze ihren ganzen Zauber. Kaum war die letzte Böschung der slowenischen Abhänge mit der italienischen Ebene in Berührung gekommen, hörte es wundersamerweise auf zu regnen, zeigten sich Weinreben, Zypressen und getünchte Fassaden. Grenzen sind das Portal zu den Welten. Wirkliche Linien, die zwischen den Harlekinrauten verlaufen. Möge der Himmel es einrichten, dass sie nie verschwinden! Wir kehrten dem Gebirge den Rücken zu, endgültig.

Der letzte Tag

Nach Duino.

Am darauffolgenden Tag, nach einer 30 Kilometer langen Wanderung durch die Hügellandschaft, waren wir in Duino. Vom Strand aus, im Nordwesten, unter dem Schloss Rilkes, sahen wir die Venezianischen Alpen: ein blasslila Streifen am Himmel. Rilke hatte auf diesen weißen Felsen vergebliche Klagen verfasst. Ich erinnerte mich an einen Vers aus seiner ersten Elegie: «Es bleibt uns die Straße von gestern.» Niemand vermochte den Erinnerungen etwas anzuhaben.

Am Strand von Duino badeten wir. Das Blau. Eine andere Ordnung, eine andere Taufe.

ABSCHIED VOM WEISS

Vier Jahre lang hatte ich die Tore zu einem Reich der Physis und der Träume aufgestoßen. Tag für Tag mit dem Gefühl, die Schwelle zu überschreiten. Dahinter die Zerstäubung. Ohne Hast, ohne Klage ging ich einer konturlosen Welt entgegen.

Die Strukturen der Landschaft wurden zu einem einzigen Motiv. Massive und Täler hatten einander abgelöst: Alpes-Maritimes, Ubaye, Savoyen, Wallis, Tessin, Graubünden, Tirol, Julische Alpen ... Diese Räume hatten ihre Abgrenzungen verloren, um in einem einzigen Prinzip aufzugehen; das Fehlen der Singularität garantierte den Glanz.

Das Weiß erstreckte sich im Diffusen, jenseits von Geschichte und Geografie. Das Weiß stellte kein natürliches Umfeld dar, schon gar nicht eine Landschaft, eher eine Substanz. Auf die abstrakte Welt bezogen, ist eine Substanz das Universelle. Ihre Durchquerung ist ein Traum.

Der Schnee war ein vorübergehendes Element, anfällig und vergänglich. Eines Tages schmolz er. Die Welt nahm eine Form an, die der Mantel bisher verhüllt hatte. Man meinte, in eine Kulisse zu schlüpfen. Genoss das Intermezzo.

Im Weiß hob sich alles auf: Wünsche wie Bedauern. Man schwebte in einer von der Bewegung vorgegebenen Meditation. Die Freude der Betrachtung mischte sich mit der Lust, die Spur im Absoluten zu legen. Allein die Anstrengung konnte die Kilometer zunichtemachen. Die Erschöpfung heiligte das Gefühl der Erfüllung.

Und so schwebten wir tagelang in einem Zustand der Entstofflichung. Dem Wortschatz der Alchemisten zufolge hatte das Weiß die Welt *gereinigt*. Das Element der Materie verwandelte sich in einen Gedanken. Über die Erde gebreitet, erfüllte das Weiß den Blick und besiedelte den Geist. War es ein mystischer Vorgang? Die Welt hatte eine Verwandlung erlebt. Wir womöglich auch.

Im Wind, wenn der Tag weiß wurde, gingen wir weiter, allein auf unser Fortkommen bedacht. Das Weiß überflutete das Sein, organisierte das Vergessen. Die Skier schlugen im Rhythmus. Im Inneren das Ende des Logos. Draußen die fehlenden Formen. Das Tao der Anstrengung. Manchmal glaubten wir, lebendig zu verschwinden. Wohin gingen wir? Unwichtig. Für wie lange? Keine Ahnung. Rimbaud: «Sprechen werde ich nicht, denken werde ich nichts ... / Doch immense Liebe, sie fährt mir zur Seele.» Ersetzen wir «Liebe» durch «Weiß».

Dann kam der Abend. In der Hütte die andere Hypnose, die der Flammen. Der Körper setzte sich Zelle für Zelle neu zusammen. Am nächsten Morgen würden wir abermals aufbrechen. Wir tranken Tee. Nach dem Weiß die Wärme. Und der an die Oberfläche zurückgekehrte Geist versuchte, sich der Bilder des Tages zu erinnern. Wir sahen die schwarzen Türme wieder vor uns, die blauen Gletscherspalten, die weißen Täler und die in Nebel versunkenen Abhänge.

Hätte ich ihn vorher gekannt, hätte ich in den abendlichen Hütten das Ende von Davids Psalm rezitiert. Das Kiefernholz hätte im Ofen geknistert. Der Vers hätte nachgeklungen wie ein Ausruf der Dankbarkeit nach einem Tag der *Freiheit auf dem Berg*, den wir, schwankend zwischen brutaler Anstrengung und himmlischer Erfüllung, verbracht hatten: «Wasche mich, dass ich weißer werde als Schnee.»

ZITATHINWEISE

Das Hochgebirg' ... George Byron, Ritter Harold's Pilgerfahrt. Eine Romanze, frei übersetzt von Adolf Seubert, in: Lord Byrons sämtliche Werke, Band 1, Leipzig 1813.

Weiß also bedeutet Freud ... François Rabelais, Gargantua und Pantagruel, 2 Bände, übersetzt von Gottlob Regis, Band 1, München, Leipzig 1911, S. 39.

Die unendliche Vielfalt der Landschaften ... André Gide, Les nourritures terrestres, Paris 1897, hier übersetzt von Nicola Denis.

Anderswo ist ... Paul Morand, L'homme pressé, Paris 1941, hier übersetzt von Nicola Denis.

Ich werde ein Pferd kaufen ... Arthur Rimbaud, Brief, 4. Mai 1881, in: *Lettres d'Afrique: d'Aden à Zanziba*, Les Editions de Londres 2020, hier übersetzt von Nicola Denis.

Man sollte stets ... Michel de Montaigne, *Essais*, 1580, hier übersetzt von Nicola Denis.

Aufstehen und abhauen – Virginie Despentes, *Césars: «Désormais on se lève et on se barre»*, in: Libération, Paris 1. März 2020, hier übersetzt von Nicola Denis.

Eine der großen Regeln der Kunst ... André Gide, unbekannte Quelle, hier übersetzt von Nicola Denis.

Komm und folge ... Matthäus 9,9, zitiert nach: Neues Leben. Die Bibel der deutschen Ausgabe 2002 / 2006 / 2017 SCM R. Brockhaus.

Auf schwarzen Wegen: Die deutsche Ausgabe von «Les chemins noirs» ist unter dem Titel «Auf versunkenen Wegen» erschienen.

sich aus der feuchten ... JEAN-PAUL SARTRE, Situations I, Nouvelle édition revue et augmentée, Préface d'Arlette Elkaïm-Sartre, Paris 2010, hier übersetzt von Nicola Denis.

lief nicht auf die anderen Dinge ... MARCEL PROUST, Auf der Suche nach der verlorenen Zeit, Band 1, Auf dem Weg zu Swann. Übersetzung und Anmerkungen von Bernd-Jürgen Fischer, Stuttgart 2013, S. 50.

am Himmel, wo kein Stern ... LOUIS-FERDINAND CÉLINE, Reise ans Ende der Nacht. Aus dem Französischen von Hinrich Schmidt-Henkel, Hamburg 2009, S. 6.

Auf einer unermeßlichen Mitte treiben wir ... BLAISE PASCAL, Über die Religion und über einige andere Gegenstände. Übertragen und herausgegeben von Ewald Wasmuth, Berlin 1937.

Der Wind ist der Zufall ... ALFRED DE MUSSET, Die weiße Amsel. Übersetzt von Marion Diethelm-Handl, Zürich 1952.

unruhigen Wogen der Jugendzeit ... *und Hafen der Ehe* ... Des heiligen Kirchenvaters AURELIUS AUGUSTINUS Bekenntnisse. Aus dem Lateinischen übersetzt von Dr. Alfred Hofmann, in: Bibliothek der Kirchenväter, 1. Reihe, Band 18; Augustinus Band VII, München 1914.

Für uns andere ... EDMOND ET JULES DE GONCOURT, Journal. Mémoires de la vie littéraire 1866–1888, 6 mars 1882, Paris 2004, ohne Seitenzahl, hier übersetzt von Nicola Denis.

Entfliehn! ... STÉPHANE MALLARMÉ, Sämtliche Dichtungen. Französisch und deutsch. Übersetzt von Carl Fischer, München 1992, S. 35.

Wenn du liebst ... BLAISE CENDRARS, Partir: Poèmes, romans, nouvelles, mémoires, Paris 2011, S. 127, hier übersetzt von Nicola Denis.

Dass sich bloß nichts bewegt ... zitiert nach: PIERRE DRIEU LA ROCHELLE, Le Feu follet, Paris 1931, hier übersetzt von Nicola Denis.

Die Bewegung des Unbeweglichen ... FRIEDRICH GEORG JÜNGER: La perfection de la technique, Paris 2018, S. 165, hier übersetzt von Nicola Denis.

O Wanduhr! finstres Numen du ... – CHARLES BAUDELAIRE, Die Blumen des Bösen, zitiert aus: Walter Benjamin, Übertragungen aus anderen Teilen der «Fleurs du mal», Berlin 1991.

Ich hätte (...) bei einer jungen riesin ... CHARLES BAUDELAIRE, Die Riesin, in: Die Blumen des Bösen. Übersetzt von Stefan George, Berlin 1901, S. 38.

den Einfallsreichtum und die Beschwingtheit ... ALBERT FREDERICK MUMMERY, Mes escalades dans les Alpes et le Caucase, Genf 1903, hier übersetzt von Nicola Denis.

Trage sie auf deiner ... LOUIS BRAUQUIER, Choix de textes inédits, bibliographie, fac-similés, illustrations par Gabriel Audisio, Paris 1966, hier übersetzt von Nicola Denis.

an der Spitze jener jungen Armee ... angelehnt an STENDHAL, Die Kartause von Parma. Übersetzt aus dem Französischen von Elisabeth Edl, München 2007, S. 11.

Gäbe es denn keine Wissenschaft ... MAETERLINCK, Menus propos sur le théâtre, Liège 1964, S. 187, hier übersetzt von Nicola Denis.

Nach der weißen Ebene ... VICTOR HUGO, Les châtiments (L'expiation). Edition établie par René Journet, Gallimard, Paris 1998, hier übersetzt von Nicola Denis.

Im Haar ist goldnes Gleißen ... 173. Sonett, 2. Strophe, 3./4. Vers. Aus: LUÍS DE CAMÕES, Sämtliche Gedichte. Portugiesisch–Deutsch. Übersetzt von Hans-Joachim Schaeffer. Herausgegeben, bearbeitet und kommentiert von Rafael Arnold. Zweite Auflage, Berlin: Elfenbein Verlag, 2017, S. 175. Copyright © 2008 Elfenbein Verlag, Berlin.

Angenehm und hingepfuscht ... Françoise Sagan zitiert nach: Jérôme Garcin, Le Dictionnaire, Littérature française contemporaine, Paris 1988, hier übersetzt von Nicola Denis.

Und manchmal sah mein Auge ... Arthur Rimbaud, Das trunkene Schiff. Aus dem Französischen von Paul Celan, in: Arthur Rimbaud, Poésies. Gedichte. Zweisprachige Ausgabe. © Insel Verlag Frankfurt a. M. und Leipzig 2007. Alle Rechte vorbehalten durch Insel Verlag Berlin.

Ich werde eine phantastische ... Arthur Rimbaud, O Zeiten, o Schlösser. Ô saisons, ô châteaux. Gedichte, Werke, Band 2, übertragen von Thomas Eichhorn, Rimbaud Verlag, Aachen 1992.

Und wo die Brücken glotzen ... Arthur Rimbaud, Das trunkene Schiff. Aus dem Französischen von Paul Celan, in: Arthur Rimbaud, Poésies. Gedichte. Zweisprachige Ausgabe. © Insel Verlag Frankfurt a. M. und Leipzig 2007. Alle Rechte vorbehalten durch Insel Verlag Berlin.

O du mein Kiel ... Ebd.

Jeder Name verschließt ein Geheimnis ... Francoise de Chateaubriand, Tagebuch einer Reise von Paris nach Jerusalem durch Griechenland, und von Jerusalem durch Egypten, durch die Staaten der Barberei und durch Spanien zurück nach Paris, Leipzig 1812.

First do nothing ... Bernard Hermann, Paris km 00. Photographies d'un voyage en chambre, Paris 2006.

Ein weißer Strahl ... Arthur Rimbaud, Korrespondenz, Band 1. Aus dem Französischen übersetzt und kommentiert von Tim Trzaskalik, © 2017 MSB Matthes & Seitz Berlin Verlagsgesellschaft mbH, S. 661.

Wenn man erst einmal unterwegs ist ... Gwanaelle Abolivier, Alexandra David-Néel, une exploratrice sur le toit du monde, Paris 2019, hier übersetzt von Nicola Denis.

die Freiheit auf den Bergen ... VICTOR HUGO, Die Orientalen. Übersetzt von Ferdinand Freiligrath (1810–1876), in: Lyrische Gedichte von Victor Hugo, Frankfurt a. M. 1985, S. 212.

Handeln bedeutet ... FERNANDO PESSOA, Das Buch der Unruhe des Hilfsbuchhalters Bernardo Soares. Aus dem Portugiesischen von Inés Koebel auf der Grundlage der Übersetzung von Georg Rudolf Lind, Zürich 2003.

Ich hasse alles Außerordentliche ... Paul VALÉRY, Monsieur Teste. Aus dem Französischen von Max Rychner, Achim Russer und Bernd Schwibs. Mit einem Nachwort von Bernhard Böschenstein. © Insel Verlag Frankfurt am Main und Leipzig 1992. Alle Rechte vorbehalten durch Insel Verlag Berlin, S. 21.

Wir haben einander geliebt ... MARCEL PROUST, Tage der Freuden. Übersetzt von Ernst Weiß (1926), Berlin 2017, S. 130.

und so steigen wir auf ... FRIEDRICH NIETZSCHE, Die fröhliche Wissenschaft, in: Kritische Studienausgabe 3. Hg. v. Giorgio Colli und Mazzino Montinari, München 1988, S. 388.

Wir nennen Wunder ... Le Livre des merveilles de Gervais de Tilbury, traduit et annoté par Annie Duchesne, Paris 1992. Traduction du livre III des Otia imperialia (1215), hier übersetzt von Nicola Denis.

Auf einem schönen grünen Platze ... ADALBERT STIFTER, Der Hagestolz, in: Gesammelte Werke in sechs Bänden, Band 2, Wiesbaden 1959, S. 257.

Wir begruben den Tod ... angelehnt an JEAN-PAUL SARTRE, Situations I, Nouvelle édition revue et augmentée, Préface d'Arlette Elkaïm-Sartre, Paris 2010, hier übersetzt von Nicola Denis.

das Weiß der Lilien ... STÉPHANE MALLARMÉ, *Sämtliche Dichtungen*. Französisch und deutsch. Übersetzt von Carl Fischer, © 1992 Carl Hanser Verlag GmbH & Co. KG, München, S. 23 und S. 25. Mit freundlicher Genehmigung des Carl Hanser Verlags.

Wie wenig Zeit es braucht ... VICTOR HUGO, Les Chants du crépuscule. Les Voix intérieures. Les Rayons et les Ombres, Paris 2002, hier übersetzt von Nicola Denis.

Singend, den weißen Hals gebogen ... THÉOPHILE GAUTIER, Emaillen und Kameen (Symphonie in Weiß-Dur). Übersetzt von Otto Hausner, Weimar 1919, S. 14.

Mein Gedächtnis ist ein Gesang ... Zitiert nach: JEAN-JOSEPH JULAUD, La petite Anthologie de la Poésie française de Jean-Joseph Julaud, First Éditions, Seite 179/180, hier übersetzt von Nicola Denis.

Einmal beobachtete ich einen Schweizer ... STENDHAL, Rome, Naples et Florence, Eintrag vom 19. Januar 1817, Paris 1865, S. 268.

Wir sind die Herrn vom Militär ... JACQUES OFFENBACH, Die Banditen / Les brigands.

Es bleibt uns die Straße ... RAINER MARIA RILKE, Duineser Elegie I, in: Werke in drei Bänden. Band 1, Frankfurt a. M. und Leipzig 1991, S. 441.

Sprechen werde ich nicht ... ARTHUR RIMBAUD, Brief an Théodor de Banville vom 24. Mai 1870, in: Rimbaud, Korrespondenz, Band 1. Aus dem Französischen übersetzt und kommentiert von Tim Trzaskalik, © 2017 MSB Matthes & Seitz Berlin Verlagsgesellschaft mbH, S. 42.

Wasche mich, dass ich weißer werde ... Gott sei mir Sünder gnädig! (Der vierte Bußpsalm), in: Die Bibel nach Martin Luthers Übersetzung, revidiert 2017, 2016 Deutsche Bibelgesellschaft, Stuttgart.

INHALT

KiWi
1945

Das Buch

Italien und die Musik. In keinem anderen Land hat die Musik einen vergleichbaren Stellenwert. Mehr als jede andere Kunst ist sie in der Lage, das Land zu erklären und alle tausendfach gestellten Fragen zu beantworten.

Musik ist dauerpräsent. In einem Land, in dem Opernarien gepfiffen werden, überall Denkmäler namhafter Sänger herumstehen und die Einschaltquoten eines fünftägigen Liederwettbewerbs jede Sportübertragung in den Schatten stellen, kommt man an der Musik schlicht nicht vorbei.

Entlang von herzergreifenden Canzoni und unwiderstehlichen Ohrwürmern erzählt Eric Pfeil von der Zerrissenheit eines Landes zwischen Dolce Vita und undurchdringlicher Bürokratie, vom Erbe Silvio Berlusconis, von der Mafia und gesellschaftlichem Aufbruch, der Erfolgsgeschichte von Italiens uncoolster Band und immer wieder von der Liebe.

Der Autor

Eric Pfeil, wurde 1969 in Bergisch Gladbach geboren und fuhr schon kurz darauf zum ersten Mal über die Alpen. Um die Jahrtausendwende war er Produzent der legendären Musiksendung »Fast Forward«, seither ist er ein gefragter TV-Autor. Er schreibt u. a. für FAZ und *Rolling Stone* über Film, Literatur sowie über Popmusik und ihre Folgen. Sein erster »Reiseführer ohne Sehenswürdigkeiten« wurde 2022 von Kritik und Publikum gleichermaßen gefeiert und stand wochenlang auf der SPIEGEL-Bestsellerliste.

ERIC PFEIL

CIAO AMORE, CIAO

Mit
100 neuen
und alten
Songs durch
Italien

Kiepenheuer & Witsch

Die Playlist zum Buch:

MIX
Papier | Fördert gute Waldnutzung
FSC® C083411
FSC www.fsc.org

1. Auflage 2024

Covergestaltung FAVORITBUERO, München
Covermotiv Un couple sur une Vespa dans les rues de Rome en 1965.
© MP/Leemage; Bridgeman Images
Gesetzt aus der Chaparral Pro und der Core Deco
Satz Buch-Werkstatt GmbH, Bad Aibling
Druck und Bindung CPI books GmbH, Leck
ISBN 978-3-462-00609-4

»Die Musik ist die Königin der Künste.«
(Roberto Benigni)

»Ich habe die Besten meiner Generation
verderben sehen bei dem Versuch,
die italienische Seele zu enträtseln.«
(Robert Gernhardt)

»In un mondo che
Non ci vuole più
Il mio canto libero sei tu.«
(Lucio Battisti)

INHALT

VORWORT

Man kann nicht behaupten, dass mein Vater die Sache mit *la dolce vita* raushatte.

Als passionierter Kaffeetrinker suchte er während unseres ersten längeren Italienurlaubs in Alassio bis zu zehn Mal am Tag die Hotelbar auf; an deutschen Filterkaffee gewöhnt, erforderte die hier gereichte überschaubare Menge in seinen Augen regelmäßiges Nachgießen. Nachts wälzte er sich dann fluchend durch die Laken. Ein Leben auf der Überholspur.

Ich stand meinem Vater, was die unkontrollierte Genussmitteleinnahme anging, in nichts nach. Allerdings kaprizierte sich mein Über-die-Stränge-Schlagen nicht auf die Segnungen des italienischen *caffè*: An den Tagen, an denen wir dem Hotelpool den Vorzug vor dem Strand gewährten, schlich ich mich immer wieder an die Bar und orderte *un budino al cioccolato*, wie ich es von den italienischen Kindern abgelauscht hatte – einen Schokoladenpudding, der aber viel besser schmeckte als das, was man bei uns zu Hause unter diesem Namen kannte. Ebenso wie meinem Vater entglitt mir in Italien jegliches Maß; am Ende des Urlaubs hatte ich acht Kilo zugenommen, und zurück in Deutschland erstand meine Mutter den Ratgeber »Hilfe, mein Kind wird zu dick«. Noch aber war die Welt in Ordnung. Beziehungsweise: Sie war außer Ordnung.

Es war der Sommer 1981. Die Devise, der zufolge das Urlaubsglück in Italien liege, hatte meine Mutter ausgegeben. Es war allerdings mein eigentlich nicht sonderlich reisefreudiger Vater, der, gleichwohl in Kaffeeangelegenheiten unbeherrscht, hier plötzlich seine Seele in Schwingung versetzt fühlte. Ihm gefiel das Spielerische, das er hier vorfand, die Freude am gelungenen Showeffekt, der Sinn fürs Eskapistische, den man hier zu pflegen schien, sobald es ernst zu werden drohte. Bei einem unserer gemeinsamen Strandspaziergänge ereignete sich eine diesbezüglich erhellende Episode. Als wir nämlich da so am Meeressaum entlangschlenderten, griff mein Vater plötzlich ins Wasser und hielt eine riesige Tigermuschel in Händen. Lächelnd überreichte er sie mir. Ich war tief beeindruckt und hütete das porzellanartig glänzende Objekt wie meinen Augapfel. Erst Jahre später fand ich zufällig heraus, dass er diese im Pazifik beheimatete Meeresschnecke in einem Souvenirgeschäft erworben hatte und ich einem Trick auf den Leim gegangen war.

Mein Vater war Unterhaltungsmusiker. Nach seiner verfrühten Pensionierung verwirklichte er sich als Alleinunterhalter auf Festivitäten aller Art. Zeitlebens faszinierten ihn eingängige Melodien, die er, wenn gerade kein Akkordeon zum Nachspielen zur Hand war, unentwegt vor sich hin pfiff. Von diesen Melodien gab es in Italien weiß Gott genug. Nach jeder weiteren Reise erstand mein Vater die jüngste »Italo Top 20«-Platte; er war es auch, der mir zum ersten Mal von dem nur unweit von Alassio ausgetragenen *Festival di Sanremo* erzählte – diesem fünf Tage währenden Spektakel, bei dem alljährlich die italienischen Musikstars um die Wette singen und das bis heute *das* TV-Spektakel des Jahres darstellt. In jenem Jahr hatte die Sängerin Alice mit dem Stück »Per Elisa« (Für Elisa) gewonnen; während unseres Urlaubs war das Lied überall. *Sanremo*, informierte mich mein Vater, war ein Spektakel, im Rahmen dessen Italien unter anbetungswürdigem Gefuchtel, gleichwohl mit Hingabe und erstaunlichem Ernst, die hohe Kunst der Leichtigkeit feierte – und sich dabei nicht selten selbst erforschte. Hier sangen die bestaussehenden Menschen der Welt im singtauglichsten Zungenschlag der Welt die eingängigsten Lieder: ein Konzept, das mich vollumfänglich überzeugte. Dass sich nur 14 Jahre zuvor der Sänger Luigi Tenco nach seinem Ausscheiden beim Festival mit dem Stück »Ciao amore, ciao« in seinem Hotelzimmer das Leben genommen hatte, sparte mein Vater aus. Musik sei eine gefährliche Kunst, hat Federico Fellini einmal gesagt, weil sie in uns eindringe.

Meine Eltern leben längst nicht mehr, und statt des *budino al cioccolato* werden in Strandbars heute andere herrliche Schweinereien veräußert. Italien und die Musik aber haben mich nie wieder losgelassen. Ich habe mir die Welt immer mit Musik erschlossen, ich kann mir keinen besseren Zugang vorstellen, und die italienische mit ihrem Drang zur opernhaften Größe und ihrer Bereitschaft zum Spektakel hat mich immer besonders angefasst. Gleichzeitig kam ich auf meinen Reisen über den Brenner nicht umhin, mich mehr und mehr zu fragen, was das denn eigentlich für ein faszinierend seltsames Land war, an dem ich – wie Heerscharen anderer Reisender auch – solchen Gefallen fand. Italien war so vieles gleichzeitig, es schien in seiner geografischen, kulinarischen, mentalen Vielfalt schwer zu fassen. Zudem klafften dem aufmerksamen Besucher rasch auch zahlreiche Abgründe entgegen.

Das Land verändert sich – und bleibt doch immer gleich: Bis heute ist Italien für mich ein Geruch, den ich zum ersten Mal kurz hinter der Grenze wahrzunehmen meine. Ein Autogrill. Ein roter Plastikstuhl mit dem »Peroni«-Schriftzug. Das Chaos am *Telepass*, der italienischen Mautstation. Italien ist eine Pinienallee bei Bolgheri, ein Stau an der Amalfiküste, ein Nervenzusammenbruch in Neapel. Eine *passeggiata*, ein Spaziergang. Eine Staatskrise. Ein *Ferragosto* in der heißen Großstadt. Einmal kam ich spätabends in einem apulischen Dorf an und fragte den Hotelbesitzer, ob es zu dieser Zeit irgendwo noch etwas zu essen gebe. »Wir haben in diesem Land alle Probleme, die man nur haben kann«, antwortete er, »aber es gibt zu jeder Zeit etwas zu essen«: Auch das ist Italien. Es ist ein Land, das sich immer noch tagtäglich zwischen Tradition und Moderne zerreißt. Ein junges Land voll alter Menschen. Italien ist eine Nation gewordene Uneinigkeit, ein steiles Nord-Süd-Gefälle, der schönste Abgrund der Welt. *C'era una volta l'Italia,* es war einmal Italien: Es ist ein untergegangenes Reich, ewig her und doch gerade erst gewesen. Es ist ein Mythos, ein Zustand, ein unbekümmertes Pathos. Ein scheinbar unkontrolliert klöppelnder Kirchturm im *Mezzogiorno*. Eine pittoreske, aber bröckelnde Showtreppe. Italien ist ein flüchtiger Gecko an der warmen Hauswand, von der Super-8-Kamera meines Vaters in jenem Sommer 1981 mit der Weitschweifigkeit eines Luchino Visconti festgehalten. Manchmal denke ich, Italien ist wie diese Tigermuschel, die er mir am Strand von Alassio überreichte: ein charmanter Trick, eine brillante Show, eine funkelnde Oberfläche. Verführerisch und schön anzusehen, aber mit einer unerwarteten Geschichte dahinter. Aber auch etwas, das nicht passt – so wie Luigi Tencos Lied »Ciao amore, ciao« beim *Festival di Sanremo* 1967.

Es steckt alles in den Liedern Italiens, man muss nur hinhören. Das eigentümliche Verhältnis der Stiefelbewohner zum Fernsehen: Keiner erklärt es so gut wie Renato Zero in *Viva la RAI*; das durch und durch vernünftige Verhältnis der Italienerinnen und Italiener zur *bar* wiederum erleuchtet niemand schöner als der große Gino Paoli in »Quattro amici« (Vier Freunde). Adriano Celentano erläutert uns den Arbeitskampf, Righeira und Bruno Martino weisen uns in das beinahe hysterische Verhältnis des *Bel Paese* zum Sommer ein, Raffaella Carrà und Mina befreien unter immensem Körpereinsatz die italienische Frau aus den Fesseln des Patriarchats, und Gianna Nannini und Lucio Battisti bezeugen, dass »l'amore« irgendwie mehr zu sein scheint als einfach bloß Liebe. Dass all dies mit großer Geste und in formvollendetem Zwirn geschieht, versteht sich von selbst. Der Nord-Süd-Konflikt, Politik, Korruption und Mafia, die italienische Küche und die Mode – in Italiens Liedern geht es um alles. Man verstehe mich nicht miss: Ich behaupte nicht, Italien in seiner schillernden Dialektik vollkommen verstanden zu haben, dazu ist das Land zu komplex. Was ich versuche, ist, mir – einem Schwärmer und Beschwörer – das Land schreibend zu erklären. Mit jedem Lied ein Stück mehr. Das jüngste Ergebnis dieses Bemühens halten Sie hier in Händen.

Gehen wir nun auf die Reise, *facciamo un viaggio*! Kreuz und quer durch Italien. Durch Gegenwart und Vergangenheit. Mit alten Liedern und ganz neuen. Packen Sie unbedingt die Badehose und zwei, drei Sonnenbrillen ein, nehmen Sie aber auch etwas Warmes zum Überstreifen mit. Ich warte unten mit dem *Cinquecento* und schiebe schon Mal die erste Kassette in den Rekorder.

1.

ABBRONZATISSIMA (1963)

Edoardo Vianello

Fangen wir leicht an. Ganz leicht. *Molto leggermente …*

Wie wäre es hiermit? Ein mondäner ligurischer *lungomare* an einem heißen Augusttag in den frühen 60er-Jahren. Es herrscht quirliges Treiben. Die Sommermode der Saison wird ausgeführt: Etuikleider von Giovanni Battista Giorgini, Caprihosen und *Borsalino*-Hüte. Livrierte Kellner tragen bunt schimmernde Getränke durch die Außenbereiche der umliegenden Bars. Aus einer weht eine Melodie herüber. Man hört sie dieser Tage unentwegt: Es ist die erfolgreichste *canzone* der Saison, ein Sommerhit von einigen Gnaden.

Edoardo Vianello ist bereits seit vier Jahren als Musiker tätig, als ihm mit »Abbronzatissima« (Stark gebräunt) dieser unverwüstliche Strandsong aus der Komponistenfeder fließt. Im Vorjahr konnte der Sänger bereits die Twist-Nummer »Guarda come dondolo« (Schau, wie ich hin- und herschwinge) in Dino Risis melancholischer Sommerkomödie »Il sorpasso« unterbringen (Das Überholmanöver; der hierzulande irritierenderweise unter dem Titel »Verliebt in scharfe Kurven« in die Kinos kam). Auf den immensen Erfolg der Ode an die wohlgebräunte Strandschönheit dürfte der Römer Vianello indes kaum vorbereitet gewesen sein.

»A-Abbronzatissima / Sotto i raggi del sole / Come è bello sognare / Abbracciato con te« (Stark gebräunt / Unter den Strahlen der Sonne / Wie schön ist es zu träumen / In deinen Armen), singt Edoardo. Wir befinden uns hier natürlich im lauwarmen Flachwasser der Italien-Klischees, in dem es sich gerade als Tourist herrlich sorglos planschen lässt. »Abbronzatissima« ist einer der ersten Songs, die 17 Jahre nach Gründung der Italienischen Republik als *tormentone estivo*, als Sommerhit, lanciert werden. Die Wirtschaft boomt, Italien hebt ab ins scheinbar ewige Blau, und da darf es an leichtfüßigem Liedmaterial nicht mangeln. Doch nicht genug damit, dass hier eine italienische Musiktradition ihre Geburt erlebt; wir dürfen gewissermaßen dabei sein, wie Italien, so wie wir es kennen, sich überhaupt erst erfindet: Der Großteil dessen, was wir heute als »typisch italienisch« wahrnehmen – Esskultur, *aperitivo*-Tradition, *caffè*-Rituale, Mode, Kino, Musik –, ist ein Produkt der Nachkriegszeit und des *boom economico*, des wirtschaftlichen Aufschwungs. »Abbronzatissima« ist in diesem Sommer 1963 – fast zwanzig Jahre vor dem legendären Tigermuschelfund durch meinen Vater – mithin der Soundtrack zur Erschaffung der italienischen Leichtigkeit.

Dass der Song trotz des schlichten Textes von Vianellos Songschreibepartner Carlo Rossi so unverwüstlich ist, dass er noch immer Italiens Strandbars zum Erzittern bringt, verdankt sich Arrangeur und Orchesterleiter Ennio Morricone, der das Lied in ein ausgesprochen prunkvolles Mäntlein kleidet. Sein zackig-perkussives Arrangement samt Cha-Cha-Cha-Anleihen und tirilierenden Streichern vertreibt noch dem letzten Griesgram die schlechte Laune. Doch noch ein weiterer *signore* tritt im Rahmen des Arrangements auf, der in den Folgejahren die italienische Popkultur entscheidend mitprägen wird: Alessandro Alessandroni, Multiinstrumentalist, Chorleiter – und später Pfeifer auf Morricones Italo-Western-Soundtracks. Unmöglich, sich an dem, was Alessandronis Chor I Cantori Moderni hier abliefert, sattzuhören. Ein sehr berühmter späterer Auftritt der Cantori Moderni ist das durch die *Muppet*

Show popularisierte »Mah Nà Mah Nà«, ursprünglich aus dem Softsex-Film »Svezia, inferno e paradiso« (Schweden, Hölle und Paradies).

Edoardo Vianello, Komponist und Sänger von »Abbronzatissima«, verkauft im Laufe seiner langen Karriere weltweit über 65 Millionen Schallplatten. Damit ist er der erfolgreichste Vertreter der *Scuola romana*, deren Protagonisten für eskapistische, weniger schwermütige Stücke stehen als die grüblerisch veranlagten Kollegen der Genueser Schule. Im weiteren Verlauf seiner Karriere ist Vianello zudem als Label-Besitzer aktiv, springt durch einige seichte Sommerkomödien und nimmt Platten im römischen Dialekt auf. 1967 heiratet er die Sängerin Wilma Goich, Trauzeuge ist Ennio Morricone.

Seine schönste Erinnerung an den genialen Komponisten, so Vianello, sei die Aufnahme des 1962 produzierten Liedes »Pinne, fucile ed occhiali« (Flossen, Harpune und Taucherbrille). Das mitten im Lied drapierte Wörtchen »Splash« sollte klingen, als sei es unter Wasser aufgenommen. Da es die entsprechenden Effektgeräte noch nicht gab, mussten aufwendigere Wege beschritten werden. Und so fanden sich die beiden Freunde bald auf dem Studioboden wieder, wo sie stundenlang mit dem Klang halb gefüllter Wassereimer experimentierten und dabei den Fußbodenbelag ruinierten.

Nun wünsche ich aber Frohes Mitschnippen zu »Abbronzatissima«. Aber Vorsicht: Schon beim reinen Zuhören besteht die Gefahr, sich einen Sonnenbrand einzuhandeln. Italien, Hölle und Paradies.

2.

A CHI (1967)

Fausto Leali

Die Wonnen der italienischen Popmusik begegneten mir erstmals in Form der Italien-*compilations*, die zu Beginn der 80er-Jahre im Partykeller meiner Eltern rotierten. Es waren dies quietschbunt gestaltete Sampler mit sorgloser *Tricolore*-Typografie und verführerischen Titeln wie »Italo Super Hits«, »Italo Top Hits« oder »Italo Super Top Hits«; manchmal, wenn die für die Titelvergabe Verantwortlichen bei Plattenfirmen wie *Ariola*, *K-tel* oder *Arcade* ihre stilsicheren fünf Minuten hatten, wählte man auch mal den Namen eines besonders populären Songs: »Ti amo«, »Azzurro« oder »Made in Italy«. Auf den Covern räkelten sich gut aussehende Frauen und Männer in Strandstühlen, tollten ausgelassen durch die Meeresgischt, nippten an verführerisch fluoreszierenden Drinks oder bissen mit sinnlichem Gesichtsausdruck in Melonenscheiben. Der Weg zum touristischen Prospekt war nie weit. Auf der Hülle einer Zusammenstellung war gar eine Adria-Hotelburg abgebildet. Um das jeweilige Cover-Zentrum prangten in der Regel kleine Fotos der seinerzeit angesagten Italo-Stars: Umberto Tozzi, Alice, Toto Cutugno, Pupo, Al Bano & Romina Power, auch Celentano war stets mit von der Partie. Diese Platten wurden meist nach dem jeweils letzten Italienurlaub erworben, in der Hoffnung, die darauf enthaltenen saisonalen Hits würden das triste heimische Ambiente mit einer Prise mediterraner Sorglosigkeit ausstatten.

Zwar lag der Schwerpunkt der ausgewählten Lieder auf zeitgenössischen 80er-Hits, doch auch das hier präsentierte Stück aus dem Jahr 1967 befand sich auf einigen dieser Kompilationen. Fausto Lealis »A chi« (Wen) zählt somit zu den hierzulande bekanntesten italienischen Stücken. Ich kann mir gar nicht ausmalen, wie viele Paare sich in Lasterhöhlen wie dem Partykeller meiner Eltern zu diesem Lied im Schwitzkasten des Klammerblues begegnet sind. Und wie könnte man auch anders: Faustos Barmen ist zum Steinerweichen, und das Schwelen der omnipräsenten *Farfisa*-Orgel lässt wohliges 60er-*sentimento* aufkommen.

Es handelt sich um einen Song amerikanischer Provenienz. Das von Al Jacobs und Jimmie Crane verfasste Lied wurde unter dem Originaltitel »Hurt« schon 1954 erstmals von dem Sänger Roy Hamilton veröffentlicht. 1960 nahm sich die italoamerikanische Sängerin Timi Yuro äußerst erfolgreich des Liedes an. Doch die sieben Jahre später veröffentlichte italienische Fassung haut dem Fass den Boden aus. Wie Fausto Leali hier den Mond anheult, lässt die halbe Amalfiküste im Meer versinken. Voller Ausschlag auf dem Gefühlsbarometer! Dabei ist Fausto ganz und gar kein Mann des Meeres, sondern stammt ganz oben aus dem italienischen Norden.

Fausto Leali wird 1944 in der Gemeinde Nuvolento unweit von Brescia geboren. In seinem deutschen Wikipedia-Eintrag steht der anbetungswürdige Satz: »Lealis Familie hatte finanzielle Probleme, weshalb der junge Fausto zunächst in einer Wurstwarenhandlung arbeitete.« Doch Fausto weiß: Der Teufel hat die Wurst gemacht! Ihm steht der Sinn nach Größerem. Wie viele junge Landsleute jener Ära ist er den Verführungen des Beat erlegen. Seine Band heißt Novelty und covert Beatles-Songs auf Italienisch. 1966 wird er mit seiner Gruppe vom Künstlerbetreuer Ezio Leoni zur Mailänder Plattenfirma *Ri-Fi* geholt. Gleich mit »A chi« schafft er den Durchbruch. Zwar hatte Lealis Freund und Novelty-Bandkollege Piero Braggi dem Song eigens einen italienischen Text verpasst. Als man jedoch feststellt, dass Italiens bedeutendster Song-Lyriker Giulio Rapetti alias Mogol bereits einen Text hinterlegt hat, muss man diesem den Vorzug gewähren. »A chi sorriderò, se non a te? / A chi, se tu, tu non sei più qui?« (Wen werde ich anlächeln, wenn nicht dich? / Wen, wenn du nicht mehr hier bist?), fragt der Sänger. Doch es ist ohnehin egal, was Fausto singt – entscheidend ist, *wie* er dies tut. Als erster Soulsänger des *Bel Paese* lässt er sogar Wilson Pickett aufhorchen: Die beiden singen gemeinsam das von Paolo Conte mitverfasste »Deborah« und pflegen bis zu Picketts Tod 2006 eine enge Freundschaft.

Der Lombarde erweist sich auch im weiteren Verlauf seiner Karriere als beliebter Duettpartner. 1989 gewinnt der Sänger zusammen mit Anna Oxa und dem Titel »Ti lascerò« (Ich werde dich verlassen) das *Festival di Sanremo*. Schon zuvor geht er mit Italiens legendenumrankter Primadonna Mina in den gesanglichen Austausch. Vor der Begegnung mit ihr sei er so aufgeregt gewesen, dass er sich habe betrinken müssen. Als Leali 1996 in der Sendung *Amici miei* (Meine Freunde) zu Gast ist, klingelt, als er gerade zur Gitarre greifen will, das Telefon. Am anderen Ende: Mina, die zu diesem Zeitpunkt bereits seit knapp zwanzig Jahren von der Öffentlichkeit zurückgezogen lebt. Sie wolle einfach ihrem alten Freund kurz Hallo sagen.

Fausto ist mit Ende siebzig noch immer aktiv – und schließt auch eine Rückkehr zum Sängerwettstreit in Sanremo nicht aus. Warum auch: Alter ist im italienischen Showgeschäft keine sonderlich relevante Kategorie. Ähnlich wie in der gesamten italienischen Kultur begegnet man den Altvorderen immer noch mit deutlich mehr Respekt als etwa in Deutschland. Die Größen vergangener Epochen gelten als mythische Figuren, die Primadonnen Mina und Ornella Vanoni, beide jenseits der achtzig, sind immer noch Megaseller. Es ist letztlich ganz einfach: Wer noch etwas zu singen hat, die oder der möge singen! Alt ist allenfalls, wer sich alt benimmt. Und so bleibt auch die begnadete Heulboje Fausto Leali in seinem Heimatland eine Größe. Als Interpret waidwunder Schmerzenslieder macht ihm so schnell keiner etwas vor. Versammeln wir uns also jetzt auf einen Engtanz zum Durchbruchssong von Fausto Leali, dem Mann, dem es gelang, der ewigen Wurst zu entkommen und den Soul nach Italien zu bringen.

3.

A FAR L'AMORE COMINCIA TU

(1976)

Raffaella Carrà

Wie eine einzelne Frau ein ganzes Land in die Freiheit tanzt ...

Vertraue ich meinem Italienischlehrer (und ich bin gut beraten, dies in jedem Moment zu tun!), so ist die sexuelle Selbstermächtigung der italienischen Frau zu weiten Teilen Raffaella Carrà in die Tanzschuhe zu schieben. Er ist mit dieser Ansicht keineswegs allein. Carrà, Moderatorin, Tänzerin und Sängerin, habe mehr für die Befreiung der Frau getan als viele Feministinnen, sagte der Künstler Francesco Vezzoli 2017.

Man sollte derlei Überhöhungen einzelner Personen im Zusammenhang mit solch gewichtigen Themen im Allgemeinen mit Vorsicht genießen; was Italien und Raffaella Carrà angeht, lässt es sich wohl schlicht nicht anders formulieren. Was ihren ikonischen Status – nicht nur für Frauen, sondern auch für die schwul-lesbische Community – angeht, verweist sie deutlich stimmgewaltigere Sängerinnen locker auf die Plätze. 1984 schrieb die Zeitschrift *L'Espresso*, Carrà sei beliebter als der ehemalige Partisan und damalige Staatspräsident Pertini, teurer als der Fußballstar Michel Platini und zu größeren Wundern fähig als der Heilige Padre Pio. Entscheidend für ihren Erfolg: Carrà brach zwar mit allen Konventionen, inszenierte sich dabei aber nie als Diva, sondern blieb stets bodenständig und nahbar. Auch für erzkatholische Omas im tiefen Apulien.

Raffaella Maria Roberta Pelloni kommt 1943 in Bologna zur Welt. Der Vater verlässt die Familie früh, und Raffaella wächst mit drei Frauen, Mutter, Großmutter und einer Gouvernante, auf. In ihrer Jugend habe sie sich ausschließlich mit schwulen Jungs getroffen, die hätten sie im Kino wenigstens nicht befummelt. Mit acht nimmt sie Tanzunterricht, und schon mit neun beginnt sie ihre Ausbildung am *Centro Sperimentale di Cinematografia* in Rom. In den 60ern steht sie mit Marcello Mastroianni auf der Bühne und dreht in den USA mit Frank Sinatra, dessen Avancen sie sich zu erwehren weiß. Ihren Durchbruch hat sie als Co-Moderatorin der Sendung *Canzonissima* in den frühen 70ern. Sie tanzt, singt, führt durch den Abend – und zeigt als erste Frau im italienischen Fernsehen ihren Bauchnabel. Der Vatikan und Italiens öffentlich-rechtliche Rundfunkanstalt *RAI* sind außer sich, es ist für mehrere Tage das beherrschende Nachrichtenthema. Im Song »Tanti auguri« (Die besten Wünsche) preist Carrà einige Jahre später die Segnungen der körperlichen Liebe: »Com'è bello far l'amore da Trieste in giù« (Wie schön es ist, südlich von Triest Liebe zu machen), singt sie und verkündet im weiteren Liedverlauf, ihr sei klar geworden, dass Krieg und Hass chancenlos seien, wenn es im Bett gut liefe. In der TV-Show *Ma che sera* (Aber was für ein Abend) trägt sie auf einem riesigen Apfel sitzend ein freizügiges Nonnen-Outfit, derweil sich unbekleidete männliche Tänzer zu ihren Füßen aalen. Die Darbietung aber, die das konservative Italien in seinen Grundfesten am schwersten erschüttert, ist Raffaella Carràs ikonisch gewordener Tuca-Tuca-Tanz.

Den zugrundeliegenden gleichnamigen Song schreiben Carràs damaliger Lebensgefährte Gianni Boncompagni und Franco Pisano, beide damals hocherfolgreich als Komponisten für zahlreiche Fernsehshows. Seine Uraufführung hat das Stück am 13. November 1971 in der Sendung *Canzonissima*. *Ti voglio* (Ich will dich), verkündet Raffaella Carrà zu einem fluffigen Swing gleich zu Beginn des Stücks. Entscheidend ist der begleitende Tanz, den sie mit ihrem Partner Enzo Paolo Turchi aufführt und in dessen Rahmen neckisch Knie, Hüften, Schultern und Stirn des Gegenübers berührt werden. Es ist etwas Ungesehenes: Eine Frau ergreift die Initiative, und das mit größtmöglicher spielerischer Freude! Die schmerzliche Erkenntnis für viele Moralapostel: Der Mann als alleiniger Verführer hat ausgedient. Bei der *RAI* geht darob wieder einmal die Welt unter, es setzt ein enormes Gepolter, und der Tanz wird zensiert. Doch dann geschieht etwas ganz Wunderbares: Auf Einladung Carràs kommt der große Volksschauspieler und Nationalheld Alberto Sordi in die nächste Ausgabe ihrer Sendung und wiederholt, sichtlich begeistert, mit der Gastgeberin den provokanten Tanz. Mit dem Auftritt des landauf, landab verehrten Giganten wird Tuca Tuca sakrosankt. Einen Alberto Sordi zensiert man nicht, weiß Carrà und hat sich daher gleich noch mal ihr bauchnabelfreies Oberteil übergestreift. Aus heutiger Sicht ist nur schwer nachzuvollziehen, wie das harmlos wirkende Tänzchen für so viel moralisches Magengrummeln sorgen konnte. Bezaubernd bleibt es dennoch.

Den Tuca Tuca kann man in diesen grimmigen Zeiten gar nicht genug tanzen. An dieser Stelle sei aber einem anderen Lied Raffaella Carràs der Vorzug gewährt: 1976 hat die Vieltalentierte einen riesigen Hit mit »A far l'amore comincia tu« (Fang du an mit dem Liebemachen). Ein Weckruf an alle Frauen, dem Liebhaber die eigenen sexuellen Bedürfnisse klarzumachen. Zudem ein herrlicher Disco-Pop-Klopper, zu dem sich noch heute die orange-braune Tapete von den Wänden rollt. *La Carrà* trägt die Botschaft auch ins Ausland und veröffentlicht Versionen auf Spanisch, Englisch und Deutsch. Vor allem das spanische Publikum schockverliebt sich in die italienische Leichtigkeitsbotschafterin. Kurz nach dem Tod des langjährigen Diktators Franco bricht in Spanien eine regelrechte *Carràmania* aus; 2018 wird ihr als »Ikone der Freiheit« vom König der *Orden del Mérito Civil* verliehen.

In Italien zählt sie ohnehin zum Personal der Republik – und verkörpert wie alle Größen des italienischen Showbetriebs die landestypische Widersprüchlichkeit in Formvollendung. Sie spielt im Fernsehen Fußball mit Diego Maradona und interviewt Mutter Teresa. Die bekennende Kommunistin und Werbebotschafterin für den Küchenhersteller *Scavolini* streicht Rekordgagen ein. Als 1984 ihr Exklusivvertrag mit der *RAI* verlängert werden soll, kritisiert der damalige Ministerpräsident Bettino Craxi die zur Disposition stehende Summe als »unmoralisch und skandalös«.

Raffaella Carrà, »die Königin des italienischen Fernsehens«, stirbt am 5. Juli 2021 nach kurzer, schwerer Krankheit. Es folgt Sondersendung auf Sondersendung, das Fachland für Leichtigkeit trägt Trauerflor. Beim EM-Halbfinale Italien gegen Spanien zwei Tage später wärmt sich die *squadra azzurra* zu »A far l'amore comincia tu« auf. Adriano Celentano schreibt auf Instagram: »Mit dir fliegt ein Teil unseres Lebens in den Himmel, der glücklichste.« Mein Italienischlehrer könnte es kaum besser sagen.

4.

ALEXANDERPLATZ (1982)

Milva

Il maestro.

Wem in Italien ein solcher Spitzname zuteilwird, der muss die Bewohner des mit schillernden Musikerpersönlichkeiten verwöhnten Landes in der Tiefe ihrer Seele berührt haben.

Unter Italiens singenden Lieddichtern, den *cantautori,* war Franco Battiato einer der spleenigsten – und, trotz oder gerade wegen seiner kunstsinnigen Exzentrik, einer der erfolgreichsten: Seine LP »La voce del padrone« (Die Stimme des Herrn) hielt sich geschlagene sechs Monate an der Spitze der Charts und wurde als erstes italienisches Album in nur einem Monat mehr als eine Million Mal verkauft. Battiatos Collagen aus Pop und Avantgarde trafen einen italienischen Nerv. Spätestens ab dieser Zauberplatte wurde der stets in feinen Zwirn gehüllte Sizilianer mit dem sanft durchdringenden Blick zum wandelnden Nationalheiligtum. Von seinem Tod im Jahr 2021 hat sich Italien bis heute nicht erholt.

Battiato hinterließ ein riesiges Werk, das sich keineswegs nur in seinen eigenen Alben erschöpft. Vor allem in den 80ern schrieb und produzierte er für unzählige andere Künstler, vorrangig Frauen. Hierzulande am berühmtesten sind sicherlich seine Songs für die Sängerin Alice, mit der er auch einige Male duettieren sollte. Doch auch unter den Kompositionen für weniger bekannte Artisten finden sich etliche Perlen – und einige schädelspaltende Obskuritäten, deren Bizarrerie viel über ihren Schöpfer verrät. Bevor wir uns dem Meisterwerk zuwenden, das diesem Kapitel seinen Titel gibt, sei das Augenmerk auf drei dieser seltsamen Produkte aus Battiatos Liederfabrik gelenkt.

Vergleichsweise klassisch klingt das von Ombretta Colli intonierte »Cocco fresco cocco bello«, sieht man davon ab, dass Komponist Battiato für den Song den titelgebenden Ausruf der Kokosnussverkäufer an Italiens Stränden mit dem Tokens-Klassiker »The Lion Sleeps Tonight« kombiniert. Ombretta Colli geht mit dem Stück bei der 1983er-Ausgabe des Liederwettbewerbs *Festivalbar* ins Rennen. Beobachter könnten sich über das performative Konzept der Sängerin wundern: Der im Netz zu besichtigende Auftritt wirkt seltsam unvorbereitet, ein wenig so, als sei die eigentliche Künstlerin verhindert und die Maskenbildnerin an ihrer Stelle eingesprungen: die Anmut des Unperfekten. Signora Colli gelingt übrigens in den 90ern das Kunststück, gleichzeitig als Politikerin für Berlusconis *Forza Italia* aktiv und mit dem kritischen Italien-Sezierer Giorgio Gaber verheiratet zu sein. Italien, Land der unbegrenzten Möglichkeiten.

Keinen Deut weniger eigen gerät im selben Jahr die Zusammenarbeit Battiatos mit der Sopranistin Farida für das Lied »Rodolfo Valentino«. Nicht genug damit, dass die Sängerin einen ausgesprochen expressiven Gesangsstil pflegt; ihr Auftritt in der Sendung *Discoring* legt den Eindruck nahe, dass sich Farida von den Kostümdesignern der »Unendlichen Geschichte«-Verfilmung hat einkleiden lassen. Michael und kein Ende.

Wir bleiben im Jahr 1983. Nach diesen beiden Stücken dürfte man gerüstet sein für die seltsamste Aufführung eines Liedes aus Battiatos Feder. Hier kommt die Sängerin Sibilla ins Spiel, die ihre Landsleute mit dem Stück »Oppio« (Opium) an die Außenposten der Fassungslosigkeit führt. Als sie das Stück beim *Festival della Canzone Italiana* in Sanremo präsentiert, kommt es zu einer Panne. Der Auftritt fällt in eine Ära, in der man beim großen Gesangswettbewerb auf Playback-Darbietungen setzt. Da Sibilla daran gelegen ist, ihre Mimik dem Song anzupassen, singt sie dennoch mit. Dummerweise ist ihr Mikrofon tatsächlich eingeschaltet, sodass im Fernsehen sowohl die Gesangsspur der Aufnahme als auch der Live-Gesang zu hören sind. Zu behaupten, beides würde sich nicht sonderlich gut ergänzen, wäre untertrieben. Sibilla scheidet noch am ersten Abend aus.

Es existiert ein Fernsehauftritt Sibillas mit dem Lied auf *Rai Due*. Wer ihn gesehen hat, geht fortan verändert durchs Leben. Während die Sängerin halbwegs reglos ihr Lied singt, steht im Hintergrund ein Herr mit einem Kamel herum. Auf zwei Sesseln inmitten des Bühnenbilds wohnen Franco Battiato und ein weiterer *signore* unbeteiligt dem Geschehen bei. *Fast* unbeteiligt, muss man sagen, denn immer, wenn es in den auf Hebräisch gesungenen Refrain geht, der dem Volkslied »Hava Nagila« entlehnt ist, stimmt Battiato mit ein: »Uru belev sameach«. Dabei schaut er drein, als frage er sich, wessen Idee die Sache mit dem Kamel noch gleich gewesen sei. Wer sich für das weitere Schaffen Sibillas interessiert, sollte nach dem Soundtrack zu Enzo G. Castellaris endzeitlich gefärbtem Cowboy-Film »Keoma« fahnden, wo sie mit markerschütterndem Sopran die Apokalypse in der Western-Stadt herbeisingt.

Nun aber zu einem deutlich weniger obskuren Werk aus Battiatos Feder, dargeboten von einer der mächtigsten weiblichen Stimmen Italiens. 1982 entführt uns Battiato mithilfe der Sängerin Milva ins graue Ostberlin des Kalten Krieges. Es ist die Spannung zwischen dem frostig-elektronischen Arrangement und Milvas wuchtigem Pathos, die das Stück so faszinierend macht: »Alexanderplatz / Auf Wiedersehn / C'era la neve / Faccio quattro passi a piedi / Fino alla frontiera / ›Vengo con te‹« (Da war der Schnee / Ich mache vier Schritte / Bis zur Grenze / »Ich komme mit dir«). Die große Interpretin macht im Rahmen ihrer Darbietung keine Gefangenen: Hier bin ich Diva, hier bin ich zu Hause, scheint sich die Frau, die sie in Italien *La Rossa* nannten, zu sagen und streicht sich die rote Mähne aus dem Gesicht, wie nur sie es kann. Wenn sie im Refrain den Titel des Liedes förmlich herausblafft, fällt, ganz gleich zu welcher Zeit und an welchem Ort, der Schnee.

Battiato, in seinen Liedern oft ein Reisender, den es an viele Gestade spülte, realisierte sämtliche Projekte in seinem Heimstudio im Dörfchen Milo auf Sizilien, unmittelbar unterhalb des Ätna. Selten klang er so weit entfernt von seiner sonnenverwöhnten Heimat wie hier, im Verbund mit Milva, der bekennend sozialistischen Schneekönigin aus der Provinz Ferrara. *Un capolavoro!*

5.

AMARSI UN PO' (1977)

Lucio Battisti

Ach, die Liebe!

Auch wenn in Italien das Wort *amore* vielen ausnehmend leicht über die Lippen zu gleiten scheint, gilt das weite Feld der zwischenmenschlichen Hingezogenheit doch auch hier – vielleicht nirgendwo mehr als hier – als vermintes Gebiet im Niemandsland zwischen Tradition und Aufbruch. Doch gottlob gibt es Lucio Battisti, diesen vollendetsten aller italienischen Komponisten, und seinen Texter Mogol. In unzähligen Meisterliedern haben die beiden Italiens Jugend zwischen 1965 und 1980 mit dem emotionalen Rüstzeug fürs Leben versehen. Der

Liedkatalog des 1998 verstorbenen Battisti und seines Songwritingpartners ist Italiens Schule der Empfindsamkeit.

Battistis zuvor veröffentlichte Single »Ancora tu« (Schon wieder du), die Italien 1976 musikalisch in die warme Jahreszeit trug, war die Beschreibung einer Wiederbegegnung. Zwei Menschen, die mal ein Paar waren, treffen sich zufällig auf der Straße. Anfangs tauscht man alberne Höflichkeitsfloskeln, am Ende ist klar, dass sich die beiden Protagonisten noch immer nacheinander verzehren. Mogols Text besteht fast nur aus einem hingetupften Dialog, Battistis zugrundeliegende Musik hingegen ist ein glückseliges Abheben. Am Ende lässt er seine Stimme frei fliegen, ohne Rücksicht darauf, ob er überhaupt noch einen Ton trifft. Es gibt keine Sicherheit in der Liebe, scheint er zu sagen. Volles Risiko! Es ist der Anfang von Battistis Funk- und Disco-Phase. Seine Alben aus dieser Ära können Leben retten.

Im März 1977 erscheint der Nachfolgehit. Hier nun geht es nicht mehr um den Moment, in dem die Gefühle Funken schlagen. »Amarsi un po'« (Sich ein bisschen lieben) beschreibt die Verzagtheiten und Irritationen, die sich einstellen, wenn wirkliche Nähe entsteht. Einige Zeilen Mogols sind im Herstellungsland längst zu Redewendungen geworden: »Amarsi un po' / È come bere / Più facile / È respirare« (Sich ein bisschen lieben / Ist wie Trinken / Viel einfacher / Es ist Atmen). Ganz anders, wenn man sich auf die Liebe wirklich einlässt: »È difficile / Quasi come volare« (Es ist schwer / Fast wie fliegen). Doch so einzigartig Mogols Text auch ist – ohne die Musik Battistis wäre er nichts. Was der Latiner hier veranstaltet, führt zur sofortigen Eisschmelze im *aperitivo*-Glas.

»Amarsi un po'« ist weniger ein Song als vielmehr ein Zustand. Das Stück wird getragen von einer elliptischen Gitarrenfigur, die einen gehörigen Sog auslöst und etwa ab der Mitte einen Synthesizer zur Seite gestellt bekommt, der sich als Sonnenaufgang verkleidet hat. Liebe, so berichtet uns Lucio Battisti, erfordert Risikobereitschaft und Mut. Gesanglich unterstreicht er diese Aussage mit einer Technik, die er beherrscht wie kein Zweiter: *suonare la voce*, die Stimme wie ein Instrument zu spielen und fliegen zu lassen, ohne Anschnallgurt oder Rücksicht auf korrekte Intonation. Was soll ich groß um den *biscotto* herumreden: Wenn Sie mich nachts aus dem Tiefschlaf rissen und mit vorgehaltener Taschenlampe fragten, wer meiner Meinung nach der größte Solomusiker aller Zeiten sei (was man eben so nachts mit vorgehaltener Taschenlampe gefragt wird) – meine Antwort käme stets wie aus der Pistole geschossen: Lucio Battisti. Wie bei dem immer etwas entrückt wirkenden Mann aus der Region Latium nobelste Musikalität durch einen fast unschuldigen Ausdruck gebrochen wird, ist international einmalig.

Was den Fall zusätzlich spannend macht, ist die geheimnisvolle Persona des Sängers. Er zöge Rizinusöl dem Fernsehen vor, sagte Lucio Battisti schon 1972 zur Begründung einer Interviewabsage. Live-Auftritte hatte er ohnehin kaum je bestritten. 1980 ist er ein letztes Mal im Fernsehen zu sehen. Von diesem Zeitpunkt an finden sich nur noch von Paparazzi geknipste Straßenfotos, die das Genie beim Einkaufen zeigen. Es ist paradox: Italiens größter Popstar ist ein Unsichtbarer.

Anfang der 80er endet auch die Zusammenarbeit von Battisti und Mogol. Der Texter wünscht sich eine höhere Beteiligung an den Ausschüttungen der gemeinsam verfassten Lieder – die ihm Battisti, mutmaßlich auf Anraten seiner Frau Grazia Letizia Veronese, nach einem Tag Bedenkzeit verwehrt. Es ist auch Grazia, die in den darauffolgenden Jahren als neue Liedtexterin Battistis wirkt; für die letzten Platten versieht dann der dadaistisch orientierte Dichter Pasquale Panella den

Part des Textautors. Als Mogol 1998 erfährt, dass sein abgetauchter Freund in einem Mailänder Krankenhaus liegt und es nicht gut um ihn steht, schreibt er ihm einen Brief, in dem er ihn seiner Freundschaft und Verbundenheit versichert. Anlässlich von Lucio Battistis 25. Todestag im September 2023 bestreitet seine Witwe Grazia, die das Erbe des Sängers äußerst protektionistisch verwaltet, die Existenz des Briefes und bezichtigt Mogol zum wiederholten Mal, sich an der Legende Battistis bereichern zu wollen. Nur einen Tag später meldet sich der Arzt Antonio del Santo zu Wort und bestätigt, Battisti den Brief 1998 im Krankenhaus persönlich – und hinter dem Rücken von dessen Gattin – ausgehändigt zu haben. Der Sänger sei tief gerührt gewesen.

»Amarsi un po'«, dieses Vibrieren und Wogen, wird in Italien zur meistverkauften Single des Jahres 1977. Es bleibt bis heute eines der musikalischen Flaggschiffe des Teams Battisti/Mogol. Befüllen Sie die Kühltasche und segeln Sie mit! Aber seien Sie vorbereitet: Es könnte sein, dass Sie sich verlieben – mehr als nur ein bisschen.

6.

AMORE MIO (1971)

Mina

In Tagen des unerbittlich peitschenden Daseinsgraupels kann es reichen, sich ein, zwei Mina-Auftritte anzuschauen, und schon stehen die Dinge wieder in gütigem Licht. In diesem Lied geht es wie im vorangegangenen Kapitel um die Liebe. Und es ist das vertraute Gespann Lucio Battisti/Mogol, das hier der großen Sängerin als Liedautoren die Räuberleiter hält.

Italiens Primadonna ist – ähnlich wie Battisti – eine Liga für sich: Die 1940 in Busto Arsizio geborene Lombardin ist nach Schallplattenverkäufen der erfolgreichste italienische Act aller Zeiten. Auch performativ macht ihr niemand etwas vor. Das liegt daran, dass die Frau mit der Riesenstimme dem Begriff »expressiv« etliche ungeahnte Pirouetten und Fuchteleien hinzufügt. Es gibt weltweit keine andere Künstlerin ihres Kalibers, der es gelingt, das Konzept »Diva« derart konsequent mit Inhalt zu füllen, ohne dabei Zugewandtheit und Selbstironie einzubüßen. Auch die *leggerezza* geht ihr nie flöten: Zu keinem Zeitpunkt gerät ihrer warmen Stimme die Technik in den Weg. Am Anfang ihrer Karriere nannte man sie wegen ihrer fliegenden Hände »Die Tigerin von Cremona«. Heute ist sie schlicht *la regina*, die Königin.

Bevor Sie weiterlesen, empfehle ich die Auseinandersetzung mit dem im Internet für Sie bereitstehenden Schwarz-Weiß-Video zum hier vorgestellten Stück »Amore mio« (Meine Liebe): Mina sieht hier aus wie »Saxana: Das Mädchen auf dem Besenstiel«. Wie so häufig trägt die Sängerin mehr Eyeliner um die riesigen Augen als eine ganze römische Mädchenschule in den 70ern. Noch bevor sie zu singen beginnt, gibt die Primadonna dem Affen schon reichlich Zucker. Die Gesichter, die Mina während der ersten zwanzig Sekunden zieht, gehören bei anderen Bühnenstars ihres Kalibers definitiv nicht zum Repertoire – mimischer Ausdruckstanz allerroberster Kajüte. Wenn sie dann ihr Drei-Oktaven-Instrument zum Klingen bringt, ist keineswegs Schluss mit lustig. Mina spielt mit dem Song – sie feiert ihn, sie ironisiert ihn, sie zieht ihn auf und kniet vor ihm nieder. Es ist überdeutlich, wie wohl sie sich in Battistis und Mogols Stück fühlt, dass sie in ihm geradezu zu Hause ist. Und irgendwann beginnen dann auch wieder ihre Hände zu fliegen … Anschauen und glücklich werden. Und sagen Sie alle wichtigen Termine für den Rest des Tages ab.

Zum Zeitpunkt des Auftritts ist die Sängerin längst ein Superstar, der auf eine bewegte Karriere zurückblicken kann. Mit nur 18 Jahren singt sie bei spontanen Auftritten in Tanzlokalen bereits die Profis von der Bühne. Zu Anfang tritt sie unter dem Namen Baby Gate als sogenannte *urlatrice*, als Schreierin (der italienische Ausdruck für Rock'n' Roll-Sängerinnen), auf. Nach nur drei Karrierejahren gilt sie als bestbezahlte Sängerin Europas. In Deutschland gelingt ihr 1962 ein Nummer-eins-Hit mit »Heißer Sand«, im selben Jahr ist sie Spitzenreiterin der BRAVO-Jahrescharts. Im Verlauf der 60er wird ihr Repertoire immer anspruchsvoller – und die junge Frau, deren Schüchternheit auf der Bühne einem ausgelassenen Selbstbewusstsein weicht, zur Ikone neuer Weiblichkeitsnormen. Sie singt Fabrizio De Andrés »Canzone di Marinella« über eine minderjährige Prostituierte, die tot im Fluss gefunden wird – und macht De André damit berühmt. Ähnlich wie Lucio Battisti hat sie früh die Presse am Hals, doch allen Skandalisierungsbestrebungen begegnet sie mit Nonchalance. 1964 wird Mina mit aufwendigen TV-Shows, in denen sie auf Kollegen wie ihren guten Freund Adriano Celentano trifft, zum größten Fernsehstar des Landes. Drei Jahre später gründet sie nach Celentanos Vorbild ihre eigene Plattenfirma. *Mina nazionale* ist jetzt überall. Fast überall: 1968 lehnt sie eine Einladung ihres Fans Frank Sinatra ab, mit ihr eine Reihe von Konzerten in den USA zu geben. Mitte der 60er dreht sie Werbeclips für den Pasta-Hersteller *Barilla* und sieht in den Kostümen Piero Gherardis aus wie eine fleischfressende Pflanze. 1970 ist sie die erste Frau, die im italienischen Fernsehen einen Minirock trägt.

1978, mit erst 38 Jahren, dann der Abschied von der Öffentlichkeit – in Form eines letzten Konzerts im toskanischen Marina di Pietrasanta. Seit 45 Jahren nun schon existiert die Sängerin im öffentlichen Bild nur noch als ikonische Stilisierung, als mythisches Abbild ihrer selbst, als Chimäre. Von dieser Mina wird noch ein paar Kapitel später die Rede sein.

In »Amore mio«, einem ihrer Signatursongs, vergewissert sie ihrem verunsicherten Liebhaber mit breitem Lächeln, dass sie das gemeinsam betretene Boot der Liebe schon sicher durch die ungestüme See des Alltags steuern werde. Wie wollte sich da Widerspruch regen? Mina führt: Er werde nicht zittern müssen, große Arme und Hände werde sie für ihn haben – eine Aussage, an der das erwähnte Video keinerlei Zweifel lässt. Musikalisch ist »Amore mio« eine typisch süffige Battisti-Komposition mit einem unerwarteten C-Teil. Das ultraschmissige Bläser-Arrangement besorgte Battistis häufiger Arrangeur Gian Piero Reverberi, der ab Ende der 70er mit seinem Perücken-Ensemble Rondo Veneziano die Welt in unerforschte Dimensionen der Fahrstuhlmusik dudeln sollte. Der Star der Veranstaltung bleibt aber ganz klar die große Mina.

Lassen auch Sie sich nun von dieser Künstlerin der Sonderklasse in den Arm nehmen. *Viva la regina*, lang lebe die Königin.

7.

L'ANNO CHE VERRÀ (1978)

Lucio Dalla

Risse in der Welt.

Am 24. Juli 1978 fliegt beim Konzert von Lucio Dalla im *Castello Sforzesco* in Mailand ein Molotowcocktail auf die Bühne. Nur zufällig wird durch die Explosion niemand ernstlich verletzt. Doch Lucio Dalla, der kleine große Mann des italienischen Liedes, hat die Faxen dicke: Sind in diesem Land jetzt alle wahnsinnig geworden?! Schon knapp zwei Jahre zuvor war Dallas guter Freund, der römische Sänger Francesco De Gregori, bei einem Konzert in Mailand von teils bewaffneten Protestlern wegen vermeintlichen Verrats an der linken Bewegung zum Konzertabbruch gezwungen worden. Auch bei Konzerten Lou Reeds in Mailand und Rom war es zu schweren Ausschreitungen gekommen. Wir befinden uns inmitten der *anni di piombo,* der bleiernen Jahre. Es herrscht eine für Europa beispiellose Links-Rechts-Polarisierung, blutige Attentate sind an der Tagesordnung. Erst zwei Monate zuvor war Aldo Moro, der Vorsitzende der italienischen Christdemokraten, von Mitgliedern der *brigate rosse* entführt und ermordet worden. Für Dalla zeigt sich an diesem Abend in Mailand, wie dünn der Firnis der Zivilisation inzwischen geworden ist. Der Sänger spürt: So kann es nicht weitergehen. Irgendetwas muss passieren. Entweder man lässt es ganz mit den Live-Auftritten – oder man kratzt all seinen Größenwahn zusammen und versucht, die klaffenden Wunden des Landes mit Musik zu heilen. Keine einfache Aufgabe, sicher. Aber wer, wenn nicht der draufgängerische Alleskönner Lucio Dalla wäre dazu in der Lage? Nicht alleine natürlich. Es ist die Geschichte von der Spinne, dem Prinzen und der Bananenrepublik.

Es gibt wohl nur eine Sache, die italienischen Musikern in jener Epoche noch risikobehafteter erscheint, als eine Bühne zu betreten – die eines Stadions zu entern. Viel zu schwer zu kontrollieren! Es ist schlicht dem blutigen Terror geschuldet, dass es bis zu diesem Zeitpunkt auf der Halbinsel noch keine einzige Tournee durch Fußballstadien gab. Doch der kleine Dalla (wegen seiner extremen Körperbehaarung von seinem Manager *»il ragno«*, die Spinne, genannt) und der Schlacks Francesco De Gregori (den Dalla wegen seiner feingeistigen Art *»il principe«*, den Prinzen, ruft) gehen das Risiko ein: Sie buchen für den Sommer 1979 eine gemeinsame Tournee durch Italiens Stadien, die erste überhaupt. Da man wegen der gewalttätigen Atmosphäre im Land nicht eben mit dem Ansturm von Zuschauermassen rechnet, kostet ein Ticket nur 1000 Lire, damals etwa 2,40 DM. Niemand kann vorhersagen, worauf sich die Sängerfreunde einlassen. Alles ist drin: »Zwei Asse trumpfen auf« oder »Zwei Himmelhunde auf dem Weg zur Hölle«. Die Tournee trägt den Titel »Banana Republic«.

Die Konzertreise beginnt am 16. Juni 1979 im *Stadio Valerio Bacigalupo* in Savona und läuft bis Ende Juli. Die beiden Freunde singen, unterstützt von ihren jeweiligen Begleitbands ihre größten Hits, covern Paolo Contes »Un gelato al limon« (Ein Zitroneneis) und die neapolitanische *canzone* »Addio mia bella Napoli« (Auf Wiedersehen, mein schönes Neapel). Einige ihrer eigenen Stücke passen besonders gut in den Rahmen. Schon nach dem unrühmlichen Vorfall bei De Gregoris Auftritt in Mailand hatten die beiden das Lied »Ma come fanno i marinai« (Aber wie machen es die Seeleute) geschrieben, das sie bei jedem Konzert gemeinsam singen. Ein Song, der vor Aufbruchsgeist und Freiheitsdrang nur so strotzt. Ein Lied über raubeinige Seefahrer, »col destino in mezzo ai denti«, mit dem Schicksal zwischen den Zähnen, die keiner Gefahr aus dem Weg gehen, die mit der Freiheit im Herzen offenen Häfen entgegensegeln – ganz so wie nun die beiden *cantautori* auf ihrer sommerlichen Konzertreise.

Noch besser illustriert ein anderes Stück den Aufbruchsgeist des Jahres 1979. Lucio Dallas »L'anno che verrà« (Das Jahr, das kommen wird) erscheint bereits einige Monate zuvor auf seinem schlicht nach ihm benannten Erfolgsalbum; später bezeichnet er es als sein Lieblingslied jener Ära. Das Stück malt zunächst ein düsteres Bild des Jahres 1978 und spielt dann halbironisch mit der Idee eines Neuanfangs. Es werde nicht viel ausgegangen im Moment, singt Dalla, und ganze Wochen spreche niemand ein Wort. Im kommenden Jahr aber werde alles anders: Jeder Christus werde vom Kreuz steigen, die Vögel würden zurückkehren, jeder werde lieben können, wen er wolle (selbst die Priester), die Stummen würden sprechen können, die Tauben täten es ja schon. »Vedi caro amico cosa si deve inventare / Per poter riderci sopra / Per continuare a sperare« (Schau, mein lieber Freund, was man sich ausdenken muss / Um darüber lachen zu können / Um weiter zu hoffen). Schwer, das Stück nicht auf die im Sommer folgende »Banana Republic«-Tour zu beziehen.

Trotz teils chaotischer Bedingungen – die von Mitte Juni bis Ende Juli stattfindende Konzertreise wird ein Riesenerfolg, die noch im Juli nachgereichte Live-Platte hält sich wochenlang auf Platz eins. Es ist das Jahr Null der italienischen Livemusik. Der Bann ist gebrochen. In den folgenden Jahren sollten mehr und mehr Kollegen das Stadion für sich entdecken. Und tatsächlich gelingt es der Spinne und dem Prinzen, die Seele einer ganzen Generation zu heilen und der Musik ihres Landes die Leichtigkeit zurückzugeben. Schaut man sich Aufnahmen der Konzertreise an, meint man, die sommerliche Unbeschwertheit mit Händen greifen zu können. Dalla trägt sein Strickmützchen, spielt Klarinette und gibt selbst dann noch Interviews, wenn niemand mehr fragt. De Gregori ist ganz der poetische Studentinnenschwarm. Alles scheint wieder möglich. Es ist Sommer in Italien, *la vita è bella*.

Nur einmal trübt sich die Stimmung: Gleich beim Auftaktkonzert in Savona hängen dunkle Regenwolken über dem Konzertgelände. Das kann Dalla nicht dulden! Am Abend auf der Bühne improvisiert er einen Vierzeiler: »Madonnina Madonnina / Fa' che non piova da stasera a domattina / E che se proprio deve piovere sui grandi ed i piccini / Vada a piovere sul concerto di Guccini« (Madonna, Madonna / Mach, dass es von heut Abend bis morgen Mittag nicht regnet / Und wenn es doch auf Groß und Klein herniederprasseln muss / Lass es auf das Konzert von Guccini regnen).

Ob es tatsächlich auf das Konzert des am gleichen Abend irgendwo in Italien auftretenden *cantautore* Francesco Guccini herniedergeplästert hat, ist nicht überliefert.

8.

L'APPUNTAMENTO (1969)

Ornella Vanoni

Auch das muss sein. Ein Lied für Silvio.

Ganz zu Anfang, das sollte niemand wundern, war Silvio Berlusconi natürlich Sänger. Noch bevor er 1961 ins Baugewerbe einstieg, verdingte sich der lebensfrohe Mailänder während seines Jurastudiums als *cantante* in Nachtclubs und auf Kreuzfahrtschiffen. Dabei dürfte der spätere Immobilienmagnat, Medienmogul und mehrfache Ministerpräsident so einiges über das Einseifen eines Publikums gelernt haben.

Als Silvio Berlusconi, dieser Paganini des Populismus, am 12. Juni 2023 nach längerer Krankheit verstirbt, versetzt er sein Land damit noch einmal in einen beispiellosen Taumel. Ein großer Italiener verabschiede sich heute, heißt es vielerorts, ein Mann der Leichtigkeit. Andere bleiben auffallend still. Mit dem Abtritt des *Cavaliere* endet für tiefer blickende Beobachter auch die Zweite Republik, ähnlich wie mit dem Tod Andreottis die Erste endgültig zu Grabe getragen wurde.

Als Berlusconi 1994 verkündet, auf der politischen Bühne reüssieren zu wollen, liegt der parlamentarische Betrieb Italiens in Scherben. Nach der Aufdeckung des als *Tangentopoli*

(Schmiergeldhausen) bezeichneten Korruptionsskandals, in den sämtliche großen Parteien verstrickt waren, war das alte System zusammengebrochen. Dass sich ausgerechnet ein Berlusconi als Überwinder der alten korrupten Strukturen inszenieren konnte, mag aus heutiger Sicht verwundern. Doch schon das berühmte Bewerbungsvideo, mit dem sich der damals 57-jährige Präsident des AC Mailand 1994 an die Wählerschaft wendet, zeigt ihn als populistisches Genie: Trotz Kontakten zu Mafia-Mittelsmännern, seiner Mitgliedschaft im Geheimbund *Propaganda Due* und seiner Freundschaft zum wohl korruptesten Politiker der Ersten Republik, dem 1994 zu 28 Jahren Gefängnis verurteilten einstigen Ministerpräsidenten Craxi, inszeniert sich der Quereinsteiger als unkorrumpierbarer Saubermann. Schaut her, ruft er dem nach Erneuerung dürstenden italienischen Volk zu, ich bin so reich, dass ich zwangsläufig unbestechlich bin. Sein Hauptgegner ist von Anfang an die Linke.

Berlusconi hat Italien verändert wie kein zweiter Politiker. Die größte Leistung des Mailänders sei nicht gewesen, dass er das Privatfernsehen erfunden oder eine Partei aus dem Boden gestampft habe, die nur drei Monate nach ihrer Gründung die Wahl gewann, so der Kommentar des *Corriere della Sera*. Berlusconis wahre Leistung habe darin bestanden, dass sich die Mehrheit der Italiener mit ihm identifiziert habe. Als die Meinungsforscherin Alessandra Ghisleri dem *presidente* einmal mitteilte, dass 75 Prozent der Italiener ihm das Vertrauen aussprächen, soll er nach kurzem Schweigen nur gefragt haben: »Warum lieben mich die übrigen 25 Prozent nicht?« Für seine Gegner wird er immer der Mann bleiben, der das alte, kunstsinnige Italien mit seiner wirtschaftsliberal-rechten Politik und seinem grellen Auftreten ein für alle Mal beerdigt hat. Berlusconi, kommentiert Massimo Giannini von *La Stampa* am

Todestag, sei ein »Erzitaliener« gewesen, »mit der Sonne in der Tasche und dem Messer zwischen den Zähnen«. Anders gesagt: Berlusconi war der klassische *furbo*, ein draufgängerischer Vorteilsnehmer. Und ein *Libertin*, dem die Freiheiten anderer oft herzlich schnurz waren. In seiner Freizeit komponierte der Massenhypnotiseur schmalzige Lieder, die von dem neapolitanischen Sänger Mariano Apicella auf Tonträger gebannt wurden. Mit Berlusconis Tod, so viele Kommentatoren, verliere Italien, das Land der Nachtigallen, auch ein wenig sich selbst.

Die italienische Musikwelt nimmt am 12. Juni ebenfalls Abschied. Ein Vater sei verstorben, schreibt Musikproduzent Claudio Cecchetto auf Instagram, es werde keinen wie ihn mehr geben. »Er war mir sympathisch«, kommentiert Gianni Morandi am Todestag, »ich ihm vielleicht auch ein bisschen.« Er erinnere sich an einen fröhlichen Menschen, nicht an einen frivolen, lässt sich Andrea Bocelli vernehmen. »*Caro presidente*«, postet Massimo Ranieri, »Sie werden immer in meinem Herzen sein.« Differenzierter zeigt sich Loredana Bertè: Berlusconi habe Unternehmen geschaffen und vielen Menschen, sie eingeschlossen, ungeachtet ihrer politischen Überzeugungen zu Arbeitsplätzen verholfen. Hierin habe er sich als Demokrat bewiesen. Am plakativsten formuliert es der vehemente Berlusconi-Kritiker Adriano Celentano: Berlusconi sei der einzige Politiker gewesen, der die kuriose Natur der Italiener im Guten wie im Schlechten vollumfänglich habe verkörpern können.

Besonders eng verbunden war *il presidente* der Sängerin Iva Zanicchi, die 1999 gar für dessen Partei *Forza Italia* kandidierte. Bis 2014 war die dreimalige *Sanremo*-Siegerin als Mitglied der Fraktion der Europäischen Volkspartei in Brüssel aktiv. Man habe sie »Bunga Bunga« geschimpft, doch das sei an ihr abgeprallt. Kein anderer Politiker Italiens habe so viel Infamie ertragen müssen wie Silvio Berlusconi, sagt sie am Tag nach dessen Tod. Er sei ein Mann von enormer Großzügigkeit gewesen, der ohne großes Aufsehen Krankenhäuser in Afrika habe bauen lassen. Ein Geschichtenerzähler von außergewöhnlichem Charme und einem sehr physischen Kommunikationsstil, der alle Frauen geliebt habe.

Die italienische Künstlerin aber, deren Musik Berlusconi bevorzugt lauschte, ist – zumindest wenn man der einstigen Geliebten des Mailänders, dem früheren Callgirl Karima el-Mahroug, glauben darf – erstaunlicherweise Ornella Vanoni. Man sollte dies auf keinen Fall gegen die herzige Diva verwenden! Sie ist schlicht die Sängerin, die mit ihrem würdevollen, immer ein wenig müden Ton dafür sorgt, dass noch der kaltschnäuzigste Stumpfling die Waffen streckt – wenn man so will, ist ihre noble Distinguiertheit der Gegenentwurf zum Poltern ihres Bewunderers. Da, wo Italiens Primadonna Mina mit der geballten Pracht ihrer drei Oktaven oft auf Überwältigung setzt, stellt Ornella Vanoni ihr Können eher in den Dienst nonchalanten Understatements. Sie beginnt Ende der 50er mit Theaterliedern, wandelt sich in den 60ern mit Stücken von Autoren wie Gino Paoli oder Luigi Tenco zur Chefinterpretin der *musica leggera*, singt später Bossa, Jazz und Disco und ist noch heute, mit knapp neunzig Jahren, eine Größe im italienischen Musikzirkus, die mit einem einzigen Lied mehr ehrwürdigen Glanz verströmt als alle von Berlusconis Protz-Events zusammen. »L'appuntamento« (Die Verabredung), ursprünglich ein Stück brasilianischer Provenienz, ist ihr Signaturstück.

Der *Cavaliere* ist also endgültig in den Sonnenuntergang geritten, zu seiner letzten Verabredung, wenn man so will. Er hat Italien von Grund auf umgekrempelt – viele würden sagen: ausgehöhlt. Silvio Berlusconi ist tot, der *Berlusconismo* aber wirkt quicklebendig. Dass für den Tag der Beerdigung des verurteilten Straftäters Staatstrauer angeordnet wird – eine Ehre, die den 1992 von der Mafia ermordeten Richtern Falcone und Borsellino nicht zuteilwurde –, spaltet Italien noch einmal, wie es nur Berlusconi konnte.

9.

BACIAMI LA VENA VARICOSA (1963)

Clem Sacco

Sollten Sie in sternklaren Julinächten manchmal wach liegen und sich fragen, wer wohl der irrste aller italienischen Musiker sei, können Sie mit dem Grübeln aufhören: Willkommen in der wilden Welt von Clem Sacco! Lassen Sie geistige Gesundheit und Sittlichkeit fahren, und betreten Sie das windschiefe Reich des lallenden Königs des *Rock demenziale*!

Wir schreiben die späten 50er-Jahre des vergangenen Jahrhunderts. Während sich die damalige Elterngeneration an der klassischen, im Belcanto-Stil vorgetragenen *canzone* erfreut, ist vor allem die norditalienische Jugend mit Haut und Haar dem Rock 'n' Roll verfallen. Die Stars der Szene heißen Giuseppe Negroni, Guidone, Brunetta oder Ghigo; vor allem Mailand erbebt in diesen Tagen unter den Klängen der neuen Generation von Musikern. Am wildesten aber treibt es ein junger *signore* namens Clem Sacco. Dabei sah sein Karriereplan ursprünglich etwas ganz anderes vor.

Clemente Sacco kommt 1933 in Kairo zur Welt. Seine Eltern, der Vater Sizilianer, die Mutter aus dem Piemont, waren in der Hoffnung auf bessere Arbeitsbedingungen nach Ägypten emigriert. Eine seiner Klassenkameradinnen heißt Iolanda Gigliotti, auch sie ein Kind italienischer Auswanderer. 1952 gehen beide zurück nach Europa, Clemente nach Mailand und

Iolanda nach Paris. Unter dem Namen Dalida wird sie später als Sängerin und Schauspielerin Weltkarriere machen. Sacco wiederum strebt eine Karriere als Opernsänger an, sein erklärtes Idol ist Enrico Caruso. Das Studium an der *Civica Scuola di Musica* finanziert er, indem er Bodybuilder trainiert. Es ist die Zeit, als in den Filmstudios von *Cinecittà* unter Beteiligung muskelbepackter Kraftsportler haufenweise sogenannte *peplums* (hierzulande: Sandalenfilme) entstehen, und viele junge Italiener versuchen, dem pseudoantiken Schönheitsideal nachzueifern. Nach dem Abschluss nimmt Sacco in Mantova an einem Vorsingen teil – und wird Zweiter. Eine Schmähung, die ihn so erbost, dass er schwört, niemals mehr eine Opernbühne zu betreten und stattdessen sein Geld als Rock 'n' Roller zu verdienen. Da ahnt die Welt noch nicht, wie weit sich Clems Deutung des Begriffs Rock 'n' Roll von der nahezu aller anderen Kollegen unterscheiden sollte.

Schon der Titel eines seiner vergleichsweise bekannten Stücke »Baciami la vena varicosa« (Küss meine Krampfader) verrät, wo der Frosch die Locken hat: »Succhiami il dente del giudizio / Strappami il pelo del neo / Vampira vampira vampira cha cha cha« (Saug an meinem Weißheitszahn / Zupf das Haar aus meinem Muttermal / Vampirin Vampirin Vampirin Cha Cha Cha), bellt der Sänger lüstern. Die Musik dazu ist herrlich rüder Rock 'n' Roll, der klingt wie ein gemeinsamer Besuch von Screamin' Jay Hawkins und den Cramps in den Tropfsteinhöhlen von Frasassi – Psycho-Rock 'n' Roll mit Narrenkappe. Lyrisch sind ohnehin alle Schleusen offen. Ein anderes vergleichsweise populäres Lied Saccos trägt den Titel »Oh mama, voglio l'uovo alla coque« (Oh Mama, ich will mein Ei weichgekocht), das spätere Stück »La Salmonella« besteht zu weiten Teilen aus nachgeahmten Flatulenzgeräuschen: Outsider-Kunst mit Clownsperücke, der Rock 'n' Roll in Windeln.

Teile des jugendlichen Mailands sind ganz aus dem Häuschen ob des seltsamen Vogels und seiner primitivistischen Musikauslegung. Clems Plattenfirma *Durium* hingegen ist gar nicht pro Sacco. Mit seinem entgrenzten Auftreten habe er das Label in den Schmutz gezogen, der Sänger wird achtkantig rausgeworfen. Kurzzeitig wird er Frontmann der Band I Ribelli, da deren Chef Adriano Celentano aufgrund seines Einzugs zum Militär unpässlich ist. Nach Celentanos Rückkehr gründet Sacco seine eigene Band, I Califfi, mit Celentanos Neffen Gino Santercole als Gitarristen. Dank der Unterstützung eines gewissen Angelo Bottani, seines Zeichens rechte Hand des damaligen Präsidenten von Inter Mailand, bekommt Clem die Chance, für die kurzlebige Video-Jukebox *Cinebox* Performance-Filmchen zu fünf seiner Lieder zu drehen: Pioniertaten auf dem Sektor des Musikvideos. Doch Sacco wird vom Radio mit einem Bann belegt, auch will sich keine Plattenfirma seiner mehr annehmen.

Wieder lässt sich der Sänger nicht unterkriegen. Er schreibt weiter Songs abwegigen Inhalts und beschließt, seine Musik künftig unabhängig zu veröffentlichen. Er tut dies auf gewohnt eigensinnige Art: Sacco verkauft seine Singles eigenhändig aus einem Wohnwagen heraus, den er in Mailand direkt vor dem Sitz des mächtigen Musikverlags *Messaggerie Musicale* parkt. Hierbei erweist er sich als frühes Genie des Merchandisings und bietet in seinem Camper auch Nagel-Clipper und softpornografische Spielkarten an. Zusätzlich sichert er sein Einkommen, indem er dem Skulpteur Francesco Messina als Aktmodell zur Verfügung steht. Zum Ende des Jahrzehnts nimmt er ein sechsmonatiges Engagement im schwulen Nachtclub *Alexander Bar* an. Er tritt mit einer blonden Langhaarperücke auf und nennt sich Clementina Gay. Doch es hilft alles nichts: Anfang der 70er ist Clem Saccos Laufbahn als Sänger endgültig auf dem Trockendock angekommen.

Erst nach Beendigung von Clem Saccos aktiver Laufbahn wird er von anderen Künstlern entdeckt und als Vorbild genannt. In den 70ern bezieht sich unter anderem die Band Skiantos auf Sacco, die in Italien bis heute vor allem dafür berühmt ist, dass sie bei einem Festival 1979 in Bologna statt zu musizieren auf der Bühne bei laufendem Fernseher Spaghetti kochte und verzehrte. Den Protest des Publikums parierte Bandchef Roberto Antoni damals mit dem legendär gewordenen Satz: »Non capite un cazzo: questa è avanguardia, pubblico di merda!« (Ihr kapiert einen Dreck, das hier ist Avantgarde, Scheißpublikum!). Clem Sacco hätte gelächelt. Das tut der inzwischen über 90-Jährige aber vermutlich ohnehin den ganzen Tag, denn er lebt auf den Kanaren.

Viel Freude nun mit dem Mann in der Leopardenfellunterhose. Und wer besonders mutig ist, kann seinen Anmachspruch »Zupf das Haar aus meinem Muttermal« ja mal beim nächsten Date ausprobieren.

10.

BARBARA (1979)

Enzo Carella

Ein Superhit, der keiner sein sollte.

1979 ist ein bemerkenswertes *Sanremo*-Jahr. Anders als üblich entert keines der Wettbewerbslieder infolge der Veranstaltung die Top 25 – ganz im Gegensatz zu dem beim Festival außer Konkurrenz auftretenden Komiker Pippo Franco, dem es mit seinem Lied »Mi scappa la pipì, papà« (Ich muss pinkeln, Papa) offenkundig gelingt, ein brennendes Thema zu adressieren, was ihn immerhin bis auf Platz drei der Charts trägt.

Besonders unverständlich mutet an, dass die Plattenkäufer Enzo Carellas »Barbara« die kalte Schulter zeigen, verfügt das Lied doch über alle Zutaten eines italienischen Sommerhits: eine hochinfektiöse Melodie, ein luftiges Arrangement und eine funky Produktion, die sämtliche Tanzböden zwischen Brescia und Siracusa zum Schmelzen bringen müsste.

Über den nächsten Künstler wisse man noch nicht viel, er habe seine Karriere erst kürzlich begonnen, erklärt Moderatorenlegende und Betonfrisurträger Mike Bongiorno dem Publikum des 1979er-Jahrgangs in der Anmoderation von Carellas Auftritt. Dann betritt, auffallend leichtfüßig, der Künstler die Bühne. Mit seiner Popper-Matte, dem schmalen Schnäuzer, im dunklen Sakko und in silberner Samthose sieht Enzo Carella ein wenig aus wie eine Parodie auf die archetypischen Italo-Stars jener Ära. Sein Tanzstil ist so engagiert wie ungelenk, und man kann sich des Eindrucks nicht erwehren, dass der Römer seinen Auftritt beim wichtigsten Gesangswettbewerb Europas nicht allzu ernst nimmt. Ein Eindruck, der noch untermauert wird von den Grimassen, die er beim Singen schneidet, während sich hinter ihm vier Tänzerinnen mit umgeschnallten Kussmund-Plakaten wiegen. Am Ende wird Enzo Carella Zweiter. Nach allen Gesetzen des italienischen Musikmarktes müsste dies der Beginn einer großen Karriere sein. Doch es kommt anders.

Ein so unbeschriebenes Blatt, wie von Mike Bongiorno angedeutet, ist Enzo Carella im Jahr seiner Darbietung an der Blumenriviera dabei keineswegs. Eine erste Single erscheint schon 1976: »Fosse vero« (Wenn es wahr wäre) klingt wie das beste Stück, das Lucio Battisti nie geschrieben hat (bemerkenswert in diesem Zusammenhang ist, dass der Songtext von dem römischen Dichter Pasquale Panella verfasst wurde, der von 1986 bis zu dessen Tod als fester Texter Lucio Battistis wirken sollte). 1977 erscheint Carellas erstes Album »Vocazione«. Die Texte stammen wieder von Panella, als Band sind Teile von Goblin zu hören, die zu dieser Zeit mit der Musik zu den Filmen Dario Argentos den Horrorfilm-Soundtrack revolutionieren. Hier aber regiert nicht wohliger Grusel, sondern purer Schönklang. Völlig genial ist das Stück »Malamore«, das den Eindruck erweckt, als habe sich eine psychedelisch motivierte Disco-Band in ein überlebensgroßes Ennio-Morricone-Kostüm gehüllt. Der von Carella dargebotene Panella-Text wiederum ist Dadaismus *alla romana*: »Stordendo il nervo il pensiero va in canzone« (Durch Betäubung des Nervs wird der Gedanke zum Lied).

1979 kommt es dann zu Carellas *Sanremo*-Auftritt. Ihn habe die starke Anspannung hinter der Bühne irritiert, erzählt der Sänger später, die meisten Künstler haben auf ihn gewirkt, als ginge es weniger um den Sieg bei einem Wettbewerb als vielmehr um ihr Leben. Er habe sich gottlob davon nicht anstecken lassen. Parallel zu seinem Festival-Beitrag erscheint das Album »Barbara e altri Carella« (Barbara und andere Carellas), aber, wie bereits beschrieben, Italien lässt sich von dieser Wundermusik unerklärlicherweise nicht hinterm Ofen hervorlocken. 1981 tauscht Carella für das Album »Sfinge« (Sphinx) Sound und Personal aus. Diesmal spielen fast ausschließlich junge Nachwuchsmusiker, Prog-Sperenzchen fehlen weitestgehend und Carellas typischer Pop-Funk ist luftiger denn je – wie eine Meeresbrise am Strand von Santa Marinella.

Doch wieder horcht niemand auf, und Enzo Carella sagt der Musik für über zehn Jahre *addio*. Ohne Groll, dazu fehlt ihm der Ehrgeiz, es unbedingt schaffen zu müssen; der Sänger, der nie ein großer Karriereplaner war, nimmt es eher mit römischer Gleichgültigkeit. 1992 erscheint noch mal ein Album, 2007 ein weiteres, allerdings segelt Enzo hier noch tiefer unter dem Wahrnehmungsradar denn je. Schlagzeilen macht er erst später wieder: 2011, als er wegen Marihuanaanbaus verhaftet wird. Und 2017, als er viel zu früh, mit nur 65 Jahren an den Folgen eines Herzstillstands stirbt. Inzwischen wird Enzo Carella im großen Stil wiederentdeckt. 2019 wurden seine frühen Alben neu aufgelegt. »Enzo Carella ist der größte verborgene Schatz der italienischen Musik«, schreibt der *Rolling Stone Italia* anlässlich der Veröffentlichung in einem Artikel.

Der Beinahe-Hit »Barbara«, ein simples, aber von Textdichter Panella mit typischem Wortwitz aufgeladenes Liebeslied, ist der beste Einstieg in Enzo Carellas Werk. Ein Lied, das noch den miesepetrigsten Tag schlagartig in ein Bällebad zu verwandeln in der Lage ist. Wippen Sie mit, wagen Sie vielleicht sogar ein Tänzchen. Am besten in einem ebenso dicken Schlabberpulli, wie ihn Enzo Carella bei seinem unbekümmerten Auftritt in der Sendung *Discoring* trägt. Glück kann so einfach sein.

11.

BATTIATO (MI SPEZZA IL CUORE)

(2022)

Morgan

Es ist einer der bizarrsten Momente in der langen Geschichte des *Festival di Sanremo.* Am vierten Abend des 2020er-Jahrgangs betreten gegen ein Uhr zwei Musiker die Bühne, wie sie unterschiedlicher nicht sein könnten: Da ist zum einen der ironische Indie-Popper Bugo, zum anderen Morgan, eine Rampensau von Gottes Gnaden und das schwarze Schaf des zeitgenössischen Italo-Pop. Gemeinsam treten sie mit dem Song

»Sincero« (Aufrichtig) an – einem Lied über Größenwahn und Widersprüchlichkeit der modernen Welt. Doch die Aufführung gerät nicht wie erwartet. Nicht für die Zuschauer im *Ariston*, nicht für die vielen Millionen vor den Bildschirmen. Vor allem aber nicht für Bugo.

Kurz nach den eröffnenden Takten nämlich hantiert sein stets schillernd gewandeter Kollege Morgan plötzlich mit einem Zettel herum, von dem er – anstelle des eigentlichen Liedtextes – eine achtzeilige Schmähung seines Bühnenpartners abliest. Bugo habe miese Absichten, sei schlecht erzogen, undankbar und arrogant, darüber hinaus habe er am vorherigen Festival-Abend eine *brutta figura* abgegeben, einen schlechten Eindruck gemacht. Der solcherart Gescholtene hört sich das Ganze kurz an und verlässt daraufhin konsterniert die Bühne. Die Musik bricht ab. Stille im Saal. »Was passiert?«, fragt Morgan leutselig. Am Ende erklärt der perplexe Programmdirektor Amadeus die beiden Musiker für disqualifiziert. *Un disastro spettacolare.*

Am nächsten Tag ist der seltsame Auftritt das Gesprächsthema auf Italiens *piazze*. Das Video der Darbietung entwickelt sich zu einem der meistgesehenen *Sanremo*-Clips, zahlreiche Memes sind die Folge. Auch der streitfreudige Morgan kann das Thema nicht ruhen lassen. Sein Vorwurf im Rahmen einer zunehmend aus dem Ruder laufenden Pressekonferenz, die es wert ist, zu Lernzwecken studiert zu werden: Bugo und sein Team hätten ihn gemobbt. Er sei es gewesen, dem Bugo erst diesen großen Auftritt zu verdanken habe, doch habe dieser Dilettant ihn, angestiftet von einem schurkischen Management, von der Bühne zu drängen versucht. Vor allem aber habe Bugo am vorangegangenen Cover-Abend den großen Sergio Endrigo entehrt. Bugo wiederum zeigt sich am Folgetag immer noch ziemlich baff. Sichtlich aufgewühlt berichtet er, Morgan habe ihn unmittelbar vor dem Betreten der Bühne aufs Übelste beleidigt, auch vor Beschimpfungen seiner Frau habe er nicht zurückgeschreckt. Ein von den Italienern mit großem Vergnügen beobachteter Rechtsstreit ist die Folge, in dessen Rahmen Bugo Morgan auf 240.000 Euro Schadensersatz verklagt. Wer nun meinte, dies könne einen Krawallkopf wie Morgan zum Verstummen bringen, sieht sich getäuscht. Bugo habe seine, Morgans, grandiose künstlerische Spontanaktion noch immer nicht verstanden, legt er nach. Er, Morgan, teile die Bühne üblicherweise mit Giganten wie Celentano; Bugo aber sei eine Marionette, technisch nicht wettbewerbsfähig und menschlich verarmt. Bugo habe auf ihn gespuckt, dabei habe Morgan dem Unwürdigen durch die Zusammenarbeit doch das Geschenk seines Lebens gemacht. Im weiteren Verlauf seines Statements zählt Morgan dann seine größten Verdienste auf.

Da mochte sich auch der diskrete Bugo nicht länger zurückhalten. Er habe zwar Wichtigeres zu tun, als sich mit dem Herrn »Hofkomponisten«, diesem »geistigen Zwerg« herumzuschlagen, aber bitte schön: Morgan sei erbärmlich. Wenn er wirklich so ein verdienstvoller Künstler sei, dann solle er seine Leistungen nicht aufzählen, als trüge er eine Einkaufsliste vor. Außerdem: Welche Verdienste? Es gebe keine nennenswerten Morgan-Songs, auch keine Alben, weil keine Plattenfirma mit ihm zusammenarbeiten wolle. Morgan sei ein Hofnarr und Possenreißer, *basta*.

Man übertreibt nicht, wenn man diesen Morgan, 1972 als Marco Castoldi in Mailand geboren, als unberechenbaren Charakter bezeichnet. Der Mann, der das Haus offenbar nie ohne zerzauste Dirigentenfrisur und Theaterschminke verlässt, liebt die Kontroverse, die grelle Inszenierung, Tumult und Theatralik. Und begibt sich dabei ohne falsche Scham auf das Parkett der Selbstparodie. Morgan ist ein Showman vor dem

Herrn – jeder Auftritt gerät ihm zum Fanal, keine Bühne, die er nicht zusammenfalten würde. Es ist bei ihm nie ganz einfach zu sagen, wo der Geniedarsteller aufhört und das tatsächliche Genie anfängt. Ob man unbedingt mal mit ihm in einem Aufzug stecken bleiben möchte, steht auf einem anderen Blatt. 2010 bekannte der ehemalige Partner der Schauspielerin und Regisseurin Asia Argento, aus Entspannungsgründen regelmäßig Crack zu konsumieren, woraufhin er vom *Sanremo*-Festival ausgeschlossen wurde. 2017 wird er von der Rolle des künstlerischen Leiters der TV-Show *Amici* entbunden, nachdem er sich wiederholt mit den Sendungsmachern angelegt hatte. Im Folgejahr muss eine Albumproduktion auf Eis gelegt werden, da sich der erratische Künstler ganz dem Rechtsstreit mit Ex-Partnerin Asia Argento hingibt, die ihn wegen unterlassener Unterhaltszahlung für die gemeinsame Tochter vor Gericht gebracht hatte. Als daraufhin sein Haus versteigert wird, vergleicht der Musiker das ihm widerfahrene Unrecht mit dem von Jesus Christus. Er sei ein guter Junge, kein Monster, berichtet Morgans Mutter aufgewühlt im Fernsehen, er habe mit 15 den Vater verloren, und es sei seine Leidenschaft für die Musik, die ihn so oft gleich einem Vulkan ausbrechen lasse. Als sie im Weiteren weinend ausführt, dass er jeden Kontakt zu ihr abgebrochen habe, lässt sich Morgan per Telefon ins Studio durchstellen: Wenn die Mama ihm seine Lieblingsgerichte auftische – es folgt eine Auflistung –, käme er. »Ti voglio bene«, ich liebe dich, sagt die Mutter unter Tränen. Dann stimmt Morgan Celentanos »Azzurro« an. Im Studio wird mitgesungen.

Das muss man sagen: Wenn Morgan nicht gerade mit halb Italien im Clinch liegt, tritt er als hochkompetenter Bewahrer der italienischen Liedkultur in Erscheinung. Seine öffentlichen Einlassungen zu Giganten wie Luigi Tenco oder Battisti zeugen von einem profunden Verständnis der Musikkultur seines

Heimatlandes, und auch seine beiden Cover-Alben, im Rahmen derer er Größen wie Gino Paoli oder Umberto Bindi interpretiert, zeigen den Barden als würdigen Verwalter. 2023 lässt ihn die *RAI* wieder ins Fernsehen, wo er die musikalische Traditionspflege im Rahmen einer musikalischen Personality-Show namens *StraMorgan* fortführt. Er wolle zeigen, informiert Morgan in Anspielung auf Domenico Modugnos »Nel blu, dipinto di blu«, dass die leichte Musik nach wie vor etwas sei, »was dich fliegen lässt«. Das tut er dann auch; mit viel Eyeliner, noch mehr aufgekratzter Hingabe, von Glanz und Größenwahn umweht und im pinkfarbenen Anzug.

Auch Morgans schönster eigener Song ist eine Verbeugung. In »Battiato (mi spezza il cuore)« (Battiato (Es bricht mir das Herz)) verneigt er sich vor dem 2021 verstorbenen sizilianischen Künstler, der Morgan gleichermaßen Maestro und Freund war. Jedes Mal, wenn die singende Dampfwalze heiser »Mi spezza il cuore« krächzt, haut es mich aus den Mocassini. Aber er kann es nicht lassen: Als Morgan im Sommer 2023 bei einem Konzert zu Ehren Battiatos im sizilianischen Selinunte auftritt, kommt es zu Beschwerden aus dem Publikum, da der Musiker erst einmal drei seiner eigenen Kompositionen zum Besten gibt. Morgans Reaktion: ein mit übelsten Beschimpfungen gespickter Ausraster auf offener Bühne, dessen Beben man bis nach Mailand spüren kann. Im November desselben Jahres wird er aus der Jury der Sendung *X-Factor* entfernt, nachdem er wiederholt Mit-Juroren und Künstler beleidigt hatte. Das zumindest ist der Mann mit Sicherheit: ein Virtuose der Selbstdemontage.

12.

BELLA CIAO (1964)

Il Nuovo Canzoniere Italiano

Wenn in Italien die Musik spielt, ist die Politik selten weit.

Das ist auch am 7. Dezember 2023 nicht anders, als – wie immer am Namenstag des Mailänder Stadtpatrons Sant'Ambrogio – die Spielzeit der Mailänder Scala eröffnet wird. Während sich drinnen nationale und internationale Prominenz versammelt um Giuseppe Verdis »Don Carlos« unter der Leitung von Maestro Riccardo Chailly zu lauschen, demonstriert draußen die Basisgewerkschaft CUB sowie eine Gruppe Wohnrechtsaktivisten. Für tagelangen Diskussionsstoff sorgt jedoch ein Moment, der sich im Innern des *teatro* abspielt. Das Orchester hat soeben wie zu Beginn jeder Saisoneröffnung den *Canto degli Italiani*, die Nationalhymne, gespielt, als ein Ruf durch den Raum dringt: »Viva l'Italia antifascista!« Es folgt Applaus. Adressat der Äußerungen sind zwei Herren, die an diesem Abend – ebenso wie die Holocaustüberlebende und Senatorin Liliana Segre – in der Königsloge Platz genommen haben: Verkehrsminister Matteo Salvini von der rechtsextremen *Lega* und Ignazio La Russa, Mitglied der »postfaschistischen« *Fratelli d'Italia* und als Senatspräsident nach Präsident Sergio Mattarella Inhaber des zweithöchsten Amts im Staat. Salvini diktiert der Presse später, man komme in die Scala, um zuzuhören, nicht um zu schreien; La Russa wiederum will erst gar nichts gehört haben. Als Verantwortlicher für den Ausruf wird anderntags der Journalist und leidenschaftliche Scala-Gänger Marco Vizzardelli ausgemacht. Er habe lediglich eine Selbstverständlichkeit geäußert. Liliana

Segre zwischen diesen Männern zu sehen, habe ihm missfallen. Diesem Gefühl habe er Ausdruck verleihen müssen. Er würde es wieder tun.

Die Machtübernahme der rechten Regierung unter Führung Giorgia Melonis hatte wenig mit Mussolinis »Marsch auf Rom« zu tun, den viele im Zusammenhang mit dem Wahlergebnis von 2022 voller Sorge zitierten. Meloni, die ihr Verhältnis zum Faschismus 2006 als »unbeschwert« bezeichnet und viel früher schon Benito Mussolini den »besten Politiker der letzten 50 Jahre« genannt hatte, weiß: der Weg zum Umbau Italiens führt durch die demokratischen Instanzen. Sie agiert dabei durchaus geschickt. Nach außen gibt sie sich ohnehin als verlässliche Verhandlungspartnerin, und auch im Inneren vermeidet sie Grellheiten und allzu offensichtliche Tabu-Überschreitungen. Diese überlässt die Mitgründerin der aus dem neofaschistischen *Movimento Sociale Italiano* hervorgegangenen *Fratelli d'Italia* wohlweislich Partei- und Koalitionskollegen. So etwa ihrem Schwager, dem Landwirtschaftsminister Francesco Lollobrigida, der von Bevölkerungsaustausch faselt. Oder dem erwähnten Senatspräsident La Russa, der sich in der Vergangenheit als Sammler faschistischer Devotionalien präsentiert hatte und noch im Januar 2024 nach einer Neonazi-Veranstaltung den römischen Gruß (Vorläufer des Hitlergrußes) als legitim bezeichnet – sofern dieser dem Gedenken Verstorbener gelte. Schon während der Corona-Pandemie hatte La Russa den emporgereckten rechten Arm als hygienisch sinnvolle Grußformel empfohlen.

Geschichtsrevisionismus und Schrillheiten wie die oben beschriebenen sind das eine – weitaus besorgniserregender aber sind die unauffälligeren Umbaumaßnahmen des Landes, die seit dem Amtsantritt der Regierung vorgenommen werden: das Durchputzen des öffentlichen-rechtlichen Rundfunks, die

Verächtlichmachung von politischen Gegnern und der Rückbau dringend notwendiger sozial- und umweltpolitischer Maßnahmen. Manche Pläne der Regierung gehen auf: Ende Juli 2023 wird 169.000 Menschen das Bürgergeld gestrichen – per SMS; der Versuch, Italien zur präsidentiellen Republik umzubauen, scheitert bislang jedoch ebenso wie die angekündigte drastische Eindämmung der Migration. Und doch: Melonis Umfragewerte steigen weiter. Nicht, weil es dem Land unter ihrer Regierung in irgendeinem Punkt besser ginge oder weil das Versprechen, alles werde wieder so wie früher, umsetzbar wäre, sondern schlicht, weil man in Italien keine Alternative sieht: Mit Elly Schlein hat der *Partito Democratico* zwar endlich wieder eine engagierte, leidenschaftliche Vorsitzende, aber die Opposition bleibt heillos zerstritten. Hinzu kommt: Der Anteil der Nichtwähler ist in Italien enorm hoch, das Vertrauen in die bisherigen Regierungsparteien dafür umso geringer. Sicher, die politischen Systeme Deutschlands und Italiens sind nur schwer vergleichbar. Wenn man jedoch wissen will, wie Rechtsextreme im 21. Jahrhundert agieren, wenn sie an die Macht kommen, lohnt der Blick nach Italien unbedingt.

Gespannt wurde erwartet, wie die rechte Koalition am 25. April 2023 den Tag der Befreiung von den Faschisten begehen würde, jenen Tag mithin, an dem die deutschen Besatzer und die geistigen Väter der heutigen Rechten von Partisanen und den Alliierten besiegt wurden. Während Staatspräsident Mattarella sich erwartungsgemäß klar antifaschistisch positionierte, blieb Meloni gewohnt schwammig: Man habe den Faschismus der Geschichte überantwortet – Spurenverwischung. Die protokollarische Nummer zwei im Staat, Ignazio La Russa, zeigte deutlicher, wes Geistes Kind er ist. Pünktlich zu den italienischen Gedenkveranstaltungen reiste er nach Prag, um dort den Studenten Jan Palach zu ehren, der sich 1969 aus Protest gegen die Niederschlagung des Prager Frühlings verbrannt hatte. Von der Zivilbevölkerung wurde der erste 25. April unter der neuen Regierung in auffallend großem Stil gefeiert. Und natürlich wurde gesungen. Vor allem »Bella Ciao«, jenes Freiheitslied, das bis heute als der Protestsong schlechthin gilt.

Der Schönheitsfehler: Das Lied war in der Partisanenbewegung offenkundig überhaupt nicht verbreitet. Erst nach dem Ende des Krieges und verstärkt ab Anfang der 60er wurde das Stück als Hymne auf die Helden der *Resistenza* populär gemacht. Vor allem die beim *Festival der zwei Welten* 1964 in Spoleto dargebotene Fassung verpasste dem Stück einen Bekanntheitsschub – für viele ist es die ultimative Version des Songs. Den Rest erledigte im selben Jahr die Fassung des französischen Sängers und Schauspielers Yves Montand, die »Bella Ciao« über die Landesgrenzen hinaus bekannt machte. Seither hat es fast jeder gesungen: Von den *cantautori* Giorgio Gaber und Francesco Guccini über Milva und Hannes Wader bis hin zu Tom Waits und dem französischen Projekt El Professor, dem mit seiner Version *der* Sommerhit 2018 in Deutschland gelang. *Occupy Wall Street*-Aktivisten schmetterten es ebenso wie die deutschen Querdenker, auch bierselige Ballermanntouristen sollen sich schon an dem Werk versucht haben.

Wenn es ein Lied gibt, das die Mitglieder der *Resistenza* wirklich auf den Lippen führten, so war es »Fischia il vento« (Es pfeift der Wind), für das der Widerstandskämpfer Felice Cascione einen Text zu der Melodie des russischen Liebeslieds »Katjuscha« schrieb. Aber im Grunde ist es ganz gleich, welches Lied man den Melonis, Salvinis und La Russas entgegensingt. Hauptsache, man singt. *Viva l'Italia antifascista!*

13.
BIANCA LUCE NERA (2021)
Extraliscio feat. Davide Toffolo

Das Wesentliche findet in Italien auf der *piazza* statt. Und manchmal muss diese *piazza* nicht einmal in Italien liegen.

Im vorletzten Sommer weilte Ihr Autor für eine Lesung auf dem *Haldern Pop Festival*, das alljährlich im August in und um die kleine niederrheinische Ortschaft stattfindet. Es war eine sehr ausgelassene Lesung, an die ich mich gerne erinnere. Noch mehr aber freute mich, dass gleich nach mir auf dem nebenan gelegenen Dorfplatz die Band Extraliscio aus der Emilia-Romagna spielen sollte, die schon im Vorjahr beim *Festival di Sanremo* für offenstehende Münder gesorgt hatte. Der Auftritt war zur Mittagszeit angesetzt, es herrschte brüllende Hitze, und die Musiker hatten bereits ausgiebig den Segnungen der örtlichen Zapfhähne zugesprochen. Unmittelbar bevor die Band die Bühne betrat, hörte ich einen der Künstlerbetreuer sagen: »Die sind sternhagelvoll, keine Ahnung, wie die noch spielen wollen.«

Und wie sie dann spielten! Wie musizierende Glühwürmchen, wie eine aus allen Zeiten geplumpste Hochzeitskapelle auf dem Mond. Die Band, die es sich zur Aufgabe gemacht hat, dem Genre des *liscio* neue Impulse angedeihen zu lassen, sorgte auf dem in der sengenden Mittagssonne liegenden Platz innerhalb kürzester Zeit für beseelte Schwofstimmung; nach zwei, drei Songs streckte noch der letzte skeptische Indierocker die Waffen. Wie sagte schon Cicero: »Keinem Nüchternen wird es einfallen zu tanzen, es sei denn, er wäre verrückt.« Auf die mutmaßliche Volltrunkenheit der Musiker deuteten allenfalls die verlallten Ansagen zwischen den Songs hin. Als ich das Gelände an diesem Nachmittag verließ, wogte das Publikum auf dem Dorfplatz noch immer zur verspielten Tanzmusik der Band. Es war der Tag, an dem der *liscio* nach Deutschland kam. Ich gehe davon aus, dass man in Haldern nie aufgehört hat zu tanzen.

Der *liscio* (das Wort bedeutet im Italienischen so viel wie »glatt«) ist ein Gesellschaftstanz aus der Emilia-Romagna des späten 19. Jahrhunderts, jener nicht genug zu preisenden norditalienischen Region, die uns auch den Ferrari, den Aceto Balsamico und den Parmesan schenkte. In den Ballsälen der Po-Ebene sorgt die von nordeuropäischen Militärkapellen beeinflusste Musikspielart schon in der Zeit vor der italienischen Einigung für melancholisch gefärbte Ausgelassenheit. Doch erst mit dem Violinisten Secondo Casadei und seinem Orchestra Casadei geriet der *liscio* in den 30er-Jahren des letzten Jahrhunderts in professionelles Fahrwasser. Der von Casadei komponierte Walzer »Romagna mia« (Meine Romagna) wird zur inoffiziellen Hymne des *liscio*. Es ist ein bis unter die verschwitzte Landarbeiterkappe sentimentales Lied, in dem alles Schöne und Wahre nur mehr sepiafarbene Erinnerung ist. Als die Emilia-Romagna im Frühjahr 2023 von den verheerenden Überschwemmungen heimgesucht wird, liegt das Stück unter nahezu jedem TV-Beitrag und wird auf Solidaritätsveranstaltungen von emilianischen Stars wie Laura Pausini oder Gianni Morandi geschmettert. Papst Johannes Paul II. soll das Lied häufig gesummt haben.

In den 70er-Jahren des vergangenen Jahrzehnts wird der *liscio* als konservativer Gegenentwurf zu Poprock und anderen sinnlosen Krawalligkeiten wiederentdeckt. Man tanzt ihn auf Plätzen, in Kulturvereinen und Gemeindezentren. Dominiert wird die Szene von livriert auftretenden Bands und Orchestern, denen in der Regel stark extrovertiert veranlagte Sänger vorstehen; zum gängigen Bandinstrumentarium gesellen sich Akkordeon, Klarinette, Trompete und Geige. Das Tragen von wuchernden Backenbärten ist verbreitet, schütteres Haupthaar ebenso. Als »König des Genres« gilt inzwischen Secondo Casadeis Neffe Raoul, der auch nicht vor Beigaben aus der Disco-Gewürzschatulle zurückschreckt. Wer sich nun mit dem Schaffen von Secondo und/oder Raoul zu beschäftigen anschickt, sei gewarnt: Für uneingeweihte Ohren klingt *liscio* oft, als spielten ein paar aufgekratzte Neapolitaner das Repertoire der Kastelruther Spatzen nach. Für die meisten eingeweihten Ohren eigentlich auch.

Ungleich sinnvoller ist es, das Feld von hinten aufzurollen und mit den trinkfesten *signori* von Extraliscio einzusteigen, die das Genre seit gut zehn Jahren einer gehörigen Aufpolsterung unterziehen, vor Ironisierung aber sympathischerweise zurückschrecken. Gegründet wird die Band 2014 von Genre-Veteran Mauro Ferrara, dem Multiinstrumentalisten und Sänger Mirco Marinai und dem Klarinettisten Moreno Conficconi, Spitzname *Il Biondo*, der Blonde. Warum Conficconi diesen Spitznamen trägt, dürfte sich rasch erschließen. Schauen Sie sich diesen wunderbaren Mann im Internet an: Seine Prinz-Eisenherz-Frisur zählt zum Besichtigenswertesten, das Norditalien zu bieten hat. Wer ihn je mit der Klarinette oder dem Saxofon tanzen sah, wird es nie wieder vergessen und darf von sich behaupten, ein erfülltes Leben geführt zu haben.

2020 zeichnet der Dokumentarfilm »Punk da balera« (Punk aus dem Tanzsaal) ein Porträt der Band; im selben Jahr werden Extraliscio damit beauftragt, die offizielle Titelmusik des *Giro d'Italia* zu produzieren. Im Jahr darauf steht die Band dann auf der Bühne in Sanremo, gemeinsam mit Davide Toffolo, dem

Sänger der stets hinter Totenkopfmasken verborgenen Band Tre Allegri Ragazzi Morti (Drei fröhliche tote Jungs).

Man sei eine unmodische Band, dafür zeitlos, informieren die Musiker die Presse vor ihrem Auftritt in Sanremo. Gewonnen habe ihre Gruppe bereits alleine dadurch, dass sie die Bühne betreten habe. »Bianca luce nera« (Weißes schwarzes Licht) sei eine Einladung zum Tanz, denn auch die neue Generation müsse tanzen.

Unternehmen wir nun also eine Reise in die Emilia-Romagna und lassen wir den *liscio* in unser Herz. Weiden Sie sich am bittersüßen Klang der Klarinette und werden Sie dabei zu selbstvergessen tanzenden Glühwürmchen.

14.

UN BRICIOLO DI ALLEGRIA (2023)

Blanco e Mina

Che casino!

Die 2023er-Ausgabe des *Festival di Sanremo*, die erste nach Amtsantritt der Regierung Meloni, hat es in sich. Gleich zur Eröffnung setzt es eine denkwürdige Liebeserklärung Roberto Benignis an den *articolo 21* der italienischen Verfassung. Der Artikel, demzufolge jeder Mensch das Recht habe, seine Gedanken frei zu äußern, sei sein liebster, verkündet Benigni mit dem ihm eigenen Überschwang. Da muss selbst der erstmals beim Festival anwesende Staatspräsident Sergio Mattarella, dessen Vater zu den Verfassern der *Costituzione della Repubblica Italiana* gehörte, ein Tränchen verdrücken.

Auch darüber hinaus ist in diesem Jahr eine Menge los auf dem Festival. Der hyperpräsente Superstar Fedez zerreißt während seines Auftritts ein Foto des Vizeverkehrsministers Galeazzo Bignami mit Hakenkreuzbinde. Fedez' Gattin, die Influencerin Chiara Ferragni, wiederum präsentiert sich als Co-Moderatorin in einem Kleid, das unter süditalienischen Großmüttern für etliche Rosenkränze sorgen dürfte. Al Bano und Massimo Ranieri schauen vorbei, und der 88-jährige Gino Paoli, Autor etlicher der schönsten italienischen Lieder, demonstriert im Interview anschaulich, dass politisch korrektes Bühnengeplauder von ihm nicht zu erwarten ist. Auf der Bühne des *Ariston*, so macht es den Eindruck, wird mal wieder dem Land das Fieber gemessen.

Für den meistdiskutierten Moment sorgt allerdings einer, den man in diesem Kontext gar nicht unbedingt auf dem Zettel hatte. Außer Konkurrenz soll der kaum 20-jährige Sänger Riccardo Fabbriconi alias Blanco, der im Vorjahr zusammen mit seinem Gesangspartner Mahmood die Siegerkrone ergatterte, einen neuen Song aufführen. Der Titel: »L'isola delle rose« (Die Roseninsel), woraus sich auch das komplett aus roten Rosen bestehende Bühnenbild seines Auftritts erklärt. Doch es gibt technische Probleme. Schon nach wenigen Takten deutet Blanco an, dass mit dem Knopf in seinem Ohr etwas nicht in Ordnung sei und er seine Stimme nicht hören könne. Eine Weile versucht er es tapfer weiter, dann reißt er sich den Knopf heraus und beginnt – ob nun aus Frustration oder weil es ihm als sinnstiftende performative Ersatzhandlung erscheint – das Bühnenbild zu zerlegen. Mit Schmackes werden zum Zucken des Stroboskoplichts die Rosen herausgerissen, zertreten und durch die Luft geschmissen. Seine Band spielt derweil weiter wie die Bordkapelle auf einem sinkenden Schiff.

Im Ariston stößt die Reaktion Blancos auf Ablehnung – oder besser: auf blankes Entsetzen. Eine Kakofonie aus Buhrufen und Pfiffen bricht über den Sänger herein. »Fahr zur Hölle!«, brüllt ein aufgewühlter älterer Herr in Richtung Bühne. Moderator Amadeus hat sichtlich Mühe, den Saal wieder in den Griff zu bekommen. Auch die italienische Fernsehnation zeigt sich indigniert: Man hat auf dieser Bühne ja schon einiges mitansehen müssen – Freizügigkeiten, angetrunkene Künstler, Grellheiten aller Art –, aber mit Rosen werfen, das geht hier an der Blumenriviera dann doch entschieden zu weit. Nicht wenige Kommentatoren sehen Blancos Karriere nach der Aktion am Ende. Der Komiker Fiorello, festes *Sanremo*-Inventar, merkt an, dass er das Problem von seiner betagten *mamma* kenne, die höre auch nicht gut. Ihre Wohnung: immer komplett verwüstet. Tags darauf meldet sich selbst Adriano Celentano zu Wort: Er habe ja auch schon öfter Probleme mit diesen In-Ear-Monitoren gehabt, er habe sich vielleicht auch aufgeregt, aber das mit den Blumen ...

Das Land ist immer noch nicht aus dem Kopfschütteln heraus, als anderthalb Monate später eine Ankündigung schlagartig alle Wogen glättet. Am 23. März gibt die Plattenfirma von Italiens Primadonna Mina bekannt, dass die 83-jährige Sängerin ein neues Album veröffentlicht, darauf enthalten: ein Duett mit Blanco. Der in Ungnade gefallene Blumenrüpel und die seit Jahrzehnten zurückgezogen lebende Ikone in ein und demselben Song – das ist ein ungeahnter Coup und ein Angebot, das Italien nicht ablehnen kann. »Un briciolo di allegria« (Ein Krümel Freude) erscheint am 12. April als Single, klettert sofort auf Platz eins und verbleibt dort für fünf Wochen.

Das Video zum Stück spielt gehörig mit dem Mythos Mina. Wir erleben Blanco als *film noir*-Helden, der durch eine verlassene Villa streift und immer wieder die Silhouette der großen Sängerin hinter Ecken verschwinden sieht. Ähnlich wie auf ihren späten Albumcovern erscheint die Diva hier wie ein mythisches Fabelwesen, ein Traumgespinst beinah, das mit seinen seltenen Manifestationen halb Italien um den Schlaf bringt.

Auch in der wirklichen Welt hat Blanco Mina nie getroffen. Die Gesangsaufnahmen für den Song fanden in getrennten Studios statt, berichtet ihr Sohn Massimiliano, der Mina seit Jahrzehnten öffentlich vertritt. Die Sängerin, die mit ihren grellen Outfits, blondierten Haaren, abrasierten Augenbrauen und einem herzerfrischenden Mir-doch-egal-Lebensstil half, ihr Land in die Moderne zu katapultieren, praktiziert diese distanzierte Arbeitsweise schon seit Jahren.

Um mit einer anderen Diva zu sprechen: Lassen wir es rote Rosen regnen für das unwahrscheinlichste Duett des Jahres 2023.

15.

CARUSO (1986)

Lucio Dalla

1986 schippert Lucio Dalla mit seinem Boot durch den Golf von Sorrent. Irgendwo zwischen der sorrentinischen Halbinsel und Capri lässt den Sänger der Außenbordmotor im Stich. Über Funk kontaktiert er einen Bekannten, der den Bologneser Musiker sicher zurück in den Yachthafen schleppt. Zufälligerweise ist jener Bekannte auch der Besitzer des Hotels Excelsior in Sorrent, und so bietet er Dalla die Übernachtung in einer der Suiten an. Es ist nicht irgendeine Suite, wie der Sänger bald feststellt. Es handelt sich um die Räumlichkeiten, in denen Enrico Caruso, der große neapolitanische Tenor, kurz nach seiner Rückkehr aus den USA, dem Tode geweiht, seine letzten Lebenstage verbrachte. Dalla ist zutiefst angefasst;

versonnen klimpert er auf dem Klavier der Suite und findet dabei eine magische Melodie, die ihn nicht mehr loslässt. Später kommt Dalla mit Angelo, dem Barkeeper, ins Gespräch, der ihm berichtet, dass seine Tante den kranken Tenor gepflegt habe. Er erwähnt auch, dass Caruso unglücklich in eine junge Frau verliebt gewesen sei, der er hier im Hotel Gesangsunterricht gegeben habe. Dalla spürt den Wind des Schicksals, ergriffen kehrt er in seine Suite zurück und schreibt auf Basis der zuvor gefundenen Melodie »Caruso« – die Geschichte der letzten Stunden im Leben des Gesangsgenies. Der große Tenor sitzt, seinen bevorstehenden Tod ahnend, auf der Hotelterrasse am Klavier und umarmt eine junge Frau. Tränen laufen über seine Wangen, denn er weiß, dass diese letzte Liebe nicht sein soll. Nun räuspert er sich und beginnt von Neuem zu singen. »Caruso« ist eins der weltweit populärsten italienischen Lieder. Die Edelkonfektschachtel mit roter Schleife. Ein Stück, in dem der letzte Vorhang im warmen Abendwind weht. Ein Jahrhundertlied.

Dass der todkranke Tenor einer jungen Dame Gesangsunterricht erteilte: eher unwahrscheinlich. Auch starb Caruso nicht im Excelsior in Sorrent, sondern im Hotel Vesuvio in Neapel. Aber was sollen bitte schön derlei Kleinkrämereien, wenn man soeben ein Meisterwerk schreibt? Für den Refrain bedient sich Dalla bei einer berühmten *canzone napoletana*, »Dicitencello vuje« (Sagt es ihr): »'A voglio bene / 'A voglio bene assaje« (Ich liebe sie / Ich liebe sie so sehr). Allerdings wirft Dalla noch einige Schüppen drauf. Wenn er mit wunder Stimme den Refrain heult, geht es einem durch Mark und Bein. Ich habe schon etliche emotional stabile Menschen zu diesem Refrain zerfließen sehen.

Dalla lässt Caruso in seinem Lied ein letztes Mal ins verführerisch glitzernde Amerika schweifen, von wo er doch eigentlich nie mehr nach Neapel zurückkehren wollte, weil man dort sein Genie nicht verstand. Er dreht sich um und sieht sein Leben hinter sich wie das Kielwasser eines Motorbootes, aber es ist ein Leben, das endet. Der Mond tritt hinter den Wolken hervor, er spürt den Schmerz in der Musik, und selbst der Tod kommt ihm nun süßer vor *e ricomincia il canto*, und der Gesang beginnt von Neuem: *Te voglio bene assaje*. Dallas Lied ist kein Song, es ist ein Melodram. Eros und Thanatos im Ausdruckstanz zum Sound des *Synclaviers*.

Sechs Jahre nach seiner »Banana Republic«-Tour mit Francesco De Gregori, die Italiens Jugend nach den Jahren des Terrors in die Stadien trieb, und drei Jahre nach seinem Album »1983«, mit dem er die *cantautori*-Bewegung zu Grabe trug, macht der Emilianer Lucio Dalla hier aus der *canzone napoletana* als Erster großen Pop. Nun, da alle englisch sängen, ihn selbst eingeschlossen, sagte Chef-Neapolitaner Pino Daniele voller Bewunderung bei einem gemeinsamen Konzert mit Dalla, habe der Teufelskerl aus Bologna allen Ernstes einen Song auf Neapolitanisch geschrieben. Die launig klingende Ansage macht einen wichtigen Punkt: Es sind vor allem Italiens Sängerinnen und Sänger, die das beispiellose Nord-Süd-Gefälle innerhalb des Landes immer wieder überwinden.

Es war freilich nur eine Frage der Zeit, bis sich Dalla des so geschmeidig singbaren Idioms befleißigte. Der Musiker liebte den Komiker und neapolitanischen Volkshelden Totò, der für den Sänger aus dem Norden jenen im Schatten des Vesuvs beheimateten Menschenschlag formvollendet verkörperte. Es vergehe kein Tag, sagte Lucio Dalla einmal, an dem er sich nicht mehrfach nach Neapel träume. Mehrere Stunden soll er täglich Neapolitanisch gelernt haben. Er würde Hunderttausende Euro zahlen, wenn man ihm die Kenntnis der Sprache per Injektion verabreichte. Neapel sei für ihn keine Stadt, es sei eine Republik. Neapel sei »das Geheimnis des Lebens«, Gut und Böse fänden sich hier auf einmalige Weise miteinander vermischt.

Viele Kollegen sangen Dallas Lied, von Mina und Al Bano über Andrea Bocelli und Milva bis hin zu Etta Scollo und Gianna Nannini. Als der große Tenor Luciano Pavarotti das Stück aufnimmt, muss er es tiefer singen, um die hohe Note des Refrains sauber zu treffen. An Dallas halsbrecherische Originalfassung reicht natürlich keine der anderen Versionen heran. Das große Pathos-Feuerwerk über dem Meer zünden und dennoch ganz bei sich bleiben: das konnte in Italien schlicht niemand so gut wie der kleine Draufgänger aus Bologna.

Im Video zu »Caruso« kommt Dalla mit seinem Koffer in ein Hotelfoyer geschlappt, durch das dröhnend laut »Wild Boys« von Duran Duran schallt. Als der Rezeptionist Dallas Bitten um ein Zimmer nicht versteht, schaltet der Sänger das Radio aus und wiederholt sein Anliegen. Der Rezeptionist schaltet die Musik sofort wieder an und übergibt dem Gast den Schlüssel. Man wähnt sich beinahe in einer Folge von »Fawlty Towers«, aber bei Lucio Dalla lagen Humor und Drama schon immer nah beieinander. Und noch eine Lektion lässt sich aus der Geschichte hinter Lucio Dallas Meisterstück »Caruso« ziehen: Wenn Ihnen ein italienischer Barkeeper eine gute Geschichte erzählt, sei sie auch noch so abenteuerlich, sind sie gut beraten, ihm zu glauben.

16.

CELEBRAI (1977)

Alberto Radius

Schüsse aus dem Gitarrenkoffer oder der *assassino per contratto*, der Auftragskiller des italienischen Pop.

Wenn man als italienischer Musikstar in den 70ern oder 80ern zwecks Realisierung seiner künstlerischen Vision *den* besonderen Gitarrensound brauchte, hieß es: »*Chiama Radius!*«, ruf Radius an. Mit seinem Saitenspiel veredelte der Gitarrist die Werke der Besten. Ob nun Lucio Battisti, Franco Battiato, Alice oder Loredana Bertè: Den Großkünstlern der goldenen Ära war klar, dass ihre Platten durch Radius' musikalischen Feenstaub noch einzigartiger klingen würden. Und sie wussten es ihm zu danken. Als Radius in den 80ern ein Haus in der Nähe seines Mailänder Studios in der Via Capolago kaufen will, muss er feststellen, dass ihm zum Kaufpreis von insgesamt 250 Millionen Lire die letzten 50 Millionen fehlen. Er will das Projekt eben beerdigen, als Franco Battiato vorbeikommt. Er habe gehört, dass Radius da ein gewisser Geldbetrag fehle, spricht der Feinnervige, und legt dem verdutzten Musiker einen Scheck über 50.000 Lire auf den Tisch: Radius habe schließlich so viel für ihn getan.

Radius kommt 1942 in Rom zur Welt. Schon ab Ende der 50er spielt er in verschiedenen Bands, Mitte der 60er geht er nach Mailand, wo seine Karriere Fahrt aufnimmt. Es ist die Begegnung mit Jimi Hendrix' Gitarrenspiel, die ihn von Grund auf erschüttert – und auf den rechten Pfad führt. 1969 wird die von ihm mitbegründete Band Formula 3 von *Numero Uno*, dem

Independent-Label Mogols und Lucio Battistis, unter Vertrag genommen – ein Powertrio im Geiste von Cream und der Jimi Hendrix Experience. Battisti schreibt mit Mogol auch die drei größten Hits der Band. Menschen, die wissen wollen, was dabei herauskommt, wenn man psychedelischen Powerrock mit italienischem Überschwang kreuzt, sollten hier zugreifen. Im Gegenzug dient die Gruppe Lucio Battisti Ende der 60er als Backing Band bei seinen raren Live-Auftritten.

Auf Battistis späteren Großwerken der 70er kommt Alberto Radius immer dann zum Einsatz, wenn es gilt, gitarristische Allgemeinplätze hinter sich zu lassen. Man lausche etwa der verzerrten Gitarre auf dem Stück »Confusione«: Radius in Reinkultur. Battisti habe ihm meist lautmalerisch vorgetragen, was er haben wollte. Zwei, drei Versuche, dann habe es in der Regel gepasst. Auch privat versteht man sich gut. In den 70ern zählt Radius zum inneren Zirkel des scheuen Genies – auch nachdem Italiens größter Popstar beschließt, sich aus der Öffentlichkeit zurückzuziehen. Eine Weile gewährt Radius Battisti und seiner schwangeren Frau sogar Unterschlupf. Als das Paar eines Tages vor den Paparazzi ausbüxen muss, sitzt Alberto Radius am Steuer des Fluchtwagens, seinem *AC Cobra*. Der Gitarrist tritt aufs Pedal und hängt die ihnen folgenden *Fiat 600* lässig ab. Man wäre gern dabei gewesen.

Nach dem Ende von Formula 3 gründet Radius seine nächste Band Il Volo (die man dringend nicht mit dem gleichnamigen Sänger-Trio verwechseln sollte). Die beiden Platten der Band zählen zum Erhabensten, was je unter dem Deckmantel italienischen Progressive Rocks verbrochen wurde. Auch in puncto Albumtitel gab sich das Trio angemessen unbescheiden: »Essere o non essere« (Sein oder Nichtsein) heißt das zweite Werk der Band. Der Kaftan flattert in der mediterranen Brise.

Auch über Radius' Solowerk soll ausdrücklich ein Kübel Lob ausgekippt werden. Ganz beglückend ist etwa das Album »America Good-bye« von 1979, auf dem sich Radius mithilfe der Songtexter Daniele Pace und Oscar Avogadro sowie Italiens Schlagzeuggott Tullio De Piscopo an den Vereinigten Staaten abarbeitet. »La bandiera ha stelle a volontà e allora come mai non brilla?« (Die Flagge hat genug Sterne, warum also leuchtet sie nicht?), heißt es einmal. Musikalisch klingt »America Good-bye« nicht selten wie eine Truppe Prog-Rock-Mattenträger in der Rollschuh-Disco. Interessant, dass der Schöpfer dieses vielschichtigen Werks ein Jahr später unter dem Pseudonym Freddy The Flying Dutchman (!) ein Lied namens »Wojtyla Disco Dance« (!!) auf die unvorbereitete Öffentlichkeit loslassen sollte – das mutmaßlich einzige Italo-Disco-Stück, das einem irdischen Gottesvertreter huldigt. Italien, Land der unbegrenzten Lieder.

Sein populärster Solosong bleibt das schon 1977 veröffentlichte »Celebrai« (Ich feierte), ein weiteres Radius-Lied, das vom ersten Takt an für glühende Tanzsohlen zu sorgen in der Lage ist. Wer nicht tanzen mag, kann sich am Text erfreuen. Es geht um vergangenes Glück, um Leidenschaften und Überzeugungen früherer Tage – und um die spätere Ernüchterung: »Bandiere e altari baciai / Ma vaffanculo, vai ... vai!« (Ich habe Fahnen und Altäre geküsst / Aber fick dich, hau ab!). Eine ziemliche Party-Granate von einem Song.

Alberto Radius stirbt mit achtzig Jahren im Februar 2023 in seinem Haus in San Colombano al Lambro nach langer Krankheit. Seinen letzten großen Auftritt hat er beim *Festival di Sanremo* 2021, wo er als Gast des Duos Coma_Cose am Abend der Cover-Versionen seine Doppelhalsgitarre im Scheinwerferlicht gleißen lässt. Das gemeinsam dargebotene Stück ist Lucio Battistis Lied der Lieder: »Il mio canto libero« (Mein freies Lied).

17.

CHE VUOLE QUESTA MUSICA STASERA (1967)

Peppino Gagliardi

Eine Aufstiegsgeschichte *alla napoletana*.

In den frühen 50er-Jahren lebt Peppino Gagliardi mit seinen Eltern in der Nähe der Piazza Carlo III. Als er 13 ist, geht sein Vater bankrott, und es ist nun an dem kleinen Peppino, die Familie durchzubringen. Gottlob ist er mit dem Talent für das Akkordeonspiel ausgestattet, und so sorgt er auf Hochzeiten, Kommunionsfeiern und Geburtstagspartys für musikalische Untermalung. Eines Tages wird eine Gruppe von Musikern auf das Talent des Jungen aufmerksam und macht seinen Eltern ein Angebot: Peppino soll sie bei ihren Auftritten in neapolitanischen Nachtclubs unterstützen, für gutes Geld. Man werde ihn natürlich nach getaner Arbeit immer wieder sicher nach Hause bringen. Bald schon nennt man den Jungen mit dem Akkordeon den *maestrino*, den kleinen Maestro. Weniger ambitionierte 13-Jährige hätten sich nach Erwerb dieses Beinamens möglicherweise zur Ruhe gesetzt. Aber Peppino ist noch mit einer weiteren Gabe gesalbt: Nach den Auftritten, während des Abbaus der Instrumente, singt er regelmäßig für seine Kollegen, und das schon damals so gut, dass die zu später Stunde noch anwesenden Hostessen und Matrosen in den Clubs ganz baff sind.

Zu Beginn der 60er erscheinen erste Platten, anfangs noch ausschließlich im Idiom von *Bella Napoli*. 1966 singt Peppino

Gagliardi in Sanremo die geigenschwangere Ballade »Se tu non fossi qui« (Wenn du nicht hier wärst) und drückt im Rahmen der Darbietung derart auf die Tube, dass ihm fortan der Beiname *Il divo dell'amore nervoso* (Der Star der neurotischen Liebe) anhaftet. Kein schlechtes Image im Musikbetrieb der 60er. Mit seinem Gesangsstil, der stets von beträchtlicher Schmerzenstiefe kündet, bereichert Gagliardi die *musica leggera* um die entscheidende Extraportion süditalienischer Schwermut. Im Gegensatz zu vergleichbaren Sängern des *Mezzogiorno* verfügt seine Stimme aber auch über ein gerüttelt Maß an neapolitanischem Straßenschmutz. Leider gibt es von besagtem *Sanremo*-Auftritt kein Video. Wer den Dramavirtuosen in Fahrt erleben will, schaue sich im Internet seinen Auftritt mit dem Lied »Sempre ... sempre ...« (Immer ... immer ...) an. Gagliardi trägt eine Krawatte vom Ausmaß einer Tischdecke, auf dem Höhepunkt des Liedes reißt er die Arme in die Luft, als wäre der Heilige Modugno in ihn gefahren. Lässig lässt der Sänger, inzwischen vom eigenen Vortrag ganz hinfortgerissen, die Fingerspitzen tanzen. Immer wieder setzt es Szenenapplaus. Wir lernen: Beim Verbreiten des spezifisch italienischen Pathos macht man keine halben Sachen.

Peppino Gagliardi hat etliche tolle Schmonzetten vom Stapel gelassen (erwähnt sei das Sommerschlussverkaufslied »Settembre«), sein bester Song aber bleibt das erhabene »Che vuole questa musica stasera« (Was will diese Musik heute Abend?). Das Lied rankt sich nicht, wie mancher vielleicht vermuten würde, um die Schrecken abendlicher Musikrotation im Formatradio. »Che vuole questa musica stasera / Che mi riporta un poco del passato« (Was will diese Musik heute Abend / Die mich ein wenig in die Vergangenheit trägt), singt Gagliardi. Es geht um Musik als Erinnerungsspeicher, darum, wie eine alte Melodie uns unverhofft in vergangene Zeiten zu katapultieren in der Lage ist. Eine oft bittersüße, manchmal auch schlicht schmerzvolle Erfahrung. Der Sänger interpretiert das Stück mal wieder mit der für ihn typischen kultivierten Verzweiflung, die Musik ist so delikat arrangiert, dass sie zu perlen scheint wie Schaumwein in einem italienischen Nachtclub.

Das Lied entstammt einer Zusammenarbeit des Texters Gaetano Amendola mit dem Sänger und Komponisten Roberto Murolo. Murolo, 1912 geboren, gilt als Vater der modernen neapolitanischen *canzone*. Der ungemein einflussreiche Sänger wies dem opernhaften Gesangsstil, der bis weit ins 20. Jahrhundert in Neapel gepflegt wurde, die Tür und setzte stattdessen auf die natürliche Ausdruckskraft der Stimme. Als in den 80ern bekannt wird, dass Murolo eine Vorliebe für minderjährige Mädchen pflegt, erlebt seine Karriere einen empfindlichen Knick. 1999 zählt er, wenige Jahre vor seinem Tod, zu den Begründern der *Scuola della Canzone Napoletana* (Schule des neapolitanischen Gesangs).

Die Prominenz von Peppino Gagliardis Fassung verdankt sich nicht zuletzt dem Umstand, dass sie 1974 an zentraler Stelle in der Originalfassung des Films »Profumo di donna« (Duft der Frauen) des Komödiengenies Dino Risi eingesetzt wird. Ein Stück, das einmal in einem Film verwendet wurde, kann man unbesorgt auch in einem zweiten einsetzen, befindet 2015 der Regisseur Guy Ritchie und packt den Song auf die Tonspur seiner zu Teilen am Golf von Neapel gedrehten Actionkomödie »The Man from U. N. C. L. E.«. 2019 reicht das Lied einem dritten Film zur Zierde – Renato De Marias Gangsterfilm »Lo spietato« (Der Unbarmherzige).

2023 betritt Peppino Gagliardi betrüblicherweise die Showtreppe ins Jenseits. Bis zuletzt wird er in Neapel als Sangesgröße verehrt. Ebenso wie von einer Reihe prominenter internationaler Fans. Unter anderem gaben sich der Latin-Popstar

Álvaro Soler, ABBA-Kopf Benny Andersson und Faith-No-More-Sänger Mike Patton als Bewunderer des *maestrino* zu erkennen.

18.

CHI NON LAVORA NON FA L'AMORE (1970)

Adriano Celentano

Es ist ein Spektakel, wie es nur der geniale Provokateur, Vollblut-Showman und Quatschkopf Adriano Celentano veranstalten konnte.

Eigentlich wollte er ja nicht mehr beim Festival auftreten, nachdem 1966 sein Umweltschutz-Schunkler »Il Ragazzo della Via Gluck« (Der Junge aus der Via Gluck) in Sanremo durchgefallen war. Aber Celentano lässt sich breitschlagen. Mit Gattin Claudia Mori und einer fünfzigköpfigen Entourage aus Mitgliedern des *Clan Celentano* reist der Superstar nach Ligurien, im Gepäck einen Song, der es in sich hat. Celentano befindet sich zu diesem Zeitpunkt in seiner Predigerphase: In immer wagemutigeren Songs liest er seinem Land ohne ideologische Schranken die Leviten. Auf sein neues Stück aber ist niemand vorbereitet. Es heißt »Chi non lavora non fa l'amore« (Wer nicht arbeitet, macht keine Liebe).

Bis heute gibt es in Italien auseinanderklaffende Meinungen darüber, was denn nun der größere Frevel war: Was Celentano in dem Song sang – oder wie er es tat. Der Auftritt des Mailänders ist nämlich eine charmante Dreistigkeit, der schamlose Trick eines ausgebufften Bühnenkünstlers. Nachdem ihn der

Schauspieler Enrico Maria Salerno angesagt hat, betritt Celentano unter »Adriano«-Rufen mit seinem Chor die Bühne und stimmt den Refrain an: »Chi non lavora non fa l'amore / Questo mi ha detto ieri mia moglie« (Wer nicht arbeitet, macht keine Liebe / Das hat mir gestern meine Frau gesagt). Doch kaum in die erste Strophe gewechselt, bricht er ab. Ein Fehler, *scusate*, er müsse leider von vorne beginnen. Das tut er dann auch: »Chi non lavora …«. Und bricht erneut ab, diesmal noch früher, nur um sich langsam wieder in das knifflig phrasierte Stück zurückzutasten. Es ist ein immens schlitzohriger Trick. Celentano steht deutlich länger auf der Bühne als von der Festival-Leitung geplant und kann so dem Publikum den Refrain seines Liedes öfter um die Ohren hauen als angedacht. Hinter der Bühne macht sich unter der Konkurrenz darob Nervosität breit. Die Sängerin Iva Zanicchi kommentiert, sie verstehe nicht, dass das Publikum noch nach Jahren auf Celentano hereinfalle. Der Angesprochene kommentiert später, ein Urteil von Zanicchi, ganz gleich, ob gut oder schlecht, interessiere ihn nicht. Am Ende gewinnt Celentano haushoch. Damit habe er nicht gerechnet, gibt er zu Protokoll, er sei lediglich davon ausgegangen, dass das Stück immens viele Platten verkaufen werde.

Der nachhaltigere Skandal aber ist der Song selbst. Es sind die großen Jahre der Streiks, der *scioperi*. In einer Ära, in der massenhaft Industriearbeiter in Italien von ihrem Recht auf Arbeitsniederlegung Gebrauch machen, wird das Lied als Streikbrechersong gelesen. Was nicht schwerfällt. Der Text erzählt von einem Mann, der müde nach Hause kommt und nichts auf dem Abendbrottisch vorfindet. Zwei von drei Tage habe er mit Streiken verbracht, wütet die Gattin, nun streike eben auch sie: Wer nicht arbeitet, macht auch keine Liebe. Anderntags macht sich der Protagonist wieder auf den Weg zur

Arbeit, während seine Kollegen sich weiter im Arbeitsaussatz befinden: »Un grosso pugno in faccia mi arrivò / Andai a piedi alla guardia medica / C'era lo sciopero anche del tranvai / Arrivo lì, ma il dottore non c'è! / È in sciopero anche lui!« (Eine große Faust landet in meinem Gesicht / Zu Fuß geh ich zum Notfalldienst / Auch die Straßenbahner streikten / Ich kam an, aber der Doktor war nicht da! / Auch er ist im Streik). Der Icherzähler ist aufgeschmissen – wenn er nicht streikt, gibt es eins auf die Mappe, wenn er aber streikt, muss er den Liebesentzug durch die Frau fürchten. Flehend wendet er sich an den Chef: Wenn der *padrone* ihm eine Gehaltserhöhung gewähre, werde er feststellen, dass in sein Haus und in jedes andere die Liebe einziehen werde.

Celentano und sein Co-Texter, *Clan Celentano*-Mitglied Luciano Beretta, schreiben das Lied nach den Metallarbeiterstreiks im vorangegangenen Jahr in Mailand. Die beiden haben beobachtet, wie ein Streikender von seiner Frau angegangen worden war: Er möge sich schleunigst wieder an die Arbeit machen, sein Portemonnaie sei offenbar undicht. Die Reaktionen der Presse auf das Stück sind verheerend. Celentano wird als reaktionär, ja faschistisch gebrandmarkt. Vor allem für die Jugendpresse ist er untendurch, selbst die rechtskonservative Tageszeitung *Il Tempo* nennt das Lied einen »reaktionär-populistischen Witz«. Celentanos Kollege Sergio Endrigo wiederum kritisiert das Lied als Beleidigung für die Sache der Arbeiter. Der Sänger fühlt sich missverstanden: Endrigo sei ein hauptberuflich Beleidigter, offenbar kapiere nur die italienische Öffentlichkeit den Song. Da steht sein Lied bereits auf Platz eins der Charts. Später äußert er sich ausführlicher: Er habe die Arbeitgeber provozieren wollen. Wie könne man nur annehmen, dass er mit seiner Familiengeschichte (die Eltern des Sängers waren Binnenmigranten aus Apulien) gegen

Streiks sei, das einzige demokratische Mittel, um die Rechte der Schwächsten durchzusetzen. Er sei ein Einwanderersohn – arm, ehrlich und fröhlich.

Das Stück, das durch Celentanos Phrasierung, die spitzen Bläser, die genialen rhythmischen Akzentuierungen und den Gospel-Swing-Rhythmus musikalisch ungemein zwingend wirkt, ist am Ende des Tages einfach Celentano in Reinkultur. Wie so oft ist die Botschaft des Sängers krude, flapsig und widersprüchlich. Dafür hat sie umso mehr Schmackes. Auch seine Frau Claudia Mori singt beim *Festival di Sanremo* eine Fassung des Liedes. Mori ist zudem auf der B-Seite der Single im Duett mit Adriano zu hören: »Due nemici innamorati« (Zwei verliebte Feinde) ist der schönste Celentano-Song, den kaum jemand kennt. Okay, niemand außer den über 1.200.000 Italienerinnen und Italienern, die die Platte gekauft und sich die Mühe des Umdrehens gemacht haben.

19.

CINQUE MINUTI E POI (1968)

Maurizio

Allabendlich nach den 20-Uhr-Nachrichten, bevor Italiens beliebtester Spielshowmoderator Amadeus im funkelnden Sakko die Republik begrüßt, ist es Zeit für Bruno Vespa. *Cinque Minuti* heißt seine Sendung, und der Titel verspricht nicht zu viel: Fünf Minuten lang knöpft sich die italienische Journalistenlegende in jeder Ausgabe einen anderen Gast vor. Kirchenmänner, Politiker, Showstars – sie alle setzen sich nur zu gerne dem Kreuzverhör des Berlusconi-Freundes aus. Wie viel Zeit Vespa jeweils noch bleibt, seinen Gästen Statements zu entlocken, verrät die am Bildschirmrand eingeblendete Sanduhr. Das Titellied seiner Sendung, die unwesentlich länger währt als ein *caffè* in der Bar, trägt den Titel »Cinque minuti e poi« (Fünf Minuten und dann) und stammt vom Sänger Maurizio.

Maurizio Arcieri, so sein voller Name, beginnt seine Karriere Mitte der 60er als Mitglied der kurzlebigen Beatband New Dada. Die Mitglieder stammen allesamt aus gutem Haus, man trägt ausschließlich schwarze Jacken, weiße Hemden und Krawatten und italianisiert sorglos die internationalen Hits jener Ära. Doch obwohl Maurizio und den Seinen die Ehrenlast zuteilwird, 1965 beziehungsweise 1967 die italienischen Konzerte der Beatles und der Rolling Stones zu eröffnen, fühlt sich der Mailänder bald zur Solokarriere berufen. 1968 nimmt er mit »Cinque minuti e poi« an der 5. Ausgabe des Wettbewerbs *Un disco per l'estate* (Eine Schallplatte für den Sommer) teil. Das Lied landet auf dem dritten Platz und macht den Sänger über Nacht zum Teenie-Star. Wo auch immer Maurizio in diesem Sommer der Welt die Gunst seines Lichts schenkt, kreischen sich die *ragazze* um den Verstand. »Cinque minuti e un jet partirà« (Fünf Minuten, und ein Flugzeug wird abheben), schmachtet der Sänger unter seiner *mop-top*-Frisur hervor. Es ist eine thematische Konstruktion, zu der sich jeder liebesfähige Mensch verhalten kann: Nur fünf Minuten bis zum Abflug des Flugzeugs, das dem Sänger die Geliebte für immer forttragen wird. Maurizios »Cinque minuti« dauern übrigens gerade mal drei Minuten und 15 Sekunden; in Italien haben offenbar selbst die Minuten mehr Tempo. Wie sang Bob Dylan: »Time is a jet plane, it moves too fast«.

Es soll Maurizios erfolgreichster Song bleiben. Doch gottlob zeigt sich der *cantante* als Mann mannigfaltiger Talente. Ende der 60er beginnt er, seine geschmeidige Physiognomie in den Dienst sogenannter *fotoromanzi* zu stellen, den im damaligen

Italien immens populären Foto-Comics, deren Handlung meist in hormonell verwirrten Kreisen angesiedelt ist. 1970 ist er zudem in dem Film »Quelli belli ... siamo noi« (Diese Schönheiten ... sind wir) zu sehen. Er spielt den jungen Songwriter und Automechaniker Maurizio, der sich in eine Dame verliebt, für die ihr gestrenger Vater bereits einen anderen vorgesehen hat. Die Eingangssequenz, eine atemberaubend nachlässig gefilmte Autofahrszene, ist mit Maurizios berühmter Fünf-Minuten-Terrine unterlegt. Am Ende dieser Filmeröffnung steht der Sänger – zwei Jahre nachdem der Song ein Hit gewesen war – am Flughafen und schaut versonnen einer soeben abhebenden Maschine hinterher. »Quelli belli ...« ist kein vergessenes Meisterwerk, dessentwegen die Filmgeschichte umgeschrieben werden müsste, eher ein letztes Aufzucken des *musicarelli*-Booms der 60er. In einer kleinen Rolle ist eine sehr junge Loredana Bertè zu sehen.

Wer nun annahm, Maurizio sei an seine künstlerischen Grenzen gestoßen, sieht sich getäuscht. In den 70ern vollzieht der Sänger eine 180-Grad-Drehung. Gemeinsam mit seiner Frau, der Musikerin Christina Moser, gründet er das Duo Krisma (anfangs: Chrisma), das sich ganz den elektronisch-kühlen Klangwelten von New Wave und Synth-Pop verschreibt. Den Auftritt des Paares mit dem Song »Lola« in der Sendung *Discoring* sollte ein jeder Mensch mit einem Faible für experimentelle Bühnenkunst einmal gesehen haben: Maurizio trägt hier eine Sicherheitsnadel in der Wange und schaut sinister drein, während die Tänzer im Hintergrund offenkundig versuchen, die Village People mit Lou Reed zusammenzudenken. In London arbeitet Krisma mit dem griechischen Elektro-Papst Vangelis zusammen. 1981 bedient der junge Hans Zimmer die Synthesizertasten bei Aufnahmen der Band. Die Songs des Duos haben Titel wie »Gott Gott Electron«, »Black Silk Stocking« oder »Hibernated Nazi«. Das Paar trägt dazu blondierte Irokesenschnitte; Italienischer New Wave auf Welle 17.

Im weiteren Verlauf seiner Karriere produziert das Duo für die *RAI*, werkelt 1996 an den Spezialeffekten für Marco »Das große Fressen« Ferreris Film »Nitrato d'argento« (dt.: »Silbernitrat«), trägt 2014 zu einem Album des großen Franco Battiato bei und lanciert 1998 den Satellitensender KrismaTV. 2015 verstirbt Maurizio Arcieri nach längerer Krankheit in einem Mailänder Krankenhaus.

Wenn er sterbe, sagte er einmal, werde sich für die italienische Musik nichts ändern. Er hoffe jedoch, für die himmlische Musik neue Akzente setzen zu können. Voller Staunen nimmt der hiesige Beobachter zur Kenntnis: Geht es um die Vollendung in Angelegenheiten des Showgeschäfts, denkt in Italien mancher gar über das Irdische hinaus.

20.

COME PRIMA (1957)

Tony Dallara

Um ein Haar wäre Tony Dallara der Musik verloren gegangen. Aus dem schlichten Grund, weil noch ein anderes Talent in seinem Busen schlummert – die Malerei. Es waren finanzielle Gründe, die einer Laufbahn als Maler im Weg standen. Tonys Eltern konnten es sich in der Nachkriegszeit schlicht nicht leisten, das jüngste ihrer fünf Kinder an der *Accademia di Belle Arti di Brera* in Mailand anzumelden. Und so konzentrierte sich der junge Tony auf sein anderes Talent und strebte eine Karriere als Sänger an. Wobei man eigentlich von einer Karriere als »Schreier« sprechen müsste.

Die *urlatori* kamen Ende der 50er als Antwort auf die amerikanischen Rock 'n' Roll-Sänger vor dem Hintergrund des beispiellosen *boom economico* auf, der zu jener Zeit in Italien für Aufbruchsstimmung und klingelnde Kassen sorgte. Vom Furor der amerikanischen Popkultur mitgerissen, machten diese Sängerinnen und Sänger *piazza pulita* mit dem musikalischen Regelwerk ihres Heimatlandes. Anstelle des Belcanto von ölig auftretenden Sängern wie Luciano Tajoli sorgten nun das rhythmische Zucken des jungen Adriano Celentano oder die freche Nonchalance einer Mina beim jungen Publikum für glühende Wangen. Der Künstler aber, für den die italienische Presse erst den Begriff *urlatore* ersann, war Tony Dallara.

Tony Dallara kommt 1936 als Antonio Lardera in Campobasso, der Hauptstadt der Region Molise, zur Welt. Noch vor Kriegsende zieht er mit seinen Eltern nach Mailand, wo sein Vater ein Engagement im Chor der Mailänder Scala ergattert – ein Aspekt, der sich nicht nachteilig auf Tonys Interesse an der Welt der gehissten Sangessegel ausgewirkt haben dürfte. Doch Tonys Herz schlägt für den Rock 'n' Roll, seine erste Band heißt Rocky Mountains. 1957 ergattert er einen Job als Botenjunge bei der Plattenfirma *Music*. In Ausübung dieser Tätigkeit wird er vom Schweizer Labelchef Walter Guertler als Sänger entdeckt. Guertler hat zu diesem Zeitpunkt ein Lied auf dem Schreibtisch liegen, mit dem er nichts Rechtes anzufangen weiß. Auf seine abfällige Bemerkung hin, sein verhuschter Botenjunge könne so etwas bestimmt wunderbar schluchzen, wirft jemand ein, dass besagter Botenjunge tatsächlich singe. Guertler ist es auch, der Antonio Lardera wegen des besseren Klangs in »Tony Dallara« umtauft. Der Rest ist wieder mal Geschichte. Noch im Dezember desselben Jahres kommt »Come prima« (Wie früher) auf den Markt und entwickelt sich zum bis dahin meistverkauften Song in Italien. Noch vor Modugnos »Nel blu, dipinto di blu (Volare)« ist er der erste italienische Popsong, der um die Welt geht.

Es mag heute schwerfallen nachzuvollziehen, was an Dallaras weltberühmtem Durchbruchssong so bahnbrechend gewesen sein soll, klingt er doch wie die musikalische Entsprechung zu einer Weinschaumcreme. »Come prima« ist eins dieser Zauberlieder, die tönen, als wären sie nie komponiert worden, sondern immer schon da gewesen. Von Geschrei weit und breit keine Spur. Es ist eine schwofige Nummer für einen gepflegten Klammertanz, ganz im Stile der von Tony verehrten amerikanischen Doo-Wop-Band The Platters. Dass diese den Song ein Jahr später in einer englischsprachigen Version herausbringen, dürfte im Hause Dallara für weiteres Korkenknallen gesorgt haben.

Überhaupt kommt Tony in der Frühphase seiner Karriere gar nicht mehr aus dem Feiern heraus. 1960 gewinnt er mit »Romantica« das *Festival di Sanremo*, zum Zeitpunkt der Niederschrift dieses Kapitels ist er der älteste noch lebende Gewinner des Wettbewerbs. Dallara reist um die Welt, er trifft Marilyn Monroe, Dean Martin und Andy Warhol. Es hätte so weitergehen können – tut es aber nicht. Schon Mitte der 60er befindet sich Dallaras Stern im Sinkflug. Er sei zu früh zu seinem eigenen Revival-Act verkommen, sagt er heute. Er habe immer nur seine alten Erfolge singen dürfen und damit den Anschluss an neue Entwicklungen verpasst.

Es blieb dem Mann aus Campobasso wenig anderes übrig als die Rolle des Retro-Künstlers vollumfänglich zu umarmen. Außerdem war da ja zum Glück noch des Sängers andere große Leidenschaft, die Malerei, der er sich bis heute voller Hingabe widmet. Was und in welchem Stil er denn male, wurde er 2021 von *La Repubblica* gefragt. Dallaras Antwort: Er male den leeren Raum, der Sterne von Planeten trenne, den Raum, in dem alle nach dem Göttlichen suchten, dort, wo kein Geschrei herrsche. Das sei, fügt er hinzu, für einen »Schreier« schon einigermaßen paradox.

21.

CONIUGATI PASSEGGIARE (2014)

Dente

Neben der Schönheit der Musik und der Freude an der performativen Großgeste gibt es noch ein weiteres Argument dafür, es Ihrem ergebenen Chronisten gleichzutun und sich mit Haut und Haar der Welt des italienischen Liedes zu verschreiben. Man kann sich durch die Beschäftigung mit den Texten recht passable Sprachkenntnisse aneignen. Es passiert ganz nebenbei, wie vieles Schöne auf der Welt. Dass ich heute ein so virtuoses Trattoria-Italienisch spreche, liegt nicht zuletzt daran, dass ich meine Grundkenntnisse des italienischen Gerundiums aus Minas »Se telefonando« (Telefonierend) und meine Einsichten in die Welt des Futurs aus Lucio Dallas »L'anno che verrà« (Das Jahr, das kommen wird) bezogen habe. Allerdings zahle ich für diese prägenden Anfangserfahrungen mit der schönen Sprache einen hohen Preis: Immer wieder weist mich mein Italienischlehrer darauf hin, dass man diese und jene Formulierung so nicht verwende. »Aber Lucio Dalla singt das so!«, verteidige ich mich meist. »Ja«, pariert mein Italienischlehrer daraufhin, »er SINGT es. IN EINEM LIED!«

Je mehr ich darüber nachdenke, desto besser gefällt es mir, dass ich mich an Hotelrezeptionen, in Restaurants oder beim

Schmalgespräch auf der *piazza* anhöre wie ein aus allen Zeiten geplumpster *cantautore*-Wiedergänger, der sich sonderbar verstiegener Formulierungen befleißigt. Doch auch wenn ich mich völlig idiotisch anhören sollte, lässt man mich das nicht spüren. Im Gegenteil. Dass man sich überhaupt mit ihrer Sprache beschäftigt, freut viele Italienerinnen und Italiener so sehr, dass man bereits Komplimente für seine profunden Sprachkenntnisse gemacht bekommt, wenn man nur im Ristorante um zusätzliche Oliven auf der Pizza bittet.

Sollte Ihnen nun der Sinn nach ein wenig grundsätzlicher Grammatik stehen, bietet das diesem Kapitel zugrunde liegende Stück »Coniugati passeggiare« (Konjugiere »spazieren«) die Möglichkeit, das immens wichtige Wort »spazieren« durch die drei Singular-Personalformen des Präsens zu schicken – gleichwohl mit melancholischem Schlusstwist: »Io passeggio / Tu passeggi / Egli passeggia ... / Insieme a te« (Ich spaziere / Du spazierst / Er spaziert ... / Zusammen mit dir). Die Grammatik der Eifersucht. Manchmal reicht eine schlichte Konjugation, um ein Drama zu erzählen. Womit wir bei der Kunst Giuseppe Peveris aus dem emilianischen Städtchen Fidenza wären, der sich den Künstlernamen Dente (Zahn) verpasst hat.

Dente darf als einer der Pioniere einer neuen Generation von *cantautori* betrachtet werden, die in den letzten zehn Jahren den Weg über die Vertriebsstrukturen unabhängiger Plattenfirmen wählten, um deutlich hörbar bei den Größen der 70er und 80er anzuknüpfen. Der Status neuer Stars wie Calcutta (dem wir im nächsten Kapitel begegnen werden) oder Thegiornalisti blieb Dente dabei bislang verwehrt – vielleicht weil seine Songs feinziselierter und leisetreterischer sind, mehr De Gregori als Venditti, und er das italienische Pathos immer unterläuft. Dentes Lieder sind Bücherwurmmusik, seine poetisch verschlufften Preziosen klingen oft, als kämen sie gerade aus einem Studentencafé in Bologna auf die Straße geweht. Es sind keine Songs für überstrahlte Sommertage. In Dentes Liedern fällt das Herbstlaub.

»Coniugati passeggiare« präsentiert den Künstler als liebeskranken Klampfer auf der Bettkante des Lebens. Er kann es aber auch deutlich poppiger. Etwa im Lied »Adieu«, um dessen Fluffigkeit zu erreichen, hiesige Liedautoren mit einer Großmenge künstlicher Zusatzstoffe hantieren müssten. »La mattina non conosce la notte / Ma io le ho viste camminare vicine« (Der Morgen kennt die Nacht nicht / Aber ich habe sie nah beieinander gehen sehen), dichtet der Sänger und fragt sich im Folgenden, wie die vorbeifliegenden Jahre aus lauter zäh verrinnenden Minuten bestehen können. Oder nehmen wir das fast sommerhittaugliche »Discoteca solitudine« (Diskothek Einsamkeit), in dem der Sänger all seine Bedröppeltheiten auf die Tanzfläche trägt.

Sein starkes Gewand sind die aufgeladenen Wortspiele, die sich in nahezu all seinen Liedern finden und ihm immer ganz leicht aufs Papier zu purzeln scheinen. In »Coniugati passeggiare« begegnen wir zunächst einem zerstreuten jungen Herrn, der sich in einer nicht eben unkomplizierten Liebesbeziehung zu befinden scheint. Gleich die ersten beiden Zeilen deuten auf eine beträchtliche Hin- und Hergerissenheit hin: »Ogni tanto ti penso spesso / Mi manchi quando sei con me« (Ich denke von Zeit zu Zeit oft an dich / Du fehlst mir, wenn du bei mir bist). Er putzt sich die Zähne im Bidet, all ihre Sachen befinden sich bei ihm, aber sie ist nicht da, und er bekommt Kopfschmerzen, wenn sie ihm durch den Sinn huscht. Vielleicht, so denkt er, weil sie nicht kleiner wird, wenn sie sich von ihm entfernt. Im Refrain dann das typische Dente'sche *gioco di parole*: »Le mie ali bianche per te / Sono alibi anche perché / Sai che oggi non volo più« (Meine weißen Flügel sind / Auch Alibis für dich, weil / Du weißt, dass ich heute nicht mehr fliege).

Ein Satz, den ich demnächst mal in der Trattoria ausprobieren werde. Ewiger Respekt wird mir sicher sein.

22.

COSA MI MANCHI A FARE (2015)

Calcutta

Wenn es zum Essen Dunkelheit mit Pesto gibt. Wenn im Mailänder Dom immer Paracetamol für die entzündeten Mandeln bereitliegt. Wenn unterm Kopfkissen ein Bienenstock summt und es vom Himmel Cocktails regnet. Dann, ja dann kann man sicher sein, sich in einem Song von Calcutta zu befinden.

Edoardo D'Erme alias Calcutta, 1989 in Latina geboren ist Italiens bedeutendstes musikalisches Phänomen der letzten zwanzig Jahre. Punkt. Ein Strubbel mit tiefen Augenringen, der dem italienischen Lied mit Emo-Verletzlichkeit und Indie-Attitüde neues Leben eingehaucht hat. Ja, man könnte der Versuchung erliegen, den immer leicht verpeilt wirkenden Musiker gar als »Sprachrohr seiner Generation« zu bezeichnen, müsste dafür aber wohl riskieren, zum Ofenrohr der eigenen erklärt zu werden. Längst sind seine Verse zu geflügelten Worten geworden, seine drei bislang erschienenen Alben führten sämtliche Jahresbestenlisten an, und als der Sänger 2023, nach längerer Bühnenabwesenheit, ganz lapidar endlich wieder eine Tournee durch die Sportpaläste des *Bel Paese* ankündigte, war diese binnen weniger Minuten ausverkauft. Es ist ein wenig wie damals bei den *cantautori* der 70er: In Calcuttas Liedern klingt das Absurde immer wieder so alltäglich, dass es wehtut.

Hier bildet einer die Realität, mit der sich Italiens Millennials herumschlagen, so punktgenau ab, dass man meinen könnte, er erfände diese Realität erst in seinen Liedern. Ein wenig eben wie damals bei Rino Gaetano, bei Francesco De Gregori oder Lucio Dalla: mit Seltsamkeit zur Wahrheit. Und im Herzen immer bei Battisti.

Zu Anfang war Calcutta ein loses Bandprojekt, das Edoardo mit ein paar Freunden in Latina unterhielt, jener von Mussolini konzipierten Planstadt, in der bis heute die Dialekte der zugezogenen Venezianer, Friulaner und Emilianer aufs Faszinierendste aufeinanderknallen. Irgendwann blieb von der Band nur Edoardo übrig – und er behielt den Namen. 2015, mit 26, veröffentlicht Calcutta auf dem Indie-Label *Bomba Dischi* sein erstes Album mit dem schlitzohrigen Titel »Mainstream«. Es ist das Jahr, in dem eine neue Generation von Bands und Solokünstlern Indie-Pop in Italien explodieren lässt und das im genügsamen Schlummer vor sich hin dösende italienische Lied wachküsst. Eine neue Ära beginnt, in der sich zahlreiche Acts aufmachen, das Land der Lieder aufzumischen: Motta, Cosmo, I Cani, Thegiornalisti, Giovanni Truppi und viele andere. Musik, ganz klar vom Hier und Jetzt der internationalen Popmusik beeinflusst – und trotzdem so italienisch wie ein langer Vormittag bei der Behörde. Doch so sehr es wichtig ist, auch auf andere Künstler des Jahrgangs 2015/2016 hinzuweisen: vor allem sind alle ganz verrückt nach diesem Calcutta. Er habe mit dem italienischen Lied ein Risiko eingehen wollen, sagt er 2019 dem *Rolling Stone.*

Und das hat er. Calcuttas Helden sind Loser und Hänger, Menschen, die reichlich vom Wurstwasser des Lebens getrunken haben. So wie Gaetano im gleichnamigen Lied, dem die Mutter rät, nicht so viel auf YouPorn herumzuhängen, und der aus reiner Streitlust mitten in Bologna ein Hakenkreuz an die

Wand malt. Es sind Lieder voller Ironie, unerwarteter Wendungen und bizarrer Bilder, die gerade wegen ihrer Absurdität die halbe Jugend des Landes in ihrem Alltag auf Betriebstemperatur abholen. Für ihn sei jedes Wort die Lautmalerei eines Gefühls, sagt Calcutta, weswegen ihn auch die Frage nach der Bedeutung seiner Texte nerve. Schönheit, so der Sänger, liege in dem, was man nicht verstehen könne. Ebenso geht er Fragen nach Privatem aus dem Weg: Das sei Klatsch. Sein Vater sei IT-Experte und heiße Bill Gates. Und auf die Feststellung eines *Vanity-Fair*-Journalisten, dass er auf magische Weise zum Superstar geworden sei: *A me cosa è successo non interessa proprio*, es interessiert mich überhaupt nicht, was passiert ist, *'sti cazzi*, drauf geschissen. Im Allgemeinen liebt er die Verweigerung – und das Verschwinden. Nach seinem zweiten Album »Evergreen« aus dem Jahr 2018 gibt es bis zur Tournee-Ankündigung 2023 außer ein, zwei Singles kaum ein Lebenszeichen. Auch was die Tugend des Sich-Verdünnisierens angeht, hat er vom Größten der Großen gelernt: Italiens Pop-Genie Lucio Battisti, der sich Ende der 70er aus der Öffentlichkeit verabschiedete, um fortan nur noch über seine Musik zu kommunizieren. So weit ist es bei Edoardo noch nicht. Aber die Abstände zwischen seinen Alben werden länger und länger.

Erfreuen wir uns nun an dem Lied, mit dem er berühmt wurde: »Cosa mi manchi a fare« (Wozu fehlst du mir). Ein ebenso infektiöses wie für den Künstler typisch assoziatives Lied über die Einsamkeit. »Mi prenderò un gelato con il tuo sapore« (Ich werde mir ein Eis mit deinem Geschmack nehmen), singt Calcutta, und man staunt mal wieder über seine Bilder. Aber wenn er krächzt »E non mi importa se non mi vuoi bene« (Und es ist mir egal, wenn du mich nicht liebst), reißt es einem das Herz raus.

23.

CUORE MATTO (1967)

Little Tony

Mitten in Italien, eingeklemmt zwischen der Emilia-Romagna im Nordosten und den Marken im Südwesten, liegt der Zwergstaat San Marino, die mutmaßlich älteste Republik der Welt, 61,19 Quadratkilometer groß, Heimat von gut 33.000 Einwohnern. Der berühmteste Musikexport des auf einem Berghang gelegenen Landes ist der 1941 geborene Antonio Ciacci, der sich in Anlehnung an Little Richard den Namen Little Tony verpasste.

Schon in seiner Jugend Maienblüte verbreitet Little Tony in örtlichen Bars die frohe Botschaft des Rock 'n' Roll. Nach einigen frühen Singles mit italienischen Versionen US-amerikanischer Songs wird er 1959 nach einem Auftritt im Mailänder Club *Smeralda* von dem britischen Produzenten Jack Good nach Großbritannien geholt, wo er in den folgenden drei Jahren mit seinen Brüdern Alberto und Enrico unter dem sinnigen Namen Little Tony & His Brothers aufspielt. 1961 schafft er es mit einer Single gar bis auf Platz neunzehn der britischen Charts.

Doch Italien ruft. Beziehungsweise Adriano Celentano ruft. Mit dem Stück »24 mila baci« (24.000 Küsse) holen die beiden Sänger 1961 den zweiten Platz beim *Festival di Sanremo*. Seinen ersten eigenen Nummer-eins-Hit in Italien beschert ihm im folgenden Jahr »Il ragazzo col ciuffo« (Der Junge mit der Haartolle), in dem der Sänger der Frisur ein Denkmal setzt, mit der er bis zu seinem Tod im Jahr 2013 durch die Welt spazieren sollte. Nicht wenige sehen in ihm schon Italiens Antwort auf Elvis. Sein unsterblichstes Stück aber lässt der Sänger 1967 auf das Land los. In jenem Jahr tritt Little Tony in Sanremo mit dem Song »Cuore matto« (Verrücktes Herz) an.

Zur betreffenden Zeit befindet sich Italien im Bann des Beat. Ganz gleich, ob in Bergamo oder Bari – allüberall schießen die Pilzköpfe aus dem Boden, fast im Sekundentakt scheinen sich Bands im Stile der britischen Vorbilder zu gründen. Da will auch der kleine Tony mittun. Er ist zwar ganz klar ein Rock 'n' Roller und kein Beat-Freak, zudem prangt sein *ciuffo* ehrfurchtgebietender denn je auf seinem Haupt, aber was soll's: *chi non gioca non vince,* wer nicht wagt, der nicht gewinnt.

In Sanremo reicht es noch nicht für den Sieg. Beim Festival wird er mit »Cuore matto« nur Zehnter. Es ist das schicksalsträchtige Jahr, in dem sich Luigi Tenco nach dem Ausscheiden mit »Ciao Amore, ciao« im Hotel Savoy das Leben nimmt. Nach anfänglicher Schockstarre erinnert sich Italien bald daran, dass ein leichtes Lied in dunklen Tagen Wunder wirken kann. In den folgenden Monaten klettert »Cuore matto« bis auf Platz eins. Little Tony ist – im tragischsten Jahr der *musica leggera* – der Strahlemann des Sommers. Das Lied ist aber auch zu gut. Der knochentrockene Bass, der das pochende Herz nachempfindet, die spannungsprallen Strophen mit den zackigen Bläsersätzen, das den Refrain einleitende Honky-Tonk-Klavier und wie dieser Refrain dann so gar keine Angst mehr vor der großen Geste hat – all das sucht immer noch seinesgleichen. »Dimmi la verità« (Sag mir die Wahrheit), barmt Little Tony, und der Chor schmettert es ihm nach. Und endlich begreift man: Tony ist nicht Italiens Antwort auf Elvis, sondern San Marinos Antwort auf Tom Jones! Wie auch viele andere Songs dieser Ära wurde das Lied verfilmt – mit Little Tony in der Hauptrolle. Unser Mann aus San Marino gibt in dem

Machwerk einen bis zur Haartolle verliebten Sänger, dessen Eltern jedoch eine andere für ihn auserkoren haben. Regisseur Mario Amendola, der kurz darauf als Mitautor des legendären Schnee-Western »Il grande silenzio« (Das große Schweigen, dt. Titel: »Leichen pflastern seinen Weg«) firmieren sollte, gelingt hier das Kunststück einer gänzlich unkomischen Komödie.

»Cuore matto« markiert zugleich den Zenit der Karriere des Sängers. Nicht, dass er je ganz abgemeldet gewesen wäre, doch die Glanzzeiten sind ab Anfang der 70er vorbei; statt Rock'n'Roll und Beat regieren nun versponnener Prog-Rock und die sozialkritisch interessierten *cantautori*. Der Sänger spürt den Wind der Zeit, er erkennt seine Grenzen an – und macht weiter sein Ding.

2006 erleidet er bei einem Auftritt in Kanada einen Herzinfarkt. Er erholt sich wieder und singt gar noch einmal in Sanremo. 2013 erliegt er mit 72 Jahren in Rom einer Krebserkrankung. Zehn Jahre später wird in Anwesenheit seiner Tochter in Tonys Geburtsstadt Tivoli eine Büste zu seinen Ehren errichtet. Für einen bizarren Moment beim *Festival di Sanremo* sorgte, ebenfalls 2023, der große Gino Paoli, der sich auf offener Bühne an seinen Freund erinnert. Tony sei der Beste gewesen, leitet Paoli ein. Und ergänzt dann zusammenhangslos, dass er sich erinnere, wie Tony nach einer Tour nach Hause gekommen sei und seine Frau in flagranti ertappt habe. Moderator Amadeus und Co-Host Gianni Morandi versuchen noch, den 88-jährigen Paoli abzuwürgen, aber da ist die Geschichte schon in der Welt. Tags darauf zeigt sich Little Tonys Tochter hocherzürnt. Sie wisse nicht, ob die Geschichte stimme, bitte aber um eine Entschuldigung Paolis, andernfalls erwäge sie eine Klage.

Und das verrückte Herz, es schlägt und schlägt und schlägt …

24.

DONNE (1984)

Zucchero

Im Oktober 2023 wird Adelmo Fornaciari die Ehrenbürgerschaft seines Geburtsorts Reggio Emilia verliehen. Er wünsche, wenn es eines Tages so weit sei, hier zu sterben, tut der Sänger bei dieser Gelegenheit kund. Eine, so könnte man zunächst meinen, durchaus erstaunliche Äußerung für einen Künstler, der in seinem Schaffen stets die Nähe zum amerikanischsten aller Musikgenres, dem Blues, gesucht hat. Aber wenn es nach dem Mann geht, der von einem Grundschullehrer den Spitznamen *Zucchero* verpasst bekam, lauert der Blues auch in der Emilia-Romagna hinter jedem Oleanderbusch. Er habe das uramerikanische Genre zu seiner Musik gemacht, sagt der Sänger, weil es antifaschistisch sei – der Blues kenne keine Flaggen.

Man pflückt ihm keine Feder vom Hut, wenn man sagt, dass es natürlich eine recht durchgeputzte Form der Musik des amerikanischen Südens ist, die der Mann namens »Zucker« da spielt. Dazu passt, dass es ihm ab Mitte der 80er gelingt, immer wieder mit dem internationalen Adel des domestizierten Erwachsenen-Rock zusammenzuarbeiten. Er macht gemeinsame Sache mit Eric Clapton, Sting, Paul Young, Vanessa Carlton oder Brian May, um nur einige zu nennen. Klischees können diesen Mann nicht schrecken. Wenn er, wie im Jahr 2020, mit Sting auf dessen Anwesen in der Toskana gemeinsam ein Lied zum Besten gibt, sieht dies genauso aus und hört sich exakt so an, wie man es sich vorstellt. Gerne gibt Zucchero die rockig-sensibilistische Urgewalt. Was seine optische Inszenierung angeht, muss gesagt werden, dass er – ähnlich wie Johnny Depp oder Aerosmith – unter dem »Romantischer Pirat«-Syndrom leidet und bevorzugt mit Hut, Weste und samtenem Mantel sowie mit zahllosen Ketten, Armreifen, Amuletten und Tüchern behangen durch die Gegend läuft. Seine 2024er-Tournee trägt den Titel »Overdose d'Amore«. Doch der Erfolg gibt ihm recht. Über sechzig Millionen Platten hat er bis heute verkauft; nicht zuletzt aufgrund seines häufigen Zusammenwirkens mit internationalen Stars ist Fornaciari einer der weltweit erfolgreichsten italienischen Musiker. Ray Charles nannte den Emilianer einen der besten Bluesküstler, mit denen er je zusammengearbeitet habe.

Der 1955 geborene Fornaciari beginnt mit 13 Jahren, in Bands zu spielen; bis Ende der 70er arbeitet er parallel als Metzger, Bäcker, Elektriker und Drechsler. Ein Studium der Veterinärmedizin bricht er nach 39 von 51 bestandenen Prüfungen ab, als sich der Ruf des Showgeschäfts nicht länger ignorieren lässt. Nach ersten Erfolgen mit Kompositionen für andere Sängerinnen und Sänger tritt er 1982 erstmals beim *Festival di Sanremo* an – und wird Vorletzter. Der Künstler lässt sich nicht beeindrucken und versucht es im Folgejahr erneut beim ligurischen Liederwettstreit, abermals ohne nennenswerten Erfolg. Des Scheiterns überdrüssig unternimmt er eine gründliche Klangkorrektur: Das Ergebnis ist das 1984 in Kalifornien produzierte Album »Zucchero & The Randy Jackson Band«, aus dem das hier vorgestellte Stück stammt. Im selben Jahr ist Zucchero Mitverfasser des Songs »Non voglio mica la luna« (Ich will doch nicht den Mond), ein großer Hit für die Sängerin Fiordaliso. Die endgültige Wende zum heutigen Sound und Image bringt zwei Jahre später das Album »Respect«. 1991 wird »Senza una donna« (Ohne eine Frau), ein

Duett mit Paul Young, zur ersten Single eines italienischen Sängers an der Spitze der Eurochart Hot 100. Der Rest ist Geschichte mit Feder am Hut.

Wie im berühmten Duett mit Paul Young teilt der Sänger auch im hier vorgestellten Stück seine Expertise zum Themenkomplex »Frauen«. Man sollte sich nicht zu viel erhoffen, aber immerhin wird der Versuch unternommen, einem komplexen Weiblichkeitsverständnis, Stand 1985, künstlerische Gestalt zu verleihen. Fornaciari erzählt von »donne in cerca di guai« (Frauen auf der Suche nach Ärger), Frauen, die ohne Begleitung dahintreiben, mit Ratschlägen in den Augen, wie es heißt. Sie seien verstreute Planeten, weiß der Sänger, manche seien modisch, andere schwämmen gegen den Strom. Gleiches ließe sich zugegebenermaßen auch über Veterinärmediziner oder die Einwohner Oer-Erkenschwicks sagen, aber ein Zucchero-Song namens »Veterinärmediziner und Oer-Erkenschwicker« harrt noch seiner Niederschrift. In der erstaunlichsten Zeile des Liedes heißt es: »Negli occhi hanno gli aeroplani« (In ihren Augen haben sie Flugzeuge), was mutmaßlich besser ist, als sie im Bauch zu haben. Der Text zu »Donne« stammt vom Autor und gelegentlichen Produzenten Alberto Salerno, der auch Erfolgslieder wie Eros Ramazzottis »Terra promessa« (Versprochenes Land«) oder »Io vagabondo« (Ich, Vagabund) von I Nomadi auf dem Kerbholz hat. Im Grunde sagt Zucchero aber schon alles in der Eingangszeile: »Donne, tu-du-du«.

Wer sich die 1985er-Auftritte Zuccheros mit dem Lied zu Gemüte führt, könnte erstaunt sein: Der Musiker ist hier noch weit von seinem ikonischen Kleidungsstil entfernt und pflegt stattdessen eine Art Hafenarbeiter-Look. So wenig ich ein Fan seiner späteren Bluesrock-Exerzitien bin, so sehr mag ich dieses Stück, das mediterrane Melodietradition aufs Luftigste mit amerikanischen Produktionsstandards und den Soul-Manierismen jener Ära verbindet. Natürlich wird der Song mit einem beseelten »Uuuuuuuuuh« eingeleitet, unterdessen klingt die Snare-Drum so groß, dass der Sänger sie als Ablage für seine Hutsammlung verwenden könnte. Am Ende gibt es eines jener Saxophonsoli, wie sie so heute nicht mehr hergestellt werden.

Drei Lehren aus diesem Kapitel: Man kann dem Blues auch in der Emilia-Romagna Zucker geben, der romantische Piratenlook ist kein Privileg US-amerikanischer Stars, und wenn man sich zu einem komplexen Thema äußern soll, ist mit einem schlichten »Tu-du-du« oft alles gesagt.

25.

LE DONNE NELLE STAZIONI (1995)

Gianmaria Testa

Es klingt wie die Story eines sommerlichen Programmkinohits: Gianmaria Testa, Sohn einer Bauernfamilie aus dem kleinen piemontesischen Städtchen Cavallermaggiore, arbeitet als Bahnhofsvorsteher im benachbarten Cuneo. Mit der Zeit nimmt er im Rahmen seiner Tätigkeit zwangsläufig mehr und mehr die Rolle des Beobachters ein. Der Bahnhof wird zu einem Fixpunkt konstanter Bewegung. Testa sieht wildfremde Menschen in Richtung Turin abreisen oder dem Zug aus Ventimiglia entsteigen. Das Kommen und Gehen, die vielen Charaktere und Begegnungen inspirieren ihn. An einem Bahnhof sehe man noch die Traurigkeit des Abschieds, sagte er einmal. Er ist schon über dreißig, als er beginnt, seine Beobachtungen in Gedichten festzuhalten. Wie ein Besessener spinnt er das, was sich ihm täglich an seinem Arbeitsplatz darbietet, weiter.

Aus den Gedichten werden Lieder, und aus Gianmaria Testa ein *cantautore*. Er ist 36, als 1995 sein erstes Album erscheint. Bis 2007 bleibt er Bahnhofsvorsteher von Cuneo.

Es liegt nahe, den Brummler und Grummler Gianmaria Testa mit Paolo Conte zu vergleichen. Beide stammen sie aus dem Piemont, beide wirkten sie ursprünglich in kunstfernen Berufen (Conte als Anwalt), beide wurden zunächst im Nachbarland Frankreich populär, und beide sind dem Jazz näher als dem Pop. Wollte man allzu flapsig sein, könnte man Testa als einen Conte ohne Manierismen, Revueanleihen und Kazoo bezeichnen. Auch wird bei ihm nicht im azurblauen Sakko durch Flirrwelten getänzelt. Seine Stücke verdanken sich eher dem Erbe des italienischen Volksliedes und dem Chanson. Es knarzt, und zwar gehörig. Meist reicht dem 1958 geborenen Musiker die Gitarre und dezentes Percussion-Geklöppel als Begleitung. Der größte Unterschied zum *avvocato* aus Asti liegt aber in den Texten: Während Conte seine Geschichten bewusst nur andeutungsweise hintupft, ist Testas Poesie schwerer, sehnsuchtsvoller, weniger schulterzuckend.

Das große Lebensthema des Mannes, der zeitlebens den Look eines sympathischen Naturwissenschaftsgenies pflegt, ist naheliegenderweise die Reise, in jeder Form und Ausprägung. Einmal Bahnhof, immer Bahnhof. Sein größtes Werk veröffentlicht er 2006 mit dem Album »Da questa parte del mare« (Auf dieser Seite des Meeres), das die großen Fluchtbewegungen über das Mittelmeer zum Thema hat. Ein mächtiges Konzeptalbum über Wurzeln und Entwurzelung, Hoffnungen und Ängste, Ausgrenzung und Menschlichkeit. Testa verabsäumt es dabei nicht, seine Landsleute an die eigene Auswanderungs- und Fluchtgeschichte in die USA und nach Mittel- und Nordeuropa zu erinnern. Er sei Piemontese durch und durch und dank der bäuerlichen Familientradition ein stark verwurzelter

Mensch. Nie jedoch käme er auf die Idee, dass ein Fremder, der in seine Heimat komme, ihn dieser Wurzeln berauben könne.

Im hier ausgewählten Lied von seinem Debütalbum ist der Bahnhofsdichter von Cuneo ganz bei sich, seiner Lebensrealität, seinem Bahnhof: »Le donne nelle stazioni / Le donne c'è sempre uno che le aspetta / E quando arriva il treno è già lì / Che sventola le mani / E se ne vanno via in compagnia / E ti sembrano diverse / E non si voltano più, non si voltano più« (Die Frauen in den Bahnhöfen / Da ist immer einer, der auf sie wartet / Und wenn der Zug ankommt, ist er schon da / Und wedelt mit den Händen / Und zusammen gehen sie weg / Und sie kommen dir verändert vor / Und sie drehen sich nicht mehr um, sie drehen sich nicht mehr um). Im weiteren Verlauf verengt sich der Blick aufs Detail: Manche der Frauen trügen Röcke wie Winddrachen im Sturm und besäßen die dunkle Eleganz von Kormoranen. Ein Lied über das Ankommen, natürlich. Ein Lied auch über die Grenzen der Beobachtung und darüber, wie einen die Realität mit der Fiktion alleine lassen kann. 2015 wird Testa vom *Bayerischen Rundfunk* gefragt, ob er seine Arbeit als Bahnhofsvorsteher vermisse. Ja, sagt er, weil das Singen für ihn keine Arbeit sei. Wenn ihn jemand frage, was er beruflich mache, sage er immer noch, er sei Eisenbahner.

Der Programmkino-Blockbuster geht leider nicht gut aus. 2016 stirbt Gianmaria Testa mit erst 57 Jahren nach schwerer Krankheit. In seiner Beileidsbekundung bezeichnet ihn der piemontesische Regionalpräsident als die Seele der Region.

26.
DUE VITE (2023)
Marco Mengoni

Auch im Jahr 2023 kleben meine Frau und ich an allen fünf Abenden des *Sanremo*-Festivals bis in die frühen Morgenstunden am Bildschirm. Der Kontakt zu Menschen, die sich wenig für die Verrenkungen des italienischen Showbetriebs erwärmen können, reißt an diesen Tagen gänzlich ab und muss danach erst wieder mühevoll hergestellt werden. Manchmal stoßen auch interessierte Freundinnen und Freunde dazu, um unter steigendem Alkoholpegel gemeinsam mit uns Songs, Darbietung und Outfits der Auftretenden in ein halbwegs stimmiges Ranking zu bringen. Die Wonnen der Sinnlosigkeit.

Ich muss gestehen: Als Marco Mengoni mit seinem Lied »Due vite« (Zwei Leben) antritt, bin ich der Einzige, dem nicht gleich beim ersten Hören klar ist, dass man es hier mit dem eindeutigen Siegertitel zu tun hat. Während einigen Mitzuschauern bei Mengonis Auftritt sofort vor lauter Begeisterung die Knabberbox explodiert und andere schlagartig in genussvolles Schnurren verfallen, kann ich mich des Gefühls nicht erwehren, einem rekordinteressierten Pizzabäcker beim Auftischen der größten Wagenradpizza aller Zeiten zuzuschauen. »In seinem Streben nach Überwältigung zu naheliegend«, notiere ich. Am Ende hebt Mengoni die gesamte Konkurrenz aus dem Sattel, und ich gucke dumm. So viel zur Expertise.

Inzwischen weiß ich es besser. »Due vite« ist natürlich der Wahnsinn mit Goldrand, eine warme Badewanne von einem

Song, ein Lehrstück in puncto italienisches Pathos mit Twist. Im Text des Stückes sitzen die Ratio und das Unbewusste im Dialog beieinander – die »zwei Leben« des Titels. Wer je etwas mehr Zeit auf der Couch eines Psychiaters verbracht hat, weiß genau, worum es geht: Bei der Suche nach dem, was uns ausmacht, was uns antreibt, wahnsinnig oder ängstlich werden lässt, liefert das Unbewusste die erhellenderen Antworten. Nur in der Versöhnung beider Seiten werden wir vollständig, scheint Mengoni zu sagen. Der Sänger schreibt den Text zusammen mit Davide Petrella, der 2023 auch Autor des in Sanremo zweitplatzierten Liedes »Cenere« (Asche) des Rappers Lazza ist. Was »Due vite« neben dem Text und der einen weiten Bogen schlagenden Melodie ausmacht, ist die immense innere Spannung. Mengonis Vortrag klingt über weite Teile wie ein aufgekratzter Gedankenstrom unter dem Dauerbeschuss hektischer Alltagseindrücke. Er habe sich an Lucio Dalla orientiert, sagt der Sänger: wenig Atem, viele Worte und viel Spannung, um das Stück schließlich explodieren zu lassen. Es sei nicht gezielt für das Festival geschrieben worden, informiert der sichtlich aufgewühlte Künstler am nächsten Tag die Presse; mitten im Entstehungsprozess habe jemand geäußert, dass dies doch ein Song sei, mit dem man es in Sanremo versuchen könne.

Marco Mengoni kommt am ersten Weihnachtstag 1988 in der Gemeinde Ronciglione in Latium zur Welt (der heutige Bürgermeister des Ortes, Mario Mengoni, ist des Sängers Cousin dritten Grades). Sein Weg ins Musikgeschäft führt ihn 2009 durch das Portal der Castingshow *X Factor*, wo ihn der notorische Krawallmacher Morgan, der schon in einem vorherigen Kapitel durchs Bild stolzierte, unter seine Fittiche nimmt. Die Karriere, die Marco Mengoni nach seinem Sieg bei der Show hinlegt, ist gepflastert von Erfolgen. Er gewinnt Preis um Preis und steht immer wieder an der Spitze der italienischen Hitparade. 2013 gewinnt er erstmals das *Festival di Sanremo*, 2014 vollbringt er das Kunststück, mit zwei verschiedenen Alben die Chartspitze zu erreichen. Längst hat er einen festen Platz im Herzen seiner Landsleute, und Mengoni dankt es ihnen mit Opulenz. 2021 erscheint der erste Teil seiner Albumtrilogie »Materia«, der letzte kommt 2023 auf den Markt – drei Nummer-eins-Hervorbringungen in drei Jahren. Groß denken, Freude schenken. Da kann auch ruhig mal etwas überkochen. Die Gospel-Version von »Let it be« wäre wirklich nicht nötig gewesen und dürfte in Beatles-Fanclubs für das Emporrollen sämtlicher Zehennägel sorgen. Aber einem Sympathieträger wie Mengoni verzeiht man letztlich alles – weil er so gut ist und so offenherzig.

Auch politisch trägt er sein Herz auf der Zunge. Auf seinem letzten Album thematisiert er die Situation ausgebeuteter Migranten als billige Erntehelfer im Süden Italiens. Vor allem treibt ihn der Umgang der Regierung mit der LGBTQI+-Community um. Ihm gefalle die Position der Meloni-Regierung nicht, was er beobachte, bereite ihm Unbehagen. Vor diesem Hintergrund ist auch sein Auftritt beim *Eurovision Song Contest* zu sehen, wo er die Bühne mit der italienischen und der Regenbogenfahne betritt. Italien dürfe im Vergleich zum Rest der Welt keine Rückschritte machen, kommentiert er den Auftritt. Zuvor waren etliche Mitglieder der postfaschistisch angeführten Regierung – unter anderem die Familienministerin Eugenia Roccella und der Präsident der Abgeordnetenkammer Lorenzo Fontana – durch reaktionäre Äußerungen aufgefallen, in denen sie gleichgeschlechtlichen Paaren das Recht auf legale Elternschaft absprachen. Für ihn, Mengoni, sei die Regenbogenfahne das Symbol der totalen Inklusion. Wenn man alle Minderheiten zusammennehme, sei dies keine Minderheit mehr.

Die Schmach, den *Sanremo*-Sieger 2023 vorab nicht deutlich erkannt zu haben, konnte ich mittlerweile überwinden. Unterdessen ist Mengonis Wuchtballade zu einem modernen Klassiker geworden, einem jener Songs, die in ihrem Entstehungsland jederzeit und überall laufen können – bei Hochzeiten, in schicksalsprallen TV-Beiträgen, in denen sich Menschen weinend um den Hals fallen, oder in der allabendlichen TV-Spielshow *Soliti Ignoti* (Die üblichen Unbekannten), wo der Refrain stets dann ertönt, wenn die Kandidaten eine hohe Geldsumme erwerben.

27.

L'ECCEZIONE (2022)

Madame

»Francesca, mi hai salvato l'anima!« (Francesca, du hast meine Seele gerettet!)

So steht es im Juli 2023 handgeschrieben auf einem Pappschild, das eine junge Frau beim Konzert von Francesca Calearo alias Madame in Turin in die Luft hält. Sie dürfte mit dieser Aussage nicht alleine sein. Die 22-jährige Künstlerin aus Creazzo, gelegen in der nordostitalienischen Provinz Vicenza, ist die mit Abstand faszinierendste musikalische Gipfelstürmerin ihrer Generation. In ihren Stücken trifft die poetische Menschlichkeit Fabrizio De Andrés auf Techniken von Trap und Rap, Madames Gesang klingt in einem Moment anbetungswürdig selbstbewusst, im nächsten Moment dann wieder wie ein liebeskranker Android. Sie singt mit radikaler Konsequenz – und fast immer mit Autotune-Effekt auf der Stimme – von Liebe und den Verstrickungen des Menschseins; auf der Bühne bewegt sie sich wie eine Boxerin. Man könnte sich in den Gedanken hineinsteigern, Madame stehe für ein neues Italien, ein Italien, das sich um alte Polarisierungen nicht mehr schert. Und lüde man ihr damit nicht die lästigste aller Lasten auf die Schultern, könnte man sogar so weit gehen zu behaupten, sie sei die Klassensprecherin der italienischen Millennials.

Sie ist 14, als sie auf YouTube ein Rap-Video sieht. Es gebe niemanden, der sage, was sie sagen würde, denkt sie sich – das perfekte Ausgangsszenario für eine Künstlerin von eigenen Gnaden. Auf ihr künftiges Alias Madame stößt Calearo beim Herumspielen mit einem Zufallsgenerator für Dragqueen-Namen. Madame gefalle ihr, weil sie eine *donna* mit großem D sein wolle. 2018 unterschreibt sie mit gerade mal 16 einen Plattenvertrag beim legendären Label *Sugar Music*; gleich ihre erste Single »Sciccherie« (Schicke Sachen) rotiert im italienischen Radio. Als Cristiano Ronaldo eine Instagram-Story postet, die ihn beim Hören des Liedes auf seiner Terrasse zeigt, erfährt das Stück einen zusätzlichen Popularitätsschub. Doch vermutlich hätte sie des Supports gar nicht bedurft. Wenn es eine Musikerin gibt, die mit jeder Pore ausstrahlt, es rein zu ihren Bedingungen schaffen zu können, dann ist es Madame. 2022 singt sie in Sanremo ihr tosendes Stück »Voce« (Stimme), eine Hymne an die künstlerische Ausdruckskraft, und interpretiert am Abend der Coverversionen Adriano Celentanos bahnbrechenden Quatsch-Rap »Prisencolinensinainciusol«. Italien sitzt vor dem Fernseher und nimmt staunend zur Kenntnis, dass der Rahmen, in den die damals 19-Jährige passt, erst noch geschnitzt werden muss. Es ist Madames endgültiger Durchbruch zum Superstar.

2023, nach einem weiteren donnernden Auftritt in Sanremo, veröffentlicht sie ihr zweites Album »L'amore« – in künstlerisch faden Zeiten ein Werk mit Schneid. Eine Freundin habe sie darauf hingewiesen, dass sich auf dem Vorgängerwerk keinerlei Liebeslieder befänden. Bitte sehr, auf der neuen Platte seien dafür ausschließlich *canzoni d'amore*. Doch es sind keine Stücke, die zum glückstrunkenen Umtanzen von Bäumen einladen. In den Texten buddelt die Sängerin nach den Wurzeln von Verlangen und Entfremdung, Unterwerfung und Dominanz – ohne Angst, sich dabei dreckig zu machen. Im Gegenteil. Madames Texte sind oft brutal und explizit, sie schlagen hart zu und begeben sich immer wieder dorthin, wo die Liebe weh tut. »Il bene nel male« (Das Gute im Bösen) erzählt von der amourösen Beziehung zwischen einer Prostituierten und einem Kunden, ein bittersüßes Stück voller Bedauern und Reue. In »Aranciata« (Orangenlimonade) geht es um das innige Verhältnis zwischen Tochter und Vater nach der elterlichen Trennung. »Quanto forte ti pensavo« (Wie stark ich an dich dachte) erzählt von einer durch Gewalt geprägten Beziehung. Die Liebe existiere auch dort, wo es kein Glück gebe, sagt die oft faszinierend lebensweise wirkende Anfangzwanzigerin über ihr Album. »L'amore« ist ein großer künstlerischer Wurf, ein beherztes Album, das von Menschen spricht, denen man in den meisten Popsongs nicht begegnet.

Zwischen ihren beiden bisherigen Großwerken veröffentlichte Madame 2022 den Song »L'eccezione« (Die Ausnahme), der sich musikalisch an den Glanztaten der *musica leggera* der 60er orientiert. Auf den Autotune-Effekt verzichtet die Sängerin aber auch hier nicht (ebenso wenig wie im Februar 2023, als sie in Sanremo Fabrizio De Andrés »Via del Campo« in einer Weise covert, dass man niederknien möchte). In »L'eccezione«, dem Titelstück der Serie »Bang Bang Baby«, hören wir die Erzählung eines 16-jährigen Mädchens, das sich an ihren tot geglaubten kriminellen Vater wendet, der plötzlich und unerwartet wiederaufgetaucht ist: »Padre mio, non ti ucciderò / Fino a dove posso spingermi per amore / Padre mio, oggi hai il vestito buono / Fino a dove ti sei spinto per raggiungermi« (Mein Vater, ich werde dich nicht töten / Wie weit kann ich aus Liebe gehen? / Mein Vater, heute hast du den guten Anzug an / Was hast du dafür getan, um zu mir zu kommen?). Da ist es wieder, ihr ewiges Thema: das Gute im Bösen, das Böse im Guten. Das Mädchen, das nur für so kurze Zeit Kind sein durfte, findet sich wieder *tra giocattoli e pistole*, zwischen Spielzeug und Pistolen. Der Ödipuskomplex, bis an die Zähne bewaffnet. Das Stück klingt, als würde Italiens Chefsängerin Mina einen 60er-Hit aus der Zukunft herüberschicken.

Auch Ornella Vanoni, nach Mina Italiens bedeutendste Sängerin der goldenen Ära, bekennt sich 2023 als Fan von Italiens neuem Superstar. Sie möge Madame sehr, äußert sich Vanoni. Die Sängerin sei eine junge Kreatur, die mächtig wachsen werde.

Sie ist längst schon so groß!

28.

L'EMOZIONE NON HA VOCE (1999)

Adriano Celentano

In der zweiten Hälfte der 90er steckt Adriano Celentano in einer gehörigen Krise. Rund 25 Jahre lang, von den späten 50ern bis zu Beginn der 80er, hatte er das Land aufgemischt, ein Spektakel nach dem anderen veranstaltet und Millionen Platten verkauft. In den 80ern hatte er Kassenschlager fürs Kino gedreht, seine Autobiografie mit dem Titel »Il paradiso è un cavallo bianco che non suda mai« (Das Paradies ist ein weißes Pferd, das niemals schwitzt) veröffentlicht, in der von ihm moderierten großen Abendshow-Reihe *Fantastico* Atomkraft und Gewalt gegen Frauen gegeißelt und das Publikum dazu aufgefordert, für fünf Minuten den Fernseher auszuschalten, um so auf dem Höhepunkt des Kalten Krieges ein Friedenszeichen zu setzen. Etwa acht Millionen Zuschauer leisteten Celentanos Aufruf bereitwillig Folge. 1994 war er noch einmal auf Tour gegangen, doch seinen Alben der zurückliegenden zehn Jahre fehlte es am alten Zunder. Die letzten großen Hits liegen weit zurück. Kurz vor seinem sechzigsten Geburtstag muss konstatiert werden: Il *molleggiato*, dem Federnden, ist die Musik abhandengekommen.

Es sind zwei Frauen, die dem Allroundkünstler den Weg zu einem großen Alterswerk ebnen. Claudia Mori, Leiterin des Labels *Clan Celentano* und seit 1964 Adrianos Gattin, erinnert sich der Freundschaft ihres Mannes zur größten aller italienischen Sängerinnen, Mina, die zu diesem Zeitpunkt schon seit zwanzig Jahren abgeschottet in Lugano lebt. Mori ruft Minas Sohn Massimiliano Pani an und kann ihn davon überzeugen, bei seiner Mutter die Idee eines gemeinsamen Albums zu platzieren. Die Sängerin ist begeistert, und so können 1998 die Aufnahmen beginnen. Die CD »Mina Celentano«, deren Cover das ungleiche Paar als Comic-Enten zeigt, wird ein Riesenerfolg. Im Falle Minas ist es gar das meistverkaufte Album ihrer Karriere.

Und Celentano? Der will es jetzt erst recht wissen. Ein großes Soloalbum muss her mit Songs, an denen er etwas zu beißen hat, die zu seinem Alter passen und die ihn endlich wieder sein ganzes Land umarmen lassen. Hierzu versichert er sich der Dienste zweier Veteranen der italienischen Liedschmiedekunst. Da wäre zum einen der Komponist Gianni Bella, der seit den 70ern auch unter seinem eigenen Namen etliche Hits einfahren konnte, und zum anderen Italiens berühmtester Liedtexter und Ex-Partner Lucio Battistis, Mogol. Die gemeinsame Klausur gestaltet sich nicht einfach. Celentano zeigt sich dem von seinen Partnern vorgelegten Material gegenüber skeptisch bis ablehnend. Eines Tages präsentieren die zunehmend verzweifelten Komponisten einen Song, der den Sänger aufhorchen lässt. Die Melodie hat *grandezza,* sie pflückt geradezu die Sterne vom Himmel. Gleich die ersten Zeilen verfügen über einen immensen Sog, kokettieren mit dem Malus nie erworbener Weisheit: »Io non so parlar d'amore / L'emozione non ha voce / E mi manca un po' il respiro / Se ci sei c'è troppa luce« (Ich weiß nicht, wie ich über Liebe sprechen soll / Das Gefühl hat keine Stimme / Und ich bin etwas außer Atem / Wenn du da bist, gibt es zu viel Licht). Die Seele dehne sich aus wie die Musik des Sommers, heißt es weiter, und genauso fühlt es wohl auch der Sänger. Wenn er diesen Song auch ablehne, wirft Claudia Mori ein, dann sei ihm wirklich nicht zu helfen! Aber die Sorge ist unbegründet, Celentano ist hin und weg. Das Stück liefert dem neuen Album mit der Auftaktzeile »Io non so parlar d'amore« nicht nur den Titel. Nach einem aufreibenden Jahrzehnt voller Mafia-Attentate, Staatskrisen und *berlusconismo* versöhnt es in einer kräftigen Umarmung das Land mit sich selbst. Heute ist es ein moderner Klassiker. Wenn es läuft, flattern Vorhänge andeutungsvoll in der Meeresbrise, und die erlöste Seele läuft glückstrunken in Zeitlupe durch norditalienische Bogengänge. Das dazugehörige Album verkauft sich über zwei Millionen Mal und verbleibt über anderthalb Jahre (!) in den Top 50. Celentano hat seinen *grande ritorno*.

Der Superstar nutzt sein Comeback, um dem Land, wie in seinen besten Zeiten, die Leviten zu lesen. Es bricht nun die Ära seiner großen TV-Shows an, die halb Italien am Bildschirm kleben lassen. Gegen das, was er hier veranstaltet, nehmen sich seine Experimente im Rahmen der *Fantastico*-

Shows der 80er aus wie »Was bin ich? Das heitere Beruferaten«. Alleine die Namen der Shows demonstrieren, dass Adrianos Treiben mit gediegener Abendunterhaltung wenig zu tun hat. In der Showreihe *Francamente me ne infischio* (Ehrlich gesagt, ich pfeif drauf) thematisiert er Folter und Todesstrafe, begrüßt Gäste wie Jovanotti und Ray Charles und führt ein erfrischend verunglücktes Gespräch mit David Bowie über den Weltfrieden. Bowie bezeichnet Celentano danach als »Idiot«. Den kümmert das wenig. Er veröffentlicht zur Jahrtausendwende ein neues Album – ein weiterer Riesenerfolg, auf den er ein neuerliches TV-Spektakel folgen lässt, *125 milioni di caz..te* (125 Millionen Mal Bulls..t). Diesmal legt er sich mit etlichen italienischen TV-Promis an und polarisiert mit Aussagen zum Thema Organspende. Den Höhepunkt seiner Fernsehaktivitäten stellt vermutlich die Reihe *Rockpolitik* aus dem Jahr 2006 dar, im Rahmen derer er sich als glühender Berlusconi-Gegner und Hüter von Italiens Pressefreiheit erweist. Aus lauter Sorge, was der vollkommen autark agierende Sänger diesmal veranstalten könnte, lässt sich der damalige *RAI*-Programmdirektor vorab für die Laufzeit der Sendungen freiwillig suspendieren. Die Gäste reichen von Roberto Benigni und Franco Battiato über Patti Smith bis hin zu Nobelpreisträger Dario Fo. Rekordeinschaltquoten und hitzige Debatten über Celentanos immense Gage sind die Folge. Als die Universität von Foggia Celentano im gleichen Jahr die Ehrendoktorwürde verleihen will, lehnt er mit der Begründung ab, *il re degli ignoranti,* der König der Ignoranten, zu sein, ein früherer Albumtitel des Mailänders. 2007 ist er erneut zu Gast in Italiens Wohnstuben. Diesmal heißt die Sendung *La situazione di mia sorella non è buona* (Die Situation meiner Schwester ist nicht gut), wobei mit »Schwester« die Erde gemeint ist. Adriano Celentano ist wieder bei seinem

Hauptthema, dem Umweltschutz, angekommen, das er schon 1966 mit »Il ragazzo della Via Gluck« (Der Junge aus der Via Gluck) adressiert hatte.

Was der Sänger in all diesen Sendungen perfekt beherrscht, ist der gleichzeitig bekloppt-unvorhersehbare wie volksnahe Umgang mit gesellschaftlichen Reizthemen. Die Mächtigen hätten Angst vor Worten, tut er anlässlich der *Rockpolitik*-Ausstrahlung kund. Der Prediger Adriano Celentano weiß genau, wie er von den Missständen seines Landes und der Welt sprechen muss, um seine Landsleute aus dem Fernsehsessel kippen zu lassen. Am schönsten aber, das zeigt der vorliegende Schlüsselsong seines Spätwerks, spricht er von der Liebe. Auch wenn er in seinem Lied vorgibt, nicht zu wissen, wie dies überhaupt möglich sein soll.

29.

L'ESTATE

Bruno Martino (1960)

»*Odio l'estate*«, ich hasse den Sommer.

Sicher, wer hätte nicht schon unter der Geißel des Sommers gelitten und die grausame Knute der heißen Jahreszeit verflucht – das Sengen der Sonne, das Schwitzen und Siechen unter der Regentschaft dieser grausamen Rittmeisterin unter den Jahreszeiten. Doch die explizite Sommerfeindlichkeit, die uns Bruno Martino hier um die verbrutzelten Ohren haut, sucht – gleichwohl mit Italiens Streichelstimme Nummer eins vorgetragen – ihresgleichen.

Wer nun nach den heißen italienischen Sommern der letzten Jahre annimmt, es bei Brunos Sommerverwünschung mit einem frühen Fall von klimabewusster Lyrik zu tun zu haben, sieht sich getäuscht. Es ist nicht die Jahreszeit selbst, die Martino mit samtenem Organ verflucht, es ist – *naturalmente*! – eine verflossene Liebe, die den Sänger durch die Hölle gehen lässt. Der desillusionierte Ton des Textes erklärt sich nicht zuletzt daher, dass sich Martinos Stammlyriker Bruno Brighetti zum Entstehungszeitpunkt mit einer bösen Fischvergiftung herumschlug. Man muss das Lied somit auch als kathartischen Akt begreifen. Er hasse den Sommer, singt Bruno Martino, »Che ha creato il nostro amore / Per farmi poi morire di dolor« (Der unsere Liebe erschuf / um mich dann vor Schmerzen sterben zu lassen). Mag der Sommer noch so grausam sein, die Liebe ist grausamer. Eine Fischvergiftung sowieso.

Bruno Martino, 1925 in Rom geboren, entstammt der italienischen Jazz-Schule der Nachkriegszeit. Bereits mit 19 wird der Pianist Mitglied des Radio-Sinfonieorchesters der *RAI*. Parallel spielt er in verschiedenen Jazz-Bands. Nach Ende des Zweiten Weltkriegs geht er mit seinem eigenen Orchester auf ausgedehnte Tourneen durchs europäische Ausland, wo er neapolitanische Volkslieder, Jazz-Standards und eigene Stücke aufführt. Nach seiner Rückkehr komponiert er unter anderem für Caterina Valente. Erst vergleichsweise spät, mit Mitte dreißig, wird Martino gewissermaßen aus Versehen zum Solokünstler. Zu seiner Erhebung ins Sänger-Pantheon kommt es, als er für einen unpässlichen *cantante* bei einer Aufführung einspringen muss. Einer seiner frühesten Erfolge trägt den Titel »Dracula Cha Cha«. Das Thema scheint ihn zu beschäftigen, denn noch im selben Jahr reicht Martino das Stück »Draculino (Vampiro un po' bambino)« (Draculino (Der etwas kindliche Vampir)) nach.

Brunos Gruselphase hält jedoch nicht allzu lange an. Seine Welt sind weniger transsilvanische Gruselschlösser als vielmehr die italienischen Nachtclubs – in den späten 50ern und frühen 60ern Hochburgen einer kultivierten und distinguierten Szene, die das wohltemperierte Klavierspiel ebenso schätzt wie die handwerklich gekonnte Lounge-Komposition. Andere Vertreter dieser kosmopolitischen Spielart sind Umberto Bindi, Fred Bongusto und Marino Marini, doch Martino ist eindeutig der eleganteste Vertreter dieser Zunft. Bald nennt man den diskret auftretenden, meist in einen Smoking gekleideten Sänger den *Prinzen der Nacht*. Es gibt schlechtere Spitznamen.

Brunos Martinos Glanzzeit sind ganz eindeutig die 60er. Wenn er bei seinen TV-Auftritten gemessenen Schrittes durch die Studiodeko schreitet, ist die Welt des Belcanto noch in Ordnung. In den 70ern ist sein Crooner-Gestus nicht mehr allzu gefragt; in der Ära der politischen Lieddichter wirkt seine gediegene Art gänzlich aus der Zeit gefallen. 1993 sorgt er noch einmal für Aufsehen, als er mit dem gleichfalls aus der Ära der italienischen Nachtclubs stammenden Umberto Bindi eine viel beachtete Reihe von Konzerten im römischen *Teatro Flaiano* gibt. Im Jahr 2000 stirbt er an einem Herzinfarkt.

Bruno Martinos Sommerverwünschung wird zunächst unter dem Titel »Odio l'estate« (Ich hasse den Sommer) veröffentlicht. Nachdem der Jazz-Musiker Lelio Luttazzi das Lied in einer TV-Sendung als »Odio le statue« (Ich hasse Statuen) parodiert, wird der Titel zu »L'estate« verkürzt. Durch die Version des brasilianischen Bossa-Innovators João Gilberto wird der Song zum Welthit und findet Eingang ins Songbook des Jazz. Die Liste der Künstlerinnen und Künstler, die das Stück interpretieren, reicht von Andrea Bocelli über Chet Baker bis hin zu Erlend Øye. Niemand aber singt es mit so tiefstapelnder Eleganz wie Bruno Martino selbst. Dazu lässt er das Klavier perlen, als blase der Sommerwind über die Tasten.

Wie wir anlässlich des Dracula-Doppels schon erfahren durften, nimmt sich Bruno Martino eines Themas gerne mehrfach an, und so ließ er 1965 das fast ebenso bestrickende »E la chiamano estate« (Und sie nennen es Sommer) folgen. Ein weiteres Stück, das sich vortrefflich dazu eignet, der *summertime sadness* zu frönen und bei knackigen 38 Grad Celsius den Eiseimer vollzugreinen. Sein Lied »Grazie settembre« (Danke, September) beackert ebenfalls das thematische Feld der Sommerverdrossenheit. Aber auch für die kalte Jahreszeit verstand es der Künstler, Liedmaterial anzuliefern – so etwa im Falle des 1961 veröffentlichten Stücks »Brrr ... che freddo!« (Brrr ... wie kalt!).

Am Ende führt dann doch letztlich alles nur zu einer Erkenntnis: Es muss für immer Sommer bleiben, sonst erwischt einen der Herbst des Lebens.

30.

L'ESTATE STA FINENDO (1985)

Righeira

Ein Stück, das den Faden von Bruno Martinos Evergreen aufnimmt. Dass dies mit debilem Grinsen geschieht, sollte nicht Anlass zum Verdruss, sondern zu grenzenloser Freude sein.

Spätestens ab Mitte September wird Italien alljährlich von einer eigentümlichen Schwermut heimgesucht. Der Grund für den seelischen Mehltau, der sich zu dieser Zeit über das Land legt, ist simpel: Der Sommer sagt langsam *addio*. Es beginnt früher zu dunkeln, die Geschäftigkeit kehrt zurück in die Städte, und nach dreieinhalb Monaten Sommerferien geht es für Italiens Jugend zurück in die Schule. Und auch an anderer Stelle macht sich das nahende Sommerende bemerkbar. Während auf *Rai Uno* in den Ferienmonaten allabendlich zur besten Sendezeit das Konservenprogramm *Techetechetè* Auftritte beliebter *musica-leggera*-Stars aneinanderreiht, kehren nun die quietschigen Spielshows zurück. Irgendwie muss man ja durch die entbehrungsreichen dunklen Monate kommen.

1985 beweist das Duo Righeira mal wieder visionären Humor, als es den Song »L'estate sta finendo« (Der Sommer geht zu Ende) veröffentlicht. Allerdings nicht im September, sondern im Mai! Doch die Rechnung der Musiker, die zu diesem Zeitpunkt bereits als einigermaßen abgemeldet gelten, geht auf – das Stück wird ein *tormentone estivo*, ein Sommerhit. Die bittersüße Verabschiedung von der Strandsaison funktioniert auch schon, als die Badeanstalten an Italiens Stränden gerade erst die Sonnenliegen aufklappen.

Mit dem technoiden, an Kraftwerk oder DAF erinnernden Sound ihres Hits »Vamos a la playa«, der zwei Jahre zuvor in ganz Europa die Walkmen heiß laufen ließ, hat der Song nun gar nichts mehr zu tun. Stattdessen beziehen sich die Musiker und ihre verlässlichen Produzenten, die Brüder Carmelo und Michelangelo La Bionda, bewusst auf die Melodik von Liedern wie Edoardo Vianellos zu Anfang unserer Reise vorgestelltes Stück »Abbronzatissima«. Righeira umarmen hier voller Inbrunst das Konzept des leichten Sommerliedes, wie es schon in den 60ern für glühende Ohren sorgte. Auch die optische Erscheinung von Stefano Rota und Stefano Righi alias Johnson und Michael Righeira hat sich geändert. Die vormalige retrofuturistische Zackigkeit ist verschwunden. Stattdessen pflegen die beiden jetzt einen Look, der andeutet, wie es ausgesehen haben könnte, wenn die Musiker von Kajagoogoo im Aperol-Rausch an einer italienischen Steckdose geleckt hätten. *New Romantic* im Eskalationsmodus. Für ihre umjubelten Playbackauftritte jener Epoche denken sich die beiden Freunde eine handhabbare Choreografie aus, die an das erinnert, was Viertklässler im Rahmen von Schulfesten aufführen. Man muss es gesehen haben. Unschuld, dein Name sei Righeira! Die bewusst naive Darbietungsform ist dabei nur konsequent, trägt das Album aus dem Folgejahr doch den Titel »Bambini forever«. Auf dem Cover sind die Künstler zu bewundern, wie sie als Babys verkleidet in der Wiege liegen.

Aus heutiger Sicht lässt sich »L'estate sta finendo« eine gewisse seherische Qualität nicht absprechen. 1985 wird von nicht wenigen als das Jahr empfunden, in dem eine glorreiche italienische Ära zu Ende geht: Der hochgeschätzte Staatspräsident Sandro Pertini, Sozialist und früherer Partisan, tritt ab, der *Ramazzotti*-Werbespruch »*Milano da bere*« (Mailand zum Trinken) wird zur Chiffre eines neuen egoistischen Konsumismus, und das Yuppietum *all'italiana* übernimmt. Auch für Righeira selbst ändert sich das Wetter. Die folgenden Veröffentlichungen bleiben, was den kommerziellen Erfolg anbelangt, mehr und mehr hinter die Erwartungen zurück. Die beiden Stefanos gehen zunehmend getrennte Wege, die Unschuld ist dahin. 1992 löst sich das Duo endgültig auf – der Sommer ist vorbei. 1993 wird Stefano Rota alias Johnson Righeira, das konzeptionelle Mastermind des Duos, wegen Drogenhandels verhaftet und landet für einige Monate im Gefängnis.

Längst hat sich der sympathische Kindskopf und Freigeist wieder gefangen. Nach einer kurzlebigen Wiederauflage der Duoaktivitäten und dem endgültigen Bruch mit Stefano Righi verwaltet Rota heute quasi im Alleingang das Erbe von Righeira und tritt, inzwischen in seinen frühen Sechzigern, regelmäßig in quietschiger Klamotte auf Revival-Veranstaltungen auf. Er lebt mittlerweile in den Turiner Bergen, wo er seinen eigenen Weißwein anbaut, den er unter dem Namen *Kutu* (in Anspielung auf das Turiner Slangwort für »verrückt« *cutulengu*) vertreibt. Die kurze Glanzphase von Righeira erzählt er heute als eine Geschichte, in der sich eine klare künstlerische Vision, Punk, linkes Gedankengut und Naivität zum gemeinsamen Strandbesuch beieinander unterhaken.

Der Name Righeira sage heute vielen nichts mehr, aber man könne noch an vielen Orten der Welt Teenagern die Phrase »Vamos a la playa« vorsingen und werde stets ein freudiges »O-o-o-o-o« als Antwort ernten, berichtet Johnson Righeira 2023 der italienischen Ausgabe der Zeitschrift *Wired*. Vor Kurzem habe er erfahren, dass eine Schulklasse in Rom »L'estate sta finendo« anlässlich des Ferienbeginns zu »La scuola è finita« (Die Schule ist zu Ende) umgetextet und den Lehrern vorgesungen habe. Er sei darob sehr gerührt gewesen. Das Stück mache ihn immer noch sentimental, wenn er es singe. Er sei immer noch ein Kind, das sich weigere, erwachsen zu werden.

31.

FELICITÀ PUTTANA (2018)

Thegiornalisti

Was ist Glück?

Für Al Bano & Romina Power war die Angelegenheit 1982 recht simpel und bedurfte nur ein paar schlichter Reime. Das Glück sei eine Grußpostkarte voller Herzen, wusste das Paar. Ein wärmender Sonnenstrahl, ein unerwarteter Anruf, die schlagenden Wellen am Meer. Oh, wie recht die beiden hatten!

Im Jahr 2018 besteht während meines sommerlichen Aufenthalts im Land der Lieder für mich das größte Glück darin, im Autoradio oder in einer Strandbar diesen einen Song zu hören, der ab dem ersten Ton für innere Sommerferien sorgt. Der

Titel des Songs: »Felicità puttana« (Beschissenes Glück). Eine Euphoriebombe mit immensem Suchtfaktor, ein Song gewordenes Hochgefühl mit Fanfaren-Keyboards. Der Hit der Saison. Schon die stumpfe Auftaktmelodie reicht, um die *calzone* explodieren zu lassen. Der Sänger gemahnt mit seiner heiseren Stimme ein wenig an die großen italienischen Schmusepopper von vor gut vierzig Jahren. Überhaupt klingt das Stück, als sei den musikalisch Verantwortlichen daran gelegen, das Konzept »Sommerhit der 80er« als großen Blockbuster zu interpretieren.

Verantwortlich für die Lied gewordene Endorphinausschüttung ist die römische Band Thegiornalisti, bestehend aus den Musikern Marco Antonio Musella, Marco Primavera und Tommaso Paradiso. 2009 gegründet, veröffentlicht das Trio zwei Jahre später sein erstes Album auf einem unabhängigen Label – sowie, in Anlehnung an die Band Oasis, eine Liste, in der man vierzig andere italienische Indie-Bands verbal zusammenfaltet. Schon früh machen Thegiornalisti klar, dass man keineswegs in Coolness zu erstarren, sondern himmelstürmende Pop-Hits zu erschaffen gedenke. Vor allem Sänger Tommaso Paradiso ist deutlich anzumerken, dass ihm das Talent zum geduldigen Schlangestehen abgeht. Der Durchbruch in den italienischen Mainstream erfolgt 2016, ungefähr zeitgleich zu dem des Kollegen Calcutta. Spätestens mit dem draufgängerisch schamlosen »Riccione« aus dem Jahr 2017, einer Huldigung an den vorrangig von Italiens Jugend frequentierten Strandort, ist klar, dass man es bei Thegiornalisti mit den Bademeistern der Saison zu tun hat. Dann schlägt auch schon der Sommer von »Felicità puttana«.

Der Text ist eine Beschwörung sommerlicher Leichtigkeit und der Flüchtigkeit des Glücks. Zudem eine Verknalltheitsstudie: »Ti mando un vocale di dieci minuti / Soltanto per dirti quanto sono felice / Ma quanto è puttana questa felicità / Che dura un minuto, ma che botta ci dà / Ma che bello sudare d'estate / Ai matrimoni, all'ufficio postale / Alla festa del santo patrono / Quando il volante non si può toccare« (Ich sende dir eine zehnminütige Voicemail / Nur um dir zu sagen, wie glücklich ich bin / Aber wie beschissen dieses Glück ist / Es dauert eine Minute, aber was für einen Schlag es uns versetzt / Aber wie schön ist es, im Sommer zu schwitzen / Bei Hochzeiten, auf dem Postamt / Beim Fest des Schutzpatrons / Wenn man das Lenkrad nicht berühren kann).

Das Video nimmt Bezug auf die Ästhetik des Films »Borotalco« (Talkumpuder), ein 1982er-Werk des Komikers Carlo Verdone, das in Italien Kultstatus genießt. Im Thegiornalisti-Clip erleben wir, wie Sänger Tommaso Paradiso eine junge Frau zum Date abholen möchte. Während er unten vor ihrem Haus wartet und Zigarette um Zigarette raucht, ist seine Angebetete, dargestellt von Matilda De Angelis, damit beschäftigt, in ihrem mit Vasco-Rossi-Postern gepflasterten Zimmer herumzuspringen. Statt sich zügig zum Ausgehen mit Tommaso fertig zu machen, feiert sie das Glück des Moments, und der verzauberte Betrachter begreift: Die Vorfreude, die Erwartung von etwas ist womöglich das kostbarere Glück als die Sache selbst. Am Ende des Clips dunkelt es bereits und der wartende Paradiso ist in seinem Auto eingenickt.

Als ebenso flüchtig wie das Glück erweist sich auch der gemeinsame Erfolg von Thegiornalisti. Es war zu ahnen, dass Sänger Paradiso es irgendwann vorziehen würden, unter seinem verpflichtenden Namen solo zu reüssieren. 2019 verkündet er seinen Ausstieg, woraufhin sich die Band auflöst. Gleich mit den ersten Veröffentlichungen im Alleingang kann er an die Erfolge seiner Band anknüpfen. Mein liebstes Solostück von ihm ist der 2022er-Hit »Piove in Discoteca« (Es regnet in der Diskothek), der vermutlich zweitbeste 80er-Italo-Hit, der nicht aus den 80ern stammt: »Non prende il telefono / Davanti al Golfo di Napoli / Ma San Gennaro, lo sai / A volte fa miracoli« (Das Telefon funktioniert nicht / Am Golf von Neapel / Aber San Gennaro, das weißt du / Vollbringt manchmal Wunder). Tommaso Paradisos Lieder sind entweder überstrahlte Installationen des Überschwangs, oder sie zelebrieren Melancholie im Breitwandformat. Oft findet sich beides in ein und demselben Song. Es kann einem vorkommen, als sei der Mann das gemeinsame *lovechild* von Liam Gallagher und Umberto Tozzi. Im September 2023 kündigt der Sänger sein neues Album »Sensazione stupenda« (Fantastisches Gefühl) an.

Das Glück, es kann ein Zimmer voller Vasco-Poster sein, ein Film über einen Vertreter für Talkumpuder, ein von San Gennaro vollbrachtes Wunder. Und immer wieder ein Song.

32.

FIAMME NEGLI OCCHI (2021)

Coma_Cose

Lavoro e amore oder Die Geschichte von California und Edipo.

Die Verbindung von Arbeit und Privatleben kann eine gehörige Herausforderung darstellen. Auch in Italien und auch, wenn die Arbeit Kunst ist. Das Mailänder Pop-Duo Coma_Cose, bestehend aus dem Paar Francesca Mesiano (Künstlername California) und Fausto Lama (Künstlername Edipo), kann ein Lied davon singen – und tut dies auch.

Die Liebesgeschichte der beiden beginnt dort, wo die besten Liebesgeschichten anfangen: in einem Mailänder Geschenkartikelladen. Hier arbeiten California und Edipo in den Zehnerjahren. Doch bald lässt sich der Ruf nach anderen Ausdrucksmöglichkeiten nicht länger ignorieren. California, die nebenbei als DJane wirkt, überredet Edipo, seine brachliegende Musikerkarriere wieder aufzunehmen – mit ihr, als Duo. 2017 unterschreiben sie einen Plattenvertrag beim Indie-Label *Asian Fake* – der Anfang eines Karrierewegs, der das Paar im Februar 2021 als absolute Außenseiter auf die große Bühne von *Sanremo* führt.

»Fiamme negli occhi« (Flammen in den Augen) heißt ihr Song, ein Zwei-Akkord-Wunderwerk, das aufs Schönste Indie-Pop mit italienischer Liedtradition verrührt. Bei ihren Auftritten im Rahmen des Festivals ist dem Paar die Aufregung deutlich anzumerken. Allerdings kann man sich der Art, wie die beiden hier ihre Liebe feiern, indem sie einander beim Singen direkt adressieren, nur entziehen, wenn man im Herzen bereits vergletschert ist. »Resta qui e bruciami piano / Come il basilico al sole / Sopra un balcone italiano« (Bleib hier und verbrenne mich langsam / Wie das Basilikum in der Sonne / auf einem italienischen Balkon), singen die beiden, und da ist man gleich selbst ein bisschen verknallt. Am Ende landen Coma_Cose nur auf Platz zwanzig, aber die Teilnahme macht »Fiamme negli occhi« zum Top-Ten-Hit – und das Duo berühmt. Hand in Hand halten sie Einzug in die Ruhmeshallen der italienischen Popmusik. Sie gewinnen Tausende neuer Fans, gehen auf große Tournee und beliefern ihr Publikum auf Instagram mit Filmen ihrer durch die gemeinsame Wohnung schleichenden Nacktkatzen.

Doch der Erfolg und die damit verbundene Rastlosigkeit und Routine fordern ihren Tribut. Automatismus und Wiederholung schleichen sich ein. Im Bemühen, das Erreichte nicht zu gefährden, ertappen sich die beiden zunehmend dabei, nur mehr zu funktionieren – und sich so selbst zu verleugnen. Das Paar fremdelt, und die eben noch inbrünstig besungene

Flamme droht zu erlöschen. Katerstimmung in *Milano*. Aber statt sich im Irgendwie-Weitermachen vollends zu verlieren, entschließt sich das Paar zu einem Schnitt. Francesca und Fausto kehren zurück in ihre jeweiligen Heimatorte – sie nach Pordenone in der Region Friaul-Julisch Venetien, er ins lombardische Salò. Eine Trennung auf Zeit. Nach einem Monat schickt Fausto Francesca einen neuen Song – für beide ein Zeichen, dass man sich noch einiges zu sagen hat.

2023 stehen Coma_Cose wieder auf der Bühne in Sanremo, ihr Lied heißt »L'addio« (Das Lebewohl), aber es ist kein Abschiedslied – im Gegenteil. Zwar wird den Gründen für die Krise nachgespürt: das Leben aus Koffern, das Funktionierenmüssen und die damit einhergehende Selbstverleugnung. Der Refrain aber zeigt die Lehre aus der temporären Abstandnahme: »E sparirò ma tu promettimi che / Potrò sempre ritornare da te / Se mi dimentico me, com'ero / Quando l'orgoglio era ancora intero / E comunque andrà / L'addio non è una possibilità« (Und ich werde verschwinden, aber du, versprich mir / Dass ich immer zu dir zurückkehren kann / Wenn ich vergesse, wer ich bin, wie ich war / Als der Stolz noch intakt war / Doch ganz gleich, was passiert / Der Abschied ist keine Option.« Mit seinem Auftritt bewirbt sich das Künstlerpaar nicht eben um die Teilnahme an der Internationalen Meisterschaft der Coolness. Wie schon zwei Jahre zuvor wird die Darbietung auf Italiens Bühne der Bühnen zum Dialog zwischen den beiden. Und wieder strecken Millionen Fernsehzuschauer die Waffen vor dem Charme des Paares. Wie hier – sehr italienisch – die Krise als emotionales Spektakel dargeboten wird, lässt noch den härtesten Zyniker ergriffen im Fernsehsessel zurück. Man könnte sich in den Gedanken hineinsteigern, es bei Coma_Cose mit den Al Bano & Romina Power des Indie-Pop zu tun zu haben. »L'addio« wäre somit ihr Anti-»Sharazan«.

Am letzten Abend in Sanremo betritt Francesca Mesiano alias California die Bühne in einem von Vivienne Westwood entworfenen Hochzeitskleid. Man beabsichtige, noch in diesem Jahr zu heiraten, verkünden die beiden im Blitzlichtgewitter der Fotografen während der Pressekonferenz. Es soll über diesem positiven Ausgang nicht verleugnet werden, dass »L'addio« die bislang schwächste Single des Duos ist – man wähnt sich bisweilen in einem Musical mit eislaufenden Nacktkatzen. Alle anderen Stücke der beiden aber verweben gekonnt Indie-Pop und mediterrane Melodietradition. Vor allem »Fiamme negli occhi« weiß, wo der Wurm die Ohren hat. Ohnehin bietet das Lied Hörgenuss mit Gewinn, enthält es doch einige Zeilen, die man mal beim nächsten Date ausprobieren könnte. Wie wäre es etwa hiermit: »Galleggio in una vasca piena di risentimento / E tu sei il tostapane che ci cade dentro« (Ich treibe in einer Wanne voller Groll / Und du bist der Toaster, der hineinfällt). Wem da nicht direkt die Flammen in den Augen emporzüngeln, dessen Seele ist nur mehr unbehaustes Brachland.

33.

FIGLI DELLE STELLE (1977)

Alan Sorrenti

Sommerzeit ist in Italien Tournee-Zeit. Auch in der heißen Saison 2023 sind sie wieder alle unterwegs durch ihr Heimatland, um in pittoresken Amphitheatern oder auf prachtvollen *piazze*, von Glühwürmchen und Moskitos umtanzt, ihre Lieder zu singen: Veteranen wie Gianni Morandi, Superstars der Gegenwart wie Marco Mengoni und aufstrebende Nachwuchskünstlerinnen wie Madame. Doch auch die Musiker, deren Zeit in den

Charts passé ist und deren neuere Werke nicht mehr für landesweite Ohnmachtsanfälle sorgen, ziehen noch immer Tausende Besucher an. Einer von ihnen ist Alan Sorrenti, der um 1979/1980 auch die deutschen Charts heimsuchte.

Der Künstler ist grau geworden; das Haar ist jetzt kurz und der schmale Schnurrbart geht im allgemeinen Gestoppel etwas unter. Aber der gebürtige Neapolitaner mit walisischen Wurzeln ist noch immer gut bei Stimme. Vor allem bei einem Stück rasten die Leute regelmäßig aus: »Figli delle stelle« (Kinder der Sterne), Sorrentis Meisterwerk in Sachen Disco *all'italiana*. Es berühre ihn sehr, erzählt er, wie vor allem junge Menschen auf das Stück reagierten, es sei schließlich auch sein Favorit. »Figli delle stelle« sei mehr als ein Lied, es sei eine Weltanschauung.

Der *signore*, der solches sagt, ist ein Künstler der Extreme. In seiner Anfangsphase in den frühen 70ern präsentiert sich Sorrenti, beeinflusst von LSD und Alejandro Jodorowskys Film »La Montaña sagrada« (Der heilige Berg) als esoterisch veranlagter Psychedeliker – nachzuhören auf dem tollen Album »Aria« (Luft) von 1972. Knapp fünfzig Jahre später preist die englische Zeitschrift *Mojo* die Platte als »verborgenen Schatz«. Mit dem vorliegenden Song installiert er dann erstmals für eine Weile die Discokugel als Fixstern seines Wirkens. Ende der 70er pflegt er einen anbetungswürdigen Oberpopper-Look und reüssiert als Meister herrlich seifiger Liebeslieder wie »Tu sei l'unica donna per me« (Du bist die einzige Frau für mich) oder »Non so che darei« (Ich weiß nicht, was ich geben würde), mit denen er auch deutsche Hörerinnen in entrückte Dimensionen des Schmachtens singt. Sorrenti macht keine halben Sachen, auch in dieser Phase denkt er groß. Bei seinem 1979er-Auftritt in der *Arena di Verona* lässt er sich mit einem Rolls Royce zur Bühne fahren. Ab der zweiten Hälfte der 80er findet seine Hinwendung zum Buddhismus Eingang in sein Werk. Sein ikonischstes Stück aber bleibt das unverwüstliche »Figli delle stelle«. Das Lied zählt zu den italienischen Pop-Evergreens, die bis heute in Italiens Strandbars für das schlagartige Ausrollen des Tanzbelags sorgen.

Das Stück entsteht nach einer Nepal-Reise 1977 in Los Angeles. Der Song selbst habe sich quasi von selbst geschrieben, erzählte Sorrenti einmal. Mindestens ebenso wichtig für seine Durchschlagskraft aber ist der Sound des Stückes. In dieser Angelegenheit erweisen sich zwei Amerikaner als Geburtshelfer: Produzent Phil Ramone, der schon mit Klienten wie Paul Simon, Bob Dylan und Billy Joel zu tun hatte, und der Gitarrist Jay Graydon. Letzterem ist das unsterbliche Gitarrenriff zu verdanken, das den Song trägt und mit dem man schon nach dem ersten Hören sofort in den Urlaub fahren möchte. Wem hier nicht schlagartig ganz *disco* zumute wird, deren oder dessen Herz pocht im Marschrhythmus. Ganz großes Risotto, was hier aufgetischt wird!

Der Song erscheint im November 1977, schafft es bis auf Platz eins der italienischen Charts und verbleibt 16 Wochen in den Top Ten. Dass das Lied bis heute so viele junge Italiener begeistert, erklärt sich der Künstler nicht zuletzt mit der spirituellen Botschaft. Das Stück besinge die menschliche Revolution, erzählt Sorrenti während seiner Sommertournee dem *Corriere della Sera*, es postuliere eine neue Art zu leben, ein Miteinander ohne Aggression. Zu den wenigen Personen, deren Begeisterung sich ob Sorrentis musikalischem Sternentaumel in Grenzen hält, zählt Sorrentis feinnerviger Kollege Franco Battiato, der 1981 in sarkastischer Anlehnung an den Song singt: »Siamo figli delle stelle e / Pronipoti di sua maestà il denaro« (Wir sind Kinder der Sterne und / Urenkel Seiner Majestät, des Geldes).

Möglich, dass Battiato bei seiner Anspielung auch den 1979 entstandenen Film »Figlio delle stelle« des Regisseurs Carlo Vanzina im Sinn hatte, der deutlich darum bemüht war, noch die letzten Lire aus dem Erfolg des Liedes zu quetschen. Der Film gehört zum Sinnlosesten, was je unter dem Vorwand der Bewegtbildaufzeichnung entstand. Alan Sorrenti selbst spielt den erfolglosen Sänger Daniel, der von seinem Manager zum Weltstar aufgebaut wird (wie dies gelingt, erfährt der Zuschauer nicht) und hernach in eine tiefe spirituelle Krise fällt. Auch das Mitwirken von zahlreichen Nichtschauspielern wie Ronald Mardebro (der zuvor seine Talente in dem Werk »Die schwarze Nymphomanin« zur Schau gestellt hatte) kann das Machwerk nicht retten. Wer ein Herz für groben Unfug mit Hybris hat, ist hier goldrichtig! Wer sich die Freude an Sorrentis musikalischer Sternstunde nicht verderben will, sollte jedoch beim Lied bleiben.

1983 fällt Alan Sorrenti tief. Eine eifersüchtige Ex-Freundin schiebt ihm Drogen unter und bezichtigt ihn der Dealerei. Sorrenti landet im Gefängnis von Rebibbia, wo er 33 Tage unter Camorra-Mitgliedern verbringt und bei Hofgängen auch auf den Papst-Attentäter Ali Ağca trifft. In der Zelle schreibt der Sänger Briefe an die Presse, in denen er seine Unschuld beteuert und sich bemüht, seinen Namen reinzuwaschen. Sein Leben sei damals in einen Zyklon geraten, erzählt Sorrenti 2023 *La Repubblica*, ein Zyklon, aus dem ihn nur der Buddhismus habe retten können.

»We are stardust / We are golden«, dichtete Joni Mitchell schon 1970 in ihrem von Crosby, Stills, Nash & Young berühmt gemachten Hippie-Anthem »Woodstock«. Mag Joni auch die Erkenntnis, dass die beim Verbrennen der Sterne entstehenden Elemente in einer kosmischen Metamorphose nicht zuletzt den menschlichen Körper entstehen lassen, früher gekommen sein – bei Alan Sorrenti kann man zu dieser Erkenntnis tanzen!

34.

FOTOROMANZA (1984)

Gianna Nannini

»Aus dem Land der schmutzigen Strände ein sauberes Mädchen«, kündigt Moderator Frank Zander Gianna Nannini an und ergänzt noch, ihr Name klinge wie ein Fruchtsaftgetränk. 1976 kommt Gianna Nannini zum ersten Mal nach Deutschland, um in Köln für die Sendung *Plattenküche* den Song »Fantasia« aus ihrem eben erschienenen Debütalbum aufzuzeichnen. Die Sängerin ist 22, ihre schüchterne Erscheinung hat nichts mit dem zu tun, was man heute gemeinhin mit Gianna Nannini verbindet. In ihrer Autobiografie erinnert sich die Toskanerin indes anders. Sie sei erstmals 1978 nach Deutschland gereist, zu einer TV-Aufzeichnung nach Baden-Baden. Die deutsche Organisation habe sie beeindruckt, zum ersten Mal habe alles geklappt wie am Schnürchen. Doch ganz gleich, ob nun Köln oder Baden-Baden: Gianna Nannini hat von Anfang an ein inniges Verhältnis zu Deutschland.

1981, ihr viertes Album ist soeben erschienen, begegnet die Toskanerin ihrem Schweizer Manager Peter Zumsteg. Ihre Karriere steckt zu diesem Zeitpunkt in einer Sackgasse. Von den waidwunden Pianoballaden der ersten Platten hat sie sich verabschiedet. Sie ist der *Lotta Femminista* beigetreten, hat LSD genommen und sich mit dem Rockalbum »California« als italienische Antwort auf Janis Joplin präsentiert. Doch obwohl sie mit ihrem jüngsten Werk »G. N.« erstmals auch in Italien zur

Kenntnis genommen wird, verkauft sich die Platte in Deutschland deutlich schlechter als der Vorgänger. Doch Zumsteg hat eine Idee: Er wisse, wer Nanninis nächstes Album produzieren müsse.

Auftritt Conny Plank, Geburtshelfer des Krautrock und Produzent revolutionärer Künstler wie Can, Ultravox, DAF oder Brian Eno. Nannini und Plank treffen sich im Frühstücksraum eines Hotels am Kölner Heumarkt. Wie ein Elefantenbaby habe er gewirkt, erinnert sich Nannini, sie habe ihn sofort gemocht. Plank stellt das künstlerische Selbstverständnis der Musikerin komplett auf den Kopf. In seinem Studio in Wolperath im Rhein-Sieg-Kreis entsteht das Album »Latin Lover«, die erste von vier Zusammenarbeiten der beiden. Wie ein Voodoozauberer springt Plank durchs Studio und lässt die Sängerin Synthesizersounds und vor allem ihre eigene Stimme erforschen, in den Pausen kocht Nannini Spaghetti. Plank habe sie auf einen Weg gesetzt, der durch ihr Inneres führe. Mit ihm, schreibt sie, wurde alles »zu der Musik, die ich immer gesucht habe«. Die quietschbunte Platte wird ein Erfolg in Deutschland und Italien. Im Oktober 1982 tritt Gianna Nannini als erste italienische Künstlerin bei der *Rockpalast*-Nacht in der Essener Grugahalle auf, die in ganz Europa übertragen wird.

Der Durchbruch in Italien kommt zwei Jahre später. Mit dem wieder von Plank produzierten Album »Puzzle« und vor allem der Single »Fotoromanza« (ein Wortspiel: »Fotoromanzo« ist der Fotoroman, hier allerdings mit weiblicher Endung) schlägt Gianna Nannini deutlich kommerziellere Töne an. In Verona präsentiert sie das Lied beim Songwettbewerb *Festivalbar*. Der Auftritt ist irre, ein Wundermittel an trüben Tagen. Kaum hat Moderator Claudio Cecchetto sie angesagt, kommt Nannini wie von der Tarantel gestochen die Showtreppe heruntergerast und verliert sofort ihr weißes Matrosenkäppi. Während des Vortrags springt sie weiter auf der Bühne herum, wie es andere Menschen wohl zuletzt an ihrem achten Geburtstag getan haben. Zum Einsatz des Refrains rennt sie im Affenzahn in Richtung Publikum und kollidiert dabei um ein Haar mit den Pressefotografen. Am Ende fliegt das Mikro ins Auditorium, und die Künstlerin wirft sich in Bodybuilderposen. Schwer vorstellbar, dass es 1984 eine Person gegeben haben könnte, mit der man lieber um die Häuser gezogen wäre. Das Stück – textlich ein Spiel mit Liebesklischees, wie sie in den in Italien seinerzeit beliebten Fotoromanen präsentiert werden – ist 1984 *der* Hit des italienischen Sommers, und das trotz der höchst irritierenden Refrainzeile »Questo amore è una camera a gas« (Diese Liebe ist eine Gaskammer). Nanninis Lieblingsregisseur Michelangelo Antonioni dreht das Video zum Song – eine Art *Noir*-Fingerübung. Die Dreharbeiten verlaufen holprig. Antonionis Drehbuch wird gestohlen, auch Requisiten und Kostüme werden gemopst. Drei Tage lang dreht der Regisseur mit Nannini in eisigem Schlamm, tags darauf liegt die Sängerin mit vierzig Grad Fieber im Bett. Aber Antonioni will weiterdrehen. Sie solle ein Zäpfchen nehmen, empfiehlt das Genie. Nach Beendigung der Dreharbeiten geht Nannini auf eine ausgedehnte Europatour, in deren Rahmen sie im November 1984 auch bei der ZDF-Veranstaltung *Rockpop in Concert* in der Dortmunder Westfalenhalle spielt. Unterdessen laufen bei Manager Zumsteg die Telefonleitungen heiß. Man verlangt nach einer englischsprachigen »Fotoromanza«-Version für den amerikanischen Markt. Doch der Schweizer lehnt ab: entweder auf Italienisch oder gar nicht, die Opern von Puccini und Verdi seien schließlich auch nicht übersetzt worden.

Nach »Puzzle« arbeitet Gianna Nannini noch auf zwei weiteren Alben mit Conny Plank zusammen. Während jedoch auf den späteren Werken die Mainstream-Elemente bisweilen Überhand nehmen, zeigen Stücke wie »Fotoromanza« Plank und Nannini bei ihrem Versuch, ein modernes Pop-Europa zu pinseln, auf dem Höhepunkt. Nannini nennt das Stück selbst ihr »Meisterwerk«, jedes Mal, wenn sie es singe, vergesse sie sich. Sie singt »Fotoromanza« auch, als ich sie 2022 im Kölner Tanzbrunnen sehe. Sie singt tatsächlich alles – selbst die ihr verhasste Weltmeisterschaftshymne »Un'estate italiana« (Ein italienischer Sommer). Natürlich titscht sie nicht mehr wie ein Flummi über die Bühne, eine Rampensau ist sie aber geblieben. Wann immer ihr der Applaus zu gering erscheint, stellt sie sich an den Bühnenrand und fordert höheren Einsatz seitens des Publikums.

1987 ist Gianna Nannini zum letzten Mal zu Besuch bei ihrem Freund Conny Plank in Wolperath. Er habe deutlich dunklere Haare gehabt als früher, erinnert sich Nannini in ihrer Autobiografie. »Siehst du«, sagt sie zu ihm, »du tust alles, um immer italienischer auszusehen.« Sie spielt ihm einen neuen Song, »I maschi« (Die Männer), vor. Am Schluss verabschieden sie sich mit einem Tarantella-Tanz.

Conny Plank stirbt am 5. Dezember 1987 mit nur 47 Jahren. Bei seiner Beerdigung wirft Gianna Nannini ihm eine silberne Trompete ins Grab.

35.

IL GEGHEGÈ (1966)

Rita Pavone

Es war bereits in meinem ersten Italien-Buch zu erfahren: Um es als italienische Sängerin in den 60ern zur landauf, landab verehrten Bühnengröße zu bringen, bedurfte es neben einer großen Stimme vor allem eines Spitznamens. Im Falle Rita

Pavones zeigten sich die Stiefelbewohner als Spendierhosenträger und bedachten die Turinerin gleich mit zwei Titeln: *Pel di carota* (Karottenhaar) und *La zanzara di Torino* (Die Stechmücke von Turin). Name Nummer eins nimmt Bezug auf die Haarfarbe der Sängerin, Name Nummer zwei auf ihre Körpergröße von 1 Meter 53. Bodyshaming *all'italiana.*

Es ist vor allem der zweite Name, welcher verfängt. Vielleicht weil auch der ungebremste *Shake*-Tanzstil, den die Künstlerin pflegt, durchaus moskitohafte Züge trägt. Man schaue sich nur ihren Auftritt mit dem Lied »Il geghegè« in der TV-Show *Studio Uno* an. Kaum hat sich der Vorhang vor dem Orchester gesenkt, kommt Pavone in Streifenrock und weißen Lackstiefeln auf die Bühne getitscht und demonstriert anschaulich ihre Vorstellung von *Beat italian style.* Selten erlebte man bei einem Fernsehauftritt der 60er einen derart ungebremsten Körpereinsatz. Der Boden dürfte noch Stunden später gequalmt haben. Unter den begleitenden Tänzern befindet sich ein späterer Superstar der italienischen Musik: Renato Zero, der stets grell gewandete König des italienischen Drama-Pop. Auf dem Höhepunkt der Darbietung formen Ritas Mittänzerinnen und -tänzer die Buchstaben R und P. Choreografie am Anschlag.

Rita Pavone erblickt 1945 in Turin das Licht der Welt. Vom Vater beaufsichtigt, beginnt sie, noch bevor sie die Volljährigkeit erlangt, in Nachtclubs und Theatern zu singen; tagsüber arbeitet sie in einer Hemdenfabrik. Als sie 1961, mit gerade mal 16 Jahren, kurz davor ist, die Träume von der Sangeskarriere aufzugeben, gewinnt sie einen Nachwuchswettbewerb und wird vom Veranstalter Teddy Reno mit der Plattenfirma *RCA* in Kontakt gebracht. Gleich die erste Single wird ein großer Erfolg und etabliert die junge Sängerin als die populärste *urlatrice* neben Mina. In den Folgejahren landet sie Hit um Hit – nicht nur in *Bella Italia.* 1963 gelingt ihr mit »Wenn ich ein Junge wär'«, der deutschsprachigen Version von »Se fossi un uomo«, der Durchbruch in Deutschland, 1964 wird ein erstes Album für den amerikanischen Markt produziert: »The International Teen-age Sensation«.

In ihrem Heimatland fährt Pavone – ähnlich wie die männlichen Kollegen Adriano Celentano oder Gianni Morandi – ab 1965 zweigleisig und sorgt mit Filmauftritten für bebende Kinosäle. Es ist die Zeit der *musicarelli*, jenes spezifisch italienischen Filmgenres, dessen Logik es vorsieht, dass Menschen in humoristischen oder melodramatischen Situationen gänzlich unmotiviert zu singen beginnen. Mit Lina Wertmüller, später eine Ikone des linken Autorenkinos, dreht Pavone eine Fernsehserie und steuert den von Fellinis Hauskomponist Nino Rota verfassten, sehr erfolgreichen Vorspannsong bei, der schon im Titel ein wichtiges italienisches Thema adressiert: »Viva la pappa col pomodoro« (Es lebe die Tomatenpampe). Auch zu diesem Lied finden sich etliche besichtigenswerte Fernsehaufnahmen.

1966 dreht sie – wieder mit Lina Wertmüller – den Film, der ihren Spitznamen im Titel führt: »Rita la zanzara«. Viele weitere Zelluloidbelichtungen folgen. Hervorzuheben ist die Italo-Western-Parodie »Little Rita nel west« (deutscher Verleihtitel: »Blaue Bohnen für ein Halleluja«), ein bizarres Western-Musical mit dem aus Venedig stammenden Schauspieler Mario Girotti (der sich hier erstmals »Terence Hill« nennt), auffällig vielen latinischen Pinien in der Western-Landschaft, Pavones Entdecker und heimlichem Geliebten Teddy Reno als Sheriff und einer seltenen Filmrolle für den jungen Lucio Dalla. Ein Film, der den staunenden Zuschauer in etlichen Szenen in ein magisches Reich der Unglaublichkeiten entführt.

Ende der 60er muss die Künstlerin in ihrem Heimatland einen Karriereknick zur Kenntnis nehmen. Ihr letzter großer

Hit in Deutschland bleibt das 1968 veröffentlichte »Arrivederci Hans«; dem 1972 erschienenen Lied »In der Bundesrepublik machen alle gern Musik« ist unverständlicherweise kein allzu großer Erfolg beschieden. 1968 löst ihre Hochzeit mit ihrem zwanzig Jahre älteren Entdecker Teddy Reno einen heftigen Skandal aus. Nicht nur wegen des Altersunterschieds, sondern auch wegen Renos bereits bestehender Ehe, die aufgrund der damaligen scheidungsrechtlichen Situation in Italien nicht gelöst werden kann. Mit Beginn der 70er reüssiert *La Pavone* als Theaterschauspielerin und TV-Moderatorin, auch erscheinen immer wieder Alben. 2013 kündigt sie an, nicht mehr öffentlich aufzutreten, nur um völlig unerwartet 2020 beim *Festival di Sanremo* ins Rennen zu gehen – 48 Jahre nach ihrem letzten Auftritt bei der großen Lieder-Kirmes. Ihre Teilnahme ist umstritten, da sich Pavone in der Spätphase ihrer Karriere wiederholt als Rechtsauslegerin gezeigt hatte. 2006 kandidierte sie für die rechtsextreme Partei *Per l'Italia nel mondo* um einen Senatssitz, später begeisterte sie sich lautstark für den *Lega*-Parteisekretär Matteo Salvini. Erstaunlicherweise bezeichnet sich die seit Langem in der Schweiz ansässige Sängerin selbst als »liberal«.

Doch auch wenn sich die Stechmücke politisch auf Abwegen befindet: Rita Pavones »Geghegè« (ein lautmalerischer Begriff für eine rhythmische Figur, ersonnen von Regisseurin Lina Wertmüller, die auch den Text verfasste) samt der ikonischen Tanzdarbietung bleibt einer der Höhepunkte des italienischen Sixties-Pop. Die Rita Pavone der Beat-Ära wird daher immer einen festen Platz in meinem Herzen haben. Die mit der Tomatenpampe auch.

36.

GENERALE (1978)

Francesco De Gregori

Nein, eine Rampensau ist Francesco De Gregori nun wirklich nicht. »*Il principe*«, wie ihn längst ganz Italien nennt, präsentiert sich auch in seinem Bühnengebaren ausgesprochen aristokratisch und unnahbar. Wenn er nicht gerade singt, steht er meist einfach nur sonnenbebrillt auf der Bühne herum, manchmal schüttelt er mit anbetungswürdiger Lässigkeit einen Schellenkranz. Was kommuniziert, ist allein seine Musik, diese Lieder, mit denen im Kopf mehrere Generationen von Italienerinnen und Italienern durch ihre Leben gelaufen sind.

Im September 2023 ist es mir endlich vergönnt, den größten lebenden *cantautore* der goldenen Ära live zu sehen. Ein kleiner Schritt für die Welt, ein großer Schritt für Eric Pfeil. De Gregori tritt mit seinem Freund und Sängerkollegen Antonello Venditti auf – ein völlig gegensätzlicher Typ, der neben *Il principe* auf der Bühne ständig Anfeuerungsgesten vom Stapel lässt oder virtuos auf der Luftmandoline soliert. Die beiden Chef-Römer des italienischen Liedes gemeinsam in der Ewigen Stadt – wer wollte da passen? Aber mindestens so sehr wie die emotionsprallen Hymnen Vendittis sind es die oft geheimnisvollen und schwer zu durchdringenden, in ihrer Poetik aber einmaligen Lieder Francesco De Gregoris, die hier lauthals mitgesungen werden. Sicher, der Mitsingeifer im Rahmen italienischer Konzerte ist generell stark ausgeprägt. Aber hier hat man nicht das Gefühl, die Menschen – alt wie jung – schmetterten einfach nur Lieder mit. Es wirkt, als sängen sie die Vision eines anderen Italiens. Eines Italiens des Mutes, des Altruismus und der Fantasie, um einen von De Gregoris Songs zu paraphrasieren. Und der Poesie, möchte man ergänzen.

Gleich zu Beginn spielt er »Generale« (General), ein Antikriegslied, wie nur De Gregori es schreiben kann. Schlicht, weil es ihm durch seinen assoziativ-mäandernden Stil gelingt, dem Thema einen neuen Blick zu schenken und alle Klischees zu vermeiden. Wie immer bei De Gregori lässt sich das Stück nicht wie eine Gleichung aufdröseln, aber man versteht: Ein guter Krieg ist nur der, der vorbei ist.

Das Stück erzählt die Entlassung des Sängers vom Pflichtdienst beim Militär als romantisiertes Kriegsende. »Generale, dietro la stazione / Lo vedi il treno che portava al sole? / Non fa più fermate, neanche per pisciare / Si va dritti a casa senza più pensare / Che la guerra è bella, anche se fa male / Che torneremo ancora a cantare / E a farci fare l'amore, l'amore dalle infermiere« (General, hinter dem Bahnhof / Siehst du den Zug, der zur Sonne fuhr? / Er hält nicht mehr an, noch nicht einmal zum Pinkeln / Es geht schnurstracks nach Hause, ohne weiteres Nachdenken / Dass der Krieg schön ist, wenn er auch wehtut / Dass wir wieder singen werden / Und uns lieben lassen von den Krankenschwestern).

Während die Erwähnung der Krankenschwestern auf Ernest Hemingways »Farewell to Arms« (dt. Titel: »In einem anderen Land«) anspielt, führt ein anderer Teil des Songs direkt in De Gregoris eigene Biografie. Ende der 60er leistete der Sänger seinen Militärdienst beim Alpenbataillon im Vinschger Oberland in der Nähe von Bozen ab. Dies klingt in den ersten Zeilen an, die auf die jüngere italienische Geschichte abheben: »Generale, dietro la collina / Ci sta la notte crucca e assassina« (General, hinter dem Berg / Wartet die deutsche mörderische Nacht). Der Hügel ist mutmaßlich der Tartscher Bichl, dessen

Umgebung Schauplatz etlicher Sprengstoffattentate der Terrororganisation Befreiungsausschuss Südtirol (BAS) war, die ab Mitte der 50er versuchte, ein von Italien unabhängiges Südtirol herbeizubomben. Auch im Ersten Weltkrieg war der sanfte Hügel die Kulisse blutiger Gemetzel.

Und noch etwas schwingt ganz offenkundig mit: »Generale« ist vor allem ein Lied über die Rückkehr zur Normalität, einer Normalität, die sich Italien zum Entstehungszeitpunkt dringend ersehnte. Denn natürlich spiegelt »Generale« auch die Gewalt auf Italiens Straßen der 70er, die (wie bereits im Kapitel zu Lucio Dallas »L'anno che verrà« zu lesen war) auch vor den Konzertsälen nicht Halt machte. De Gregori schreibt das Lied in einer Phase, in der er sich nach den Attacken durch linke Studenten während eines Konzerts von der Bühne zurückgezogen hatte. Nach einem Jahr abseits des Musikbetriebs kehrt auch der Sänger gewissermaßen aus dem Krieg zurück. Während seines Rückzugs hat er seine Schulfreundin Alessandra Gobbi geheiratet und ist Vater von Zwillingen geworden. Die Liebe, die ihn umgibt, ist stärker als jeder fanatische Hass und jede Feindeskonstruktion: »Dietro la collina non c'è più nessuno / Solo aghi di pino e silenzio e funghi / Buoni da mangiare, buoni da seccare / Da farci il sugo quando viene Natale / Quando i bambini piangono / E a dormire non ci vogliono andare« (Hinter dem Hügel ist niemand mehr / Nur Piniennadeln und Stille und Pilze / Um sie zu essen, sie zu trocknen / Um eine Soße zu machen, wenn Weihnachten naht / Wenn die Kinder weinen / Und nicht ins Bett gehen wollen).

Das schlicht »De Gregori« betitelte Comebackalbum, das mit dem Song eröffnet, macht endgültig klar, dass man es bei dem introvertierten Bücherwurm mit dem souveränsten Songtexter Italiens zu tun hat. Am 8. Juli 1978 veranstaltet Francesco De Gregori zum Zwecke der Promotion für das Album zusammen mit Lucio Dalla ein Konzert im römischen Flaminio-Stadion, zu dem mehrere Zehntausend Fans strömen – es ist die Blaupause für die »Banana Republic«-Tour im Folgejahr, auf der die beiden Sänger das von den Jahren der Gewalt traumatisierte Italien in die Freiheit singen.

37.

GIOCA JOUER (1981)

Claudio Cecchetto

Damit die geschätzten Leserinnen und Leser vor lauter Schmökern nicht ganz krumm und steif werden, setzt es in diesem Kapitel ein wenig Körperertüchtigung – natürlich mit Musik. Zu diesem Zweck sei auf eine Sportart zurückgegriffen, die sich – anders als Eierlaufen und Sackhüpfen – auch in Italien durchsetzen konnte und zu Beginn der 80er von *Alto Adige* bis Sizilien für wohltrainierte Herz-Kreislauf-Systeme sorgte: Aerobic. Als unser vertrauensvoller Kursleiter tritt auf – Claudio Cecchetto aus Ceggia, einer kleinen Gemeinde bei Venedig. Ein Mann, der alles ist, nur kein Sänger. Claudio Cecchetto ist Plattenproduzent, Discjockey, Radio- und Fernsehmoderator und Talentscout. Vor allem aber ist er der Mann, der die Welt mit jener tanzgymnastischen Glanztat namens »Gioca jouer« beglückt – und das bereits ein Jahr bevor Jane Fonda und Sydney Rome 1982 die Sportstulpen überstreifen und so dem Gymnastikprinzip zum weltweiten Siegeszug verhelfen.

Die Karriere des einstigen Studenten der Lebensmittelwissenschaft Claudio Cecchetto beginnt als DJ im Nachtclub *Pink Elephant*. 1975 landet er beim ersten privaten Mailänder Radiosender *Radio Milano International* und wird kurz darauf vom damaligen künstlerischen Leiter von *Canale 5*, einem Herrn mit dem anbetungswürdigen Namen Mike Bongiorno, fürs Fernsehen entdeckt. 1979 moderiert Cecchetto die beliebte Musiksendung *Discoring* – und nur ein Jahr später, mit nur 28 Jahren, bereits sein erstes *Festival di Sanremo*. Da ihm genau die Sorte frischer Wind aus dem Hemdkragen weht, die das italienische Fernsehpublikum zu jener Zeit so dringend ersehnt, moderiert er in den folgenden Jahren alles, was nicht bei drei auf den Bäumen ist. 1984 beginnt dann Claudios Karriere als Talentscout und Plattenproduzent. Auf einer Party lernt er den Kroaten Aleksandar Marton kennen, der ihm ein Ohr hinsichtlich der Schönheit Ibizas abkaut. Zwar hat Marton nie zuvor gesungen, doch Cecchetto erkennt in ihm den geborenen Popstar. Er ändert den Namen seines neuen Freundes in »Sandy Marton« und produziert mit ihm den europaweiten Sommerhit »People from Ibiza«, der aufs Unbekümmertste das Lebensgefühl der Mittelmeerinsel besingt. Ein Jahr später entdeckt Cecchetto mit Sabrina Salerno alias Sabrina eine weitere Italo-Disco-Größe, die das Genre neben dem Hit »Boys (Summertime Love)« vor allem um die Komponente der Körperlichkeit bereichern wird. Weitere Entdeckungen Cecchettos sind der Komiker Fiorello, Italiens heute beliebtester Fernsehmoderator Amadeus und Superstar Jovanotti. Er achte nicht auf gute Stimmen, erzählt Cecchetto unlängst einem Journalisten, vielmehr müsse ihn die Person begeistern. Hätte er von Jovanotti nur die Stimme mit dieser seltsamen Aussprache des S gehört ... nun ja. Heute ist er eine Art Kulturmanager, der nachhaltige Sommer-Events in italienischen Küstenorten an der Adria organisiert – irgendjemand muss es ja machen. Vergnügen sei eine ernste Sache, bescheidet Claudio Cecchetto 2021 in einem Interview der Zeitschrift *Esquire* und formuliert damit gewissermaßen das Credo des gesamten italienischen Musikbetriebs. Und auch bei seinem einzigen Erfolg als Musikinterpret macht der Mann aus dem *Veneto* keine halben Sachen.

Anfang der 80er keimt in Cecchetto der Wunsch, selbst als Interpret eine Platte aufzunehmen. Der einzige Haken: Er kann nicht singen. Für den Tausendsassa stellt das freilich keinen echten Hemmschuh dar, schließlich kann er sprechen wie kein Zweiter! Rasch hat er einen Text verfasst, in dem er die Rolle des Bewegungscoachs einnimmt, der seinem Publikum nachzutanzende Begriffe entgegenschleudert. Für die diesem Sprechtext zu unterlegende Musik versichert er sich der Dienste eines Herrn, den er 1980 bei einer Ausgabe von *Discoring* kennengelernt hat. Es handelt sich um einen Musiker, den man im Kontext eines fidelen Fitnessstücks nicht erwarten würde, dessen Präsenz das Lied aber auch für Menschen interessant macht, auf die das Konzept der körperlichen Betätigung eher keine Strahlkraft auszuüben vermag: Claudio Simonetti, seines Zeichens Kopf und Keyboarder der Band Goblin, die für einige der ikonischsten Horrorfilm-Soundtracks der 70er und 80er verantwortlich zeichnet. Simonetti orientiert sich für die Musik an der traditionellen süditalienischen Tarantella, die er jedoch sorglos discofiziert. Zwar sollte Simonettis nächster Auftrag – die Filmmusik zu Dario Argentos Film »Tenebrae«, der hierzulande bis vor Kurzem auf dem Index stand – ihn bereits wieder auf das vertraute Feld der Schaudermusik führen, weiteren Ausflügen in die Italo-Disco gegenüber zeigt sich Simonetti in den Folgejahren aber ebenfalls aufgeschlossen.

Die Veröffentlichung von »Gioca jouer« koinzidiert 1981 mit dem zweiten von Claudio Cecchetto moderierten *Sanremo*-Festival, bei dem das Stück als Titellied genutzt wird. Für den maximalen Genuss sollte man sich eine der TV-Aufführungen des Liedes vorknöpfen. Hier ist zu erleben, wie eine Handvoll junger Menschen in Aerobic-Klamotten Cecchettos Anweisungen in einer anmutigen Choreografie Folge leistet. »Dormire, salutare, autostop, starnuto« (Schlafen, grüßen, trampen, niesen), fordert der Moderator, und dann: »Macho, clacson, campana, OK, baciare, capelli, saluti, saluti, Superman!« (Macho, Hupe, Glocke, OK, küssen, Haare, Grüße, Grüße, Superman!). Das Stück wird eine der erfolgreichsten Singles des Jahres, mit dem schönen Begleiteffekt, dass Italiens Jugend landauf landab die Choreografie begeistert nachtanzt. Wer klug ist, sollte ebenso verfahren: Dreimal täglich »Gioca jouer« erübrigt den Kauf eines teuren Heimtrainers.

So, und jetzt noch eine letzte Runde vor der Ruhephase: »Baciare, capelli, saluti, Superman! Ciao!«

38.

GIUDIZI UNIVERSALI (1997)

Samuele Bersani

Wenn alle Leichtigkeit dahin ist. Wenn an die Stelle der Zuneigung das Misstrauen getreten ist. Wenn das elende Durchdiskutieren von Firlefanz alle Gemeinsamkeiten hinweggefegt hat. Wenn man anerkennen muss, dass man sein Gegenüber idealisiert hat, und feststellt, dass längst die Desillusioniertheit in den gemeinsamen Haushalt eingezogen ist. Dann, ja dann hilft höchstens noch ein Lied.

1997 singt Samuele Bersani über ein Paar, dessen Beziehung längst die Symptome eines durchschnittlichen italienischen Feierabendstaus zeigt: Nichts geht mehr vorwärts, die Nerven liegen blank, man fügt einander böse Beulen zu und die Beschimpfungen sind längst so bodenlos wie die Schlaglöcher im Asphalt. Aber der Icherzähler des Stücks ist schon einen entscheidenden Schritt weiter. Er weiß, dass auf dem Weitermachen kein Segen liegt. Lieber ein Ende mit Schrecken als ein Schrecken ohne Ende. Er riecht die Luft der Freiheit, er wird gehen, alle Schleusen sind offen: »Come Mastroianni anni fa, sono una nuvola, fra poco pioverà« (Wie Mastroianni vor vielen Jahren bin ich eine Wolke, es wird bald regnen). Es bleibt unklar, auf welche Rolle des italienischen Schauspielstars hier Bezug genommen wird, aber das vermittelte Gefühl wird mehr als deutlich: Hier beabsichtigt jemand, endlich alles rauszulassen. Und zwar mit Stil. Trennung *all'italiana.*

Samuele Bersani, geboren in Federico Fellinis Heimatstadt Rimini, zählt zu jenen Musikern, die zu Beginn der 90er das schwere Erbe der *cantautori* antreten. Schwer, weil die Erwartung an diesen Musikertypus seit den 70ern darin besteht, dem Land in poetischer Manier den Puls zu fühlen. Schwer aber auch, weil nach dem hedonistischen und individualistischen Herumgezappel der 80er das Momentum für dieses künstlerische Unterfangen weitestgehend flöten gegangen ist. Italiens Jugend findet die Auseinandersetzung mit den großen Gesellschaftsthemen nun im Hip-Hop. Anders als anderen *cantautori* der 90er-Generation gelingt es Samuele Bersani jedoch, an die Arbeit von Vorgängern wie Francesco De Gregori oder Lucio Dalla, der Bersani 1991 entdeckt, anzuknüpfen und gleichzeitig einen ganz eigenen lyrischen Ton zu finden. In einem Jahrzehnt, in dem musikalische Seichtheiten und das Nachstellen angloamerikanischer Standards dominieren, ist der Emilianer eine Ausnahmeerscheinung. Der Klassenbeste seiner Generation.

Nachdem Dalla ihn aufgelesen hat, geht es mit Bersanis Karriere zügig voran. 1992 gelingt ihm ein außergewöhnlicher

Sommerhit mit dem Song »Chicco e Spillo«, der ironisch und mit eigentümlicher Nonchalance von zwei drogensüchtigen Kleinkriminellen erzählt, die nach einem Überfall auf der Flucht vor der Polizei in einen Verkehrsunfall verwickelt werden. Man notiert mit Staunen: In Italien kann man mit Songs über nahezu jedes Thema einen Sommerhit landen, zumindest wenn man Samuele Bersani heißt. 1994 erscheint mit »Freak« das Album, das Bersani zum endgültigen Durchbruch verhilft. Heute zählt er zu den Künstlern mit den meisten Auszeichnungen durch den *Club Tenco*, jener Veranstaltung, die nach dem Selbstmord des »Ciao Amore, ciao«-Sängers ins Leben gerufen wurde, um qualitativ herausragende Lieder zu küren. Er kann zudem als einziger italienischer Musiker für sich reklamieren, ein Live-Album mit einem Gastauftritt von Dario Argento veröffentlicht zu haben.

Während sein Förderer Lucio Dalla gern das Fantastische im Alltäglichen aufspürte, geht Bersani dorthin, wo es zwischenmenschlich zwirbelt und die Unzulänglichkeiten wuchern. Sein Blick ist schonungslos, ernüchtert, detailversessen, aber sein Wortwitz und sein Händchen für zwingende Bilder sorgen dafür, dass man nie das Gefühl hat, einem vertonten Tagebucheintrag zu lauschen. Ein schönes Beispiel ist sein Song »Ferragosto« aus dem Jahr 2007. Wir begleiten hier eine frisch verlassene Person, die am heiligsten aller italienischen Feiertage, dem Wendepunkt des Sommers, versucht, sich mit dem Alleinsein zu arrangieren. Es gibt etwas, so lernen wir, das noch schlimmer ist als *Ferragosto* in der Stadt: ein *einsamer Ferragosto* in der Stadt. Kein Stück, das zum Bauen von Sandburgen einlüde. Vom ersten g-Moll-Akkord an ist die Stimmung etabliert. Die Hitze hängt träge in den Straßen, eine verlassene Person lässt sich sinnlos durch den Tag treiben, die *summertime sadness* ist mit Händen zu greifen.

Bei »Giudizi universali« (Jüngste Gerichte) sind wir dagegen bei der Person, die geht – und keine falsche Zurückhaltung mehr kennt. Man sei »troppo cerebrale per capire che si può star bene senza complicare il pane« (zu intellektuell, um zu kapieren, dass man sich gut fühlen kann, ohne das Brot zu verkomplizieren). Der Vorschlag des entnervten Icherzählers: »Leviamo via il tappeto e poi mettiamoci dei pattini per scivolare meglio sopra l'odio« (Lass uns den Teppich beiseiteräumen und dann Schlittschuhe anziehen, um besser über den Hass gleiten zu können). Dass das Lied zu einem der beliebtesten Stücke des italienischen Liederalbums der 90er geworden ist, verdankt sich natürlich auch der Musik, die das Gefühlschaos nachvollziehbar und anrührend macht. Der Song ist eine einzige Kaskade. Alles hier, die Klaviermelodie, der Gesang, scheint Treppen hinauf- und hinunterzulaufen. Hoch und nieder, immer wieder.

Er sei sich nicht sicher, ob »Giudizi universali«, wie es von vielen behauptet werde, sein bester Song sei, hat Samuele Bersani einmal gesagt. Er habe beim Schreiben versucht, ein paar Steine aus dem Schuh zu kriegen. Das ist ihm gelungen. Mit Stil. Fast wie Mastroianni.

39.
HO FATTO L'AMORE CON ME
(1980)

Amanda Lear

Geheimnisse sind dazu da, respektiert zu werden. Wer sich törichterweise daranmacht, sie zu lüften, dem oder der droht am Ende der Blick in den canyontiefen Abgrund der Ernüchterung. Das trifft auf Italien ebenso zu wie auf das Leben der Amanda Lear. Die größte Neugier gilt seit jeher ihrer ursprünglichen sexuellen Identität. Gerüchte, denen zufolge sie in jungen Jahren eine Geschlechtsangleichung habe vornehmen lassen, wurden von ihr genutzt und später dementiert. *Ma chi è Amanda?* (Aber wer ist Amanda?) lautete 1983 dann auch der Titel ihrer ersten abendfüllenden TV-Show in Italien. Die Frage harrt bis heute ihrer Beantwortung. Sie hasse es, Gerüchte zu verbreiten, sagte Lear einmal, aber was solle man sonst schon mit ihnen tun?

Es gibt eine Reihe ausländischer Künstler und Künstlerinnen, die, gleichwohl nicht italienischer Provenienz, ihre volle Blüte erst auf dem Stiefel entfalten konnten. Amanda Lear ist die Königin dieser Spezies. Dabei war schon in ihren frühen Karrierejahren mehr passiert, als in zwölf Lebensverfilmungen passen würde. 1939 in Saigon oder Hanoi geboren (so viel ist sicher!), zieht die vielsprachig Aufgewachsene laut offizieller Biografie nach dem Abitur nach Paris, wo sie für Paco Rabanne modelt. Hier trifft sie in den 60ern den Surrealisten Salvador Dalí. Der ist nicht nur vom androgynen Aussehen der jungen Frau begeistert, sondern erkennt in ihr sogleich auch eine spirituelle Komplizin, mit der zusammen sich herrliche Spektakel veranstalten lassen. Parallel wirkt Lear als Model für unter anderem Yves Saint Laurent und Coco Chanel. In London landet sie im Umfeld der Rolling Stones, deren »Miss Amanda Jones« auf Lear zurückgehen soll. Sie spielt in experimentellen Filmen mit – und in einer Folge der deutschen Serie Der Kommissar«. Der Titel: »Keiner hörte den Schuss«. Roxy-Music-Sänger Bryan Ferry vernahm ihn durchaus. 1973 landet Lear auf dem Cover des Banddebüts »For Your Pleasure«. Auch David Bowie ist ganz aus dem Häuschen. Bald sind er und Lear amourös verstrickt. Bowie sei ihr einziger Liebespartner gewesen, der im Bett mehr Schminke getragen habe als sie, sagte sie zu der Liaison.

Durch die Bekanntschaft mit den aufstrebenden Mailänder Musikerbrüdern Michelangelo und Carmelo La Bionda, deren sorglosem Wirken wir später begegnen werden, landet sie in München. Dort entsteht 1977 ihr Debütalbum »I Am a Photograph«. Die Musik changiert zwischen Disco und Rock, dazu raunt Amanda mit tiefer Stimme der Welt die Ohren rot. Die Platte kommt in Deutschland und Österreich gut an, in Italien wird sie ein Hit. Sie sei in Deutschland beliebt gewesen, weil man auf eine neue Marlene Dietrich gewartet habe, sagt die professionelle Provokateurin einmal. Der Grund für ihre Größe in Italien gründe darauf, dass die Italiener alle sexbesessen seien.

Fortan tritt Lear massiv auf die Disco-Tube. 1978 taucht sie in der umstrittenen TV-Sendung *Stryx* auf, die unter exzessivem Trockeneisnebeleinsatz Erotik, Pop und Fantasy zusammenrührt. Im selben Jahr übernimmt sie eine Gastrolle in der Komödie »Zio Adolfo in arte Führer« (Onkel Adolf, Künstlername Führer, dt. Titel: »Onkel Addi, gib dem Führer Saures«), in der Adriano Celentano die Doppelrolle eines ungleichen Brüderpaars übernimmt – der eine ist SS-Mitglied, der andere erfolgloser Hitler-Attentäter. Im selben Jahr widmet ihr der Regisseur Joe D'Amato, der später zu Italiens notorischstem Pornoregisseur werden sollte, den Film »Follie di notte« (Verrücktheiten der Nacht). Ihr Hauptaugenmerk schenkt sie jedoch vorerst weiter der Musik. Zu Beginn der 80er ist Amanda allerdings durch mit Disco und ändert den Sound. Wer sie in dieser Phase erleben will, konfrontiere sich mit dem Video zum Song »Assassino« (Mörder). Der vom verdienstvollen Regisseur Mauro Bolognini gedrehte Clip verleiht dem Begriff »künstlerische Krise« neue Dimension und sieht aus, als habe man versucht, alle Schlüsselreize des Jahres 1984 in einem Gruselvideo mit Aerobic-Elementen zu bündeln. Keine Ahnung, wie Bolognini das zu Hause seiner Familie erklärt hat.

Lear wandelt da aber längst durch die Welten der italienischen Abendshows. Sie ist Gastgeberin solch schillernder TV-Spektakel wie *W le donne* (Es leben die Frauen!), *Miss Italia*, *Il brutto anatroccolo* (Das hässliche Entlein), *Buon capodanno* (Frohes neues Jahr) oder *Cocktail d'amore*. Im Rahmen der Sendung *Ars Amanda* interviewt sie Ende der 80er Politiker und Prominente im Bett. Für die 80er und 90er gilt: Die Show, die Amanda Lear nicht moderiert, gibt es nicht. Wenn Amanda sendet, holt Italien die XXL-Knuspermischung heraus. Zwischendurch schreibt sie den surrealen Roman »L'immortelle« (Die Unsterbliche) und duettiert mit der italienischen Punkband CCCP Fedeli alla Linea. Zuletzt war sie 2023 in der Show *Non sono una signora* (Ich bin keine Dame) zu sehen. 2022 sendete *Rai Due* die Dokumentation *Queen Lear*.

Was ihre musikalischen Aktivitäten angeht, lassen sich diese wohl unter »simpel, aber effektiv« zusammenfassen. Ihr kontroversestes Stück singt sie 1978 auf Italienisch. »Ho fatto l'amore con me« (Ich habe Liebe mit mir gemacht) behandelt – man ahnte es – den Themenkomplex Masturbation. »Le braccia muoiono già / La testa è andata si sa – ah ah ah« (Die Arme werden schon lahm / Der Kopf hat sich verabschiedet – ah ah ah), heißt es im Text. Als Autoren des Werks firmieren konsequenterweise auch nicht die üblichen männlichen Songlieferanten Italiens, sondern ein ausgesprochen schillerndes Trio, bestehend aus der sizilianischen Sängerin Giuni Russo, die zu Beginn der 80er ein großer Star werden sollte, ihrer Partnerin Maria Antonietta Sisini und dem irisierenden, allen Schrillheiten aufgeschlossenen Sänger Cristiano Malgioglio. Amanda präsentiert das Stück im Meerjungfrauenkostüm und mit Muschel-BH. 2021 veröffentlicht die kanadische Songwriterin Michelle Gurevich eine Coverversion des Songs.

Neben dem erwähnten Roman hat Amanda Lear einige Autobiografien (darunter eine über ihre Zeit an der Seite Salvador Dalís) veröffentlicht. Möglich, dass nicht allzu viel Wahres drinsteht. Warum auch? Die Wahrheit kann eine ausgesprochen fade Tandempartnerin sein. Möge Amanda Lear ein ewiges Rätsel bleiben! Apropos Tandem ...

40.

IN BICICLETTA (1982)

Riccardo Cocciante

Immer wieder versucht mich meine Frau in Italien zum Fahrradfahren zu überreden. »Wir könnten *bici* ausleihen«, lautet ihr regelmäßiger Vorschlag, wenn es an die Planung des anbrechenden Tages geht. Meine Antwort ist immer dieselbe: »Italiener fahren nicht Fahrrad.« Die Folge meines Starrsinns ist, dass wir dann eben wieder stundenlang von Insekten gejagt durch die sengende Sonne latschen, was mich jedoch keineswegs davon abhält, meinen Standpunkt mit Hinweis etwa auf das holprige römische Kopfsteinpflaster oder den mörderischen neapolitanischen Straßenverkehr zu erhärten. Meine Frau verweist dann gerne auf prominente italienische Radhersteller, den Giro d'Italia oder darauf, dass wir uns gerade weder in Rom noch in Neapel befänden und unentwegt von heiter daherradelnden Italienerinnen überholt würden. Aber ich bleibe unerbittlich: Radfahren in Italien – *ma dai!*

Aber natürlich fährt man in Italien Fahrrad. Und wie man fährt! Dass es sich im Autoland Italien auch ganz wunderbar herumradeln lässt, davon legen schon all die Radsportler Zeugnis ab, die aus ganz Europa über die Passrouten steil bergauf in Richtung des Landes strampeln, um sich dort auf der 3000 Kilometer langen *Ciclopista del Sole* zu verwirklichen. Nicht wenige meiner Freunde erzählen mir regelmäßig davon, wie herrlich es sei, die Regionen auf dem Drahtesel zu durchmessen. Und auch die Italienerinnen und Italiener schätzen *la bicicletta*. Vor allem in der zersiedelten Po-Ebene weiß man dem Verkehrsmittel einiges abzugewinnen, und in einer unter dem Autoverkehr ächzenden Stadt wie Rom dreht man auf dem Rad – ähnlich wie auf der Vespa – den nur zäh vorankommenden Autofahrern eine lange Nase. Wichtig ist allein, dass man sich vom drangvollen Autofahrstil der Einheimischen nicht schrecken lässt und – genau wie auch als Fußgänger – eine gewisse Forschheit an den Tag legt, um zu seinem Recht als Verkehrsteilnehmer zu kommen.

Das berühmteste italienische Lied, das sich mit dem Thema Radsport befasst, ist zweifellos Paolo Contes »Bartali«, eine Verbeugung vor dem zweimaligen Tour-de-France- und dreimaligen Giro-d'Italia-Gewinner Gino Bartali. Ein *signore* von

Charakter. Während des Zweiten Weltkriegs, seiner sportlichen Glanzzeit, war der Laienbruder der Karmeliten an der Rettung verfolgter Juden beteiligt (so transportierte Bartali etwa gefälschte Pässe in den Rohren seines Fahrradrahmens), wofür er posthum vom Staat Israel den Ehrentitel »Gerechter unter den Völkern« verliehen bekam. Doch Paolo Contes Würdigung des »radelnden Mönchs«, so sein Spitzname, ist bei genauerem Hinschauen gar kein Lied über den Sportler, sondern über einen Zuschauer am Wegesrand. Den ganzen Tag sitzt er da in der Sonne und wartet, dass das große Rennen an seiner Kurve vorbeizieht. Er weiß, dieser erhabene Moment wird nur wenige Sekunden dauern, und hofft, dass es Bartali sein wird, der die Fahrenden anführt: »Quel naso triste come una salita / Quegli occhi allegri da italiano in gita« (Diese traurige Nase wie ein Anstieg / Diese fröhlichen Augen eines Italieners auf Reisen), singt der Anwalt aus Asti, und die Musik lässt uns glauben, selbst im Tricolore-Trikot um die Kurve zu sausen. Und dann der grandiose lautmalerische Refrain: »Za za ra zaz! / *Za za* ra zaz …«.

Eine ganz andere Version italienischer Pedalpoesie hält Riccardo Cocciantes »In bicicletta« (Auf dem Fahrrad) für uns bereit. Cocciante, in Saigon als Sohn einer französischen Mutter und eines italienischen Vaters geboren, begann seine Karriere Anfang der 70er in Rom. 1974 landet er mit seinem dritten, von Ennio Morricone arrangierten Album »Anima« (Seele) erstmals auf Platz eins der Albumcharts; auch einige seiner Singles zählen zum musikalischen Kanon. Cocciantes Stärke ist die gut abgehangene Lied-Schwarte, die er in der Regel mit kehligem Röhren intoniert. Der Großteil seiner Stücke zieht eine ordentliche Schmauchspur hinter sich her. Es ist eine Musik, die kein Zuwenig kennt, nicht zuletzt, weil Riccardo in Fragen des gesanglichen Ausdrucks selten falsche Zurückhaltung walten lässt. Das berühmte Sprichwort »Wenn du ein Hammer bist, sieht alles wie ein Nagel aus« – hier passt es wie der, äh, Hammer aufs Auge. Es wundert wenig, dass sich der Mann im späteren Verlauf seiner Karriere im Umfeld von Musical-Bühnen heimisch fühlen sollte. Das vorliegende Stück zeigt den Sänger indes in ungewohnt zurückhaltender Verfassung.

Der Text zu »In bicicletta« stammt mal wieder von Giulio Rapetti alias Mogol, dem Oberlyriker der *musica leggera*, der in Riccardo Cocciante nach der Trennung des Gespanns Battisti/ Mogol zu Beginn der 80er einen neuen Partner fand. Mogol ist hier wieder ganz der Poet der italienischen Alltagsromantik. Wir erleben einen jungen Mann und eine junge Frau auf einer gemeinsamen Radtour: »Passeggiando in bicicletta accanto a te / Pedalare senza fretta la domenica mattina« (Mit dem Rad neben dir fahren / Ohne Eile in die Pedale treten am Sonntagmorgen). Es geht entlang stiller Alleen, er schlägt vor, in einer Bar gemeinsam ein *panino* zu essen, und während sie sich die Nase putzt, verliebt er sich noch mehr in sie: »Io mi sto sempre più innamorando« – die Liebe im italienischen Gerundium. Cocciantes Musik dazu ist leicht wie der Fahrtwind an einem schönen Juniabend.

Besteigen auch wir nun das Klapprad der Liebe und gehen auf Spritztour. Ohne Abstandhalter, dafür mit unseren Freunden Riccardo Cocciante und Mogol.

41.
INSIEME A TE NON CI STO PIÙ
(1968)

Caterina Caselli

1968 geht Caterina Caselli zum Friseur. Das mag Zeitgenossen, die nicht sonderlich an Haarkunst interessiert sind, unbedeutend erscheinen. Aber erstens ist eine neue Frisur im Pop niemals eine Nebensächlichkeit, und zweitens sprechen wir hier von der Frau, der man in Italien drei Jahre zuvor aufgrund ihres blonden Bobs den Spitznamen *Il casco d'oro*, der blonde Helm, verpasst hatte. Mit ihrem burschikosen Stil ist die Tochter einer Näherin und eines Metzgers aus Modena, die ihre Laufbahn als Bassistin in diversen Tanzbands begann, eine Ausnahmeerscheinung im italienischen Sängerinnenstadl der 60er.

Aber es ist nicht nur die ikonische Frisur, eine Kreation des italienischen Starfriseurs Vergottini, die Caselli 1968 zurücklässt. Sie sagt auch gleich dem Beat *addio*, als dessen populärste weibliche Stimme sie seit ihrem Durchbruch galt. Stattdessen ergibt sie sich jetzt ganz der *musica leggera* und somit der großen Melodei. Die Songautoren, die in dieser Angelegenheit liefern, sind der Komponist Paolo Conte und der Lyriker Vito »Calimero« Pallavicini. Die haben 1968 einen ziemlichen Lauf: Das Adriano Celentano auf den Leib komponierte »Azzurro« wird von dem Mailänder lässig in einen Riesenhit verwandelt. Und auch das von den beiden an Caterina Caselli herangetragene »Insieme a te non ci sto più« (Mit dir bin ich nicht mehr zusammen) ist ein Filetstück der leichten italienischen Musik. Die Traurigkeit dieses Liedes ist eine der schönsten, die man weltweit besichtigen kann.

Gleich das Intro des Songs macht klar, dass die Sängerin nicht gekommen ist, um mit ihrem Liebsten die nächste Sardinienreise zu planen. Ein Paukenwirbel, eine schwelende *Farfisa*-Orgel, dramatische Hörner – und dann verkündet Caterina Caselli ihrem Gegenüber zu einer fatalistisch-melancholischen Melodie auch schon das Beziehungsaus. Sie habe in ihm vergeblich nach Zärtlichkeit gesucht, nach einem Verständnis, das es in dieser dummen Welt nicht gebe, singt sie. Wir haben es also mit einem sogenannten *kiss-off song* zu tun, allerdings funktioniert das Stück gerade deswegen so gut, weil nicht einfach Ausbruch und Befreiung zelebriert werden, sondern ein bitteres Bedauern durchklingt. Es gibt kein Triumphieren, nur die traurige Erkenntnis, dass der Weg in die Freiheit durch das Tal der Tränen führt: »Non sarà facile, ma sai, si muore un po' per poter vivere« (Es wird nicht einfach, aber weißt du, man muss ein wenig sterben, um leben zu können).

Caterina Caselli stellt das Lied im November 1968 in der TV-Show *Canzonissima* vor, die wie die zahlreichen Liederfestivals jener Epoche dem Gedanken des musikalischen Wettbewerbs verpflichtet ist. Doch die Emilianerin muss sich einem Konkurrenten geschlagen geben, an dem damals schlicht kein Weg vorbeiführt: Gianni Morandi. Nicht einmal auf die Stimmen der weiblichen Zuschauer habe sie sich verlassen können, sagt die Sängerin. Eine Frau, die sich zwischen ihr und Gianni Morandi entscheiden müsse, werde immer Gianni wählen. Natürlich verbleibt »Insieme a te non ci sto più« dennoch knapp drei Monate in den italienischen Top Ten. Viele Musiker nehmen eigene Fassungen des Liedes auf, darunter Ornella Vanoni,

Franco Battiato, Gianna Nannini und Avion Travel. So herzzerreißend wie Caterina Caselli selbst hat es allerdings niemand hinbekommen. Von all ihren Liedern sei es ihr Lieblingsstück, sagt die Sängerin selbst.

In gewisser Weise bereitet Casellis Hinwendung zum dramatischen Lied auf eine weitere einschneidende Karriereentscheidung vor. 1975, nach ihrer Heirat mit dem Plattenproduzenten Piero Sugar, Chef von *Sugar Records*, kündigt sie ihren Abschied von der Bühne an. Nicht etwa, weil sie fürchtet, man könne sie der Vorteilsnahme bezichtigen (was angesichts ihrer Erfolge ein alberner Vorwurf wäre), sondern weil sie merkt, dass die klassische *musica leggera* Mitte der 70er ausgedient hat. Statt sich auf der Bühne zu verwirklichen, wird sie zum Talentscout. Sie entdeckt und fördert solch unterschiedliche Musikerinnen und Musiker wie Giuni Russo, Andrea Bocelli oder Malika Ayane. Es ist auch Caselli, die Paolo Conte zum Durchbruch in Frankreich verhilft und 1990 Gianna Nannini und Edoardo Bennato für »Un'estate italiana« zusammenbringt. Zuletzt entdeckt sie die wichtigste neue Künstlerin Italiens, die aus dem *Veneto* stammende Sängerin Madame.

2012 singt Caterina Caselli zum vorerst letzten Mal öffentlich. Auf Bitten der Band I Nomadi tritt sie bei einem Benefizkonzert für die Erdbebenopfer in der Emilia-Romagna auf. Ihre Aufregung darüber, nach so vielen Jahren wieder auf einer Bühne zu stehen, ist so groß, dass sie ihren Freund, den *cantautore* Francesco Guccini, um Rat fragt. Und Guccini weiß Rat: »Rotwein«.

Ein Zurück im größeren Stil ist für Italiens berühmteste Plattenproduzentin nicht drin. Sie habe die Liebe zur Bühne durch eine andere Liebe ersetzt, sagt sie 2021 in einem Interview anlässlich eines Kino-Dokumentarfilms über ihr Leben –

ein Leben, in dem es immer darum ging, sich durchzusetzen und den Funken des Fortschritts in eine starre, von Konventionen geprägte Welt zu tragen.

42.
I WANNA BE YOUR LOVER (1981)
La Bionda

Sizilien in den frühen 50er Jahren. Zu Tausenden verlassen die Bewohner der Insel ihre Heimat und ziehen in den geschäftigen Norden Italiens, wo sie sich ein besseres Leben erhoffen und mit ihrer Arbeitskraft das italienische Wirtschaftswunder ankurbeln. Auch der Vater von Carmelo und Michelangelo La Bionda, ein Landwirt und Viehhändler aus der Kleinstadt Ramacca unweit von Catania sieht das Glück im Norden und zieht mit seiner Frau und den Kindern nach Mailand, wo er eine Stelle beim Mineralöl- und Energiekonzern *Eni* antritt. In der kleinen Wohnung im Stadtviertel Corvetto hört man ausschließlich Papas neapolitanische Musik, doch bald werden die Brüder von Gleichaltrigen mit amerikanischem Rock 'n' Roll vertraut gemacht, ebenso mit Mina und Celentano. In den 60ern geraten sie in die Fänge des italienischen Beat und hängen bevorzugt zeittypisch frisiert im Mailänder *Whiskey A Go-Go* auf der Piazzale Bonomelli herum. Spätestens nachdem Carmelo und Michelangelo die Beatles im *Velodromo Vigorelli* sehen, ist klar, dass auch sie ihre ganz eigene musikalische Duftmarke hinterlassen wollen.

Gleich die erste Komposition der beiden geht 1970 in der Version von Ricchi e Poveri bei einem venezianischen Festival ins Rennen; Michelangelo ist zu diesem Zeitpunkt noch keine

18. Noch entscheidender ist die Begegnung mit dem *cantautore* Bruno Lauzi, der die jungen Musiker im Folgejahr unter seine Fittiche nimmt und als Gitarristen beschäftigt. Zwischendurch zeichnen die Gebrüder für Mia Martinis Durchbruchssong »Piccolo Uomo« (Kleiner Mann) verantwortlich, Michelangelo steuert zudem sein Gitarrenspiel zu Fabrizio De Andrés Album »8« bei. Inspiriert von amerikanischem Westcoast-Rock, entstehen zwei frühe eigene Alben: »Fratelli La Bionda S. r. l.« (Gebrüder La Bionda GmbH) und »Tutto va bene« (Alles ist gut), letzteres produziert in den Londoner Apple Studios unter Beteiligung von Pianist Nicky Hopkins, der zuvor unter anderem Platten der Beatles, Rolling Stones und Kinks mit seinem Spiel verzierte.

Man kann nicht behaupten, Carmelo und Michelangelo seien mit den beiden Werken auf sperrangelweit geöffnete Ohren gestoßen. Hier in London machen sie jedoch zwei Bekanntschaften, die zur Wende in ihrem Schaffen führen. Die erste ist die mit der schwarzen Musik. Die zweite die mit Amanda Lear. Gemeinsam mit der aufstrebenden Allroundkünstlerin geht man nach München, Europas damalige Hochburg in Sachen Disco, wo bereits Landsmann Giorgio Moroder an den Synthie-Reglern dreht. Hier verwenden die jungen Produzenten erstmals das Pseudonym D. D. Sound (Disco Delivery Sound). Der Disco-Lieferdienst läuft bestens an, gleich die ersten Singles werden Hits. Es ist die Geburtsstunde eines Sounds, der später von *ZYX*-Labelchef Bernhard Mikulski mit dem Begriff *Italo Disco* versehen wird.

1978 zünden die *fratelli* die nächste Stufe. Unter dem Namen La Bionda veröffentlichen sie das gleichnamige, in ein prachtvolles »Tausendundeine Nacht«-Cover verpackte Album, auf dessen besten Stücken der Discoclown endgültig im Achteck tanzt. Die ausgekoppelte Single »One for you, one for me« wird ein Welthit, in Deutschland schafft es das Stück im Sommer 1978 bis auf Platz zwei. Noch heute hört man bei dem Song sämtliche holzvertäfelten Partykeller der alten Bundesrepublik mit. Ein unterkomplexes Meisterwerk mit gehörigem Schlitzohrfaktor. Apropos Bundesrepublik: »Sandstorm«, das zweitbeste Stück des Albums, produzierte kein Geringerer als der junge Dieter Bohlen. Der Rest des Werks ist zu vernachlässigen, man sollte die Vinylfassung aber allein wegen des Covers mindestens dreimal besitzen. Zusammen mit Lucio Battistis »Greatest Hits«, die mein 14 Jahre älterer Bruder Ende der 70er-Jahre aus dem Sommerurlaub mitgebracht hatte, war dies die erste Platte italienischer Provenienz, die ich als Jugendlicher in unserem Haushalt vorfand.

Auf dem nächsten Album halten es Carmelo und Michelangelo für eine gute Idee, Disco mit mexikanischer Folklore zu vermengen – ein künstlerisches Unterfangen, das bei TV-Auftritten das Tragen von Sombreros unverzichtbar macht. Parallel wirken die beiden zudem wieder unter dem Namen D. D. Sound. An den kommerziellen Erfolg von »One for you, one for me« können unsere Freunde jedoch nicht wieder anknüpfen. Anfang der 80er lernen sie das Duo Righeira kennen und zeichnen in der Folge als Produzenten von deren Hits »Vamos a la playa« und »No tengo dinero« verantwortlich. Ungefähr zur gleichen Zeit steigen La Bionda ins Soundtrack-Business ein und produzieren Scores zu Filmen wie »Chi trova un amico trova un tesoro« (Wer einen Freund findet, findet einen Schatz) von »Django«-Regisseur Sergio Corbucci mit Terence Hill und Bud Spencer; bei uns sorgte das Werk unter dem Titel »Zwei Asse trumpfen auf« für Kassenklingeln. Ein Film, dies muss erwähnt werden, der zum Großteil auf einer fiktiven Insel mit dem Namen Pongo Pongo spielt. Auch Werbejingles für Arzneimittelprodukte und *Coca-Cola* finden sich in den 80ern im Portfolio der Musiker. 1986 komponieren sie anlässlich der Fußballweltmeisterschaft den Song »Italians a Go-Go«, ein Erfolg wird jedoch dadurch vereitelt, dass die italienische Mannschaft vorzeitig aus dem Turnier ausscheidet. *Porca miseria!*

Mein liebstes Stück der beiden (überhaupt mein Favorit im Italo-Disco-Genre) ist der verhinderte Hit »I Wanna Be Your Lover« von 1981. Der Track hat alles, was eine Italo-Disco-Nummer braucht: großartige Blubber-Synthesizer, drollige Soundeffekte, Handclaps, stumpfen Frauengesang, einen angemessen beknackten Text und einen so simplen wie effektiven Beat. Fertig ist die Laube! Ein Stück, ohne das es Daft Punk womöglich nie gegeben hätte.

Carmelo La Bionda verstarb im November 2022. Die großen Hits des Disco-verliebten Musiklieferdienstes La Bionda aber werden noch vielen Generationen von Quatsch-Pop-Fans ein Lächeln auf die Lippen zaubern – verlässlicher noch als ein Urlaub auf Pongo Pongo.

43.

LETTERA DI LÀ DAL MARE (2022)

Massimo Ranieri

Vor der Ära der inneritalienischen Migration vom Süden in den Norden zog es viele Bewohner des *Mezzogiorno* nach Übersee. Die Auswanderung von 14 Millionen Italienerinnen und Italienern zwischen der Staatsgründung 1861 und dem Ausbruch des Ersten Weltkrieges gilt als *die* Massenmigration der jüngeren Geschichte. Es waren vor allem die prekären Lebensbedingungen in den ländlichen Regionen und die Überbevölkerung des italienischen Südens, die den beispiellosen Exodus über den Atlantik auslösten. 1913 erreichte die Migrationswelle ihren Höhepunkt. Die Auswanderer dieser ersten Welle zog es überwiegend nach Argentinien, Brasilien und in die USA. Heute sind knapp sechs Prozent der amerikanischen Bevölkerung Italoamerikaner.

Im Jahr 2022 nimmt sich im Rahmen des alljährlichen Wettsingens an der ligurischen Küste eines der größten Bühnentiere Italiens, Massimo Ranieri, stolzer Sohn Neapels, des Themas an. »Lettera di là dal mare« (Brief von jenseits des Meeres) ist der große Ausreißer des Jahrgangs. Ein ebenso cinematisches wie aufwühlendes Stück, irgendwo zwischen Theaterlied, Musical-Nummer und Chanson-Drama. Massimo Ranieri nimmt uns hier mit auf eines der überfüllten Schiffe, die in den Jahren der großen Emigration in Richtung Amerika steuerten, »wo es Glück regnet, wo Freiheit herrscht und das Wasser reiner ist als Gesang«, wie es im Text heißt. Das musikalische Arrangement – ein Ozeanpianistenklavier, ein Standbass, rhythmisierte Streicher – evoziert dazu das Wogen des Meeres. Auch ein Pfeifer tritt auf – im Kontext italienischer Popularmusik stets eine gewinnbringende Angelegenheit. Fast glaubt man, statt vor dem Bildschirm im eleganten *Teatro di San Carlo* in Neapel zu sitzen – oder vielmehr noch: gemeinsam mit den Reisenden ins Ungewisse aufzubrechen. Im Refrain geht es dann endgültig in wildes Gewässer: »Amore vedi così buio è / Questo mare / Troppo grande per / Non tremare / E poi si sta / Col fiato a metà / E tutti tacciono / E tanti pregano / Se il Signore vorrà« (Liebling, schau, so dunkel ist es / Dieses Meer / Viel zu groß / Um nicht zu erzittern / Und dann / Hält man den Atem an / Und alle schweigen / Und viele beten / Wenn der Herr es will).

Als ich Massimo Ranieri diesen Refrain am Auftaktabend des 2022er-*Sanremo*-Spektakels erstmals singen hörte, wäre mir fast die Fernbedienung in den Campari gefallen. Was die performative Geschmeidigkeit seiner Smoking-und-Lackschuh-Darbietungen angeht, macht dem Mann selbst in Italien keiner etwas vor. Jeder ausgestreckte Zeigefinger hat die Eleganz einer korinthischen Säule, jedes keck abgespreizte Bein verrät den Vollblut-Entertainer; den emotional angefassten Griff zur Schläfe kann nur er sich leisten. Der Dramavirtuose ist mit seinen zum Auftrittszeitpunkt 71 Jahren zudem weiterhin bestens bei Stimme. Doch Ranieri wäre nicht Italiens größte Rampensau, wenn er hier, unter den Augen der halben Nation nicht auch die Gefahr suchte. Der tosende Refrain enthält einige Töne, von denen der Sänger genau weiß, dass sie ihn an seine stimmlichen Außenposten bringen. Mit diesem Risiko spielt er – und gewinnt. Zwar nicht das Festival, aber die Herzen unzähliger Zuschauer und den Kritikerpreis *Mia Martini*. Es sind gerade die leichten Gebrochenheiten in der Stimme, die uns die Angst und Ungewissheit des jungen Erzählers im Lied spürbar machen. Vielleicht ist es auch deshalb das perfekte Stück für den vielfach Preisgekrönten, weil er selbst 1964 mit erst 13 Jahren über den Atlantik schipperte, um dort mit seinem Maestro Sergio Bruni ein einmonatiges Gastspiel zu geben. Doch auch der Anklang an die heutigen Flüchtlingsbewegungen über das Mittelmeer in Richtung Europa ist dem Sänger sehr wohl bewusst.

Neben dem überlebensgroßen Massimo muss unbedingt auch der Künstler hinter dem Lied erwähnt werden. Es nimmt wenig Wunder, dass Musik, Text und das geniale Arrangement von ein und derselben Person stammen. Verantwortlich hierfür zeichnet der in der Provinz Varese beheimatete Fabio Ilacqua, Sohn süditalienischer Binnenmigranten und ein interessanter Charakter. Wenn er nicht gerade für so unterschiedliche Künstler wie Adriano Celentano, Mina, Marco

Mengoni, Ornella Vanoni oder eben Massimo Ranieri schreibt, lebt er zurückgezogen bei Casbeno als Landwirt und besitzt Brancheninsidern zufolge kein Mobiltelefon. Als Produzent von »Lettera di là dal mare« firmiert wiederum Mauro Pagani, der mit dem *cantautore*-König Fabrizio De André 1984 auf dem Album »Crêuza de mä« akustisch den Mittelmeerraum erforschte und sich somit in maritimen Dingen gut auskennt.

»Terra, terra, terra« (Land, Land, Land), ruft Massimo Ranieri zum Ende des Stücks aus und bohrt den ausgestreckten Zeigefinger mal wieder dramatisch ins Dunkel. Ein berührendes Stück, wenn man bereit ist, sich auf sein Pathos einzulassen. Eine Ozeanüberquerung in wenig mehr als dreieinhalb Minuten.

44.

LUGANO ADDIO (1977)

Ivan Graziani

Man kann nicht behaupten, in Teramo in den Abruzzen wäre von einer quirligen Szene italienische Musikgeschichte geschrieben worden. Die Hauptstadt der gleichnamigen Provinz, unweit des *Gran Sasso* gelegen, ist eher als Bistumssitz bekannt. Wirtschaftlich ist die Stadt als Herstellungsort von Hygieneporzellan bedeutsam. Und doch stammt von hier einer der ganz Großen der goldenen *cantautori*-Ära, wenngleich ihm erst nach seinem frühen Tod die höchsten Weihen zuteilwurden.

Ivan Graziani kommt 1945 als Sohn einer sardischen Mutter und eines abruzzischen Vaters zur Welt. Schon früh erlernt er das Gitarrenspiel und wird mit 15 Jahren vom ortsansässigen

Orchesterleiter Nino Dale für sein Ensemble entdeckt. Ein Moment, den Graziani später im Song »Nino Dale & His Modernists« besingt: »Si cantava in casa di amici / Quando un uomo dalla sala giù in fondo / Venne verso di me zoppicando / ›L'ultima guerra mi ha lasciato un ricordo / Tu sai suonare ed io son capo d'orchestra‹, disse / ›Vieni con me a cantare / Mi chiamo Nino / Nino Dale and his Modernists‹« (Im Haus von Freunden wurde gesungen / Als ein Mann unten aus dem Saal / Hinkend auf mich zukam / »Der letzte Krieg hat mir eine Erinnerung dagelassen / Du kannst spielen, und ich bin Orchesterleiter / »Komm und sing mit mir / Ich heiße Nino / Nino Dale and his Modernists«).

Nach zahlreichen Tourneen mit Nino Dale vertieft sich Ivan in ein Grafikstudium; sein Geld verdient er mit dem Zeichnen freizügiger Cartoons für Pornomagazine. 1967 gründet Graziani seine erste eigene Band, der jedoch kein Erfolg beschieden ist, obwohl sich der damalige Königsmacher der italienischen Musikszene, Giulio Rapetti alias Mogol, der Gruppe annimmt. 1973 hält Ivan es kurz für eine gute Idee, sich in Rockleberry Roll (!) umzubenennen, was jedoch ebenfalls keine Anerkennung zeitigt. Dafür etabliert sich der Gitarrist, der immer noch bei Mogols Label *Numerò Uno* unter Vertrag steht, nach und nach als einer der führenden Sessionmusiker Italiens. Zahlreiche Alben Lucio Battistis profitieren von Grazianis Saitenkunst, auch Platten von Premiata Forneria Marconi, Loredana Bertè, Francesco De Gregori und Antonello Venditti erfahren durch sein Mitwirken Veredelung.

Der erste nennenswerte Erfolg mit eigenem Material stellt sich 1977 ein. Die Single »Lugano addio« (Lugano, auf Wiedersehen) aus seinem zweiten Album »I lupi« (Die Wölfe) wird ein kleiner Hit. Die süffige Melancholie, der Falsettgesang und das Rock-orientierte Gitarrenspiel – alle Trademarks des typischen

Graziani-Sounds haken sich hier schon beieinander unter. Zu diesem Zeitpunkt etabliert er auch seinen ikonischen Look, zu dem zwingend die rot gefasste Brille, ein gleichfarbiges, um den Hals baumelndes Etui und eine Weste zählen. Bis heute springen Graziani-Lookalikes in diesem Outfit durch italienische Doppelgängershows.

Die folgenden Alben verkaufen sich recht gut. Auf Platten wie »Pigro« (Faul) zeichnet er mit melancholischem Spott ein vielschichtiges Bild der italienischen Provinz, die ihm immer näher bleibt als das Gewusel der Städte. Grazianis Stern scheint zu steigen, doch als er 1985 erstmals beim *Festival di Sanremo* teilnimmt, landet sein Song »Franca ti amo« (Franca, ich liebe dich) abgeschlagen auf dem 17. Platz. Auch die Alben der folgenden Jahre gehen nicht eben weg wie heiße *focaccia*. Graziani lässt sich jedoch nicht unterkriegen. In seiner Wahlheimat, dem Örtchen Novafeltria bei Rimini, fernab der italienischen Musikmetropolen, eröffnet er ein eigenes Studio. Doch es lässt sich nicht leugnen: Die Geschäfte laufen schlecht, Ivan wird zur Person des öffentlichen Desinteresses. Erst ein zweiter *Sanremo*-Auftritt im Jahr 1994 sowie ein Duett mit Renato Zero katapultieren ihn 1995 zurück ins Zentrum der medialen Wahrnehmung.

Grazianis Lied »Lugano addio« nimmt offenbar Bezug auf das Lied »Addio a Lugano«, das der sizilianische Anarchist Pietro Gori 1895 verfasste. Gori war aus Italien ins schweizerische Lugano geflüchtet, nachdem man ihn beschuldigt hatte, an der Ermordung des französischen Staatspräsidenten Carnot beteiligt gewesen zu sein. Doch auch dort wurde er inhaftiert und schließlich ausgewiesen. Graziani selbst hat sich nie hinsichtlich der Verbindung zu Goris Lied geäußert. Auf seinen Durchbruchssong angesprochen, sagte er lediglich einmal, dass es sich um eine einfache Geschichte handele: Ein Mädchen aus dem

Norden und ein Junge aus dem Süden verlieben sich. Doch bei genauerem Hinsehen verliebt er sich vor allem in das, was das Mädchen repräsentiert – eine Welt, die von seiner nicht verschiedener sein könnte. Graziani verwebt diese uralte italienische Geschichte mit vielen versteckten Bezügen. Über den Jungen erfahren wir, dass sein Vater ein Seemann war, während der des Mädchens in den Bergen kämpfte, offenkundig als Partisan. Von »frontiere«, Grenzen, ist die Rede, von »finanzieri e contrabbando«, Zollbeamten und Schmuggel. Unterdessen wird die schweizerische Stadt Lugano in Grazianis Song zu einer Art Grenze zwischen der Welt des Mittelmeers und dem Norden.

Ivan Graziani, der Teufelsgitarrist und ironische Sänger der Provinz, stirbt am 1. Januar 1997 an einer Krebserkrankung. Er ist erst 51. Zu Lebzeiten oft nur in Maßen erfolgreich, ist er heute ein viel gepriesener *cantautore*. Bei seiner Beerdigung wird dem Musiker neben seiner Lieblingsgitarre, die er »chitarra mamma« nannte, auch eine seiner geliebten Lederwesten mit auf die Reise gegeben. 2022 ließ die Gemeinde von Novafeltria im örtlichen Park ein Ehrendenkmal aufstellen: eine sechs Meter breite und zwei Meter fünfzig hohe rote Sonnenbrille.

45.

LUNA (1980)

Gianni Togni

Betrachtet man in mußevollen Stunden Fotos, die den Sänger Gianni Togni in den 80ern auf dem Zenit seiner Karriere zeigen, könnte man dem Eindruck erliegen, der Musiker sei in seinem Heimatland vor allem als Träger waghalsiger Vokuhila-Frisuren berühmt geworden. Doch nein: Gianni Togni hat sich, ähnlich wie die Kollegen Umberto Tozzi oder Alan Sorrenti, gehörig um den italienischen Pop der 80er verdient gemacht. Mehr noch als die genannten Kollegen verbindet er lieddichterische Handwerkskunst mit selbstverständlicher Leichtigkeit. Sein Lied »Luna« (Mond) aus dem Jahr 1980 darf als schöpferischer Höhepunkt seiner Karriere betrachtet werden.

Der Song ist die pure Teenagerromantik auf Rollschuhen. Es ist das Lied eines bis unter die Augenbrauen verliebten jungen Mannes, dessen Blick auf die Welt merkwürdig geschärft (sein Umfeld würde wohl sagen: getrübt) scheint. »E guardo il mondo da un oblò« (Ich betrachte die Welt durch ein Bullauge), singt Gianni Togni gleich in der einem Gedicht Samuel Becketts entlehnten Eingangszeile. Wer sich darob auf mehr nautische Motive gefreut oder gar eine launige Unterwassertour erhofft hatte, sieht sich getäuscht. Im weiteren Verlauf des Liedes schlendert der liebestrunkene Protagonist, den Kopf voll poetisch umwölkter Gedanken, durch nächtliche Straßen. Später klettert er über Häuserdächer und verkündet überschwänglich, Tausende Bücher unterm Bett und ebenso viele Träume in der Schublade zu haben. Auch mit Gott habe er gekämpft. Doch all das scheint ihm nicht länger von Bedeutung, seine Gedanken kreisen nur um – »Luna«, eine Frau, so rätselhaft und faszinierend wie der Mond. Zugleich eine Frau, die den süßen Seiten des Lebens zugetan scheint, denn: »Mangi troppe caramelle, Luna« (Du isst zu viele Bonbons, Luna). Die Faszination des Textes (von Gianni Tognis regelmäßigem Autorenpartner Guido Morra) besteht darin, dass er sorglos Teenagerkitsch und poetische Idiosynkrasien vermengt. Orangen werden von Balkonen geworfen, der Sänger kleidet sich als trauriger Clown, um Mitternacht lehnt er an einer Jukebox und schreibt auf Lateinisch »Evviva le donne, evviva il buon vino« (Es leben die Frauen, es lebe der gute Wein) an die Wände. Wie sagte Claudia Cardinale einmal: »Die Liebe ist ein Käfig mit Gitterstäben aus Glück.«

So interessant der Text ist, das Pfund, mit dem der Song wuchert, ist natürlich die verstiegene Melodie, die sich ein ums andere Mal wie in einer interstellaren *gondola* in Richtung des titelgebenden Gestirns aufzumachen scheint. »Luna« ist der Prototyp des 80er-Jahre-Sommerhits *all'italiana*, der in seinem gespreizten Umhertänzeln oft klingt, als habe er sich eine gute Dosis venezianischer Barockmusik injiziert.

Die Musik zu »Luna« stammt aus einer Zeit, als Togni mit seiner Freundin in einer Wohnung an der Piazza Bologna in Rom lebte, »jung, frei und mittellos«, wie er einmal erzählte. Togni, ein Autodidakt, hatte da bereits ein Album veröffentlicht und war als Live-Gitarrist der Band Pooh in Erscheinung getreten. Doch erst das Zweitwerk – mit der darauf enthaltenen Single »Luna« – macht ihn zum Star. Der Titel dieses Albums muss jedem deutschen Bühnenkünstler den Wind der Ehrfurcht durch den Smoking wehen lassen: »... e in quel momento, entrando in un teatro vuoto, un pomeriggio vestito di bianco, mi tolgo la giacca, accendo le luci e sul palco m'invento« (... und in diesem Moment betrete ich eines Nachmittags in weiß gekleidet ein leeres Theater, ziehe meine Jacke aus, mache das Licht an und erfinde mich auf der Bühne). *Drama, Baby.*

Bis Mitte der 80er gelingen Togni noch einige weitere Charterfolge, darunter das unverwüstliche »Semplice« (Einfach), das ebenso wie »Luna« zahlreiche hiesige Italo-Hit-Zusammenstellungen ziert. Es nimmt angesichts der Melodieseligkeit seiner Songs wenig Wunder, dass Gianni Togni in den späteren Jahren seiner Karriere des Öfteren die Welt des Musicals bereiste. So entstand etwa Ende der 90er »Hollywood, ritratto di un divo« (Hollywood, Porträt einer Diva), eine Aufführung, die mit Italiens performativem Meister aller Klassen Massimo Ranieri, in der Hauptrolle punkten konnte. Mit den Diven hat es Gianni Togni offenbar, denn im Jahr 2000 setzte er mit dem Musical »G & G« Greta Garbo ein Denkmal.

Togni selbst sind die Eitelkeiten des Showbetriebs eher fremd. Er sei ein schüchterner Mensch, Selbstdarstellung zähle nicht zu seinen Stärken, erzählt der Sohn eines Staatsbahnangestellten 2022 dem *Corriere della Sera*. Es sei auch sein Vater gewesen, der ihm den wichtigsten Rat seines Lebens gegeben habe: »Wenn jemand besser ist als du, lerne von ihm. Es ihm zu neiden, würde nur deine Mittelmäßigkeit hervorheben.«

Gianni Togni ist nie in Sanremo aufgetreten, Musik habe für ihn nichts mit Wettbewerb zu tun, sagte er. Dennoch haben sich seine luftigen Lieder tief ins kollektive Gedächtnis seines Heimatlandes eingeritzt. Erst vor zwei Jahren zeigte sich der öffentlichkeitsscheue Sänger gerührt, als Jovanotti, Italiens Pop-Hansdampf in allen Gassen, ihn einlud, um im Rahmen seiner *Jova-Beach*-Konzerte an Italiens Stränden gemeinsam mit ihm »Luna« zu singen.

Wenn Sie heute nur einen italienischen 80er-Song hören, lassen Sie es diesen sein. Das Lied ist der Soundtrack einer ganzen italienischen Teenagergeneration und fast so schön wie eine Sommerliebe in einer mondklaren Julinacht.

46.

LUNA CAPRESE (1960)

Peppino di Capri

Die Italiener sehen den deutschen Touristen bekanntlich so einiges nach. Den Cappuccino nach elf Uhr morgens, Parmesankäse auf den *Spaghetti alle vongole*, und manch ein Verbrechen auf dem Sektor der sommerlichen Herrensandale wird ebenfalls stumm ertragen. Was Sie jedoch in Italien nie tun sollten – niemals, um keinen Preis! –, ist, Peppino di Capri mit Nicola Di Bari zu verwechseln! Sonst droht Italienverbot auf Lebenszeit. Es ist aber auch recht einfach, die beiden großen Schmonzettenvirtuosen auseinanderzuhalten: Peppino di Capri trägt eine sehr große Brille und kommt aus Capri. Nicola Di Bari wiederum trägt eine sehr große Brille und kommt aus Bari. Letzterer soll an dieser Stelle aber ohnehin nicht unsere Sorge sein. Es geht uns um den Mann aus der Bucht von Neapel.

Peppino di Capri, 1939 als Giuseppe Faiella geboren, wird in Italien nach einem seiner berühmtesten Stücke *Il sognatore*, der Träumer, genannt. Träumer werden im sich aufrappelnden Italien der späten 50er gebraucht, und Peppino träumt exorbitant erfolgreich. Nachdem er 1957 mit seiner Begleitband I Rockers einen Plattenvertrag hat an Land ziehen können, gelingt ihm rasch Hit um Hit. Sein findiges Management verkauft den Künstler als Italiens Antwort auf Buddy Holly. Eine durchaus nachvollziehbare Idee, sieht di Capri dem großen Tränenzieher des Rock 'n' Roll in seiner frühen Schaffensphase doch ausgesprochen ähnlich. Als sein großes künstlerisches Verdienst gilt es, den Italienern den Twist beigebracht zu haben. Bald krümmt sich das ganze Land zu seinen Rhythmen, und die Caprisonne lacht dazu. Als Pier Paolo Pasolini 1964 für sein augenöffnendes Doku-Sittengemälde »Comizi d'amore« (Liebesversammlungen, dt. Titel: »Gastmahl der Liebe«) an Italiens Stränden die Einstellung seiner Landsleute zu Sexualität, Ehe und Moral abklopft, hält er auch dem sympathischen Twist-Träumer das Mikro unter die Nase. Doch der Sänger ist rhythmisch vielseitig interessiert. 1966 veröffentlicht er mit »Operazione sole« (Operation Sonne) das erste Ska-Stück auf Italienisch, verfolgt den eingeschlagenen Pfad aber nicht weiter.

Zu Beginn der 60er gelingen Peppino auch drei deutschsprachige Hits, eine Tour durch hiesige Konzerthallen schließt sich an, zudem entsteht unter seiner Mitwirkung in Jugoslawien ein deutscher Film mit dem anbetungswürdigen Titel »Übermut im Salzkammergut«, in dem auch Heinos Frau Hannelore mittwisten darf. Wer meinte, damit sei des Sängers Karriere auf ihrem Zenit angekommen, sieht sich getäuscht. 1965 eröffnet der Mann aus Capri mit seinen Rockers die italienischen Konzerte der Beatles. Als gegen Ende der 60er zunehmend grüblerisch orientiertes Liedgut in Mode kommt, gerät die Karriere des singenden Insulaners zwar ins Straucheln, er berappelt sich jedoch immer wieder. In den 70ern krönt er sein Schaffen mit dem Welthit »Champagne«.

Zudem hat di Capri neben Twist und Rock 'n' Roll ein weiteres Ass im Ärmel: die neapolitanische *canzone*. Immer wieder schmettert er mit nasaler Stimme das Hohelied der schwerblütigen Selbstvergessenheit, so wie seine Mama es tat, als Peppino noch der kleine Giuseppe war. Und er erfindet selbst neue neapolitanische Straßenlieder. Den künstlerischen Höhepunkt erreicht dieses Wirken unzweifelhaft 1977, als der Sänger in seinem soeben fertiggestellten Studio in Neapel das Album »Aiere« (Gestern) aufnimmt, das alte *canzoni* auf lässigen Funk treffen lässt. Eine magische Platte mit viel neapolitanischem Schmutz unter den Fingernägeln. Als ich das Album zum ersten Mal hörte, glaubte ich zudem, in dem Stück »Maruzzella« den übertriebensten Mandolineneinsatz der Musikgeschichte zu vernehmen. So übertrieben, dass danach das Bedürfnis eines jeden Menschen nach Mandolinen auf Lebenszeit gestillt sein sollte. Beim Betrachten der Cover-Credits musste ich allerdings feststellen, dass auf dem Werk offenbar gar keine Mandolinen zum Einsatz kommen. Magisches Italien! Dafür wird auf der Plattenhülle einem gewissen Salvatore De Pasquale die Zuständigkeit für »Matrimoni e religione«, Ehen und Religion, zugewissen und einem Ciro für »Cappuccini e cornetti« gedankt. Mandoline hin, Cornetto her – wer richtig in der süffigen Melancholie von B*ella Napoli* baden will, sollte hier dringend einsteigen.

Peppino, das dürfte klar geworden sein, ist eine Legende. Seine Musik mag heute harmlos wirken, trug aber erheblich zur Seelenbildung Italiens während des ökonomischen Booms der 50er und 60er bei. 2005 nimmt er den Verdienstorden der Italienischen Republik in Empfang, 2023 wird der Sänger, der 15 Mal beim *Festival di Sanremo* antrat, auf der Bühne des *Ariston* mit einem Stargastauftritt geehrt.

Peppino di Capris immense Popularität zeigt sich aber am besten anhand eines anderen Beispiels. Im Jahr 2015 kommt in Italien der Film »Natale col boss« (Weihnachten mit dem Boss) in die Kinos. Grundsätzlich ein eher vernachlässigenswertes Werk. Die Handlung will es, dass ein neapolitanischer Mafia-Pate zwecks Aufrechterhaltung seiner Tarnung eine Gesichtsoperation benötigt. Er bittet die Chirurgen, ihn künftig aussehen zu lassen wie Leonardo DiCaprio. Doch die Spezialisten verstehen den Don falsch und verpassen ihm anstelle von DiCaprios Antlitz das von Peppino di Capri! Ein Plot, direkt aus dem Leben gegriffen.

Träumen wir nun ein Ründchen unter dem Mond der Insel. Schließen Sie die Augen und vertrauen Sie sich unbesorgt dem sachkundigen Serenadisten Peppino di Capri an. Vom Träumen versteht er schließlich so einiges!

47.

MA…AVVICINARCI (1978)

Umberto Balsamo

Anlässlich seines achtzigsten Geburtstags im Jahr 2022 wird Umberto Balsamo von der sizilianischen Tageszeitung *Il Cittadino* gefragt, wie seine Botschaft an den musikalischen Nachwuchs laute. Seine Antwort: Die jungen Menschen sollten die Vergangenheit studieren, jede und jeder sei aufgerufen, sich mit Domenico Modugno zu beschäftigen und zu ergründen, warum die Musik des Pioniers der *musica leggera* den Italienern (und nicht nur denen) derart den Kopf verdrehen konnte. Es ist eine Antwort, die viel über den melodieverliebten Klassizisten Umberto Balsamo aussagt.

Wie viele aus dem Süden stammende Musiker verschlägt es den 1942 im sizilianischen Catania geborenen Umberto Balsamo zu Beginn der 60er nach Mailand, damals wie heute das administrative Zentrum des Musiklandes Italien. Hier begegnet er Adriano Celentanos regelmäßigem Texter und *Clan-Celentano*-Mitglied Luciano Beretta. Die beiden können einige erste Erfolge mit Liedern einfahren, die sie für Künstler wie Milva oder den Italobriten Mal Ryder schreiben. 1968 drängt es Balsamo selbst auf die Bühne. Zu diesem Behuf wählt er einen Künstlernamen, der entweder besonders gut oder besonders schlecht ist: »Bob Nero«. Doch ganz gleich, wie Künstlernamenexperten den Fall sehen – Italien hat keinen Bock auf den schwarzen Bob; die einzige unter dem Pseudonym veröffentlichte Single wird von der italienischen Käuferschaft mit fortgeschrittenem Desinteresse bedacht. Umberto ficht das nicht an, er schreibt weiter für die ganz Großen des italienischen Liederzirkus. 1972 geht Balsamos Traum in Erfüllung, als er sein erklärtes Idol, den Pionier des leichten italienischen Liedes Domenico Modugno mit einem Stück versorgen kann. Derart motiviert, traut sich Balsamo im selben Jahr wieder selbst auf die Bühne; den Künstlernamen hat er verworfen. 1976 dann erstrahlt der Name Umberto Balsamo in gleißender Ben-Hur-Schrift am Liederfirmament, als ihm mit dem Stück »L'angelo azzurro« (Der blaue Engel) ein Nummer-eins-Hit gelingt. Ursprünglich hatte Balsamo Italiens Sangesgöttin Mina als Interpretin im Sinn, doch als er ihr seine Komposition vorspielt, zeigt ihm die Primadonna die kalte Schulter: Das Lied sei ja hübsch, löse in ihr jedoch nichts aus. Nun, dann habe man einander wohl nichts mehr zu sagen, will der Komponist nur noch geantwortet haben. Klavierdeckel zu – *ciao*!

1979 wird zu einem weiteren höchst erfolgreichen Jahr in der Sängerkarriere des Sizilianers. In seinem Song »Balla« (Tanz!) vermengt Balsamo fröhlich Pop mit Tarantella, jenem süditalienischen Volkstanz, von dem in einem späteren Kapitel noch die Rede sein wird. Produziert wird das Lied jedoch nicht in Italien. Balsamo gefällt die Vorstellung, englische Musiker die Tarantella spielen zu lassen, und fliegt für die Produktion nach London. Dort angekommen, bekommt der notorisch schüchterne Künstler hohes Fieber – eine psychosomatische Reaktion auf die Aufregung, wie er vermutet. Immerhin, das Fieber katapultiert ihn zurück in seine Kindheitstage in Catania. Er schreibt alles auf und hat am nächsten Tag den Text zu »Balla«. Die Plattenfirma des Sängers ist von den

Tarantella-Beimischungen so gar nicht begeistert. Der Präsident des Labels greift gar persönlich zum Telefon, um Balsamo die Idee auszureden. Doch der Sänger kann sich durchsetzen – der Song wird sein zweiter Millionenseller. Zwar erscheinen danach noch einige weitere Alben, mit dem ganz großen Erfolg ist es indes vorbei. 1983 zieht sich Umberto Balsamo nach Usmate in der norditalienischen Provinz Brianza zurück und lässt nur noch gelegentlich künstlerische Rauchzeichen aufsteigen. Inzwischen lebt er wieder in Catania.

Es sollte klar geworden sein: Der Mann mit der Aura eines melancholischen Stehgeigers ist keinesfalls ein Bilderstürmer, eher ein fleißiger Arbeiter im Weinberg der leichten Musik. Sein starkes Gewand ist ganz klar das gefällige Lied mit hohem Weichspülfaktor. Die besten davon entstehen Ende der 70er und sollten etwa bei Anhängern von Umberto Tozzi oder Alan Sorrenti für wohliges Schnurren sorgen. Noch deutlich mehr als seine großen Hits gefallen mir etliche seiner Albumtracks, von denen ich hier ein Stück vorstellen möchte, das sich mit *dem* Menschheitsthema schlechthin befasst: »Ma…avvicinarci« (Sondern…uns annähern). Thematisch und musikalisch könnte man das Lied als »Lucio Battistis ›Amarsi un po'‹ für Fußgänger« beschreiben; die philosophische Betrachtung des Zwischenmenschlichen fällt aus. Umberto macht hier keinen Hehl daraus, welcher Art die titelgebende Annäherung sein soll: »A casa tua o a casa mia / Questa serata finirà« (Bei dir oder bei mir / endet dieser Abend). Doch – oh weh – das solcherart angesungene Gegenüber ist müde und vertröstet den libidinös aufgewühlten Protagonisten auf ein nächstes Mal. Die Musik dazu ist cremigster Italo-Funk. Die Zitronen hängen tief und am Schluss fliegen die Geigen ins Weltall.

Sicherlich keine Revolution, aber *balsamo* für die geschundene Seele.

48.

MALAFEMMENA (1975)

Gabriella Ferri

Es stellt ein Ding der Unmöglichkeit dar, von Italien zu erzählen, ohne über Antonio De Curtis zu sprechen. Oder, um seinen vollständigen Namen zu verwenden: Antonio Griffo Focas Flavio Angelo Ducas Comneno Porfirogenito Gagliardi De Curtis di Bisanzio, Altezza Imperiale, conte Palatino del Sacro Romano Impero, Esarca di Ravenna, Duca di Macedonia e di Illiria, Principe di Costantinopoli, di Cilicia, di Tessaglia, di Ponto, di Moldavia, di Dardania, del Peloponneso, conte di Cipro e di Epiro, conte e duca di Drivasto e di Durazzo. Zur Legende wurde der Mann mit dem kantig geschnitzten Gesicht aber unter dem knappen Namen Totò. Der Komiker, Schauspieler und Dichter ist eine Legende, ein Mythos, letztlich eine Art, die Welt zu betrachten. Vor allem aber ist er der *principe della risata*, der Prinz des Lachens. Und die Verkörperung Neapels schlechthin.

Wandelt man durch die Stadt unter dem Vesuv, begegnet man ihm überall. Die Gemäuer sind übersäht von Bildern und Zitaten des 1898 geborenen Wortvirtuosen aus dem Armenviertel Sanità. In der Kunstfigur Totò ballen sich sämtliche Eigenschaften, die man den Bewohnern der Stadt nur zu gerne zuschreibt (und die sie sich durchaus selbst zuschreiben): Obrigkeitsskepsis, Zynismus, Verspieltheit, Schlitzohrigkeit und diese faszinierende Mischung aus weltvergessener Fröhlichkeit und fatalistischer Melancholie. Er höre oft, sagte Totò einmal, dass er ein trauriges Gesicht habe, doch es sei nicht traurig, es sei einfach schief. Allein schon, wie er zu seinem imposanten vollständigen

Namen kam, erzählt viel über diese schillernde Type. Totò wird als unehelicher Sohn der prekär lebenden Sizilianerin Anna Clemente geboren. Sein Vater, der Marchese Giuseppe De Curtis, weigert sich bis 1928, das Kind anzuerkennen. Vaterlos aufzuwachsen, ist eine mehr als leidvolle Erfahrung für den jungen Antonio, die er dadurch kompensiert, dass er sich 1933 zusätzlich vom Marchese Francesco Maria Gagliardi Focas di Tertiveri adoptieren lässt, was dem damals 35-jährigen eine lebenslange Rente garantiert. Als Erbe gleich zweier Adelsfamilien wird Totò zum Inhaber einer imposanten Liste von Titeln.

Berühmt machen ihn die Filme, die er ab 1937 dreht; 97 sind es insgesamt. Anfangs ist häufig der Schauspieler Peppino De Filippo als sein Sidekick mit von der Partie. Das Bild, das die beiden beim Herumrühren in ihren *caffè* zeigt, hängt in jeder zweiten italienischen Bar. Ausgehend von der Tradition der *Commedia dell'arte*, grimassiert, trickst, hampelt und fuchtelt sich der geniale Komödiant Totò in diesen Werken regelmäßig durch Geschichten, die nah am italienischen Alltag gebaut sind, wobei der Mann mit der anbetungswürdigen Physiognomie eine Tendenz zum Absurdismus an den Tag legt. Man kann seine Wortverdrehereien meist nicht ins Deutsche übertragen. Manchmal aber doch: »Bei uns zu Hause tun wir gar nichts in den Milchkaffee. Weder Milch noch Kaffee«, lautet einer seiner Aphorismen, in diesem Fall zum Thema Armut. Er ist ein Nachfahre Pulcinellas, des maskierten Hanswurst im süditalienischen Volkstheater, ein moderner *arlecchino*.

In Deutschland sind nicht viele seiner Filme verfügbar. Dringend empfohlen sei die ungewöhnliche Zusammenarbeit mit Regisseur Pier Paolo Pasolini an dessen »Uccelacci e uccellini« (dt. Titel: »Große Vögel, kleine Vögel«), dem besten religionskritischen Film Italiens. Im Vorspann zählt Domenico Modugno zur Musik von Ennio Morricone Namen und Tätigkeiten der wichtigsten Beteiligten auf. In Bezug auf den Prinzen des Lachens heißt es: »L'assurdo Totò, l'umano Totò, il matto Totò, il dolce Totò« (Der absurde Totò, der menschliche Totò, der verrückte Totò, der süße Totò). Doch der »süße Totò« beschränkte seine Schaffenskraft nicht nur aufs Komödiantische, er schrieb zudem Gedichte und Lieder. Sein berühmtestes Stück ist »Malafemmena« (Schlechte Frau), dessen Text er 1951 auf eine Zigarettenpackung kritzelte. Ein Lied, das auch darauf hindeutet, dass der *dolce Totò*, der sein Land im Lachen vereinte wie kein Zweiter, auch seine Abgründe hatte.

Das Lied entsteht, nachdem der berüchtigte Schwerenöter Totò von seiner Frau Diana Bandini Rogliani aufgrund einer aufgeflogenen Affäre den Laufpass bekommt. Es ist der waidwunde Klagegesang des Verlassenen, der sich ganz der Täter-Opfer-Umkehr hingibt. Sie sei eine schlechte Frau, und Gott werde ihr niemals vergeben. Ein frauenfeindliches Lied? Als feministische Hymne ist es definitiv ungeeignet, und vor dem Hintergrund von über hundert Femiziden im Jahr 2023 (ähnlich viele wie in Deutschland) erfährt es zusätzlich negative Aufgeladenheit. Vor allem aber ist es eine *canzone* über die verblendende Macht des Schmerzes. Das Wort »Malafemmena« selbst kann natürlich als problematisch gelesen werden. In seiner ursprünglichen Verwendung im Neapolitanischen beschreibt es gleichermaßen eine in fleischlichen Belangen unstete Frau wie auch eine Frau, die Leid auslöst – meist beides. Das abgeleitete hochitalienische »Malafemmina« wiederum wird inzwischen oft in umdeutender Manier für Frauen verwendet, die Tabus und Grenzen hinter sich lassen. In diesem Sinne nutzt 1988 beispielsweise Gianna Nannini das Wort für ihr gleichnamiges Album. Im heutigen Neapel beschreibt es auch Frauen, die mit alttradierter Bigotterie aufräumen.

Es gibt unzählige Versionen des Stücks, auch von Frauen.

Wenn italienische Sängerinnen Totòs fiebrige Anklage interpretieren, passiert dies auch im Gestus der lustvollen Umarmung des Begriffs: Ich, eine *malafemmena*? Ich geb dir gleich »schlechte Frau«! Ganz deutlich wird dies in der Fassung der wunderbaren Gabriella Ferri. Die 1942 geborene Römerin gilt als die ultimative Nachkriegsinterpretin der *stornelli romani*, der im *Romanesco*-Dialekt vorgetragenen Volkslieder. Doch auch Ausflügen ins Idiom Neapels war Ferri, wie das vorliegende Stück zeigt, nie abgeneigt. Ihre Version verwandelt das Lied in einem Bluessong. Sie beginnt fein und leise und steigert sich zunehmend in ein wundkehliges Gebrüll. Bei einem Auftritt trägt sie einen Smoking mit Fliege und Hut und zitiert damit die ikonische Garderobe des *principe della risata*.

Gabriella Ferri, die unter schweren Depressionen litt, starb 2004 unter ungeklärten Umständen bei einem Balkonsturz in Corchiano bei Rom. Totò trat schon 1967 von der Bühne des Lebens ab. Die Römerin und der Neapolitaner, so unterschiedlich sie auch waren, stehen heute für ein untergegangenes Italien lang vergangener Tage. Ein Italien, das gleichwohl natürlich nie aufhören wird, zu existieren.

49.

MALEDETTA PRIMAVERA (1981)

Loretta Goggi

Einer der unverwüstlichsten Italo-Evergreens der frühen 80er.

Wer je auf hiesigem Boden einen Fuß in ein italienisches Restaurant mit der obligatorischen Pizza-Playlist gesetzt hat, wird diesem Donnerschlager, diesem Frühlingsgewitter von einem Song schon ausgiebig begegnet sein. Wer 1981 Radio gehört hat, sowieso. Doch warum verdammt das Lied den Frühling? Wieso verflucht die Sängerin des Stücks in ihrem Lied so vehement die Jahreszeit des Knospens und Blühens?

Die Römerin Loretta Goggi zählt zu den vielseitigsten Unterhaltungskünstlerinnen, die das *Bel Paese* hervorgebracht hat. In ihrer langen Karriere wirkte sie als Schauspielerin, Sängerin, Moderatorin, Tänzerin, Autorin und Synchronsprecherin. In letzterer Funktion durfte sie dem Comic-Kanarienvogel Tweety die italienische Stimme leihen. Danach hat man alles im Leben erreicht, sollte man annehmen. Loretta Goggi sah das anders.

1959, im Alter von nur neun Jahren, gewinnt sie einen Radiowettbewerb. Ab 1962 ist sie parallel als Kinderdarstellerin in diversen Filmen und TV-Programmen sowie als Sängerin tätig. Ab Anfang der 70er erfährt sie Förderung durch die TV-Legende Pippo Baudo und moderiert fortan im TV alles, was nicht bei drei auf den Bäumen ist: Gesangswettbewerbe, Quizshows und Misswahlen. 1981 tritt sie mit »Maledetta primavera« (Verdammter Frühling) in Sanremo an. Es ist ein Jahrgang, der etliche unvergessene Sternstunden bereithält: Ricchi e Poveri singen »Sarà perché ti amo« (Das ist wohl, weil ich dich liebe), Moderator Claudio Cecchetto präsentiert seine Aerobic-Pioniertat »Gioca jouer«, Fiorella Mannoia erlebt ihren großen Durchbruch, und in der Jury sitzen mit Alberto Sordi, Ugo Tognazzi und Sergio Leone gleich drei Legenden. Zwischendurch spielen die Dire Straits und Barry White.

Loretta Goggis Song zählt früh zu den Favoriten: »Che resta di un sogno erotico se / Al risveglio é diventato un poema?« (Was bleibt von einem erotischen Traum / Wenn er beim Aufwachen zum Gedicht geworden ist?), fragt die Sängerin. Es ist das Lied einer Frau, die nach einer stürmischen Liebesnacht Reue darüber empfindet, sich allzu kopflos in die Angelegenheit gestürzt zu haben, zumal nur sie tiefere Gefühle zu hegen scheint. Wer würde da nicht gleich den ganzen Frühling mitsamt seiner dämlichen Neurotransmitterumstellung verfluchen? Der Text des Songs stammt von Paolo Amerigo Cassella, der für etliche Granden der Branche dichtete und 1975 für den Sänger Adriano Pappalardo eine waghalsige Übertragung von Bob Dylans »Knockin' on Heaven's Door« namens »Ai miei figli che dirò« (Was werd ich meinen Kindern sagen?) vornahm. Man verpasst nichts, wenn man die Version weiträumig umfährt. Den verdammten Frühling hingegen sollte man keineswegs versäumen.

Trotz Loretta Goggis Favoritenrolle reicht es in Sanremo für »Maledetta primavera« nur für den zweiten Platz. Die Römerin muss sich einer anderen Sängerin geschlagen geben, die nicht nur moderner auftritt, sondern auch den noch besseren Song hat: Alice und »Per Elisa«. Doch sei's drum, in den italienischen Charts läuft es anschließend blendend für den Goggi-Song. Damit nicht genug: Auch in Österreich und der Schweiz wird »Maledetta primavera« ein Riesenhit; in Deutschland klettert der Song 1981 bis auf Platz acht. Caterina Valente veröffentlicht noch im gleichen Jahr eine deutsche Version namens »Das kommt nie wieder«, deren Text mit Goggis hormonell befeuerter Frühlingsverfluchung aber nicht mehr viel zu tun hat. Auch in Finnland, Belgien, Kroatien, Slowenien und Mexiko entstehen Versionen in der jeweiligen Landessprache.

Nach dem Erfolg an der Blumenriviera konzentriert sich Loretta Goggi auf ihre Tätigkeit als TV-Moderatorin. Ihre Shows heißen *Hello Goggi*, *Loretta in Quiz* und *Ieri, Goggi, Domani*. 1986 ist sie die erste Frau, die das *Festival di Sanremo* moderiert. Sieger im fraglichen Jahr ist der 23-jährige Eros Ramazzotti. Als Loretta Goggis Name 2023 für die Co-Moderation des nächsten *Sanremo*-Jahrgangs ins Spiel gebracht wird, setzt es eine Absage der Vielbegabten. Sie habe zeit ihrer Karriere dagegen angekämpft, die Rolle der »dekorativen Frau« einzunehmen. Neben dem Hauptmoderator zu stehen, sich Komplimente für ihr Kleid abzuholen und gelegentlich einen Monolog halten zu dürfen, sei nichts, woran sie interessiert sei. Wenn, dann wolle sie das Gesamtpaket und die Doppelfunktion »Moderatorin und künstlerische Leiterin« bekleiden.

Aber auch so hat die Frau, die Italien 1981 den Soundtrack des Frühlings verpasste, genug zu tun. 2023 kehrt die inzwischen 72-Jährige mit einer neuen Show ins italienische Fernsehen zurück. Der Titel: *Benedetta primavera.*

50.

METTI, UNA SERA A CENA (1970)

Ennio Morricone con Edda Dell'Orso

Eine Stimme, die jeder kennt. Und eine der größten Sängerinnen Italiens. Dabei hat die wundervolle Edda Dell'Orso kaum je ein verständliches Wort gesungen.

Edda Dell'Orsos Kunst ist vielmehr ein Säuseln, Hauchen, Zirpen, Schmachten, Seufzen und Flüstern. Sie ist die Meisterin der Lautmalerei und als solche die Stammsängerin Ennio Morricones auf seinen ikonischen Soundtracks. Genau: Die überlebensgroße Weihnachtsstimme auf dem Titelthema von »C'era una volta il West« (Es war einmal der Westen, dt. Titel: »Spiel mir das Lied vom Tod«), das ist Edda, wie sie leibt und singt. Den schönsten Auftritt unter Morricones Ägide hat ihre Sopranstimme aber wohl bei »Giù la testa« (Runter mit dem Kopf, dt. Titel: »Todesmelodie«). Auch für Luis Bacalov und andere Schwergewichte der italienischen Filmmusik klettert Edda auf höchste Gipfel und entzündet dort das Feuer.

1935 als Edda Sabatini in Genua geboren, wächst sie in

Rom auf, wo sie an der *Accademia Nazionale di Santa Cecilia* in Trastevere studiert. Anfang der 60er wird sie Mitglied von Alessandro Alessandronis Chor I Cantori Moderni, der auf unzähligen der von der führenden Plattenfirma *RCA* veröffentlichten italienischen Hits jener Ära zu hören ist. Bei einer dieser Aufnahmen hört sie der anwesende Hauptarrangeur des Labels Ennio Morricone und verliebt sich in ihre gebirgsbachklare Dreioktavenstimme. Nach seinem Berufswechsel zum Filmkomponisten setzt er die Sängerin für nahezu all seine Großwerke ein. Morricone habe ihre Stimme wie ein Instrument betrachtet, das er wie jedes andere auch notiert und dirigiert habe, erzählte Edda einmal. Man muss die Filme nicht gesehen haben, um die Anmut dieser Musik genießen zu können. Wobei …

Wenn ich all die süßen Stunden, die ich mit den Segnungen des italienischen Kinos der 60er und 70er verbracht habe, auftürmen würde, käme dabei wohl ein Zeitgebirge apenninhaften Ausmaßes zustande. Ich kann nur jedem an Anmut interessierten Menschen die Beschäftigung mit der Parallelwelt des *cinema italiano* empfehlen, wobei zu raten ist, sich nicht nur mit den Arthouse-Klassikern Michelangelo Antonionis, Federico Fellinis, Pier Paolo Pasolinis oder Luchino Viscontis und anderen Großkalibern zu beschäftigen, sondern auch im italienischen Bahnhofskino vorbeizuschauen. Wie sich im B-Kino Italiens Erhabenheit und Mumpitz zum gemeinsamen Tanz treffen, schmeichelt dem Schönheitsempfinden und kneift ins Hirn: das Prinzip »Form über Inhalt« im taumelnden Ausdruckstanz, Träume in Technicolor, Ästhetik, bis einer lacht. Nirgendwo sonst lässt sich das menschliche Ringen mit den Möglichkeiten und Unmöglichkeiten des Daseins so gut studieren wie in der Welt des Genrekinos *all'italiana*. Zwar handelt es sich – wie bei vielem, was man mit den kreativen Glanztaten der italienischen Kulturindustrie verbindet – um eine untergegangene Welt, aber wie das so ist in einer Kultur, zu deren erfolgreichsten Wirtschaftsgütern die eigene Vergangenheit zählt: Es handelt sich um eine bestens konservierte untergegangene Welt.

Die Musik der unzähligen Komponisten hat in der Regel immensen Anteil an der Pracht dieser Filme. Zu nennen wären zuvorderst Armando Trovajoli, Riz Ortolani, Piero Piccioni, Carlo Rustichelli, Bruno Nicolai, Stelvio Cipriani, Francesco De Masi und Franco Micalizzi – nicht zu vergessen die einzige Komponistin in der Männerdomäne Nora Orlandi. Der Maestro der Maestri bleibt natürlich der strenge Morricone. Wenn er Edda Dell'Orso einsetzt, meint man, der menschlichen Seele selbst zu lauschen, in all ihren Verfasstheiten. Sie kann beunruhigend wispern wie beim Score zu Aldo Lados »La corta notte delle bambole di vetro« (Die kurze Nacht der Glaspuppen, dt. Titel: »Malastrana«), angsteinflößend tirilieren wie bei Dario Argentos »L'uccello dalle piume di cristallo« (Der Vogel mit dem Kristallgefieder, dt. Titel: »Das Geheimnis der schwarzen Handschuhe«) oder sirenenhaft locken wie bei Franco Rubartellis »Veruschka«. Zwischen ihren unzähligen Filmarbeiten lässt sie sich auf Platten von Lucio Battisti, Francesco De Gregori und Fabrizio De André vernehmen. Eine Frau, von der ich mir nur zu gerne mal das römische Telefonbuch vorsingen lassen würde.

Ein wahres Schaulaufen für Edda Dell'Orsos Instrument ist ihr Einsatz auf dem Soundtrack zu »Metti, una sera a cena« (Mal angenommen, an einem Abend beim Essen), einem Werk des Autorenfilmers Giuseppe Patroni Griffi, das von vier dekadenten Kulturschnöseln handelt, die sich an ihren amourösen Verstrickungen verheben. Gottlob tun sie dies auf ungemein gut aussehende Weise. Der nie auf Deutsch veröffentlichte Film – im Jahr seines Erscheinens ein Kassenschlager in Italien – ist ein absoluter Augenschmaus, wie ihn Ende der 60er nur die Italiener hinbekamen. Die Soße auf dem Braten ist neuerlich Ennio Morricones federleichte Musik, für die er 1969 den *Nastro d'argento* in der Kategorie »Beste Filmmusik« erhielt. Das Titelstück ist eins seiner typischen sich um sich selbst drehenden Themen, dargereicht als fluffiger Sound-Flokati. Morricone hat das Werk noch auf seiner letzten Tournee dirigiert, es muss ihm einiges an der Komposition gelegen haben. Wer nicht umsonst gelebt haben will, sollte zu »Metti, una sera a cena« irgendwann im Leben mal eine mondäne Küstenstraße entlanggefahren sein, zur Not reicht aber auch eine nahe gelegene Umgehungsstraße. Man kann zu der Nummer sicher auch sehr toll Aufzugfahren.

Ganz gleich, was man zu dem Stück tut – wer Morricone und Signora Dell'Orso in Formvollendung erleben will, ist hier goldrichtig. Edda am Anschlag! Die Sängerin selbst sieht die Angelegenheit bescheidener: Ihre Stimme sei eben »in Ordnung« gewesen.

51.

LA MIA BANDA SUONA IL ROCK

(1979)

Ivano Fossati

Italien bleibt in vielen Belangen ein Land auf der Suche nach sich selbst. Man denkt weniger national als regional – als *piemontese*, *napoletano* oder *pugliese*. Sich kollektiv unter dem Banner *Italia* zu versammeln, fällt den Bewohnern des *Bel Paese* bis heute schwer – nicht zuletzt eine Folge der späten Einigung im Jahr 1861. Dieses Selbstverständnis ist Fluch und Segen zugleich. Es zieht zum einen höchst erbauliche Unterschiede in Fragen von Temperament, Küche und Brauchtum nach sich, kann aber bisweilen einen enervierenden Provinzialismus zur Folge haben, der nur das auf den umliegenden Feldern gewonnene Olivenöl gelten lässt. In Italien spricht man vom *campanilismo* (etwa: extreme Bezogenheit auf den örtlichen Glockenturm), eine überzogene Form des Lokalpatriotismus, bei der heimische Bräuche, Essenszubereitungsarten oder Wesenszüge über die anderer Orte oder Landstriche gestellt werden. Wer – wie Ihr Autor – je erleben durfte, wie sich ein *napoletano* und ein *pugliese* über die korrekte Zubereitung eines Muschelgerichts in die Haare kriegen, wird das ohrenbetäubende Kirchturmläuten nimmer vergessen!

Auch dem Genueser Musiker Ivano Fossati dünkt sein Land Ende der 70er allzu provinziell. Auf der Suche nach einem weltgewandteren Sound zieht es ihn nach Miami. Überhaupt hat Ivano gehörig Druck auf dem Kessel, ist er doch mit seinem Karriereverlauf so gar nicht zufrieden. Zwar hat er als Mitglied der Prog-Band Delirium mit dem Stück »Jesahel« schon einen Nummer-eins-Hit einfahren können und Erfolgssongs für Sängerinnen wie Patty Pravo, Loredana Bertè oder seine damalige Partnerin Mia Martini geschrieben, seine Soloalben jedoch wollen nicht recht verfangen. Auch sieht er sich nicht als Teil der von der italienischen Linken vereinnahmten *cantautore*-Bewegung. »Die italienische Politik verdient keine Lieder«, sagt er einmal. Lösen soll das Problem nun die Reise nach Übersee. Und tatsächlich: Was der ehrgeizige Ligurier in den *Criteria Studios* in Miami, unterstützt von vier amerikanischen Session-Musikern, aufs Band bringt, verschafft ihm endlich den ersehnten Solodurchbruch. Ein lohnendes Album, allein schon weil Fossati auf dem Cover die engste Hose trägt, die je auf einer italienischen Plattenhülle zu sehen war. Musikalisch ist das Werk ein nie versiegender Quell lässigen 1979er-Poprocks (nur der Song »Dedicato« (Gewidmet) sollte in der Version von Loredana Bertè noch heller erstrahlen; ihre Fassung ersetzt beinahe sechs Wochen Sommerferien). Schon der eröffnende Titelsong von Fossatis Album macht klar, wohin die musikalische Reise geht: »La mia banda suona il rock« (Meine Band spielt Rock).

Wer sich aufgrund des Titels nun aber bierbefeuertes Proberaumgeboller vorstellt, sieht sich getäuscht. Der Song ist eine leichtfüßig tänzelnde Poprock-Nummer mit vielen Breaks und gehörigen Beimischungen aus der Latin-Gewürzdose. Der Text feiert Musik als potentestes aller Kommunikationsmittel: »In fondo viene a dirti / Che la tua anima non è morta« (Letztlich kommt sie, um dir zu sagen / Dass deine Seele nicht tot ist). Aber, so deutet Ivanos Text an, vielleicht können die Weihen seines Rock nicht jeden retten. Einen Seitenhieb auf die italienische Provinzialität kann er sich jedenfalls nicht verkneifen: »È come un treno che è passato / Con un carico di frutti / Eravamo alla stazione, sì / Ma dormivamo tutti« (Es ist wie ein Zug, der vorbeifuhr / Mit einer Ladung Obst / Wir waren alle am Bahnhof, ja / Aber wir schliefen).

In Italien ist das Lied heute ein Evergreen, der jederzeit ungebremstes rhythmisches Mitzucken auszulösen in der Lage ist. Laura Pausini sah sich vor einigen Jahren gar berufen, eine Coverversion zu veröffentlichen. Schon in den 80ern bedachte die Italo-Disco-Band Ciao Fellini die Welt mit einer Sommerhitfassung des Liedes. (Wer zu viel Zeit hat, kann sich den Auftritt der Band mit dem Lied 1988 in Verona anschauen: Der Sänger sieht aus, als wäre Morrissey in Rimini hängen geblieben und tanzt auch so.) Nur einem hing der Song schnell aus den Ohren heraus: Ivano Fossati. Schon rasch nach der Veröffentlichung verbannte er das Stück aus seinem Live-Repertoire. Letztlich ein nachvollziehbarer Schritt, wenn man bedenkt, welchen Weg der Musiker auf seinen weiteren Alben einschlagen sollte. Beginnend mit der Platte »700 giorni« (700 Tage) macht sich ein distinguiert-kultivierter Ton in seinem Werk breit. Spätestens ab 1988 schaut Fossati zudem über den musikalischen Kirchturmrand der westlichen Popmusik hinaus und bereichert seine samtpfotige Musik um Andenflöten und arabische Perkussionsinstrumente. Ein entschieden ätherischer Ton dominiert nun die Vorgänge, Fossatis Alben ab Ende der 80er schaffen es, gleichzeitig gediegen und *out there* zu klingen. Da mag die sorglose Feier der Freuden des Rock nicht mehr so recht ins Repertoire passen. Vielleicht hatte Fossati aber auch nur die Coverversion von Ciao Fellini gehört und war nun verzweifelt darum bemüht, die Geister, die er rief, wieder einzufangen. In späteren Jahren arbeitete er mit Fabrizio De André und Adriano Celentano zusammen. Letzterem kredenzte er unter anderem seinen besten Albumtitel: »Esco di rado e parlo ancora meno« (Ich gehe selten aus und spreche noch weniger).

2012 verabschiedet sich der Genueser von der Bühne. Eine wohlüberlegte Entscheidung, wie er sagt. 2019 erscheint dann doch noch mal ein gemeinsames Album mit Mina. Ansonsten zieht Fossati es vor, abseits des Trubels im ligurischen Dörfchen Leivi, etwa fünfzig Kilometer von Genua gelegen, zu leben. Über seine Heimatstadt Genua sang er einmal, man müsse verstehen, dass sie nur vom Meer aus zu erkennen sei. Gleichzeitig, so hat er es in seiner Musik immer wieder demonstriert, ist die Hafenstadt ein Ort, der einen über das Mittelmeer in die ganze Welt tragen kann. Er müsse nicht zwingend in Leivi leben, sagte er vor einigen Jahren, es könne auch Savona oder Imperia sein. Am Ende sei es Ligurien, das zähle. Nach so vielen Reisen gehöre er dieser Region mehr als jeder anderen.

Ein *cittadino del mondo* kehrt heim. *Campanilismo* klingt anders.

52.

MILANO E VINCENZO (1978)

Alberto Fortis

Schlangestehen und Warten gelten nicht eben als italienische Stärken. Allzu gerne wird den Italienern eine kurze Lunte attestiert. Ein Klischee, natürlich. Ein Klischee jedoch, das immer wieder Nährung zu erfahren scheint. Zum Beispiel durch Alberto Fortis' Lied »Milano e Vincenzo«.

Alberto Fortis, gebürtig aus Domodossola im nördlichsten Piemont, kommt Mitte der 70er nach Rom, im Gepäck nicht viel mehr als eine Handvoll Songs, die er rasch herauszubringen gedenkt. Er arbeitet als Grafikdesigner und übt sich in seiner Freizeit im Klinkenputzen bei den in der Stadt ansässigen Labels. Es dauert nicht lange, und Alberto kann bei Vincenzo Micocci vorsprechen, einem Talentscout, bei dessen Plattenfirma *IT* zuvor schon Schwergewichte wie Rino Gaetano, Francesco De Gregori und Antonello Venditti ihre ersten Platten herausgebracht haben. Exakt in dieser Traditionslinie sieht sich der junge Piemontese, und da Micocci ihn nach Anhören seines Materials tatsächlich unter Vertrag nimmt, kann der Sänger freudig die Korken knallen lassen. Doch der Labelchef lässt, was die Veröffentlichung des ersehnten Debütalbums angeht, keine falsche Eile walten. Er »parkt« seinen neuen Schützling erst einmal am Spielfeldrand und wendet sich anderen Projekten zu. Zwar ist es zu diesem Zeitpunkt durchaus verbreitet, junge Nachwuchskünstler erst einmal unter Vertrag zu nehmen, das Herausbringen einer Platte aber bis zum vermeintlich perfekten Augenblick zu verzögern – Alberto Fortis aber geht die Wände hoch. Er ist heiß, er hat gute Lieder, was also soll der Aufschub? Nach fast zwei Jahren des Wartens ist Fortis auf hundertachtzig.

Wütend packt er seine Koffer und reist nach Mailand, wo er bei der *Polygram* einen Vertrag unterschreibt, der eine sofortige Veröffentlichung vorsieht. Als Studiomusiker stellt man ihm zudem die ungekrönten Könige des italienischen Prog-Rock, die Band Premiata Forneria Marconi, zur Seite. Die Platte erscheint 1979 und macht den jungen *cantautore* mit der drängelnden Falsettstimme schlagartig bekannt. Im Lied »La pazienza« (Die Geduld) beschreibt er die titelgebende Tugend als tückische Herrin, der nur ein armseliger Narr dienen könne – sie allein sei dafür verantwortlich, dass Menschen nicht zum Ziel kämen. Für Remmidemmi sorgt aber ein anderer Song. Die zweite ausgekoppelte Single ist eine heftige, explizite Abrechnung mit *IT*-Chef Vincenzo Macocci und seiner Verzögerungstaktik. Fortis macht aus seinem Herzen keine Mördergrube, der Text ist in seiner Drastik fast schon grotesk: »Vincenzo, io ti ammazzerò / Sei troppo stupido per vivere / Oh, Vincenzo, io ti ammazzerò / Perché non sai decidere« (Vincenzo, ich werde dich umbringen / Du bist zu dumm zum Leben / Oh, Vincenzo, ich werde dich umbringen / Weil du dich nicht entscheiden kannst). Doch damit der Schmähungen nicht genug. Vincenzo sei ein »cretino«, ein Banause, er sei viel zu sehr ein Dieb, um lieben zu können, und obendrein Römer – woher sollte er da auch von irgendetwas Ahnung haben! Er werde Vincenzo erschießen.

Sagen wir so: Von allen Liedern, die je über ehemalige Geschäftspartner geschrieben wurden, lässt dieses eine rasche Versöhnung am wenigsten erwarten.

Radio und Fernsehen boykottieren das Stück, dennoch entwickelt es sich zum Hit. Es ist bis heute Alberto Fortis' bekanntester Song. Und noch ein weiteres Lied des Albums sorgt für hohen Seegang. In »A voi romani« (An euch Römer) geißelt Fortis die Ewige Stadt als korruptes Sündenbabel der Macht. In gewohnt drastischer Manier, versteht sich: »E vi odio voi romani, io vi odio tutti quanti / Brutta banda di ruffiani e di intriganti« (Ich hasse euch Römer, ich hasse euch alle / Hässliche Bande von Schmeichlern und Intriganten). Am Ende der Aufnahme des Stücks, erzählte Fortis später, sei es im Studio totenstill gewesen. Dann, nach einigen Sekunden, habe ein Techniker zaghaft applaudiert – ein Toskaner. Als Fortis den Song im römischen *Piper Club* spielt, wird er mit Eiern beworfen. Der Künstler fühlt sich missverstanden, schließlich sei er Bewunderer der Römischen Schule.

Im weiteren Verlauf seiner Karriere produziert Fortis ein Konzeptalbum über den Dialog zwischen Gut und Böse, nimmt einige Platten in den USA auf, spielt in seiner Heimat als *opening act* für Bob Dylan und James Brown und nimmt an der Realityshow *Music Farm* teil – Letzteres ein Fehler, wie er später zugibt. 2021 organisiert er auf der Alpe Lusentino unweit seines Heimatorts Domodossola das *Lusenstock Festival*, mit viel gutem Willen so etwas wie die piemontesische Antwort auf Woodstock.

Schon zwölf Jahre zuvor kommt unerwartet Dynamik in den Fall »Milano e Vincenzo«. 2009 veröffentlicht der von Fortis in »Milano e Vincenzo« für seine Verschleppungstaktik geschmähte Vincenzo Micocci seine Autobiografie. Der Titel: »Vincenzo, io ti ammazzerò« (Vincenzo, ich bringe dich um). Autor des Vorworts ist kein Geringerer als sein ungeduldiger Schützling Alberto Fortis. Micocci, so Fortis, sei ein großartiger Talentscout gewesen, aber die zweieinhalb Jahre, die er ihn habe zappeln lassen, seien ihm als junger Mann wie eine Ewigkeit vorgekommen. Micocci stirbt nur ein Jahr später. Anlässlich seines Todes spielt Fortis »Vincenzo e Milano« in der *RAI*-Fernsehsendung *I migliori anni* (Die besten Jahre). Die Zeile »Vincenzo, io ti ammazzerò« ändert er in »Vincenzo, io ti abbraccerò« (Vincenzo, ich werde dich umarmen).

Alberto Fortis ist weiterhin aktiv. Und er ist deutlich geduldiger geworden. Er sei beunruhigt über die Oberflächlichkeit unserer Zeit und die mangelnde Bereitschaft, sich gründlich mit den uns umgebenden Problemen zu beschäftigen, informiert er die Presse. Zwei komplette Alben habe er fertig. Wann sie herauskämen? Nun, er werde sie veröffentlichen, wenn die Zeit reif sei.

53.

MILLE (2021)

Fedez, Achille Lauro, Orietta Berti

Der Sommerhit zählt zu den wichtigsten Wirtschaftsgütern des italienischen Binnenmarktes. Jahr für Jahr erscheinen zahllose Stücke, deren Schöpfer darauf hoffen, dass sie sich zu *tormentoni estivi* mausern mögen – zu Sommerhits, zu Strandohrwürmern (wobei die wörtliche Übersetzung »Sommerquälgeister« lauten müsste). Früher sorgten einige der zur warmen Jahreszeit auf die begierige Nation losgelassenen Lieder auch im Ausland noch für verzücktes Mitschnippen und hohe Chartplatzierungen. Doch das sind *tempi passati*. Zu sehr haben sich der internationale Musikbetrieb und die allgemeinen Hörgewohnheiten verändert. Im Produktionsland selbst indes würde das Ausbleiben der Sommerhits eine Staatskrise auslösen.

In einer Welt, in der Kulturpessimisten überall den Sittenverfall wittern, gibt es auch, was das Thema »italienische

Sommerhits« angeht, Apologeten des Niedergangs. Als solcher erwies sich im Sommer 2023 der stets unterhaltsame Stefano Righi alias Johnson Righeira, der mit »Vamos a la playa« und »No tengo dinero« gleich auf zwei internationale 80er-Hits zurückblicken kann. Die heutigen *tormentoni estivi* hätten weder Herz noch Seele, ließ sich der Künstler vernehmen. Gewiss, Righi neigt zum Hyperbolischen. Es muss allerdings konstatiert werden, dass die Produzenten der modernen Strandschlager, anders als der von Punk und Kommunismus beatmete Righeira-Kopf, gerne nach dem Baukastenprinzip verfahren. In den vergangenen Jahren hat sich etwa das Verfahren etabliert, für einen Song mehrere erfolgreiche Sängerinnen und Sänger unterschiedlicher Genres im Aufnahmestudio zu versammeln, um so eine möglichst breite Hörerschaft zu erreichen. Als höchst erfolgreich haben sich in diesem Zusammenhang Dreierkombinationen von zwei Männern und einer Frau erwiesen, wobei die Frau in der Regel den Refrain schmettert und die Herren sich in den Strophen im Sprechgesang üben. Ein unausweichliches Exemplar dieser Gattung war im Jahr 2021 das Stück »Mille« (Tausend) – der Riesenhit eines Sommers, in dem Italien erstmals wieder die Schrecken der Pandemie abschütteln konnte. Zyniker mögen einwenden, dass der von »Mille« ausgehende Schrecken möglicherweise deutlich heftigerer Abschüttelungsmaßnahmen bedürfe. Veteran Umberto Tozzi bezeichnete das Stück als »lächerlich«.

Die drei Protagonisten des Songs sind allesamt große Stars in Italien. Da wäre zum einen die notorische Celebrity-Nervensäge Federico Leonardo Lucia, berühmt als Fedez – ein Mann, der an keiner Kamera vorbeigehen kann. An seiner Seite glänzt der stets mürrisch dreinschauende Pop-Schrilli Achille Lauro, der seine Landsleute bevorzugt mit gediegenen Provokationen in Form wohlinszenierter Retro-Travestien unterhält. Die Krönung des Ganzen ist die damals 78-jährige *musica-leggera*-Veteranin Orietta Berti. Was die drei hier zusammenrühren, ist so infektiös wie eine Sommergrippe, aber deutlich mitsingbarer. Hinsichtlich des Textes muss vor allem eins festgehalten werden: Er ist sinnlos. Etliche Philologen haben sich bereits über die Zeilen des Liedes gebeugt – allein, wenig ward herausgefunden.

Der einleitende Part des chronisch omnipräsenten Fedez weiß etwa mit der Erwähnung von »tatuaggi dei latini con i gelatini« (Tätowierungen der Latinos mit ihrem kleinen Speiseeis) zu verblüffen. Nicht wenige rätseln bis heute über die Bedeutung dieser Formulierung. Achille Lauro wiederum fragt gleich zu Beginn seiner Strophe: »Bist du sicher, dass das, was ich genommen habe, nur Aspirin war?« Eine berechtigte Frage, deren Beantwortung weite Teile seiner Lyrik erklären könnte. Er möchte ausgezogen werden und Twist tanzen, tut der Künstler weiterhin kund. So viel lässt sich festhalten: Fedez und Lauro sind in Partystimmung.

Der Song wäre freilich nur ein eitles Lüftchen ohne Orietta Berti. Ihr mit strahlender Zugewandtheit vorgetragener Refrain ist es, der das Stück nach Hause bringt. Was ihr Part inhaltlich mit denen ihrer Kollegen zu tun hat, erschließt sich wiederum nicht. Egal, es ist ja Sommer: »Labbra rosso Coca-Cola / Dimmi un segreto all'orecchio stasera / Hai risolto un bel problema e va bene così / Ma poi me ne restano mille« (Coca-Cola-rote Lippen / Sag mir heute Abend ein Geheimnis ins Ohr / Du hast ein großes Problem gelöst, und das ist in Ordnung / Aber mir bleiben davon noch tausend übrig). Auch hier tastet der Sinnsucher vergeblich nach Halt, aber Oriettas grundpositiver Gestus macht die Irritation locker wieder wett. Wann immer sie die Worte »Coca-Cola« singt, ist im Video die beliebte Limonade zu sehen. Man kann schon kaum mehr von Schleichwerbung sprechen. Hier schleicht gar nichts.

Überhaupt, dieses Video. Wir sind zu Gast bei einer Poolparty inklusive Wasserballett. Man schlürft rote Getränke und wedelt mit azurblauen Fächern. Eine Olympiade der Eitelkeiten, ein liebenswert grelles Ausstattungsgelage: Achille Lauro mit der Sonnenbrille von Dame Edna. Mit zunehmendem Verlauf geraten die Dinge mehr und mehr aus dem Ruder, was im Zusammenhang mit Poolpartys ja grundsätzlich zu begrüßen ist. Es ist eine Feier der *leggerezza*: Song und Video stellen eine Beschwörung all der Leichtlebigkeiten und Hedonismen dar, die man in Italien während der vorangegangenen Monate entbehren musste. Oder einen ganz normalen Mittwochvormittag im Leben von Fedez.

Wie ging es für unsere drei Freunde danach weiter? Italiens prominentester Prominenter Fedez ließ seine enervierende Daueranwesenheit im selben Jahr zusätzlich noch dem Sommerhit »La dolce vita« (diesmal mit den Partnern Mara Sattei und Tananai) angedeihen. Darüber hinaus schenkten seine Frau Chiara Ferragni und er der Welt die dringend verpassenswerte *Netflix*-Serie »The Ferragnez«: Narzissmus als Marke. Achille Lauro wiederum führte in Sanremo 2022 das kirchenkritische Gospel-Stück »Domenica« (Sonntag) auf und sang 2023 das mit der Aura der Unverschämtheit flirtende Lied »Fragole« (Erdbeeren), das von »Erdbeeren unter dem Mond« kündet und die Frucht als erotische Metapher verwendet. Und Orietta Berti? Die Sängerin aus dem emilianischen Cavriago meldete sich 2022 als Gastmoderatorin des *Sanremo*-Festivals in etlichen drolligen Kostümen zu Wort und veredelt mit ihrer glockenhellen Stimme auch mit nunmehr achtzig Jahren weitere Sommerhits – zuletzt Fabio Rovazzis »La Discoteca Italiana«.

Ach so, Fedez hin, Coca-Cola her: Ich mag den Song.

54. (MILLENOVECENTOCINQUANTA) 1950 (1983)

Amedeo Minghi

Ein Lied, das seinen Hörern mit dem geschmeidigen 80er-Arrangement ein mondänes Mäntelchen umzulegen scheint. Dabei führt es in die dunklen Nachkriegsjahre.

Anfang Juni 1944 erklärt der deutsche Heeres- und Luftwaffenoffizier Albert Kesselring nach Luftangriffen der Alliierten die italienische Kapitale Rom zur *città aperta*, zur offenen Stadt. Die deutschen Truppen, die während der vorangegangenen acht Monate die Zivilbevölkerung unterjocht und im Oktober über 1000 Bewohner des jüdischen Ghettos nach Auschwitz deportiert hatten, ziehen ab. Am 4. Juni marschieren die Truppen der Alliierten in die Stadt ein. Erst am 25. April 1945, knapp elf Monate später, wird Mailand befreit. Heute ist der 25. April ein landesweiter Feiertag, der nicht zuletzt an den Widerstand der Partisanen erinnert. Der Wiederaufbau Italiens erfolgt unter der politischen Ägide von Christdemokraten, Sozialisten und Kommunisten. Dank der Hilfe der Vereinten Nationen und des amerikanischen Marshall-Plans gelingt es, das Land auf Wachstumskurs zu bringen. Aber erst mit dem 1958 einsetzenden *boom economico* lässt Italien die finsteren Zeiten hinter sich.

1983 veröffentlicht der im römischen Stadtteil Prati geborene Sänger Amedeo Minghi mit »1950« ein Lied, das im vermeintlichen Niemandsland zwischen Kriegsende und dem wirtschaftlichen *miracolo* angesiedelt ist. Zum Veröffentlichungszeitpunkt floppt das Stück, mit den Jahren hat es sich aber einen festen Platz im Kanon des italienischen Liedes erworben.

Es ist das Fresko einer Ära. Doch während der Gestus der Musik ausladend ist, zoomt der Text ganz nah ans Geschehen heran und kocht die Erzählung aufs Nötigste herunter. Wir begegnen einem frisch verliebten Paar, das auf den Straßen Roms zur Universität unterwegs ist. Der Text braucht nur ein paar Tupfer, um ein Bild zu malen. Die Pinien duften, es weht eine Brise, ihre Beine laufen über den Asphalt. Das Fahrrad des Erzählers ist kaputt. Sie heißt Serenella. Er ist bis über beide Ohren verliebt, es sei ihrer beider Jahr, »tra la guerra e il 2000«, zwischen dem Krieg und der Jahrtausendwende.

Der liebestrunkene Erzähler drückt in seinem Überschwang gehörig aufs Pedal. Nicht genug damit, dass er Serenella mit der Vespa ans Meer bringen will – er wünscht sich ein Kind von ihr. Er sitzt im gemeinsamen Stammcafé und träumt von der Zukunft. Im Radio werde ein Lied laufen, das er für sie geschrieben habe. Das Lied, so seine Tagträumerei, werde einen weiten Weg gehen und auch von den Amerikanern gehört werden. Den Amerikanern, die eben erst fortgegangen sind.

»1950«, das auch einem gleichnamigen Album den Titel gab, ist ein Lied über Hoffnung, Wiedergeburt und Neubeginn. Ein Lied mit viel Luft zwischen den Zeilen. Amedeo Minghi schreibt das Stück zusammen mit dem 1996 im Alter von nur 42 Jahren verstorbenen Texter Gaio Chiocchio in einem Hotel in Ronciglione, gut fünfzig Kilometer von Rom entfernt. Das Stück sei nachts entstanden, wobei Chiocchio seine Textideen auf zig einzelne Zettel verteilt habe. Am nächsten Tag habe man gemeinsam alles mühsam zusammensetzen müssen. Die Magie des Liedschreibens. Mit den Liedern jüngerer Autorinnen und Autoren könne er wenig anfangen, beschied Minghi unlängst der Presse. Er verstehe meist nicht einmal, wovon sie handelten.

Auch wenn der Name Amedeo Minghi in Deutschland nicht eben für kennerisches Zungenschnalzen sorgen dürfte, kennen viele Privatfernsehzuschauer zumindest einen Teil seines Schaffens. In den 90ern zeichnete Minghi als Komponist für die Musik zu Lamberto Bavas deutsch koproduzierter Fantasy-Serie »Prinzessin Fantaghirò« verantwortlich, die der Sender *SAT.1* bis heute regelmäßig zur Weihnachtszeit ausstrahlt. Mario Adorf, Ursula Andress, Jean-Pierre Cassel und Brigitte Nielsen in ein und derselben Märchenwunderwelt – da kann die eigene Verwandtschaft während der Festtage im Grunde ruhig daheimbleiben.

Apropos Weihnachten. Amedeo Minghi zählt zu den bekennend römisch-katholischen *cantautori*. Als Höhepunkt seiner Karriere nannte er die Begegnung mit Johannes Paul II., für den er das Stück »Un uomo venuto da molto lontano« (Ein Mann, der von sehr weit herkam) komponierte. Es lässt sich darüber streiten, ob es sich hierbei um ein Werk handelt, das langes Wachbleiben rechtfertigen würde.

Ganz anders »1950«, das unbedingt ins Schatzkästlein der besten Rom-Lieder gehört. Amedeo Minghi lebt bis heute in der Stadt. Er sei oft versucht, sie zu verlassen, weil er die Metropole, wie er es ausdrückt, »in ihrem Potenzial beleidigt« sehe. Der Zustand der Stadt, eine der schönsten Hauptstädte der Welt, sei inakzeptabel. Aber fortgehen? Natürlich nicht ...

55.
IL MIO CANTO LIBERO (1972)
Lucio Battisti

In diesem Lied des Größten der Großen liegt ein beträchtlicher Teil von Italiens Herz begraben. Wie bedeutsam das Werk Lucio Battistis für die *educazione sentimentale* seines Heimatlandes war, zeigt einmal mehr die folgende Anekdote.

Am 1. Oktober 1978 lassen *carabinieri* ein Versteck der Terrororganisation *brigate rosse* in der Via Monte Nevoso in Mailand auffliegen. In dem Unterschlupf entdecken die Beamten nicht nur Hinweise auf die Hintergründe der Entführung und Ermordung des christdemokratischen Politikers Aldo Moro durch die Linksterroristen im selben Jahr, sie stoßen ebenfalls auf eine Sammlung aller Schallplatten Lucio Battistis. Die irritierende Erkenntnis: Die Herzensbildung, die die italienische Kulturnation durch den Sänger aus Poggio Bustone erfuhr, machte auch vor politisch motivierten Mördern nicht Halt.

Es ist eine Anekdote, die auch deshalb relevant ist, weil sich Lucio Battisti stets mit Händen und Füßen dagegen gewehrt hatte, in seiner Musik oder in Interviews auch nur andeutungsweise politisch Stellung zu beziehen. Nein, er habe keine Botschaft und stehe auf niemandes Seite, so die gebetsmühlenartig vorgetragene Antwort des scheuen Genies. Zumal er ja auch keine Texte schrieb – das besorgte während der Glanzphase schließlich sein Songschreiberpartner Mogol. Doch Presse und Publikum mochten in den polarisierten 70ern keine Ruhe geben, immer wieder traktierte man den Musiker. So lange, bis aus trotziger Verneinung blankes Schweigen wurde. Man habe sich nicht an Lucio gewandt, weil bei ihm ein Kurs in analytischer Kommunikation zu erwarten gewesen sei, sagte sein Kollege Antonello Venditti einmal, im Gegenteil. Battisti sei im Direktkontakt praktisch stumm gewesen. Man sei vielmehr zu ihm gegangen, um einem musikalischen Genie zu lauschen. Wenn man aber aus Battistis Sich-nicht-Einlassen auf die Lagerbildung jener Epoche ableite, er sei ein Rechter gewesen, so Venditti, müsse er laut lachen.

»Il mio canto libero« (Mein freier Gesang) ist so etwas wie die Nationalhymne des Musiklandes Italien. Das Stück, das am Anfang einer Phase steht, in der Lucio immer experimenteller werden sollte, atmet die geballte Vergangenheit der *musica leggera*, reißt aber gleichzeitig auch die Himmel des Zukünftigen auf. Es ist simpel und clever zugleich, es hat Schmelz und Draufgängertum, es ist ein Song wie ein Zuhause, ein Lied wie ein Ort, an dem Frieden herrscht.

Battistis Stimme ist wie immer die Krönung der Laube: unerhört, expressiv, dünnhäutig, übergeschnappt, manchmal kippelig und schief, vor allem aber herzzerquetschend. Es ist, als würde die italienische Seele selbst singen. Er wisse, er habe keine große Stimme, sagte Battisti einmal, aber er wisse auch, dass er der Einzige sei, der seinen Songs Seele verleihen könne. Der weiche Mann aus Latium schneidet direkt durch den Käse. Da, wo Battisti hinrührt, kommt sonst keiner hin. Es ist der Klang der Schönheit.

Und dann ist da der Text von Mogol: »Nasce il sentimento / Nasce in mezzo al pianto / E s'innalza altissimo e va / E vola sulle accuse della gente / A tutti i suoi retaggi indifferente / Sorretto da un anelito d'amore« (Geboren wird das Gefühl / Geboren inmitten von Tränen / Es erhebt sich und fliegt ganz hoch / Und fliegt auf den Anschuldigungen der Menschen / Denen egal ist, was sie sagen / Getragen von einem Verlangen nach Liebe). Es ist das Manifest eines jungen Paares, das den fremd auferlegten Begrenzungen entfliehen will und einer erstarrten Gesellschaft den Rücken kehrt. Also doch ein kleines bisschen Politik! Mogol schreibt den Text nach der Trennung von seiner ersten Frau und der Begegnung mit seiner neuen Partnerin, der Dichterin Gabriella Marazzi. Gemeinsam mit ihr erwirbt er eine alte Mühle inmitten der grünen Landschaft bei Anzano del Parco, in die er mit Battisti ein Studio einbaut: Il Mulino. »Il mio canto libero« ist das erste von etlichen Battisti-Alben, die hier entstehen. Als Produzent firmiert der Sänger selbst – und schöpft aus dem Vollen: Der Chorgesang stammt von Nora Orlandis Gesangsgruppe 4 + 4, insgesamt spielen drei Schlagzeuger.

Beinahe wäre das Lied, das im Erscheinungsjahr wochenlang auf Platz eins der Charts stand, gar nicht als Single erschienen. Erst im letzten Moment tauschte man den Song gegen das ursprünglich präferierte »Io vorrei ... non vorrei ... ma se vuoi« (Ich möchte ... ich möchte nicht ... aber wenn du willst) aus. Und beinahe hätte Battisti es selbst gar nicht gesungen. Mogol enthüllte nach Battistis Tod, dass dieser das Lied ursprünglich für Italiens Pop-Primadonna Mina geschrieben habe, die jedoch den Hit nicht so recht hören mochte. Fast jeder italienische Künstler und jede Band hat den Song gecovert. Es gibt eine draufgängerische Version der Rampensau Morgan, eine zarte Pop-Adaption der Hipster von Coma_Cose, dazu Fassungen von Fiorello, Raffaella Carrà, Laura Pausini und, und, und. Battisti selbst sang es zudem auf Spanisch, Französisch, Englisch und Deutsch – letzteres in einer recht ordentlich übersetzten Fassung von Udo Lindenberg, der freilich die Magie und das Spiel des italienischen Originals abgeht.

Auf dem Cover der Single ist lediglich ein Auge vor weißem Hintergrund zu sehen – Battistis Auge. Der Fotograf Cesare

Montalbetti bezeichnete es als sein liebstes Foto des geheimnisvollen Sängers. Es zeige für ihn die Schüchternheit und Tiefe von Battistis Seele.

56.

MI SONO INNAMORATO DI TE

(1962)

Luigi Tenco

Die dröhnend tragische Geschichte, die auf ewig einen Schatten auf das Genre der leichten Musik Italiens werfen sollte ...

Am 26. Januar 1967 betritt der 28-jährige Luigi Tenco die Bühne des *Festival di Sanremo* und singt sein inhaltlich komplexes Stück »Ciao Amore, ciao«. Spontan ändert er das Tempo, sein Orchesterdirigent Gian Piero Reverberi sagt später, es sei sehr schwierig gewesen, Tencos Darbietung an diesem Abend zu folgen. Ob es am Birnengrappa oder an den Barbituraten lag, die er geschluckt hatte, oder ob der Sänger dem Lied spontan noch mehr Tiefe verleihen wollte, bleibt ungeklärt. Am Ende verlässt er siegesgewiss die Bühne. Doch das Urteil der Festival-Jury ist vernichtend: Tencos Song über die Nöte der italienischen Binnenmigranten erhält nur 38 von 900 Stimmen. Man überbringt ihm die Nachricht, als er backstage gerade auf einem Billardtisch vor sich hindöst. Der junge Sänger ist tief getroffen. Einen Essenstermin mit seiner Co-Sängerin Dalida lässt er sausen. Stattdessen ruft er von seinem Hotelzimmer aus seine Freundin Valeria an. Es sei ein gelöstes Gespräch gewesen, sagt sie später, man habe über Pläne und Projekte und eine bevorstehende Reise gesprochen. Der Sänger habe jedoch auch komplexe Notizen über die Hintergründe seines Ausscheidens erwähnt. Nur eine Stunde später wird Luigi Tenco mit einer Schusswunde im Kopf tot aufgefunden. Es ist seine Gesangspartnerin Dalida, die den leblosen Körper entdeckt. Zuvor hatte schon der im Nebenzimmer untergebrachte Lucio Dalla Ungutes gewittert und sich auf die Suche nach einem Arzt gemacht. Tencos Abschiedsbrief ist eine knappe Abrechnung mit der Festival-Jury und dem italienischen Publikum. Nicht nur das musikalische Italien ist erschüttert über den Tod des Sängers, der wie kein Zweiter jener Ära die italienische *canzone* um das Element des Rebellischen bereicherte. Der Mann, der diesem Buch mit seinem Abschiedslied den Titel schenkte, bleibt bis heute der dunkle Prinz der *musica leggera*.

Doch der drastische Abgang verstellt den Blick auf ein großartiges Werk und eine komplexe Persönlichkeit. Warum er traurige Lieder schreibe, wurde der Sänger einmal gefragt. Seine Antwort: weil er, wenn er glücklich sei, ausgehe. 1958 begleitet er Adriano Celentano als Saxophonist nach Deutschland; es ist sein erstes Gastspiel im Ausland. Als die Musiker mit dem Zug in Nürnberg ankommen und dort von einer krakeelenden Fan-Horde empfangen werden, schlottern dem unerfahrenen Tenco derart die Knie, dass er sich weigert, auszusteigen. Doch es hilft nichts, irgendwann stehen alle anderen Bandmitglieder von den Fans umringt auf dem Bahnsteig – Tenco muss raus. Um seine Aufregung zu überspielen, sucht er die Flucht nach vorne und verlässt den Zug mit einer zuckenden und zappelnden Little-Richard-Travestie. Den Bandkollegen steht angesichts des Auftritts ihres zurückhaltenden Kollegen der Mund offen, und die Fans drehen komplett durch: Man hält Tenco für Celentano!

Bald schon dünkt ihn das Nachahmen amerikanischer

Rock 'n' Roll-Klischees zu provinziell. In Genua diskutiert er mit Freunden wie Fabrizio De André, Bruno Lauzi und Gino Paoli über neue Formen des Liedes. Er und De André stellen sich im Laufe der folgenden Jahre als die Vertreter der sogenannten Genueser Schule heraus, die sozialgesellschaftlichen Missständen am konsequentesten nachspüren. Sein Hauptgegner ist der Konsumismus des italienischen Wirtschaftswunders. Tenco – wie De André bekennender Anarchist – glaubt nicht an die Verheißungen des *boom economico*. Auch der Militarismus jener Jahre treibt ihn um, der Einsatz chemischer Waffen während des Vietnamkrieges durch die Amerikaner soll den Sänger zum Weinen gebracht haben. Sein Protestsong »E se ci diranno« (Und sie werden uns sagen) ist eine knallige Absage an Kriegstreiberei und das Verheizen seiner Generation in sinnlosen Schlachten.

Am besten – und zeitlosesten – ist der auf Fotos meist sinister dreinblickende Außenseiter aber in seinen Liebesliedern, die den gängigen Schwelgereien einen ambivalenten Ton gegenüberstellen. Die Auftaktzeilen des frühen Songs »Mi sono innamorato di te« (Ich habe mich in dich verliebt) sind beinahe eine Unverschämtheit: »Mi sono innamorato di te / Perché non avevo niente da fare« (Ich habe mich in dich verliebt / Weil ich nichts zu tun hatte). Doch der Sänger weist den Vorwurf des Zynismus von sich. Ihm sei an der Darstellung eines komplexen Gefühls und an Aufrichtigkeit im Umgang mit dem Sujet gelegen.

In der letzten Strophe singt Tenco: »Mi sono innamorato di te / E adesso non so neppur io cosa fare / Il giorno mi pento d'averti incontrata / La notte ti vengo a cercare« (Ich habe mich in dich verliebt / Und jetzt weiß auch ich nicht, was ich tun soll / Am Tag bereue ich es, dich getroffen zu haben / Nachts komme ich zu dir). Die Liebe bei Tenco ist kein rosafarbener

Rausch, kein groteskes Blumengebinde, keine Hand auf dem Herzen. Seine Texte sind wie Tagebucheinträge, sie stellen das individuelle Erleben in den Mittelpunkt und rütteln damit gehörig an den *convenzioni d'amore*. Dass sie dies, wie im vorliegenden Fall, mit melodischer *grandezza* und in samtene Klangkostüme gehüllt tun, kann dem Vorreiter der *cantautori* der 70er nicht genug gedankt werden.

Fabrizio De André sagt nach dem Suizid seines engen Freundes, Tenco sei nur höchst widerwillig nach Sanremo gefahren. 1969 veröffentlicht er im Gedenken an den Verstorbenen das Stück »Preghiera in gennaio« (Gebet im Januar). Darin bittet der Atheist De André Gott, einen verzweifelten Selbstmörder nicht zu verurteilen, sondern in sein Reich aufzunehmen.

Das letzte Foto, das Luigi Tenco lebend zeigt, macht der Fotograf Renato Casari kurz nach Verkündung des Ausscheidens von »Ciao Amore, ciao«. Es ist eins der wenigen Fotos, auf denen Tenco lächelt.

57.

MUSICA LEGGERISSIMA (2021)

Colapesce Dimartino

Man kann in diesen krisengebeutelten Zeiten viel von Italien lernen. In Italien ist man schließlich ständig in der Krise, *sempre in crisi*. Irgendetwas geht hier immer den Bach runter – meistens alles. Doch begegnet man diesem Zustand keinesfalls mit Zerknirschung. Mitnichten! Mag Italien auch an einem chronischen Nervenzusammenbruch leiden – ein Grund, mit dem Singen oder dem Tragen greller Sakkos aufzuhören, ist das noch lange nicht. Im Gegenteil: Mehr noch als die wohlüberlegte Garderobe ist die Musik die Antwort, ist Erbauung und Trost in grimmigen Tagen. Die italienische Popmusik heißt schließlich nicht umsonst *musica leggera*. Nicht weil sie seichter wäre als angloamerikanische Spielarten oder schwere Themen ausklammerte, ganz und gar nicht – sondern weil sie in all ihrer kompositorischen Verstiegenheit und Finesse dazu fähig ist, den Gestrauchelten emporzuheben, und beinahe einen Zustand des Schwebens auslösen kann.

In Italien spricht man in diesem Zusammenhang von *sprezzatura* – der Gabe, etwas Schwieriges anstrengungslos erscheinen zu lassen. Es ist ein typisch italienisches Motiv, das der Dichter Italo Calvino im Rahmen seiner berühmten Harvard-Rede so beschrieb: »Prendete la vita con leggerezza. Che leggerezza non è superficialità, ma planare sulle cose dall'alto, non avere macigni sul cuore.« (Begegnet dem Leben mit Leichtigkeit. Denn Leichtigkeit bedeutet nicht Oberflächlichkeit, sondern über den Dingen zu schweben, ohne Felsblöcke auf dem Herzen.)

2021, auf dem Höhepunkt der Coronapandemie, präsentiert das sizilianische Duo Colapesce Dimartino beim *Festival di Sanremo* sein Lied »Musica leggerissima« (Leichteste Musik) – ein Stück, das die Kraft der von allen Herzenssteinen befreiten leichten Musik Italiens perfekt auf den Punkt bringt. Die zentrale Zeile des Refrains lautet: »Metti un po' di musica leggera nel silenzio assordante / Per non cadere dentro al buco nero / Che sta ad un passo da noi« (Leg etwas leichte Musik auf in dieser ohrenbetäubenden Stille / Um nicht in das schwarze Loch zu fallen / Das nur einen Schritt von uns entfernt liegt). Zwar landen die beiden Musiker in Sanremo nur auf dem vierten Platz, aber wie hier der Kernkompetenz der italienischen Popmusik gehuldigt wird, lässt niemanden kalt: »Musica leggerissima« klettert rasch an die Spitze der Single-

Charts und verbleibt über vierzig Wochen in der Top 100. Ein moderner Evergreen.

Ganz im Sinne der Kulturtechnik der *sprezzatura* ist »Musica leggerissima« ein enorm cleveres Lied, an dem die beiden Komponisten lange schrauben und polieren, um es klingen zu lassen, als sei es ihnen zwischen Sonnenbrillenkauf und *aperitivo* eingefallen. Ausgangspunkt der Genese ist der Songtitel, den Dimartino seinem Freund und Kollegen präsentiert. Der zeigt sich begeistert, und gemeinsam macht man sich ans Werk. Monatelang schreiben und verwerfen die beiden Textzeilen und Melodielinien. Sie kreisen um die Idee, einen kathartischen Song zu schreiben. Ein leichtes Lied, das schwere Themen adressiert – für die beiden der Schlüssel zur Zeitlosigkeit eines Songs. Auf die Idee, mit dem Lied in Sanremo anzutreten, kommen sie erst, als »Musica leggerissima« fertig ist. Mit seinen drei aufeinanderfolgenden Moll-Akkorden ist es beileibe kein klassischer Song für Italiens größte Bühne, aber im Pandemiejahr 2021 ist es das Stück, auf das ganz Italien gewartet hat, ohne es zu wissen.

Der Auftritt beim Festival macht die beiden Songschreiber über Nacht zu Stars. Die Kritik preist das kompositorische Können und die melancholische Ironie des Gespanns. Die nächste Single der beiden ist eine Zusammenarbeit mit der zum Veröffentlichungszeitpunkt 86-jährigen Diva Ornella Vanoni. Der Titel: »Toy Boy«. 2022 drehen die Musiker ein surreales Roadmovie, in dem sie mit stoischen Dialogen und überstrahlten Tableaus ihrer *terra* Sizilien huldigen. 2023 sind sie wieder bei der Sangessause in Ligurien dabei. In ihrem Wettbewerbsbeitrag »Splash« adressieren sie abermals ein Thema, das nicht zum Standardrepertoire der Pop-Lyrik zählt: rastloses Schaffen und Arbeiten als Versuch, sich nicht mit der Leere des irdischen Wandelns beschäftigen zu müssen. »Ma io lavoro / Per non stare con te« (Aber ich arbeite / Um nicht bei dir zu sein), singen Colapesce Dimartino.

Colapesce Dimartino sind – ähnlich wie Calcutta, Tommaso Paradiso oder Brunori Sas – ein Beispiel dafür, wie die italienische Indie-Szene seit etwa zehn Jahren den Begriff *»cantautore«* einer Frischzellenkur unterzieht. Hört man »Musica leggerissima«, fällt es schwer, nicht vor dem geistigen Auge Franco Battiato, Lucio Dalla und Lucio Battisti von ihren Wolken herunter lächeln zu sehen. Das Stück ist ein leichtfüßiger Tanz auf der spiegelglatten Metaebene der leichten Musik. Würde Wes Anderson Italo-Pop machen, es klänge nicht viel anders.

58.

NAPULE È (1977)

Pino Daniele

Ebenso wie Italien nicht einfach nur ein Land ist, lässt sich Neapel nicht bloß als Stadt bezeichnen. »E una città questa o una canzone?« (Ist das hier eine Stadt oder ein Lied?), fragte bereits der neapolitanische Dichter Libero Bovio.

Neapel ist eine vierköpfige, mit Einkäufen und quietschbuntem Kinderspielzeug beladene Familie, die auf einem frisierten Motorroller ohne Helm durch eine verkehrsberuhigte Gasse brettert. Ein Leben ohne Sicherheitsgurt und Abstandhalter. Ein Vergnügungspark der Elenden. Hier, wo die *anime pezzentelle*, die verlorenen Seelen, im ewigen Fegefeuer schmoren, leben erwachsene Männer wie Kinder. Neapel ist ein Fegefeuer mit Meerblick, ein böser Scherz von *Pulcinella*, ein Schulterzucken. Die Sirene Parthenope soll hier tot an Land gespült worden sein, und am Posillipo, so wird behauptet, liegt das Grab Vergils. Früher einmal war die Stadt eine Postkarte. Heute, nach Jahrzehnten der Bauspekulation, ist sie ein städteplanerischer Albtraum. Die Neapolitaner, schrieb Raffaele La Capria vor dreißig Jahren, »würden, wenn sie könnten, ihre Häuser sogar in den Krater des Vulkans bauen. So sind sie eben«.

Der Vesuv: ein dösender Gigant, von dem niemand weiß, wann er aus seinem Schlummer erwachen wird. Fest steht nur, *dass* er erwachen wird. Und dass es im Fall einer neuerlichen Eruption zur Katastrophe kommen wird. Aber was sind schon Katastrophen? Neapel ist angewandter Fatalismus, ein ewig summendes Gebet zum Heiligen Gennaro, Sorglosigkeit im Feinstaubdunst. Eine Stadt mit dem Rücken zur Welt. Neapel ist süß und bröselig wie eine *sfogliatella*, und alles ist in fast jedem Moment zu viel – so wie eine frittierte Teigtasche in fast jedem Moment zu viel ist. Wer kann, die oder der singt. »In Neapel gibt es mehr Sänger als Ampeln«, informierte einmal der Musiker Alessio. Wer nicht singen kann, verkauft neapolitanische Luft in Flaschen oder lässt sich irgendetwas anderes einfallen. Neapel ist ein schiefes Spiegelbild in einer Fischwasserpfütze. Die schönste Vergeblichkeit der Welt. Das unstete Glück der *lazzaroni*, der Lumpenproletarier. Neapel ist *o' vascio*, wie man die engen *bassi*, die ärmlichen, oft fensterlosen Erdgeschosswohnungen in den Vierteln Spagnoli oder Sanità, nennt.

Dies ist die Hauptstadt der Schattenwirtschaft, wo sich dunkle Mächte am Elend der anderen bereichern. *Malavita napoletana*. Eine Hand wäscht die andere. Schmutzig bleibt nur der Ehrliche. »A rubar poco si va in galera, a rubar tanto si fa carriera« (Wenn man wenig stiehlt, landet man im Gefängnis, wenn man viel stiehlt, macht man Karriere). *Gomorra* und

Stadt des Blutwunders. Neapel ist die Kapitale des Aberglaubens, in der dich der böse Blick an jeder Ecke treffen und jeder Versuch, eine stark befahrene Straße zu überqueren, der letzte sein kann: *Napoli* sehen und sterben.

Illegale Zigaretten. Alchimie. Rituale. Verfall und Schlendrian. »Wir sind hier in Neapel, du kannst uns hier nichts verbieten, wir kriegen einfach zu viel Sonne«, sagte mal einer zu mir und klopfte sich dabei auf den Kopf, als sei er eine Trommel. Neapel ist die Wiege der Melodie und die Stadt mit der größten Dichte an Perkussionisten. Viele heißen mit Nachnamen Esposito, Ausgesetzter. Neapel ist ein Tanz auf Tuffstein und den Höhlen von *Napoli sotterranea*, dem unterirdischen Teil der Stadt, in dessen Katakomben die Stadtbewohner während der Bombardements im Zweiten Weltkrieg Schutz suchten. Als die Stadt 1943 von Soldaten der Wehrmacht besetzt wird, fackeln die Neapolitaner nicht lange: Während der »Vier Tage von Neapel« jagen die Bewohner die deutschen Truppen noch vor dem Eintreffen der Alliierten eigenhändig aus der Stadt.

Neapel, ewig hoffend und für immer verloren. *Campione d'Italia*. Eine Stadt im Taumel. Als Maradona herkommt, eint er die Stadt und lässt sie erstrahlen. Als er erfolgreich wird, geht er in ihr unter. Neapel ist Geschmeidigkeit und Kante. List und Laster. *Napoli velata*, verhülltes Neapel. Es ist ein *vibe*: Es ist alles nicht so wichtig, wie man meint, aber man muss aushalten können, dass alles nicht so wichtig ist. Ich halte es meist nur kurz aus, aber diese Stadt geht mir ans Herz wie kein zweiter Ort auf der Welt.

Vor allem aber ist Neapel ein Zungenschlag, eine Sprache, ein Gesang. *Canta Napoli!* Elisabetta Rasy schrieb, sie sei für sie »die Urstimme des Seins, die Stimme der Leidenschaft«. Niemand hat Neapel schöner besungen als der große Pino Daniele in »Napule è« (Neapel ist). Der in einem *basso* im Quartiere Porto aufgewachsene Sänger ist erst 18, als er seiner Stadt 1977 diese Hymne – seinen Durchbruchssong – schreibt. Neapel sei tausend Farben und tausend Ängste, eine bittere Sonne und der Geruch des Meeres. Und dann: »Napule è na' carta sporca / E nisciuno se ne importa / E ognuno aspetta a' sciorta / Napule è na' camminata / Int'e viche miezo all'ate / Napule è tutto nu suonno / E a' sape tutto o' munno / Ma nun sanno a' verità« (Neapel ist ein dreckiges Stück Papier / Und keinen kümmert es / Und jeder wartet auf das Glück / Neapel ist ein Spaziergang / In den Gässchen, inmitten aller anderen / Neapel ist ein einziger Traum / Und die ganze Welt kennt ihn / aber die Wahrheit kennen sie nicht).

Pino Daniele stirbt überraschend am 4. Januar 2015 mit nur 59 Jahren. In Neapel verehrt man ihn wie einen Heiligen. »A cicala canta, canta e po' schiatta«, sagt man hier. Die Zikade singt, sie singt, und dann stirbt sie.

59.

NELL'ARIA (1983)

Marcella Bella

Es geht tiefer in den Süden, nach Sizilien.

Wenn der Alltag mal wieder den Presslufthammer hervorholt, hilft zu Trostzwecken bekanntlich nur eins: ein Lied, das den klassischen italienischen Pop der frühen 80er mit den Reizen eines Italo-Disco-Knallbonbons vereint. Die Künstlerin, die in dieser Angelegenheit liefert, trägt den ausgesprochen erfreulichen Namen Marcella Bella und stammt aus dem quirligen Wirtschaftszentrum Catania. Ihr Song »Nell'aria« (In der

Luft) kann in dunklen Momenten von ähnlich lindernder Wirkung sein wie ein laues Lüftchen in der sizilianischen Hitze.

Marcellas Karriere beginnt freilich im norditalienischen Mailand, dem operativen Zentrum der italienischen Musik. Zwar hatte sie schon 1965 ihre Bereitschaft zur großen Sangeskarriere kundgetan, als sie im latinischen Ariccia bei einem von Rita Pavones Mann Teddy Reno organisierten Festival den ersten Platz belegt, allerdings wird ihr der Sieg aberkannt, da Marcella zum Austragungszeitpunkt erst 13 ist. In Mailand nun bemüht sie sich um einen Plattenvertrag – kein leichtes Unterfangen, da sich die Labelchefs an ihrem schweren sizilianischen Akzent stoßen. 1971 schließlich veröffentlicht sie ihre erste Single »Hai ragione tu« (Du hast recht), 1972 macht sie der Schmetterschlager »Montagne verdi« (Grüne Berge) berühmt.

Beide Songs stammen aus der Feder ihres Bruders Gianni, der 1974 selbst eine Sängerkarriere startet. Gleich seine erste Single »Più ci penso« (Je mehr ich darüber nachdenke) verschafft ihm den Durchbruch. Die Pfunde, mit denen er wuchern kann, sind sein Händchen für einfache und effektive Popsongs, die vor keiner Seifigkeit zurückschrecken – und die ehrfurchtgebietende Frisur, die er während der 70er spazieren führt und die allein ihm einen festen Platz im Pantheon der Lied-Kompositeure seines Landes sichert. 1983, im Jahr von Toto Cutugnos »L'italiano« und Righeiras »No tengo dinero«, schreibt der schöne Gianni für seine Schwester das vorliegende Stück »Nell'aria«; den Text liefert Italiens Song-Lyriker für alle Fälle Mogol.

Um es in aller Deutlichkeit zu sagen: Der Text ist beknackter als eine Pizza Hawaii mit extra Ketchup. Das Stück thematisiert im Wesentlichen das erotische Verlangen einer Frau an einem faden Sonntag. Ihr *love interest* ist nicht zugegen. Keine

Ahnung, wo er wieder steckt. Was soll's, dann singt sie eben. »La mia voglia è grande, è scandalosa ormai« (Mein Verlangen ist groß, es ist jetzt skandalös), dichtet Mogol. Auch lässt er die Sängerin an einer Stelle ausrufen: »Voglia, tanta voglia dentro me« (Verlangen, so viel Verlangen in mir). Sie hoffe nur, dass jetzt kein Mann an die Tür klopfe. Sie würde sich in einer Weise verhalten, die ihr nicht genehm sei. Eine 80er-Männerfantasie mit heruntergelassenen *venetian blinds*. Mogols »Basic Instinct«, wenn man so will.

Zudem gefällt es dem Lyriker, als wiederkehrendes Motiv eine Katze einzuführen »C'è una gatta accanto a me e non rinuncia a lei« (Da ist eine Katze neben mir und sie verzichtet nicht auf das Verlangen), heißt es in der Eingangsstrophe, und später: »La mia mente è chiara, ma a volte è più forte il sesso / La mia gatta è ancora lì, non parla ma dice sì« (Mein Verstand ist klar, aber manchmal ist der Sex stärker / Meine Katze ist immer noch da, sie spricht nicht, aber sie sagt Ja). Ob Mogol vor der Niederschrift an faulen Äpfeln roch oder ihm eine Madonna im Traum befahl, die Katze als Versinnbildlichung der Lust zu verwenden, ist nicht überliefert. Fest steht allein: Er hat schon deutlich einfühlsamere Texte geschrieben. Doch Verlangen hin, Katze her – Marcella ficht die textlich verquaste Schlüpfrigkeit des Liedes nicht an. Ihre TV-Darreichungen des Stücks legen vielmehr nahe, dass sie gerade die Passagen, in denen die Katze erwähnt wird, besonders zu schätzen weiß: Jedes Mal, wenn *la gatta* erwähnt wird, fährt Signora Bella in choreografischer Stilisierung die Krallen aus. Es waren andere Zeiten.

Die Geschwister Bella bleiben auch in den Folgejahren gut im Geschäft. Marcella kann noch etliche Hits für sich verbuchen, während sich Bruder Gianni mehr und mehr von der Bühne zurückzieht und sich aufs Komponieren für die Schwester und andere Schwergewichte des Musikbetriebs konzentriert, häufig zusammen mit Mogol als Texter. 1999 komponiert das Duo Adriano Celentanos Comebackalbum »Io non so parlar d'amore«. 2010 erleidet der Sänger einen Schlaganfall, von dem er sich immerhin so weit erholen kann, dass es ihm weiterhin möglich ist, Lieder zu komponieren.

Und Marcella? Als deutlich Extrovertiertere der Bella-Geschwister sorgt sie nicht nur mit gesanglichen Höchstleistungen und Katzen-Pantomime für Aufsehen. 2004 kandidiert sie auf Bitten des stramm rechten späteren Senatspräsidenten Ignazio La Russa für die *Alleanza Nazionale* bei den Europawahlen, erhält jedoch zu wenige Stimmen. Später bereut sie die Kandidatur. 2011 werden Ermittlungen wegen Steuerhinterziehung gegen sie eingeleitet, die jedoch nach einigen Monaten wegen Verjährung fallen gelassen werden. Mit ihrem Song »Fa chic« (Es ist chic) tritt sie während der Gay Pride 2002 in Mailand in unzähligen Schwulenclubs auf und wird zur Ikone der italienischen LGBTQI+-Community. Zuletzt fiel sie durch wenig wohlmeinende Kommentare gegenüber der großen Dame der *musica leggera* Ornella Vanoni hinsichtlich ihrer mutmaßlichen Schönheitsoperationen auf. Schon zuvor war sie mit den Kolleginnen Donatella Rettore und Orietta Berti aneinandergeraten; letztere bezeichnete Bella daraufhin als »Viper«. Marcellas Kommentar: Wenn sie provoziert werde, reagiere sie eben wie eine leidenschaftliche Sizilianerin.

Was nehmen wir mit? In der Kultur des *Bel Paese* kann man für eine extrem rechte Partei kandidieren *und* zur Schwulenikone werden. Ein sizilianisches Geschwisterpaar ist im italienischen Showgeschäft schwer zu schlagen. Verlangen kann eine Katze sein. Und wenn die Luft voll lüsterner Gedanken hängt, hilft auch der beste Ventilator nicht.

60.

NEL SOLE (1967)

Al Bano

Man mag es sich ja kaum vorstellen, aber schon vor seiner Begegnung mit Romina Power war Al Bano bereits Al Bano.

1960 zieht der damals 17-jährige Albano Carrisi, Sohn analphabetischer Weinbauern, aus dem apulischen Cellino San Marco nach Mailand – mit nicht viel mehr als zwei Paar Hosen, einer Flasche Olivenöl, etwas Brot und dieser Riesenstimme, die er in den Arbeitspausen auf den elterlichen Feldern trainiert hat. In der norditalienischen Großstadt nimmt er, nachdem er sich in etlichen anderen Branchen verdingt hat, einen Job im *ristorante Il Dollaro* an, damals Treffpunkt der Größen des Showbetriebs. Hier lernt er den Komponisten Pino Massara kennen, der ihn im Vorprogramm bei Auftritten Adriano Celentanos und schließlich bei dessen Label *Clan Celentano* unterbringen kann. Den Job im *ristorante* behält er jedoch vorsichtshalber. 1965 erscheint seine erste Single, aufgrund eines Druckfehlers auf dem Etikett wird aus Albano Carrisi Al Bano. Der Durchbruch gelingt ihm 1967 mit »Nel sole« (In der Sonne).

Der Song – geschrieben von seinem Entdecker Massara und »Azzurro«-Texter Vito Pallavicini – ist das perfekte Setting für die überdimensionale Stimme des Sängers, von der er sagt, er habe sie von seiner Mutter Jolanda geerbt. Dieses bemerkenswerte Instrument, das bei fast jedem Song ein bisschen zu groß wirkt – hier kann es sich einmal ganz entfalten. In »Nel sole« scheinen sich Tom Jones und die Walker Brothers *buonasera* zu sagen. Es ist ein kleines Songdrama irgendwo zwischen

»Delilah« und »The Sun Ain't Gonna Shine Anymore«. Sicher, Pallavicinis Text findet hier nicht zu der faszinierenden Poesie seines späteren »Azzurro«: Wenn die Sonne wieder scheine, singt Al Bano, werde er zur Geliebten zurückkehren. Warum er hierzu auf die Sonne warten muss, ist nicht ganz ersichtlich, aber vielleicht ist diese Haltung einfach typisch apulisch.

Entscheidend bei diesem Song ist ohnehin nicht das Was, sondern das Wie. Der Song beginnt mit einem Intro, das klingt, als sitze Al Bano als Gruselfürst verkleidet an der Blutorgel. Schon im ersten Halbsatz, den er zu mollenem Klaviergeklimper zum Besten gibt (»Perché / Ma perché questa notte ...«), demonstriert der Sänger, dass er in diesem Stück alles in Grund und Boden zu singen beabsichtigt. Al Bano präsentiert den Song im Erscheinungsjahr auch im Fernsehen. Sehr lässig steht er da, den linken Daumen im Gürtel eingehakt wie jemand, der genau weiß, dass ihm stimmlich kein anderer junger Sänger das Wasser reichen kann. Viele zeitgenössische Beobachter glauben gar, hier den Nachfolger des römischen Starsängers der 50er, Claudio Villa, vor sich zu haben. »Nel sole« wird der vierterfolgreichste Song des Jahres, und Al Bano findet sich – plötzlich ein begehrter und herumgereichter Star – auf dem Sofa des Dichters Alberto Moravia wieder. Das alles habe ihn eingeschüchtert, sagt er später, er habe sich eher als Sänger der kleinen Leute gesehen.

Überhaupt erweist sich 1967 als Schicksalsjahr für den Musiker. Als die Rolling Stones im selben Jahr durch Italien touren, ist es Al Bano, der das Vorprogramm bestreitet. Bei den Dreharbeiten zu dem von »Nel sole« inspirierten gleichnamigen Film lernt er dann seine zukünftige Frau, die Amerikanerin Romina Power, kennen. Er habe noch nie zuvor in seinem Leben einen Minirock gesehen, zitiert ihn ein Journalist. Der Rest ist italienische Musikgeschichte. 1999, nach 29 Ehejahren, trennt sich das Paar unter großer Anteilnahme der Boulevardpresse. Als Grund gibt Al Bano in einem Interview mit der Zeitschrift *Oggi* Rominas exzessiven Marihuanakonsum an. Ein Teufelszeug, weiß der Sänger. Er genehmige sich lediglich vor Auftritten einen Whiskey, das befreie Speiseröhre und Stimmbänder – ein Tipp von Plácido Domingo.

Die Welt dreht sich weiter und verändert sich – auch in Italien. Nur Al Bano scheint er selbst zu bleiben. Seit fünzig Jahren trägt er das gleiche Brillengestell, die hohen Töne in »Nel sole« bekommt er immer noch mühelos hin. Er ist jetzt quasi Old Schmetterhemd. Er produziert Wein und Öl und behauptet von sich, mindestens mitverantwortlich dafür zu sein, dass sein Apulien heute zu den beliebtesten Reisedestinationen Italiens zählt. 2023 feiert der Sänger seinen 80. Geburtstag – oder wie er es formuliert: viermal zwanzig. Bei seinem Geburtstagskonzert in der Arena von Verona duettiert er unter anderem mit Umberto Tozzi, Iva Zanicchi und Renato Zero. Apulien habe zwei unantastbare Idole, schrieb der italienische *Rolling Stone* einmal, den Heiligen Padre Pio und Al Bano.

2022 singt der Mann aus Cellino San Marco sein Durchbruchslied »Nel sole« zusammen mit – ausgerechnet – Boy George. Aber warum auch nicht? Al Bano singt überall, mit und für jeden. 2021 ehrt er Franco Battiato in Verona, zwei Jahre später bietet er »Nel sole« im Rahmen des »Berlusconi Day« für seinen verstorbenen Freund Silvio dar. »Al Bano ist unser Michael Jackson«, hat der Komiker Checco Zalone einmal gesagt. Was auch immer er damit gemeint hat – er hat recht!

61.
NON C'È TEMPO DI ASPETTARE
(1967)
I Ragazzi del Sole

1968 schreibt Adriano Celentano einen viel beachteten Brief. Es wird nicht sein letzter bleiben. 2005 wird sich der Sänger im Rahmen seiner spektakulären Samstagabendshow *Rockpolitik* zusammen mit Roberto Benigni schriftlich an den damaligen Premier Silvio Berlusconi wenden und ihm den Rücktritt nahelegen. 1968 ist der Adressat ein noch viel mächtigerer. In seinem musikalisch genialen Ein-Akkord-Song »Tre passi avanti« (Drei Schritte weiter) schreibt Celentano an das zu diesem Zeitpunkt beliebteste Musikgenre in Italien.

»Lieber Beat«, hört man den Sänger im Intro des Liedes kritzeln, »du gefällst mir sehr.« Aber, so Celentano weiter, da gebe es jene, die sich nicht wüschen, Drogen nähmen und von zu Hause ausrissen: Kulturpessimismus auf Italienisch. Entweder, so Celentano, der Beat ändere seinen Namen, oder er sei am Ende. Das war er dann auch: 1969 geht der große Boom zu Ende. In den Jahren zuvor aber klappern die Absätze von Italiens Pilzkopfträgern munter zu den aufpeitschenden Rhythmen des Beat. Oder wie man auf dem Stiefel sagt: *bitt.*

Es war nur eine Frage der Zeit, bis der italienische Musikbetrieb auf die Frohe Botschaft aus Großbritannien reagieren sollte. Nach dem Erfolg der Beatles und nachfolgender britischer Gitarrenbands dürstet Italiens Jugend danach, den Sound der Stunde auch im mediterranen Gewand dargereicht zu bekommen. Während der Blütezeit des Genres, zwischen 1964 und 1969, sollen nach heutigen Schätzungen um die 1600 Beat-Bands (sechzig Prozent davon aus dem Norden des Landes) für qualmende Jukeboxen gesorgt haben. Der *beat italiano* ist eine Parallelwelt, die es dringend zu bereisen gilt, da sich hier – typisch für die italienische Adaption angloamerikanischer Pop-Errungenschaften – Naivität und Geschäftssinn sorglos zur *passeggiata* treffen.

Die Bands tragen Namen wie I Dik Dik, Equipe 84, New Dada, Stormy Six, I Ragazzi del Sole oder New Trolls. Da in den 60ern auf der Halbinsel nur wenige Tourneen britischer Bands stattfinden und sich auch das italienische Fernsehen kaum für das neumodische Gerumpel und Gedröhne interessiert, sind die italienischen Nachfolger darauf angewiesen, sich die obligatorischen Sounds mühsam im *trial-and-error*-Verfahren anzueignen. Die dazugehörigen Outfits wiederum lassen sich in Teenie-Magazinen studieren. Es ist erwartungsgemäß dieser Aspekt, der viele italienische Künstler zur Hochform auflaufen lässt. Die Musiker von I Corvi aus Parma etwa treten stets mit schwarzen Capes auf, zudem sitzt auf Bassist Italo »Gimmi« Ferraris Instrument stets ein ausgestopfter Rabe. Die Mitglieder der sehr erfolgreichen Band Equipe 84 wiederum erwecken um 1967 den Eindruck, als hätten sie eine Fachhandlung für psychedelisches Tuch überfallen. I Ribelli, die ehemalige Begleitband Adriano Celentanos, trägt auch schon mal Stahlhelm zum Paisley-Halstuch. Die Carnaby Street am Ufer des Tiber – alles ist möglich, wenn Italien die Fuzz-Gitarre dröhnen lässt.

Die Besonderheit des *beat italiano* besteht darin, dass die Gruppen und Solokünstler während der Hochzeit des Genres vornehmlich angloamerikanische Hits nachspielen, die sie mit neuen italienischen Texten versehen: Aus »A Whiter Shade of Pale« wird in der Fassung von I Dik Dik »Senza luce« (Ohne

Licht). Die Band Pooh bastelt »Keep on Running« zu »Vieni fuori« (Komm raus) um. Und die kurzlebigen, von Celentano lancierten I Ragazzi della via Gluck schließlich lassen mit »Il contadino« (Der Bauer) ihre Bearbeitung von Sam & Daves »Hold On, I'm Coming« auf Italien los. Zu den umtriebigsten Dichtern italienischer Spezialtexte zählen in jener Epoche etwa Mogol und Vito Pallavicini. Häufig haben die Arbeiten dieser »Übersetzer« mit dem Originaltext wenig bis gar nichts zu tun, aber ein wenig kreative Sorglosigkeit hat bekanntlich noch keiner erfolgreichen Kunst geschadet. Es ist ein für alle Beteiligten sehr einträgliches Vorgehen – so erhalten die Texter der italienischen Lyrik bei diesem Verfahren fünfzig Prozent der Einnahmen der ursprünglichen Autoren. Auch die Verlegerherzen jauchzen.

Der italienische Beat-Boom erreicht bald ein derartiges Ausmaß, dass sogar einige britische Bands, die den Wettbewerb mit der heimischen Konkurrenz scheuen, nach Italien emigrieren: The Rokes und Mal Ryder & The Primitives sind zuvorderst zu nennen. Neben unzähligen Bands produziert der italienische Beat auch Solostars, etwa die wunderbare Caterina Caselli, die 1966 mit dem Stück »Nessuno mi può giudicare« (Keiner kann über mich urteilen) eine große Karriere begann. Caselli ist zudem ein Beispiel für eine *bitt*-Künstlerin, die vornehmlich Originale sang, wenngleich sie gelegentlichen Coverversionen (aus »Paint It Black« wird bei ihr »Tutto nero«, alles schwarz) keineswegs abgeneigt war. Ein ganz eigener Fall ist der schwarze amerikanische Sänger Rocky Roberts, dessen bewegte Geschichte im Kapitel zu seinem Spitzensong »Stasera mi butto« (Heut Abend wag ich's) nachzulesen ist.

Das hier für das Genre beispielhaft ausgewählte Stück »Non c'è tempo di aspettare« (Wir haben keine Zeit zu warten) der Band Ragazzi del Sole aus Turin ist ein besonders funkensprühendes Exemplar der Gattung, vor allem die Lead-Gitarre sägt hier wirklich die Sonne durch. Der erste Sänger und Bandgründer der Sonnenfreunde, ein gewisser Pierfranco Colonna, war offenkundig einer jener langhaarigen Tunichtgute, von denen Celentano in seinem Brandbrief sprach – ein allen hedonistischen Sperenzchen gegenüber aufgeschlossener Springinsfeld. Colonna steigt jedoch schon nach einem Jahr aus und verpasst somit, dass die Band die Musikwelt im Jahr 1967 um ein selbst erfundenes Instrument bereichern sollte: das *tubifon*, ein Aluminiumrohr mit einer daran befestigten Saite. Zu behaupten, die Innovation habe sich auf dem Musikalienmarkt durchgesetzt, wäre übertrieben, aber man kann bekanntlich nicht alles haben. Bevor die Ragazzi del Sole ihren musikalischen Sonnenuntergang erleben, wenden sie sich in der zweiten Hälfte ihrer Karriere dem Schmachtpop zu. Hier aber sind sie in ihrer Glanzphase zu hören – in vollem Beat-Ornat und mit dem *tubifon*.

And the *bitt* goes on …

62.

NON SONO UNA SIGNORA (1982)

Loredana Bertè

1986 trägt das *Festival di Sanremo* Schulterpolster. Neben den italienischen Wettbewerbsteilnehmern sind als internationale Gäste unter anderem Spandau Ballet, Depeche Mode, Mr. Mister, Sting und Falco mit von der Partie – die halben 80er-Jahre sind anwesend. Am Ende gewinnt Eros Ramazzotti mit »Adesso tu« (Jetzt du), was ihn endgültig zum Superstar aufsteigen lässt. Vor allem aber bleibt der Jahrgang in Erinnerung, weil die Sause an der Blumenriviera mal wieder von einem Skandalauftritt erschüttert wird.

Verantwortlich für das Beben ist die nicht genug zu preisende Loredana Bertè, die mit dem Song »Re« (König) ihren ersten Auftritt beim Festival hinlegt. Doch nicht das Lied ist der Stein des Anstoßes, sondern die Garderobe der schillernden Sängerin. Nachdem sich zu den ersten Takten eine Tänzerin mit einer entschieden uneingestöpselten E-Gitarre gekrümmt hat, entert Loredana die Bühne in einem engen ledernen Outfit, darunter sich ein ebenso praller wie künstlicher Schwangerschaftsbauch abzeichnet. Auch bei den sie begleitenden Tänzerinnen wölbt es sich unterm Leder. Ihr Ziel sei gewesen, mit dem von Designer Luca Sabatelli entworfenen Kostüm die in ihrem Heimatland noch immer gängigen Frauenrollen – Ehefrau, Mutter, Sex-Objekt – zu hinterfragen und gleichzeitig zur Selbstermächtigung anzuregen, so die Kalabresin später. »Frauen, ihr könnt alles sein, was ihr wollt«, scheint sie ihren Geschlechtsgenossinnen zuzurufen. Doch das konservative Italien zeigt sich für die Erweckung unaufgeschlossen. Der Großteil der Presse kritisiert den Auftritt scharf, nach dem Festival wird *La Bertè* von ihrer Plattenfirma auf die Straße gesetzt – das Land in Schnappatmung. Auch hinter der Festival-Bühne sei ihr nicht eben Liebe entgegengeschwappt. Nur einer, so die Sängerin, habe sie begeistert in den Arm genommen: Sting.

Dabei hätte man gewarnt sein können. Schon auf ihren ersten Veröffentlichungen hatte Loredana Bertè schließlich klargemacht, dass von ihr keine Konsolidierung gängiger Frauenbilder zu erwarten war. Mehr noch, dass sie, wann immer sich die Gelegenheit bieten sollte, willens war, diese Frauenbilder auseinanderzunehmen. So etwa in ihrem ersten Hit »Sei bellissima« (Du bist wunderschön), der ein entlarvendes und desaströses Bild des italienischen Machos zeichnet. Oder 1974, als sie auf dem Cover ihres Debütalbums einigermaßen spärlich bekleidet posiert und im Song »Parlate di moralità« (Ihr redet von Moral) männliche Bigotterie entlarvt. Ganz besonders deutlich wird sie aber 1982 in ihrem Signatursong »Non sono una signora« (Ich bin keine Dame). Ein Lied, das ihre halbe Biografie enthält: die Kindheit im abgehängten Kalabrien, den gewalttätigen Vater, die abwesende Mutter, die Flucht als junges Mädchen in den Norden, das Blitzlicht der Öffentlichkeit.

Geschrieben hat das Stück der Genueser *cantautore* Ivano Fossati, damals der Partner von Loredanas Schwester, der tragisch umflorten Sängerin Mia Martini. Die (meist männlichen) italienischen Liedautoren waren schon immer gut darin, die Persönlichkeit ihrer jeweiligen Song-Abnehmerinnen zu lesen und lyrisch zu bedienen. Der vorliegende Song aber ist ein selten perfektes Beispiel. Musikalisch handelt es sich um eins dieser typisch fluffigen und melodisch infektiösen Italo-Stücke der frühen 80er, von denen es bekanntlich nicht genug geben kann. Das Arrangement ist so glatt wie der Dancefloor einer Rimini-Disco, und der ikonische Refrain macht glücklicher als zehn Sonnenuntergänge vor Bagnara Calabra.

Doch Fossatis Text dünkt erst einmal abgründig und rätselhaft: »La fretta del cuore / È già una novità / Che dietro un giornale sta / Cambiando opinioni / E il male del giorno / È pochi chilometri a sud / Del mio ritorno / Del mio buongiorno / (...) È un volo a planare / Per essere inchiodati qui / Crocefissi al muro / Ma come ricordarlo ora?« (Die Eile des Herzens / Ist schon eine Neuigkeit / Für eine Zeitung / Sie ändert Meinungen / Und das Schlechte des Tages / Liegt wenige Kilometer weiter südlich / Von meiner Rückkehr / Von meinem »Guten Tag« / (...) / Es ist ein Gleitflug / Hier festzustecken / Kreuze an der Wand / Aber wie soll ich mich jetzt daran erinnern?). Es steckt eine Menge in diesen schwer durchdringbaren Zeilen: Das italienische Nord-Süd-Gefälle, die Herkunftserzählung in einem Land, in dem Rassismus nicht selten auch Menschen trifft, die ein paar Kilometer weiter südlich leben, sozialer Aufstieg und die damit einhergehenden Erwartungen und Zuschreibungen. An der zentralen Aussage des donnernden Refrains hingegen gibt es nichts zu deuten: »Non sono una signora / Una con tutte stelle nella vita / Non sono una signora / Ma una per cui la guerra non è mai finita« (Ich bin keine Dame / Eine, deren Leben nur Sterne bereithält / Ich bin keine Dame / Sondern eine, für die der Krieg nie vorbei ist). Bertè schafft es, mit ihrer kratzbürstigen Stimme gleichzeitig ehrfurchteinflößend und anrührend zu klingen. Eine Hymne auf das Anderssein und Nicht-ins-Bild-Passen und eine gesalzene Absage an alles Pflegeleichte.

1982 gewinnt Loredana Bertè mit dem Stück den Liederwettbewerb *Festivalbar* in der *Arena di Verona*, in der Folge wird sich der Song 22 Wochen in den italienischen Charts tummeln. Loredana trägt während des Vortrags in Verona ein weißes Brautkleid, mit dem sie die Bühne raumgreifend abschreitet. Wenn sie zur Titelzeile die Faust in die Luft reckt, kann es einem das Herz brechen.

63.

IL NOSTRO CONCERTO (1960)

Umberto Bindi

Das ist Italien. Man schreibt dem oder der Angebeteten nicht etwa nur ein schnödes Lied, nein, ein ganzes *concerto* soll es sein. Der Komponist für diese Mission ist der große Umberto Bindi, ein weiteres Mitglied der Genueser Schule, deren

Vertreter zu Beginn der 60er das italienische Lied revolutionierten. Zwar komponiert Bindi kein ganzes Konzert – doch zumindest ein höchst komplex gebautes Stück, das den Titel »Il nostro concerto« (Unser Konzert) trägt. Mit einer Dauer von knapp fünfeinhalb Minuten ist es der längste Song, der bis dahin zum Charthit wurde.

Der streitbare Sänger und Musikgelehrte Morgan bezeichnete »Il nostro concerto« einmal als »das schönste italienische Lied, das je geschrieben wurde«, es enthalte schlicht »alles«. Das Lied ist weiß Gott in Fragen der Melodik, der Rhythmik und des Arrangements eine *superbomba* der leichten Musik. Alleine auf das Intro verwendet Komponist Bindi siebzig Sekunden. Danach dekliniert er die Melodie des Liedes durch die unterschiedlichsten musikalischen Temperaturen. Mit Stücken wie dem vorliegenden erweist sich Umberto Bindi als musikalisch vollendetster Vertreter der Genueser Schule – und im Gegensatz zu seinen eher lyrisch orientierten Kollegen wie Luigi Tenco, Fabrizio De André und Gino Paoli als deutlich mehr an der ambitionierten Komposition interessiert. Er hasse Worte und liebe die Melodie, sagte Umberto Bindi einmal. Gottlob weiß er für die Texte meist den verlässlichen Autorenpartner Giorgio Calabrese an seiner Seite. Mit seinem nächsten Stück »Il mio mondo« (Meine Welt) knackt Bindi gar die britischen Charts – in der Fassung von Cilla Black verbleibt das Lied vier Wochen auf Platz eins. Doch gleichwohl der introvertierte Komponist sich als einer der Größten seiner Zunft beweist, meint es das Leben in den Folgejahren nicht gut mit dem Musiker.

1961 bekommt Bindi die geballte Härte der italienischen Presse jener Zeit zu spüren, die sich in einer regelrechten Kampagne auf die Homosexualität des Sängers einschießt. Bindi hatte nie einen Hehl daraus gemacht, schwul zu sein – doch der bigotte Betrieb will einen Skandal. Nicht seine Musik steht im Mittelpunkt, sondern ein auffälliger Ring an seinem Finger. Der Angriff trifft den Menschen und den Künstler. In der Folge werden die Anfragen für weitere Lieder zunehmend dünner, Mitte des Jahrzehnts ist er quasi abgemeldet. 1967 folgt noch einmal ein Erfolgsstück mit dem menetekelnden Titel »La musica è finita« (Die Musik ist vorbei), das für Ornella Vanoni ein großer Erfolg wird. Jetzt ist die Musik vorbei, die Freunde gehen, was für ein sinnloser Abend, heißt es eingangs.

Mitte der 70er wird der Sänger durch ein tragisches Unglück zusätzlich aus der Bahn geworfen, als seine Mutter versehentlich von einem Bekannten erschossen wird. Bindi zieht sich endgültig zurück. Erst 1988 ist es ihm möglich, in der TV-Show des Moderators Maurizio Costanzo an die Öffentlichkeit zu gehen und die Kränkungen jener Zeit zu schildern. Sein emotionales Outing ist das erste der italienischen Fernsehgeschichte. In den 90ern bemühen sich Künstler wie Renato Zero und die Band New Trolls im Rahmen von Zusammenarbeiten mit dem Genie aus dem Genueser Viertel Bogliasco um Bindis Rehabilitierung.

Seine letzten Lebensjahre verbringt Umberto Bindi in Armut. Der Ligurier hatte regelmäßig Freunde und Bekannte in Notsituationen bereitwillig finanziell unterstützt. Als Folge dieser selbstlosen Freigiebigkeit sieht er sich nun mit immensen Steuerproblemen konfrontiert. Schwere gesundheitliche Probleme kommen hinzu: Bindi schlägt sich mit einer defekten Niere, vier Bypässen, Gefäßerkrankungen und einer kaputten Leber herum. Es ist eine Tragödie!

Verlass ist in diesen dunklen Tagen auf Gino Paoli, seinen guten Freund aus den Glanztagen der Genueser Schule. Im April 2002 fordert Paoli in der Tageszeitung *Il Messaggero*, dass man zugunsten Bindis das sogenannte Bacchelli-Gesetz anwenden solle, das notleidenden Künstlern finanzielle Unterstützung gewähre. Tatsächlich wird die von Paoli geforderte Hilfe dem Freund rasch zuteil. Bindi verstirbt nur einen Monat später nach Verschlechterung seiner Herzerkrankung im Spallanzani-Krankenhaus in Rom. Die Trauerfeier findet in der Basilica di Santa Maria in Montesanto, der »Kirche der Künstler«, in Rom statt, wo die Italiener regelmäßig Abschied von Showgrößen (zuletzt etwa Bud Spencer oder Monica Vitti) zu nehmen pflegen. Als Gino Paoli 2014 als Ehrengast beim *Festival di Sanremo* zu Ehren des Freundes »Il nostro concerto« singt, bezeichnet er Umberto Bindi als einen »freundlichen und guten Menschen« und als großen Künstler, der »massakriert, verspottet, gedemütigt und dann vergessen« worden sei.

Was für ein Lied er uns da hinterlassen hat! Ein orchestrales Donnern, ein Spiel mit den Möglichkeiten, eine der nobelsten Gesangsmelodien der *musica leggera*. »Ovunque sei, se ascolterai / Accanto a te mi troverai« (Wo auch immer du bist, wenn du zuhören wirst / Du wirst mich an deiner Seite finden), singt Bindi. Viele andere Kollegen haben sein *concerto d'amore* aufgeführt: Peppino di Capri, Jimmy Fontana, Massimo Ranieri, Claudio Baglioni, Orietta Berti, Renato Zero. So aristokratisch wie Bindi ist es freilich keinem anderen Interpreten gelungen.

Nehmen wir nun Platz im roten Polster und rascheln noch ein letztes Mal aufgeregt mit dem Libretto. Schon werden die Türen geschlossen und das fünf Minuten vierzig lange Konzert kann beginnen.

64.

NOTTE PRIMA DEGLI ESAMI (1984)

Antonello Venditti

In einem Juni vor zwei, drei Jahren weilte Ihr Autor in Rom. Es war kurz nach zwölf Uhr nachts, ich lag im Bett und döste bereits wohlig vor mich hin, als mich plötzlich laute Musik wachrüttelte. Ich kannte das Lied nur zu gut, das irgendwo vom nahen Ufer des Tibers herübergeweht kam. Es war »Notte prima degli esami« (Nacht vor den Prüfungen) des römischen Heldentenors Antonello Venditti. Es ist ein Lied, das mich jedes Mal, wenn ich es höre, zerfließen lässt, und natürlich ganz besonders an diesem Ort, in dieser Nacht. Es war die Nacht des 22. Juni, die Nacht vor den Abiturprüfungen.

In Italien hat alles sein *inno*, seine Hymne. Dieses Lied, das der extrovertierte Oberrömer des italienischen Liedes 1984 veröffentlichte, ist die Hymne der angehenden Abiturientinnen und Abiturienten. Venditti singt, anfangs nur von seinem Klavierspiel begleitet, von der Magie einer Nacht, die Jugend und Erwachsensein trennt. Man spürt beim Hören deutlich, auf welcher Seite das eigene Leben längst stattfindet, mit allen Kompromissen, aufgegebenen Träumen und fragwürdigen Arrangements. Aber dieses Lied, diese Melodie und diese Stimme transportieren den Hörer schnurstracks zurück in die Nacht, da man selbst mit halb verinnerlichtem Wissen dem nächsten Tag entgegenbibberte, alles nach Freiheit roch und man gleichzeitig spürte, dass hier auch etwas zu Ende ging. Man muss selbst kein Abitur gemacht haben, um zu spüren, worum es in Vendittis Hymne geht: um Aufbruch und Abschied, um

Unschuldsverlust und Neubeginn. »Notte prima degli esami« ist Antonello Vendittis Liebesbrief an die Unsicherheit der Jugend.

Es ist auch der Song einer Sommernacht. Wie viele gute Lieder hat »Notte prima degli esami« mehrere Ebenen, alles scheint voneinander durchdrungen; Venditti bekommt in dem Text eine Menge unter. Zu Beginn geht es um des Sängers eigene Jugend. In der ersten Strophe kommen vier Jungs mit ihren Instrumenten von einem Auftritt auf die Straße gestolpert. Mutmaßlich ist Venditti selbst einer von ihnen, Francesco De Gregori, der andere römische Sängerpoet, wohl ein weiterer. »Come i pini di Roma la vita non li spezza / Questa notte è ancora nostra« (Wie die Pinien Roms bricht das Leben sie nicht / Diese Nacht gehört immer noch uns). Sie unterhalten sich über Banalitäten und das Sprengstoffattentat 1969 am *Altare della Patria*. Es besorgt sie nicht weiter, denn *è solo il giorno che muore*, es ist nur der Tag, der stirbt.

Gleich darauf sind wir in den Gedanken eines Jungen in der Examensnacht. Sie schweifen von den Büchern zu Claudia, dem Mädchen, das er liebt – eine ungeschickte Liebe, scheu und halb verborgen. Die Prüfungen stünden vor der Tür, und sie sei so weit weg von seinem Zimmer, lässt Venditti ihn erzählen. »Tuo padre sembra Dante e tuo fratello Ariosto / Stasera al solito posto, la luna sembra strana« (Dein Vater sieht aus wie Dante und dein Bruder wie Ariost / Heute Abend am üblichen Ort, der Mond sieht seltsam aus). Der Junge erinnert sich, wie die beiden zum ersten Mal miteinander schliefen, während draußen die römische Sommernacht ihr Spiel trieb. Es sei eine Nacht der Polizei, singt Venditti, eine Nacht der Eltern mit der Flasche in der Hand, der jungen Schauspieler, die morgen in Cinecittà um Nebenrollen buhlen müssen, der Großmütter am Fenster, der kalten *pizze* und *calzoni*, der Tränen und Gebete. Aber: »Questa notte è ancora nostra« (Diese Nacht gehört immer noch uns).

Antonello Venditti ist bekannt dafür, dass er das Pathospedal gerne voll durchtritt, bis zum Funkenschlag auf dem römischen Asphalt. Dies geschieht hier spätestens in der letzten Strophe. Bei Venditti geht es am Ende stets darum, wie oft und bebend er das Wort »amore« in einem Song singt. Im vorliegenden Stück erklimmt er diesbezüglich neue Höhen. Er habe sich bestimmt ein wenig geändert, singt er, aber er sei immer noch vom Wunsch nach Veränderung erfüllt. Und dann: »Se l'amore è amore, se l'amore è amore, se l'amore è amore ...« (Wenn Liebe Liebe ist, wenn Liebe Liebe ist, wenn Liebe Liebe ist ...). Wer spätestens hier nicht heulend in die Boxen beißt, hat ein Herz aus Stahlwolle.

Vendittis unsterbliches Lied erscheint ursprünglich als Eröffnungsstück von »Cuore« (Herz), dem meistverkauften Album des Jahres 1984. Auf diesem findet sich auch sein toller Schmachtlappen »Ci vorrebbe un amico« (Es bräuchte einen Freund), den er seinem engen Freund Lucio Dalla widmet. Beide Songs entstehen, nachdem Venditti von seiner Lebensgefährtin Simona Izzo zugunsten des Fernsehmoderators (und Texters von Minas »Se telefonando«!) Mario Costanzo verlassen worden war. In »Ci vorrebbe un amico« zitiert der verletzte Sänger sogar den Satz, mit dem sich sein Widersacher Costanzo am Ende jeder seiner Shows zu verabschieden pflegte: *Il resto è vita*, der Rest ist das Leben.

Anlässlich der Abiturfeier 2022 ist Venditti zu Gast am Liceo Giulio Cesare, wo er 1966 seine *esami* machte. Er sitzt in einem Klassenzimmer am Flügel und spielt den Song für den Abiturjahrgang. Überflüssig zu sagen, dass die Jugendlichen jede Zeile kennen. Als er den berühmten Satz »La matematica non sarà mai il mio mestiere« (Die Mathematik wird nie mein Beruf werden) intoniert, hebt der Raum ab – das fliegende Klassenzimmer *alla romana* auf dem Weg ins Ungewisse.

Der Rest ist das Leben.

65.

NUNTEREGGAE PIÙ (1978)

Rino Gaetano

»Wer hat Rino Gaetano ermordet?« lautet der Titel eines 2017 erschienenen Buches des Anwalts Bruno Mautone. Eine Frage, die viel über den spezifischen Umgang der Italiener mit Mythen erzählt.

Rino Gaetano, der scharfzüngigste Songschreiber, den Italien je hatte, wird in den frühen Morgenstunden des 2. Juni 1981, mit erst dreißig Jahren, durch einen Autounfall auf der Via Nomenata in Rom aus dem Leben gerissen. Bis heute ist sein früher Tod Anlass für Verschwörungserzählungen: Es muss einfach etwas Größeres hinter dem angeblichen Unfall stecken! Wir erleben hier ein typisches Beispiel für den Hang der Stiefelbewohner zur Verschwörungstheorie; in Italien spricht man von *dietrologia*, der Neigung, hinter jedem bedeutsamen Ereignis verborgene Motive zu suchen. Anlass bietet im vorliegenden Fall der Umstand, dass mehrere Krankenhäuser aus unterschiedlichen logistischen Gründen die Aufnahme des schwer verletzten Sängers verweigerten. Nach Gaetanos Tod taucht zudem ein unveröffentlichtes Lied auf, in dem der Titelfigur nach einem ähnlichen Unfall nahezu exakt dasselbe Schicksal widerfährt. Die Spur führt aber noch tiefer in das Werk Gaetanos – und zu einem unglaublichen Song namens »Nuntereggae più« (ein Wortspiel aus dem Wort »Reggae« und der Phrase »Non ti reggo più«, auf Deutsch: Ich ertrag dich nicht mehr). Ein irres Lied, wie es nur Rino Gaetano auf die italienische Öffentlichkeit loslassen konnte.

Der geniale Wortverdreher Rino Gaetano erfand im Laufe seiner kurzen Karriere eine Sprache, die völlig frei war, die nur ihren eigenen poetischen Gesetzen folgte – und mit der er die inneren Verkrachtheiten seines Heimatlandes offenlegen konnte wie kein Zweiter. Einen Dadaisten hat man ihn genannt, auch einen Surrealisten, doch damit kommt man ihm nicht bei. Gaetano konnte mit Worten Purzelbäume schlagen, in seinen subversiven Liedern tanzt die *lingua italiana* aufgekratzt Tarantella. Dass der Sänger seine Wortkunst in ungemein hemdsärmelige Lieder kleidete, kann dem Mann aus dem kalabrischen Crotone nicht genug gedankt werden.

»Nuntereggae più« ist sein radikalstes Stück. Ein Lied, wie es in seiner Respektlosigkeit kein zweites Mal existiert. Es eröffnet mit einer über einen Ska-Rhythmus gelegten Zirkusmelodie, die eigentlich ein Kinderlied erwarten ließe. In den Strophen aber geht es mitten in das aufgewühlte Italien des Jahres 1978. Gaetano wendet für seinen Proto-Rap die Technik der Collage an und assoziiert Schlagworte aus den Nachrichten, Prominentennamen und zeitgeistige Begriffe, die ganz und gar konkret sind und die alle mit einem lässigen »Nun te reggae più« bedacht werden: »La castità (nun te reggae più) / La verginità (nun te reggae più) / La sposa in bianco, il maschio forte / I ministri puliti, i buffoni di corte / Ladri di polli / Super pensioni (nun te reggae più) / Ladri di stato e stupratori / Il grasso ventre dei commendatori / Diete politicizzate / Evasori legalizzati (nun te reggae più) / Auto blu / Sangue blu / Cieli blu / Amore blu« (Keuschheit (Ich ertrag dich nicht mehr) / Jungfräulichkeit (Ich ertrag dich nicht mehr) / Die Braut in Weiß, der starke Mann / Die sauberen Minister, die Hofnarren /

Hühnerdiebe, superhohe Renten (Ich ertrag dich nicht mehr) / Staatsdiebe und Vergewaltiger / Der fette Bauch der Komture / Politisierte Diäten / Legalisierte Steuerhinterzieher (Ich ertrag dich nicht mehr) / Blaues Blut / Blaue Autos / Blauer Himmel / Blaue Liebe). Moral, Familie, Politik und Religion als Floskeln, denen die Bedeutung abhandengekommen ist. Es ist Rino Gaetanos Weckruf für sein korrumpiertes und degeneriertes Land.

Das Lied erscheint im unruhigsten Jahr der italienischen Nachkriegsgeschichte. Es ist das Jahr der drei Päpste. Das Jahr, in dem der christdemokratische Staatspräsident Giovanni Leone stirbt und von dem Sozialisten Sandro Pertini abgelöst wird. Das Jahr der Ermordung des Parteivorsitzenden der Christdemokraten Aldo Moro durch die *brigate rosse*. Mithin das Jahr, in dem die Zusammenarbeit der durch die letzte Wahl enorm erstarkten Kommunisten mit den Altparteien *Democrazia Cristiana* (DC) und *Partito Socialista Italiano* (PSI) vereitelt wird. In der zweiten Strophe des Stücks kaut der Sänger so lange auf den Kurznamen der Großparteien herum, bis sie sich in Lautmalereien auflösen: »Pci psi (Nun te reggae più) / Dc dc (Nun te reggae più) / Pci psi pli pri / dc dc dc.«

Richtig wild wird es aber erst im Folgenden, denn der Sänger nennt (in dieser Konsequenz einmalig in einem Popsong!) die Namen von über zwanzig Personen des öffentlichen Lebens, die nicht länger zu ertragen seien! Die Unternehmerfamilien Agnelli und Pirelli, der Fernsehmoderator Mike Bongiorno, verschiedene Fußballspieler und Journalisten, *Esso-Italiana*-Präsident Vincenzo Cazzaniga, aber auch Niki Lauda werden in dem Stück ins Fenster gehängt und mit einem »Nun te reggae più« bedacht. In einem *RAI*-Interview erklärt der Sänger, das aus Zeitungsmeldungen zusammengefügte Lied sei das Ergebnis seines tiefen Nachsinnens über den Zustand Italiens. Im Grunde, so Gaetano, schreibe er Liebeslieder. Dies sei sein

Liebeslied für die italienische Gesellschaft. Ein Song wie das Stimmengewirr in einer italienischen Bar.

Rino Gaetano beabsichtigt, das Stück in Sanremo zu singen, doch man rät ihm dringend ab! Stattdessen tritt er mit dem harmloseren Stück »Gianna« auf, dessen eingedeutschte Blödel-Version »Gianna (Liebe im Auto)« der erste Hit des noch jungen Wolfgang Petry werden sollte. Manchmal ist die Welt ein seltsamer Ort. Bei *Festivalbar* in der Arena von Verona singt Rino Gaetano das Lied dann doch – im Bademantel.

Wer also hat Rino Gaetano getötet? Vermutlich niemand. Und doch gibt es bis heute Stimmen, die etwa den von Rino adressierten *Esso-Italiana*-Präsidenten, DC-Anhänger und strammen Antikommunisten Cazzaniga, die Freimaurerloge *P2* oder die *CIA* hinter der Sache vermuten. Das eingangs zitierte Buch vermutet gar, der Sänger habe über Geheimwissen verfügt, weswegen er aus dem Weg geräumt werden musste. Ganz gleich wie eigentümlich die Welt oft scheint, Italien ist eigentümlicher.

66.

PENSIERO STUPENDO (1978)

Patty Pravo

»Per aver visto un uomo piangere e soffrire Dio si trasformò in musica e poesia« (Um einen Menschen weinen und leiden zu sehen, verwandelte sich Gott in Musik und Poesie). So viel ist sicher: Es gibt weniger eindrückliche Albumtitel als diesen, den die Sängerin Patty Pravo ihrer 1971er-Langspielplatte verpasste. Und es sollte klar sein, dass jemand, der einen Titel wie diesen wählt, keine halben Sachen macht. Fast keine halben

Sachen. Ihr Riesenhit der 60er »La bambola« (Die Puppe) soll ihr wegen des darin gezeichneten Frauenbildes stets missfallen haben. Und so war ihr im weiteren Verlauf ihrer Karriere daran gelegen, nachdrücklich zu demonstrieren, dass es sich bei ihr mitnichten um ein verfügbares Spielzeug handelte.

Zu Beginn der 60er landet die in Tanz, Klavierspiel und der Kunst des Dirigierens ausgebildete Venezianerin aus gutem Haus in Rom. Patty Pravos Entdeckung verdankt sich indirekt wohl Luigi Tenco. Als er sie im *Piper Club* sieht, ist er von ihrer geheimnisvollen Aura so begeistert, dass er sie an seinen Tisch bittet. Hier macht sie die Bekanntschaft des Agenten Alberigo Crocetta, der sie an die Plattenfirma *RCA* vermittelt. 1966 gibt sie ihr TV-Debüt im schwarzen Smoking mit dem Stück »Ragazzo triste« (Trauriger Junge), einer Sonny-&-Cher-Coverversion. 1968 folgt »La bambola«. Sie hängt mit Pink Floyd ab und kifft mit Jimi Hendrix im *Cinquecento*. Die Königin des Beat geht ihren Weg. Ab den 70ern führt sie dieser Weg auf entschieden schlüpfriges Parkett – für Pravo der perfekte Tanzbodenbelag.

Es gibt einen deutlichen Unterschied zu den Selbstermächtigungsaktivitäten anderer Kolleginnen. Während etwa Minas Aufmüpfigkeiten nie im Gestus der gezielten Grenzüberschreitung stattfinden und der Tuca-Tuca-Befreiungstanz von Raffaella Carrà von sympathischer Arglosigkeit geprägt ist, hat Pravo stets die kalkulierte Provokation im Sinn. Sie weiß genau, dass ihr aristokratisches Auftreten in Kombination mit ihrem transgressiven Habitus eine Mischung bietet, die in den Augen nicht weniger Sittenwächter das Nudelwasser zum Überkochen bringt. Ihre beiden größten Hits der 70er – »Pazza idea« (Verrückte Idee) und »Pensiero stupendo« (Großartiger Gedanke) – huldigen unverhohlen der weiblichen Selbstverwirklichung in sexuellen Belangen. Aber auch abseits dieser ikonischen Stücke lehnt sich die Sängerin aus etlichen Fenstern.

Mit Beginn der 70er wechselt sie vom Beat zum gehobenen Lied. Auch ihrem Agenten Crocetta sagt sie *addio* und legt die Geschicke ihrer Karriere in die Hände ihrer neuen Managerin, der Astrologin (!) Linda Wolf. Patty singt Battisti und Gino Paoli, die italienische Fassung von »My Way« und Léo Ferré. Sie ist nun auch in Frankreich ein Star. Nach einem Fernsehauftritt lässt der tief beeindruckte Jacques Brel ihr Hotelzimmer mit Rosen dekorieren. Pravos Stimme komme vom Mond, erklärt er seine Begeisterung. 1972 heiratet sie scheinbar aus einer Laune heraus den römischen Innenarchitekten Franco Baldieri – und lässt sich unmittelbar danach wieder scheiden. Auch die Astrologin schießt sie ins All. Nach einer Persienreise, in deren Rahmen sie ein Privatkonzert für die Familie des Schahs gibt, erscheint dann Skandalhit Nummer eins, »Pazza idea«. In dem von Maurizio Monti und Giovanni Ullu verfassten Stück nimmt Pravo die Rolle einer Frau ein, die beim Liebesakt mit einem Mann an ihren Ex-Partner denkt: »Pazza idea di far l'amore con lui / Pensando di stare ancora insieme a te« (Verrückte Idee, mit ihm zu schlafen / Während ich daran denke, immer noch mit dir zusammen zu sein!). Eine Zumutung im bigotten Italien jener Zeit – und ein Nummereins-Hit. Im Folgejahr posiert sie gegen den Willen ihrer Plattenfirma als erste italienische Künstlerin nackt für den *Playboy*. Der Song »Quale signora« (Welche Frau), in dem es um Mutterschaft und Verhütung geht, wird mit einem Radio-Boykott belegt. Federico Fellini und Andy Warhol wollen mit ihr arbeiten – beiden gibt sie einen Korb.

1977 erscheint ihre zweite Tabubruch-Single »Pensiero stupendo«. Das von Ivano Fossati verfasste Lied feiert das Konzept eines Liebesabenteuers zu dritt. Sie habe sich sofort an die fröhlichen Liebesnächte mit mehreren Jungs während der Ära des *Piper Clubs* erinnert gefühlt, verkündet die Sängerin. Später erzählt sie dem *Corriere della Sera*, das Stück habe perfekt zu ihr gepasst, da sie damals mit zwei Ehemännern zusammengelebt habe. Zuvor war der Song Loredana Bertè vorgeschlagen worden – ebenfalls eine Künstlerin, die sich stilvollen Tabubrüchen selten abgeneigt zeigte. Im vorliegenden Fall aber nahm die Kalabresin erstaunlicherweise Anstoß an dem offenherzigen Text. *La Pravo* hingegen fühlt sich gleich pudelwohl mit dem Lied. Was wir auf der fertigen Aufnahme hören, ist Pattys erster Gesangs-Take. Bei ihrem Auftritt in der Sendung *Disco d'Inverno* übersetzt sie den Liedinhalt in einen spektakulären Ausdruckstanz; ihre Gestik übertrifft dabei selbst das ikonische Herumgefuchtel von Konkurrentin Mina. Die amerikanische Sängerin Lana del Rey bekannte vor Jahren, stark von Patty Pravo beeinflusst zu sein – der Gestik wegen.

Ab Ende der 70er übernimmt das Chaos die Regentschaft über Patty Pravos Karriere. Der Song »Miss Italia«, der als Kritik an den italienischen Christdemokraten verstanden wird, erscheint just zum Zeitpunkt der Ermordung des ehemaligen christdemokratischen Ministerpräsidenten Aldo Moro und wird zensiert. Bei einer TV-Preisverleihung in Bologna wirft sie dem Regisseur das Mikrofon an den Kopf und übt sich in Publikumsbeschimpfung. Zur gleichen Zeit setzt sie ihren Mercedes mit Vollgas gegen eine Verkehrsinsel bei Brescia, bleibt dabei aber gottlob unverletzt. Ihre Platten werden experimenteller – und erfolgloser. Eine Freiheitsstrafe wegen Drogenbesitzes und erratische künstlerische Entscheidungen reduzieren das öffentliche Bild der Sängerin auf die Rolle der Skandalnudel. Erst in den 90ern fängt sich ihre Karriere wieder. Heute wird Pravo in ihrem Heimatland als die grenzüberschreitende Pop-Ikone schlechthin verehrt. Der italienischen *Vanity Fair* sagt die damals 75-Jährige 2023 in einem Interview, die Menschen spürten wohl, dass sie eine aufrichtige Person sei. Man könne die Leute eine Woche oder einen Monat lang verarschen, aber nicht fünfzig Jahre lang.

So ein »Pensiero stupendo«, lehrt uns der Refrain von Pattys Lied, kommt nicht aus dem Nichts, er entsteht langsam, kriechend (*strisciando*, wie es im Text heißt). »Si potrebbe trattare di bisogno d'amore / Meglio non dire« (Es könnte sich um ein Bedürfnis nach Liebe handeln / Besser nichts sagen). Genau, einfach nur zuhören.

67.

PESTO (2018)

Calcutta

Wie sagte schon der Philosoph und Toskana-Fraktionär Konstantin Wecker: »Genießen war noch nie ein leichtes Spiel.« Niemand weiß das besser als die Italienerinnen und Italiener.

Der Stellenwert des Essens in Italien – sowohl in Bezug auf die Qualität und Zubereitung der Speisen als auch hinsichtlich der Kulturtechnik des Tafelns – kann nicht hoch genug eingeschätzt werden. Eine Mahlzeit ist nichts, was man mal so eben einatmet, sondern Anlass quasireligiöser Vertiefung. »A tavola non si invecchia« (Bei Tisch altert man nicht) lautet ein italienisches Sprichwort. Man ist wohlberaten, das Mittagessen (*il pranzo*) und das Abendessen (*la cena*) so lange auszudehnen wie nur eben möglich. Vor allem aber ist das Essengehen in der *trattoria* oder dem *ristorante* ein Spiel. Ein Spiel, auf dessen Regeln man sich verstehen sollte.

Ein Beispiel. Vor zwei Jahren saß ich in einer *trattoria* in Viareggio. Am Nebentisch ein älteres italienischen Paar. Als der Herr seine Fischsuppe serviert bekam (ich hatte meine soeben anstandslos verzehrt, sie hatte köstlich gemundet!), bedachte er seine Schüssel erst einmal mit einem konsternierten Gesichtsausdruck und begann dann, unter schwerem Atmen seiner Gemahlin gestenreich kundzutun, dass er sich die Speise so nun ganz und gar nicht vorgestellt habe – eine Zumutung! Der Kellner wurde gerufen. Auch diesem legte man unter vorwurfsvoller Gestik dar, dass eine Fischsuppe im Heimatdorf des Herrn ganz anders zubereitet werde, außerdem seien die enthaltenen Miesmuscheln in seiner Region kleiner, mithin qualitativ besser. Mit einer dramatischen »Wie bitte soll ich das essen?«-Geste entschied der Gast die erste Halbzeit mit einem deutlichen 1:0 für sich. Als man nicht weiterkam, trat der Koch, ein bärtiger Hüne, hinzu. Er legte dem Gast jovial die Hand auf die Schulter und erzählte im robusten Dialekt eine Geschichte über sein Heimatdorf, seine Mutter und ihre *zuppa di pesce*. Es sei ihr Rezept, an das er sich akribisch halte, er habe nie etwas daran geändert. Nun strahlte ihn der ältere Herr feuchten Auges an. Der Koch verabschiedete sich, und der Herr vertiefte sich voller Respekt in seine Suppe.

Der Stolz der Italienerinnen und Italiener auf die heimische Esskultur ist enorm. Und er kann Ausmaße annehmen. Der italienische Gastro-Nationalismus, der jede Nudel, die nicht bei drei im Topf ist, unter Denkmalschutz stellen und zur italienischen Leitkultur erheben will, ist dabei kein Privileg der Rechten. Wobei es mehrheitlich reaktionäre Kräfte sind, die sich bemühen, italienische Gerichte zum Traditionssymbol hochzujuxen. So etwa der heutige Verkehrsminister und *Lega*-Vorsitzende Matteo Salvini, der vor einigen Jahren mit seinen Foodporn-Postings die Erzählung eines vor uralten Traditionen nur so strotzenden Italiens zu befeuern versuchte. Diesen Bewahrern spuckt 2023 der Wirtschaftshistoriker Alberto Grandi mit seinem Buch »Denominazione di origine inventata. Le bugie del marketing sui prodotti tipici italiani« (Erfundene Herkunftsbezeichnung. Die Marketinglügen über typisch italienische Produkte) in die Suppe. Darin enttarnt Grandi zahlreiche Klassiker der italienischen Küche als Produkte der Nachkriegszeit: Die Pizza habe sich erst in den 50ern durchgesetzt, die Pasta Carbonara sei ursprünglich die Idee amerikanischer GIs gewesen und den echten Parmesan, so wie er ursprünglich hergestellt wurde, gebe es heute nur noch in Wisconsin, so der Mythenzerdepperer. Weite Teile seiner Landsleute schäumen – Italien am Rande des Nervenzusammenbruchs. Dabei kritisiert Grandi nicht etwa die Qualität der italienischen Küche, er räumt lediglich mit dem Irrglauben der Altüberliefertheit auf. Seine Leibspeise, so der nebenberufliche Preisrichter am *Tiramisu World Cup* in Treviso, bleibe die Carbonara. Und um mich der Deeskalation anzuschließen: Was soll die Aufregung?! Etliche der schönsten italienischen Handwerkskünste sind ein Produkt des *boom economico*, der 50er- und 60er-Jahre. Das gilt für die Kochkunst ebenso wie für das italienische Kino oder die *musica leggera*.

Und natürlich gibt es sie, die Traditionsgerichte – und sie sind viel besungen. Fabrizio De André etwa bedachte im Song »'A çimma« das gleichnamige Genueser *secondo* – in Brühe gekochte Kalbsbauchtasche – mit einer Würdigung. Was das Preisen der Pizza angeht, ist erwartungsgemäß auf die Neapolitaner Verlass: Aurelio Fierro intonierte 1966 »'A pizza«, und der gebenedeite Pino Daniele schob 1993 sein »Fatte 'na pizza« (Mach dir eine Pizza) in den Ofen. Der Sänger Pupo pries ebenso wie Paolo Conte musikalisch die Weihen des Speiseeises, während Fred Bongusto (der den guten Geschmack bereits im Namen trägt) 1967 in einem Song ein Menü aus Salat, Spaghetti und Huhn empfahl. Von der größten aller italienischen Schauspielerinnen Monica Vitti gibt es das surreale Lied »I crauti« (sehr sehenswerter TV-Clip!), in dem sie kundtut, Menschen nicht verstehen zu können, die kein Sauerkraut mögen würden. Ein Fall für sich ist auch Minas ironisches »Ma che bontà« (Wie köstlich), in dem sie eine besserwisserische Hausfrau gibt, die jedoch in Fragen der Kochzutaten nicht allzu trittfest scheint. Al Bano & Romina Power wiederum reicht *un bicchiere di vino con un panino*, ein Glas Wein mit einem Brötchen, für »Felicità«.

Gerne werden Lebensmittel im italienischen Lied als Metaphern verwendet. So auch im hier präsentierten Song »Pesto« des latinischen Indie-Heroen Calcutta, jenem Erneuerer des Autorenliedes, dem wir bereits in einem früheren Kapitel begegnen durften. Wie so oft bei dem assoziativen Texter Calcutta ist nicht ganz eindeutig, was lyrisch vor sich geht: »Esco o non esco? / Fuori è notte, mangio il buio col pesto / Non mi piace ma lo ingoio lo stesso« (Gehe ich aus oder nicht? / Draußen ist es Nacht, ich esse die Dunkelheit mit Pesto / Es schmeckt mir nicht, aber ich schlucke es trotzdem runter). Dass man intellektuell nicht ganz ergründen kann, worum es sich rankt, möge niemanden verdrießlich stimmen. Zu viel Wissen, zu viel Enträtselung verdirbt die Freude. Das ist in der Musik nicht anders als beim Essen.

Nun ist aber Schluss, denn mit vollem Mund singt man nicht. Auch nicht in Italien. *Buon appetito*!

68.

PICCOLA E FRAGILE (1974)

Drupi

Ehre, wem Ehre gebührt. Giampiero Anelli alias Drupi war in den 70ern und frühen 80ern in Deutschland so erfolgreich, dass ihm die Plattenfirma *Metronome* eine ihrer »Star Gold«-Doppel-LP-Editionen kredenzte. Klappt man das Doppelalbum auf, so findet sich darin neben drei Schwarz-Weiß-Fotos, die den Barden in unterschiedlichen Stadien der Melancholie abzubilden scheinen, einer jener typischen Porträt-Texte, die man diesen Ausgaben damals zuteilwerden ließ. Dort heißt es über den Sänger: »Auf Mitteleuropäer wirkt er wie ein typischer Italiener, von Aussehen und Gesangsstil her: Ein Reibeisen mit Samtpfote, jene unverkennbare italienische Sängermischung, die bei uns gut ankommt. Sanfte Lieder mit aufregender Stimme vorgetragen, Musik, die den Rücken runterläuft.«

Musik, die den Rücken runterläuft. Das war es wohl, wonach sich italophile Musikhörerinnen und -hörer jener Zeit verzehrten. Und diese rare Ware schien eine Weile keiner so verlässlich zu liefern wie der Sänger aus Pavia. Anellis Musik erweckt nicht selten den Eindruck, als hätten die Mitglieder von Uriah Heep und Nazareth gemeinsam zu tief in die Flasche geschaut. Seine Stärke ist der rustikale Rockschlager mit viel Liedermachermoll, schallernder Akustikgitarre und säuselnden Frauenchören. Dazu diese Stimme. Hätte es das Wort »Reibeisenstimme« nicht bereits gegeben, für Drupi hätte man es erfinden müssen. Dass der Lombarde zudem auftritt, als sei er in Schlagjeans und Karohemd zur Welt gekommen und als zöge er es im Grunde vor, eine Autowerkstatt zu führen, war dem Zuspruch sicher nicht abträglich. Das bodenständige Italien: Niemand verkörpert die Welt der einfachen Handwerksberufe, der Naturnähe und der korbumflochtenen Chiantiflaschen so sehr wie Drupi.

Anelli kommt über die Liebe zu den Beatles zur Musik. Gemeinsam mit ein paar Freunden gründet er die Band Le Calamite (Die Magneten). Die Anziehungskraft aufs Publikum hält sich indes in Grenzen. Auch seine Auftritte in Touristenrestaurants am *Lago di Garda* lassen nicht eben Hoffnungen auf eine große Karriere zu. 1973 wird er von dem Songautorengespann Luigi Albertelli und Enrico Riccardi entdeckt. Aus Giampiero Anelli wird Drupi. Von allen Künstlern, die sich nach dem antriebslosen Hund Droopy Dog aus Tex Averys gleichnamiger Cartoon-Serie benannt haben, bleibt er bis heute der beste. (In Deutschland heißt die Hundefigur übrigens Drops – ein Künstlername, der noch frei wäre.) 1973 singt der Sänger in Sanremo den Song »Vado via« (Ich gehe fort), der ursprünglich Mia Martini angeboten worden war, aber schon alle Zutaten eines Drupi-Liedes aufweist: eine einfache melancholische Melodie, die Lagerfeuergitarre, die Frauenchöre. Der Song landet auf dem letzten Platz, woraufhin sich der Sänger wieder auf das Reparieren von Wasserleitungen konzentriert. Doch, oh Wunder: Im Ausland stößt das Stück auf rot glühende Ohren. Nachdem es in Frankreich ein Erfolg wird, entert »Vado via« auch in Großbritannien die Charts, sodass sich Drupi plötzlich neben Paul McCartney und Tom Jones in britischen TV-Shows wiederfindet. »Vado via« bleibt eines der wenigen nicht englischsprachigen Lieder, die es in die britischen Top 20 schafften. Am Ende knickt dann auch Italien ein.

Die 1974 veröffentlichte Single »Piccola e fragile« (Klein und zerbrechlich) aber wird im Land der Nachtigallen direkt zum Hit. Das Lied klettert bis auf Platz eins, auch in Deutschland bleibt das Stück 13 Wochen lang in den Charts. »Piccola e fragile« thematisiert in aus heutiger Sicht nicht immer unproblematischen Zeilen die zwischengeschlechtlichen Kissenschlachten der 70er, als mancher Macho sich in den wandelnden Verhältnissen der neuen Zeiten verstolperte: »Così piccola accanto a me / E fragile o no / Ma in fondo sei molto più forte di me!« (So klein neben mir / Und zerbrechlich oder auch nicht / Doch in Wirklichkeit bist du viel stärker als ich). Drupi, das Raubein mit der Samtpfote, ist jetzt ein ganz Großer. 1976 wählt ihn die Zeitschrift *Musica e dischi* zum Sänger des Jahres.

Doch der Ruhm ist dem Sänger angenehm schnurz, und so zeigt er sich, als die Hits in den 80ern zunehmend ausbleiben, nicht sonderlich zerknirscht. Er habe nie ein Star sein wollen, sagt er. Angebote für die Teilnahme an Realityshows schlägt er stets aus, auch in Sanremo sehe er sich nicht mehr. Konzerte gibt er aber immer noch. Meist wird der Sänger, der heute den beneidenswerten Look eines Meeresgottes pflegt, dabei von seiner langjährigen Gattin Dorina an den Keyboards begleitet.

Drupis große Hits mögen heute komplett aus der Zeit gefallen klingen, können aber immer noch beträchtlichen Charme entwickeln. Oder anders gesagt: Sie laufen noch immer ganz gut den Rücken runter.

69.
PROSPETTIVA NEVSKI (1985)
Alice

Wie sang schon der Toskana-Eremit und Olivenzüchter Sting in einem seiner berühmtesten Songs: »The Russians love Italy, too«. Zugegeben, er sang das mitnichten, aber wer wollte bei solch einer wahrhaftigen Aussage schon kleinlich sein?!

Auch in Russland liebt man jedenfalls Italien. Und die italienische Musik. Zumindest Teile davon. Nirgendwo sonst außerhalb ihrer Heimat sind Musiker wie Al Bano, Ricchi e Poveri oder der 2023 verstorbene Toto Cutugno so erfolgreich wie hier. Letzterer raunte beim *Festival di Sanremo* seinen Signatursong »L'italiano« gar mit Unterstützung eines Chors der russischen Armee. Adriano Celentano sagte 1987 während eines Konzerts in Moskau, er habe sich Russland immer als Märchenland vorgestellt.

Kein italienischer Künstler jedoch widmete sich in einem Lied der russischen Kultur – mit Ausnahme des intellektuellen Mythenforschers Franco Battiato in seinem erstmals 1980 veröffentlichten Stück »Prospettiva Nevski«, benannt nach der gleichnamigen Hauptstraße von Sankt Petersburg. Die Version seiner häufigen Partnerin, der emilianischen Sängerin Alice, die fünf Jahre später zum Hit wurde, ist eines meiner italienischen Lieblingsstücke – eine 80er-Synthesizer-Ballade kathedralenhaften Ausmaßes. Künstlichkeit und *sentimento* beim anmutigen Synchronschwimmen. Eine Kapriole in Samtpantoffeln. Purer Battiato eben. Ich muss stark an mich halten, wenn ich das Lied höre.

Der Text ist im Sankt Petersburg der Zeit nach der Oktoberrevolution 1917 angesiedelt. Battiatos Stück ist eine Zusammenstellung von Bildern, Schlaglichtern und historischen Persönlichkeiten, die Heraufbeschwörung einer Epoche, in der die Geschichte hätte anders verlaufen können. Ein Zitatgemälde faszinierender Gleichzeitigkeiten. Schon zu Beginn peitscht der eiskalte Wind gegen die Kirchtürme Sankt Petersburgs, Rotgardisten sitzen am Feuer, die alten Frauen kneten die Rosenkränze in ihren Händen. Es folgen einige der schönsten Zeilen Battiatos: »Seduti sui gradini di una chiesa / Aspettavamo che finisse messa e uscissero le donne / Poi guardavamo con le facce assenti / La grazia innaturale di Nijinski / E poi di lui s'innamorò perdutamente il suo impresario / E dei balletti russi« (Auf den Stufen einer Kirche sitzend / Warteten wir auf das Ende der Messe und die herauskommenden Frauen / Dann sahen wir mit ausdruckslosen Gesichtern / Die unnatürliche Anmut Nijinskys / Und dann verliebte sich sein Impresario unsterblich in ihn / Und in das Russische Ballett).

Dann wird es rätselhaft. Die Formulierung »L'inverno con la mia generazione« (Winter mit meiner Generation) sorgt bei Battiato-Exegeten bis heute für rauchende Köpfe. »Maestro, warum ›mit‹?« will man ausrufen. Aber was sind schon Präpositionen, wenn man Franco Battiato ist? Und warum wundern wir uns überhaupt, schließlich begegnet uns nur zwei Zeilen später auf der Straße *per caso*, zufällig, Igor Strawinsky. Ein typischer Battiato ist auch die Gegenüberstellung in den folgenden beiden Zeilen: »E gli orinali messi sotto i letti per la notte e un film / Di Eisenstein sulla rivoluzione« (Und die zur Nacht unters Bett geschobenen Urinale und ein Film / Von Eisenstein über die Revolution). Was geringeren Dichtern prätentiös und seifenblasig geriete, ist bei dem Sizilianer intuitives Spiel, assoziatives Herumtollen auf der intellektuellen Spielwiese der

Möglichkeiten. Die letzten beiden Zeilen des Stückes zählen zu den meistzitierten aus Battiatos Werk und wurden, als der Pop-Philosoph 2021 starb, immer wieder zitiert: »E il mio maestro mi insegnò com'è difficile trovare l'alba / Dentro l'imbrunire« (Und mein Lehrer brachte mir bei, wie schwer es ist, den Sonnenaufgang / In der Dämmerung zu finden). Gurdjieff hätte gelächelt.

Und dann wäre da die Interpretation des Songs durch Carla Bissi alias Alice, die mit dem von Battiato komponierten »Per Elisa« 1981 das *Festival di Sanremo* gewann und es als eine der ersten italienischen Pop-Sängerinnen hierzulande in die *BRAVO* schaffte. Von all den vielen Sängerinnen, die Battiato interpretierten, hatte sie die engste Bindung zum Maestro. Niemand singt Battiato besser als Battiato – außer Alice. In ihrer Fassung wird »Prospettiva Nevski« zum Monument. Was sie hier stimmlich veranstaltet, hat mit schlichten Oktavwechseln nicht mehr viel zu tun. Es ist eher so, dass sie innerhalb des Liedes Stockwerk um Stockwerk erklimmt, langsam schreitend, mit der ihr eigenen feierlichen Ergriffenheit. Schauen Sie sich *alle* Auftritte der Sängerin mit »Prospettiva Nevski« aus den 80ern an – sinnvoller lässt sich Lebenszeit kaum verbringen. Jeder Blick eine Hypnose, jeder abgespreizte Arm ein Großereignis. Studieren Sie Alices erhabene Aura gründlich, eignen Sie sich ihre liebenswert entrückte Würde an und versuchen Sie, die erworbene Gravitas im privaten Umfeld erstrahlen zu lassen – man wird das Zungenschnalzen bis nach Italien hören. Ach was, bis nach Sankt Petersburg!

Wer wie Ihr bis an die Augenbrauen verzauberter Autor nun süchtig geworden ist nach dem Doppel Battiato/Alice, die oder der konfrontiere sich auch mit dem gemeinsamen Eurovisions-Hit der beiden »I treni di Tozeur« (Die Züge von Tozeur) aus dem Jahr 1984. Hier singen sie gar gemeinsam und sehen dabei aus, als führten sie zusammen ein gut gehendes Geschäft für venezianische Brokatvorhänge. Der spleenige Exzentriker und die liebenswerte Diva gemeinsam auf dem Tandem ins Glück.

Franco Battiatos Tod 2021 hat ein gigantisches Loch in das Herz des kunstsinnigen Italiens gerissen. Seine Musik ist weiterhin überall – im Radio, im Fernsehen, in den Bars – und wird von nachkommenden Generationen immer wieder entdeckt. Zu den in Russland populären italienischen Künstlern zählt er nicht, dort schätzt man eher die zupackende Kirmes-Version der italienischen Liedkultur. Alice tourte erst 2023 mit dem Programm »Alice canta Battiato« von Desenzano del Garda bis Palermo und wurde im selben Jahr für ihre Interpretationen mit dem Preis des *Club Tenco* ausgezeichnet.

70.

QUATTRO AMICI (1991)

Gino Paoli

Gehen wir in die Bar, *per fare due chiacchiere*, auf ein Schwätzchen.

Die italienische Bar ist vor allem Begegnungsstätte. Sie ist Familienersatz (oder Familienerweiterung), Tauschbörse, Laufsteg, Jobcenter und politisches Diskussionsforum. Man geht nicht in die Bar, weil man Durst hat oder jetzt wirklich dringend einen sechsten *caffè* oder eine *brioche* (oder in Rom: ein *cornetto*) benötigt. Man geht in die Bar, um sich zu zeigen. Um zu sehen, was die anderen so treiben. Um die wichtigsten Neuigkeiten aus dem Viertel zu erfahren. Man geht in die Bar, weil das, was man gerade erledigen müsste, unfassbar fad ist.

Die Bar ist ein Tempel der Prokrastination; gleichzeitig lässt sich hier ein Geschäft weitaus schneller abwickeln als in einem Konferenzraum. Anders gesagt: Die Bar ist der wichtigste Ort der italienischen Alltagskultur. Wenn irgendwann alle italienischen Institutionen, die Strandbäder, die Trattorien, die teuren Modegeschäfte und so weiter untergegangen sein werden, wird irgendwo immer noch das Schild einer lokalen Bar locken. In der Bar schlägt das Herz Italiens.

Während tagsüber das Trinken eines weiteren *caffè* den Vorwand für den Barbesuch liefert, ist es ab etwa 18 Uhr der *aperitivo* in Form eines *Spritz* oder irgendeines anderen alkoholischen Getränks. Ziel ist es keineswegs, sich zu betrinken (eine Untugend, die man in Italien nicht sonderlich schätzt), sondern ebenso muße- wie würdevoll im Mobiliar zu hängen, die umliegende Gegend zu beäugen und der italienischen Kerntugend, der Kommunikation, zu frönen. In der Bar, so ließe es sich vereinfacht sagen, reden die Leute, wie ihnen der Schnabel gewachsen ist. *Questi sono discorsi da bar*, das ist Bar-Gerede, heißt es in Italien denn auch gerne, wenn man ein allzu leichtfertiges Daherplappern an unangemessenem Ort rügen möchte.

Manchmal wird in einer Bar auch Geschichte geschrieben, zumindest Musikgeschichte. Etwa in der unscheinbaren *Bar Igea* in der Via Giuseppe Casaregis im Genueser Stadtteil Foce. Hier trifft sich in den frühen 60er-Jahren regelmäßig eine lose Gruppe junger Songschreiber und Sänger, die alle dasselbe Ziel haben: ausgehend von den Ideen des großen Erneuerers Domenico Modugno das italienische Lied zu revolutionieren. Ihre Namen lauten Umberto Bindi, Fabrizio De André, Bruno Lauzi, Gino Paoli und Luigi Tenco. Später wird man ihr äußerst verschiedenartiges Schaffen unter dem Banner *Scuola genovese*, Genueser Schule, zusammenfassen. Man schlürft gemeinsam das ein oder andere Getränk, erörtert auch ein wenig die Weltlage – vor allem aber diskutieren die Freunde darüber, was man Interessantes mit dem italienischen Lied veranstalten möchte.

1991 tritt Gino Paoli, als Autor von 60er-Evergreens wie »Sapore di sale« (Geschmack von Salz) oder »Il cielo in una stanza« (Der Himmel in einem Zimmer) der kommerziell erfolgreichste Vertreter der Genueser Schule, beim Liederwettstreit *Festivalbar* in Verona auf. Er ist inzwischen 57, seine großen Erfolge liegen weit zurück. Doch sein Lied über vier Freunde und ihre Bar holt die komplette Nation sofort ab. »Eravamo quattro amici al bar / Che volevano cambiare il mondo« (Wir waren vier Freunde in der Bar / Die die Welt verändern wollten), singt Paoli mit seiner tiefstapelnden Stimme zu einem fluffigen Alleinunterhalter-Reggae-Rhythmus. Und weiter: »Destinati a qualche cosa in più / Che a una donna ed un impiego in banca / Si parlava con profondità / Di anarchia e poi di libertà / Tra un bicchier di coca ed un caffè« (Zu mehr bestimmt / Als zu einer Frau und einer Stelle bei der Bank / Sprachen wir voller Tiefe / Von Anarchie und dann von Freiheit / Zwischen einem Glas Cola und einem *caffè*).

Mit der zweiten Strophe wird das Prinzip des Liedes deutlich, Wolken der Melancholie wehen ins Bild. Es sind nun nur noch drei Freunde in der Bar, einer ist bei der Bank gelandet. Von Anarchie ist keine Rede mehr, dafür immerhin noch von Solidarität. Statt Cola trinkt man jetzt Wein. In der nächsten Strophe sind die Freunde nur noch zu zweit, man spricht jetzt von Hoffnung und »Möglichkeiten«. Das Getränk der Wahl ist Whisky, auch das Testament hat man bereits gemacht. In der letzten Strophe steht unser Held allein an der Theke. Um große Ideen geht es längst nicht mehr. Da betreten plötzlich vier Jugendliche die Bar. Sie bestellen Cola und *caffè* und sprechen von Anarchie und Freiheit …

Paoli betänzelt in dem Lied leichten Fußes den schmalen Grat zwischen Desillusioniertheit und Hoffnung. Sein Song passt in die Zeit: Die linken Utopien sind nach dem Zusammenbruch des Ostblocks zerbröselt, die Freiheitskämpfer von einst sehen alt aus, die Drinks sind schal geworden. Gleichzeitig dämmern in Italien neue linke Bewegungen herauf, etwa die 1989 in Palermo gegründete Studentenbewegung *Pantera*. Beim *Festivalbar*-Auftritt sieht Paoli mit grauem Schnauzbart, lichtem Haar und großer Brille aus wie der coolste Hochzeitssänger der norditalienischen Provinz. Immer wieder rudert er unmotiviert mit den Armen herum. Er ist großartig.

Er vermisse sie alle, sagte Gino Paoli 2022. Lauzi, De André, Tenco. Letzteren wohl am meisten. Und doch ist alles ganz anders. Auch wenn die *Bar Igea* (heute heißt sie *Mini Mixing Bar*) tatsächlich der Treffpunkt der Genueser Sänger war und ums Eck heute mit Namenstafeln versehene Bänke an die Musiker erinnern, handelt es sich bei den Freunden im Lied nicht um die stilbildenden *cantautori*. 2019 berichtete Paoli zur allgemeinen Verwunderung, dass die Charaktere im Lied vielmehr an seinen alten Studentenfreund Giulio Frezza, den Journalisten Arnaldo Bagnasco und den Architekten Renzo Piano angelehnt seien. So ganz sicher kann man bei Gino Paoli aber nie sein – vielleicht war seine Erklärung ja auch nur *un discorso da bar.*

71.
QUESTI VENT'ANNI MIEI (1964)
Catherine Spaak

Ein heißer 15. August im Rom der frühen 60er. An *Ferragosto*, dem höchsten familiären Feiertag Italiens, treffen zwei äußerst unterschiedliche Männer aufeinander: Bruno, ein Draufgänger und Lebemann in seinen frühen Vierzigern, und Roberto, ein introvertierter Student, um die zwanzig. Da Bruno befindet, Roberto könne ein bisschen mehr Leichtlebigkeit vertragen, lädt er ihn zu einer Spritztour in seinem *Lancia Aurelia Convertibile* ein. Bald verlassen die beiden die Straßen der im Hochsommer ausgestorbenen Stadt. Über die Via Aurelia brettert das ungleiche Duo in Richtung der tyrrhenischen Küste. Bruno kündigt großzügig an, Roberto einzuladen, doch ganz gleich, ob an der Tankstelle oder im *ristorante* – es ist stets der Student, der zahlt. Die Fahrt führt sie ins toskanische Viareggio, wo Brunos Ex-Frau und Tochter leben, und wird zunehmend zur Reise ins Herz des wirtschaftlich aufblühenden Italiens der frühen 60er. Am Ende steht der Blick in den Abgrund.

1962 drehte das Komödiengenie Dino Risi sein Meisterwerk »Il sorpasso« (Das Überholmanöver). Der deutsche Verleihtitel »Verliebt in scharfe Kurven« deutet die Komplexität der Tragikomödie allenfalls unzureichend an. Es ist der schönste italienische Film über den *furbo*, wie man in Italien notorische Vordrängler bezeichnet, über das Wegbrechen alter Konventionen im Nachkriegsitalien, über die spezifisch italienische Improvisationsgabe des *arrangiarsi*, über den Mann, die Frau, die Familie – eigentlich der beste Film über ganz Italien. Vittorio

Gassman ist leinwandsprengend in der Rolle des leichtlebigen Bruno, Jean-Louis Trintignant wiederum liefert als Roberto eines seiner typisch zergrübelten Einzelgänger-Porträts. Und dann ist da die zum Drehzeitpunkt erst 17-jährige Catherine Spaak als Brunos Tochter Lilli. Sie ist fest entschlossen, einen älteren, gut situierten Mann zu heiraten, die Welt sei schließlich voll von gescheiterten Ehen, die auf romantischer Liebe basierten. In ihrer Absage an jedwelche Schwelgerei steht sie auch für das neue weibliche Italien, das sich durch tradierte Männlichkeitsbilder nicht mehr kontrollieren lässt. Es ist die beste Filmrolle, die Catherine Spaak je spielen sollte.

Eigentlich will sie Balletttänzerin werden, doch schon früh wird ihr beschieden, zu groß zu sein. Dass die 1945 bei Paris geborene Catherine Spaak stattdessen im Schauspielgeschäft landet, verdankt sich nicht zuletzt dem Umstand, dass ihr Vater, ein Drehbuchautor, sie regelmäßig mit auf Filmsets nimmt. Als sie 1955 bei einem Dreh Gina Lollobrigida erlebt, ist es um sie geschehen. Spaak ist 15, als die Ehe der Eltern in unruhiges Fahrwasser gerät. Catherine tut das einzig Richtige: Sie büxt nach Italien aus, wo sie rasch im Filmgeschäft landet. Der Großteil ihrer Rollen ist im erotischen Bereich angesiedelt. Von 1963 bis 1964 ist sie mit dem Schauspieler Fabrizio Capucci verheiratet, für den sie nach einem halben Jahr Unterricht bei einem Jesuitenpater zum Katholizismus konvertiert. Bald hat es die Klatschpresse auf sie abgesehen, stets bestrebt, die Freizügigkeit ihrer Rollen auch dem Alltagsleben der Darstellerin anzudichten. Zusätzliche Würze erfährt die Angelegenheit dadurch, dass Spaaks Onkel der belgische Premierminister ist. Komplexere Filme unter ihrer Mitwirkung sind Dario Argentos Thriller »Il gatto a nove code« (Die neunschwänzige Katze) und Pasquale Festa Campaniles »Adulterio all'italiana« (dt. Titel: »Seitensprung auf Italienisch«).

Anfangs muss Spaak in den italienischen Produktionen noch synchronisiert werden, rasch aber spricht sie so gut, dass die Plattenfirma *Dischi Ricordi* ihr einen Vertrag anbietet, in dessen Folge sie auch als Sängerin reüssiert. Da man bestrebt ist, sie als italienische Antwort auf Françoise Hardy zu vermarkten, singt sie auch einige Lieder, die Hardy bereits im Nachbarland zu Hits gemacht hatte. Mehr und mehr kommen aber auch Stücke hinzu, die eigens von italienischen Autoren für Spaak geschrieben werden. Ein besonders hübsches Exemplar ist »Questi vent'anni miei« (Diese zwanzig Jahre meines Lebens): »Baci non dati ancora / Sogni non vissuti mai« (Küsse, die noch nicht gegeben wurden / Träume, noch nie gelebt). Nur *a te*, dir, so die Sängerin weiter, wolle sie ihre jungen Jahre geben und mahnt: *non sciuparli*, verschwende sie nicht! Selten zwitscherte der süße Vogel Jugend unschuldiger. Dass die im Veröffentlichungsjahr 19-jährige Spaak nur wenige Monate später in einen hässlichen Sorgerechtsstreit um ihre Tochter Sabrina verstrickt ist, steht beispielhaft dafür, wie stark weibliches Image und Lebensrealität in jener Ära oft auseinanderklaffen.

Der Text des Liedes ist kein allzu tiefes Studium wert, die Musik dafür umso mehr, stammt sie doch wieder einmal von Ennio Morricone, der sich zu jener Zeit, kurz vor seinem Durchstarten als Europas größter Soundtrack-Lieferant, für die italienische *RCA* als Auftragskomponist und -arrangeur verdingte. Es gibt in seinen Stücken immer schöne Details hervorzutrüffeln – hier ist es der eigenwillige Rhythmuswechsel mitten im Song und natürlich die spindelige Surf-Gitarre.

Catherine Spaaks Lebensweg hält noch viele weitere interessante Stationen bereit. Sie spielt in Italo-Western, Musicals und Komödien, probiert sich in Hollywood und heiratet mehrfach – unter anderem den Sänger Johnny Dorelli, dem sie den Laufpass geben muss, nachdem er ihre Karriere zu bremsen versucht. Ab den 70ern wendet sich die Vieltalentierte einer ganz anderen Profession zu. Als Journalistin schreibt sie unter anderem für den *Corriere della Sera* und *Il Mattino*. Ab Mitte der 80er lernt das *Bel Paese* sie als Autorin und Moderatorin verschiedener Talkshows lieben, vor allem ihr langlebiges Format *Harem* auf *Rai Tre*, für das sie Kolleginnen wie Catherine Deneuve oder Claudia Mori interviewt, gilt in Italien als Pionierleistung im Sichtbarmachen spezifisch weiblicher Perspektiven. In späteren Interviews thematisiert sie häufig den strukturellen Machismo an italienischen Filmsets. 2022 stirbt Catherine Spaak in Rom an den Folgen einer Hirnblutung.

Der italienische *Esquire* schreibt nach ihrem Tod, Spaak sei eine 360-Grad-Künstlerin gewesen und ein Symbol dafür, was ein einzelner Mensch tun kann, um die Gesellschaft zu verändern. Man kann Schlechteres in seinem Nachruf stehen haben.

72.

RADIOCLIMA (1984)

Garbo

In den 70ern verfasste Reinhard Mey ein Lied über den deutschen Bürokratieirrsinn. Darin befindet sich der Barde beim Behördengang auf der verzweifelten Suche nach einem »Antrag auf Erteilung eines Antragsformulars / Zur Bestätigung der Nichtigkeit des Durchschriftexemplars / Dessen Gültigkeitsvermerk von der Bezugsbehörde stammt / Zum Behuf der Vorlage beim zuständ'gen Erteilungsamt«. Ich weiß nicht, ob der frankophile Sänger je auf einem italienischen Amt war. Glaubt man jedoch dem Urteil vieler Einheimischer, so ließe sich nach einem Tag des Umherirrens auf Italiens Amtskorridoren nicht etwa nur ein läppisches Lied, sondern gleich ein vierseitiges Konzeptalbum komponieren.

Italiens schwerfällige Bürokratie ist einer der Hauptgründe dafür, dass so viele Menschen zwischen Turin und Catania tagtäglich an ihrem Heimatland verzweifeln. Ob nun der Erwerb eines Führerscheins, eine Ummeldung oder der Versuch, eine Arbeitserlaubnis zu erhalten, für alles benötigt man mindestens 349 Stempel, die man aber erst einmal bekommen muss. Die Öffnungszeiten vieler Stellen sind undurchschaubarer als die eines Kreuzberger Plattenladens. Verlass hingegen ist auf das enervierende Galoppieren des Amtsschimmels und den wenig liebenswerten Tonfall vieler Behördenmitarbeiter. Zudem lässt die staatliche Kontrolle der Verwaltung massiv zu wünschen übrig. Gelegentlich, zugegeben, ganz selten aber ist eine italienische Behörde auch der Ort, an dem eine Künstlerkarriere einen entscheidenden Impuls verpasst bekommt.

Ende der 70er weilt der junge Musiker Renato Abate auf einem Mailänder Standesamt. Als sein Blick zufällig über eine Namensliste schweift, fällt ihm dort die häufige Nennung des Nachnamens Garbo auf, dessen Klang natürlich ganze Welten aufreißt. »Was für ein Künstlername!«, denkt sich der Sänger begeistert. 1981 erscheint Abates erstes Album unter dem neuen Pseudonym. Es ist eine denkbar glückliche Wahl, passt es doch nur zu gut zu der Musik, die der *milanese* auf seine Landsleute loslässt und als deren führender Exponent er heute gilt. Willkommen in der Welt des New Wave italienischer Prägung, wo die Frisuren noch zackiger geföhnt sind als andernorts und die Tanzbewegungen noch kantiger zelebriert werden als in London, New York oder Berlin. Apropos Berlin, es ist vor allem David Bowies Berlin-Trilogie, die Garbo als Inspiration für sein Schaffen dient. Konsequenterweise trägt das Debütalbum, das er mit 23 Jahren veröffentlicht, den Titel »A Berlino ...

va bene« (In Berlin ... geht's gut). Der Titelsong hat alles, was man sich von einem italienischen New-Wave-Song wünschen kann: tiefgefrorene Synthesizer im Auftaumodus, dünne Gitarren-Powerchords, einen Refrain wie ein blinkendes Neonlicht und anbetungswürdig blasierte Vocals, die sich wenig um Melodienreichtum, dafür umso mehr um Ausdruck scheren. »A Berlino che giorno è?« (Welcher Tag ist in Berlin?), fragt Garbo und hört sich an, als sei er im Armani-Anzug unter einer Friedrichshainer Pfandflaschensammlung aufgewacht. Ein kleiner Klassiker.

Kommerziell deutlich erfolgreicher ist drei Jahre später der Song »Radioclima«, der das Radio als Trostspender in dunklen Teenagernächten besingt. Ein klassischer Topos der Popmusik, und auch bei Garbo waren es die langen Nächte, in denen er *RAI*-Sendungen mit aufregender neuer Musik hörte, die ihn dazu anstachelten, selbst Musik zu machen. Der Mann, den Anhänger ehrfurchtsvoll *La voce buia,* die dunkle Stimme, nennen, präsentiert das Lied sogar in Sanremo, mit Glasbausteinbrille und *New-Romantic*-Strähnchen. Ein waschechter Underground-Star auf der Bühne der Liederkirmes für die ganze Familie. Am Ende landet er auf dem vorvorletzten Platz, als Sieger gehen in jenem Jahr Al Bano & Romina Power hervor. Der Auftritt verschafft dem Mailänder dennoch einen enormen Popularitätsschub, mitsamt unliebsamer Nebenwirkungen: Vor allem in Süditalien hätten die Menschen auf der Straße nach dem Festival-Auftritt ungläubig an ihm herumgezuppelt, um sich zu versichern, dass dieser Außerirdische, den sie im Fernsehen gesehen hatten, tatsächlich aus Fleisch und Blut war.

Er versucht es noch ein weiteres Mal beim Festival, doch der Sänger merkt, dass er sich hier auf ein Parkett begibt, das nicht das seine ist. Er habe die Jahre im Rampenlicht sicherlich genossen, aber er sei mit seiner eher zurückhaltenden Art für diese Form der Präsentation wohl nicht der richtige Mann. Garbo backt fortan kleinere Brötchen. Er konzentriert sich ganz auf die Musik, wählt alternative Vertriebswege – und meidet die Zurschaustellung auf den großen Laufstegen des italienischen Musikbetriebs. Heute ist er eine in Indie-Kreisen verehrte Kultfigur. Was vor Jahrzehnten geschaffen wurde, kann äußerst aktuell wirken, erklärt er sich den Zuspruch nachfolgender Generationen, während das Aktuelle oft veraltet oder als bloßes Zitat erscheine. Seit längerer Zeit schon lebt er in der Umgebung von Como in der norditalienischen Provinz, immer mal wieder veröffentlicht er ein Album.

Ins Fernsehen beabsichtige er nicht zurückzukehren, sagt er dem italienischen *Rolling Stone* 2021 in einem Interview, es sei denn, man biete ihm 80.000 Euro. Und fügt den berühmten Satz Al Capones hinzu: »Jeder Mann hat seinen Preis«.

73.

UN RAGGIO DI SOLE (1999)

Jovanotti

Manchmal, wenn sich der Alltag von seiner mürrischen Seite zeigt, mal wieder Februar ist oder die verlässlich verdrießliche Weltlage mich in den Schwitzkasten nimmt, stelle ich mir die alles entscheidende Frage: Was würde Jovanotti tun? Dann ziehe ich mir einen grünen Hut mit Bommeln an, kombiniere ihn mit güldener Pluderhose und fluoreszierenden Schnallenschuhen, und der Tag ist meine Sonnenliege.

Lorenzo Cherubini, wie er eigentlich heißt, steht im Ruf, der leichtfüßigste Bewohner seiner an professionellen Leichtfüßen weiß Gott nicht armen Heimat zu sein. Der Römer ist der notorisch strubbelbärtige *ballerino* des italienischen Pop – einer, der stets heiter durchs Leben zu gleiten scheint. Jedes noch so quietschige Outfit gelingt ihm, jede Darbietung gerät ihm geschmeidig, nichts, was seine Lebensfreude trüben könnte. Dies zeigt sich mal wieder im Sommer 2023, als der Superstar einen schweren Fahrradunfall hat, bei dem er sich etliche Knochen bricht. Noch im Straßengraben liegend, bereits von Rettungssanitätern umsorgt, informiert er seine Fan-Gemeinde auf Instagram: Das sei ja mal eine blöde Sache jetzt, es tue auch saumäßig weh, Gott sei Dank aber habe er einen Helm getragen. In den Folgewochen dokumentiert er gut gelaunt grinsend seine Reha-Aktivitäten. Schon 1994 formuliert er seine Weltsicht in einem Song: »Io penso positivo perché son vivo« (Ich denke positiv, weil ich lebe).

Heute ist der im toskanischen Cortona ansässige Sänger ein Megastar, der auf allen Hochzeiten tanzt: Er komponiert erbaulichen Soul-Pop für Gianni Morandi, haut gefühlt jedes Jahr einen Sommerhit raus und verrührt auf seinen Alben sorglos Club-Sounds, *canzone*, Funk und Stadionhymnen. Auch vor der Einverleibung arabischer und afrikanischer Traditionen scheut er nicht zurück. Zu seinen – unter Naturschützern umstrittenen – Jova-Beach-Konzerten, zu denen Zehntausende Fans an Italiens Strände strömen, lädt er neben zeitgenössischen italienischen Popstars und Acts aus dem Niger oder Ghana mit Künstlern wie Johnson Righeira, Gianni Togni oder Toto Cutugno Veteranen der italienischen Musik ein. Das Trampolin seiner Karriere aber war der *rap italiano*.

Als ab Ende der 80er aus den *centri sociali*, den alternativen Jugendzentren in Italiens Großstädten, zunehmend der Hip-Hop dröhnt, ist es nur eine Frage der Zeit, bis Sprechgesang und geloopte Beats sich mit der spezifisch italienischen

Melodieseligkeit verbinden. Jovanotti ist der erste Musiker, der erkennt, welches Potenzial in dieser Verbindung liegt. Er kann weder besonders gut rappen noch singen, was seine Freude daran, beides zu tun, freilich nicht mindert. 1987 wird er von dem umtriebigen TV-Moderator, Impresario und Produzenten Claudio Cecchetto entdeckt, 1988 erscheint sein Debütalbum »Jovanotti for President« – ein Werk, das stellenweise klingt wie eine Kinderzimmerversion der frühen Beastie Boys auf Prosecco und möglicherweise keine Pflichtanschaffung darstellt. Italiens Jugend der späten 80er indes hatte auf diesen Typen gewartet.

Was Jovanotti an Virtuosität abgeht, macht er mit Charme wett. Zudem entwickelt er rasch eine eigene künstlerische Identität: einen Strahlemann-Eklektizismus mit Haltung. 1994, zum Ende seiner Frühphase, bevor er sich zum polyglotten Sinnsucher wandelt, hat er sogar einmal einen Hit in Deutschland: »Serenata rap« (Serenaden-Rap) lässt nachgebastelten G-Funk im Stile Dr. Dres auf das uritalienische Konzept des unterm Fenster dargebotenen Liebeslieds treffen. Lorenzo legt allerdings noch einen drauf. Der seinerzeit im deutschen Musikfernsehen häufig gezeigte Clip dürfte sehr zum kommerziellen Erfolg beigetragen haben: Wir erleben den Sänger, wie er, mit einem Blumenstrauß bewehrt samt seiner Band, in schwindelnder Höhe auf einem Baugerüst im Quartiere Pilastro an der Peripherie von Bologna sitzt. »Affacciati alla finestra, amore mio« (Schau aus dem Fenster, mein Schatz), lispelt er unter seinem Beanie hervor und gibt den verliebten Narren. Auch wenn das Stück heute arg generisch und steif klingt – schwer vorstellbar, dass sich seinerzeit irgendjemand nicht des verknallten Gerüstsitzers erbarmt hätte. In Deutschland hielt sich die Single 16 Wochen in den Charts und kletterte bis auf Platz zwanzig. Es war einer der letzten italienischen Songs, der die deutsche Hitparade knacken konnte.

Doch erst Ende der 90er hat Cherubini den Bogen wirklich raus. Auf »Un raggio di sole« (Ein Sonnenstrahl) klingt sein Rap-Singsang deutlich organischer. Das Stück ist gewissermaßen die Blaupause für alles, was der Charmebolzen seither veröffentlicht hat. Neben dem 1999er-Video findet sich im Internet eine Live-Version von 2016, im Rahmen derer der bis unter die Baseballkappe adrenalisierte Sympath das halbe Publikum abklatscht und herzt. Doch ganz gleich in welcher Fassung, »Un raggio di sole« ist ein Lied, das verlässlich die Sonne ins Haus lässt.

Wenn also mal wieder der Graupel des Daseins unerbittlich peitscht, tun Sie es doch Ihrem ergebenen Chronisten gleich, und stellen Sie sich die Frage der Fragen: Was würde Jovanotti tun? Sie müssen ja nicht gleich ein Beach-Konzert veranstalten.

74.

LA RETE (2022)

Francesco Gabbani

Es dürfte sich herumgesprochen haben: Italien ist keineswegs ein vornehmlich von dauerentschleunigten Olivenzüchtern und Weinbauerinnen bevölkertes Eldorado der Achtsamkeit, wo sich den Anfassungen der modernen Welt wunderbar der Rücken kehren ließe. Eher schon ist am entgegengesetzten Klischee etwas dran, demzufolge hier gerne das kommunikative Dauerfeuer gepflegt wird und man dem Präsentieren einer funkelnden Oberfläche mehr Zeit und Aufwand widmet als in etlichen anderen Kulturen. Es dürfte somit nicht verwundern, dass sich auch viele Italienerinnen und Italiener nur zu gerne im Hamsterrad der sozialen Medien (oder wie man in Italien sagt: *sui social*) tummeln, wo man den von der *bar* oder der *piazza* geschätzten Austausch wunderbar weiterpflegen kann. Laut einer Untersuchung aus dem Jahr 2022 verbringen die Italiener monatlich durchschnittlich 58 Stunden online. Doch nicht nur Italiens Neurobiologen wissen: Allzu oft starrt man auf Instagram, Facebook, *Tiktok* und Co. immer wieder nur in den Abgrund der eigenen Begrenzungen und Eitelkeiten. Bloß: Was tun? Was leistet Abhilfe? Die Antwort lautet wie immer: ein Lied, das dieses komplexe Thema gekonnt adressiert. Bevorzugt ein Lied, in dessen Lyrik sich im Dienste besserer Verdaubarkeit Selbsterkenntnis und Humor vermählen. Unser Mann für diesen Job ist ein *signore* namens Francesco Gabbani.

Gabbani, ein Toskaner aus der Marmorhochburg Carrara, ist seit Jahren ein Garant für eingängige Popsongs, die sich frei von jedem musikalischen Innovationsdruck zeigen, in deren Texten er jedoch seinen Landsleuten ironisch ihre Befindlichkeiten und Verstrickungen vorführt. Jeder Selbstbetrug, jedes Heilsversprechen und jede Phrase wird von ihm aufgespießt. Allerdings berücksichtigt Gabbani stets die Grundregel, der zufolge ein guter Komödiant sich selbst immer einbeziehen sollte. Gabbani, das merkt man, liebt die Menschen mit ihren Unzulänglichkeiten und Nöten. Jedem seiner Texte ist anzumerken, dass er selbst den Verführungen unserer Zeit nicht abhold ist.

Im melodisch massiv ansteckenden Stück »La rete« (Das Netz) holt Gabbani im Text zunächst alle modernen Sinnsuchenden von heute auf Betriebstemperatur ab: »Cercare la realizzazione in una vita / Trovare un senso che giustifichi questa fatica / (...) / Gli abissi della mente sono fiumi d'acqua pura /

Seguire la corrente, gestire la paura« (Die Erfüllung im Leben suchen / Einen Sinn finden, der den Aufwand rechtfertigt / (...) / Die Tiefen des Geistes sind Flüsse aus reinem Wasser / Dem Strom folgen, die Angst bewältigen). Es sind Sätze, die klingen wie aus dem Prospekt einer urbanen Yoga-Praxis, die gerade mit dem Power-Entschleunigungsrabatt um neue Interessenten buhlt. Doch die so dringend ersehnte Erlösung ist von vornherein zum Scheitern verurteilt, wie uns Gabbani im dialektisch aufgeladenen Refrain verdeutlicht, der sich die Doppeldeutigkeit des Wortes *rete* (Fischernetz/Handynetz) zunutze macht: »Scappare come pesci e rimanere / Tutti i giorni in rete« (Wie die Fische davonschwimmen / Und den ganzen Tag im Netz bleiben). Es ist wie verhext: So verzweifelt wir auch nach etwas Profundem suchen, so sehr fühlen wir uns meist nur als geschundene Opfer von Konditionierung und Autosuggestion, die dem Leben der anderen neidisch ins Schaufenster glotzen. Lange Gesichter in der Wohlfühlblase.

Um zu Gabbanis Bild zurückzukommen, so lautet die große Frage natürlich: Wenn wir alle Fische sein wollen, die sorglos und heiter davonschwimmen, welche böse Macht ist es dann, die uns daran hindert? Wer ist *il pescatore*, der Fischer? Die bittere Erkenntnis: Wir sind es selbst, die das aus unserem Drang nach Dauererreichbarkeit, Selbstbestätigung und Komplexitätsreduktion geknotete Netz auswerfen, in dem wir uns tagtäglich zappelnd wiederfinden. Das Netz, so legt der Text nahe, ist eine Falle, und wir selbst sind die Fallensteller. Aber statt Selbsterkenntnis walten zu lassen und uns ein für alle Mal zu befreien, lassen wir lieber alles, wie es ist, und legen die Wiederherstellung unseres Seelenheils in die Hände der fernöstlich verbrämten Stabilisierungsindustrie.

Das Video zum Song ist sehr sehenswert, weil für das Thema des Textes eine stimmige bildliche Entsprechung gefunden wurde – und weil Gabbani als Hauptdarsteller gehörig auf die Tube drückt. Der Sänger gibt im Clip den gutmütigen Trottel, der sich im Kuddelmuddel aus Optimierungsangeboten und Optimierungsvermeidungstechniken verstolpert. Dass Gabbani ein einnehmender Charmebolzen mit gekonntem Alte-Schule-Look ist, könnte einige Menschen zusätzlich ins Schnurren geraten lassen. Wir sehen den Sänger durchnässt in den Resten eines Fischernetzes auf einer Bergkuppe in den Dolomiten aufwachen. Er steht auf, klopft sich den Schmutz vom schwarzen Anzug und sieht sich um. Doch sofort überkommt ihn die Rastlosigkeit. Er beginnt, den steilen Abhang hinunterzuhasten, wird immer schneller und rennt schließlich nur noch drauflos – einer anderen, ferneren Erfüllung entgegen. Es geht über Wiesen und an Flussläufen bei La Spezia entlang, durch Sonnenblumen- und Weizenfelder bei Pisa und schließlich zum Meer – und ins nächste Netz. Als Schauspieler gibt Gabbani hier sein Letztes. Seine Darstellung des ständig von sich selbst fröhlich ins Unglück Getriebenen, klatschnass geschwitzt und am Rande der Übergeschnapptheit, zeugt von immensem Körpereinsatz. Ein Double gab es nicht.

Man möge sich bitte nicht schlecht fühlen, wenn man den Song nicht zum Anlass nimmt, sich sofort vom digitalen Stammtisch abzumelden. Man kann sich »La rete« auch einfach nur als tolles Pop-Knallbonbon (zugegebenermaßen mit leichtem ZDF-Fernsehgarten-Appeal) schmecken lassen. Oder man nimmt es zum Anlass, anhand der Wendung »Tutti i giorni in rete« das italienische Zungenspitzen-R zu üben.

75.
RITMO DI CONTRABBANDO (2007)
Eugenio Bennato

Es ist wie fast immer im Leben: Wenn die Tarantel sticht, hilft nur noch die Musik.

Wer von der in Süditalien anzutreffenden Wolfsspinne gestochen wird, kann sich den Besuch beim *dottore* sparen. Vielmehr ist es ratsam, sogleich die örtlichen Tarantella-Musiker ins Haus zu bestellen. Während diese im Krankenzimmer ihre Instrumente bearbeiten – Geigen, Schellenkränze, Akkordeons, Maultrommeln, Nylonsaitengitarren –, tanzt sich der Patient bis zur Erschöpfung in wilden Verrenkungen das Gift aus dem Körper. Wie bei vielen Traditionen ist die überlieferte Ursprungsgeschichte betrüblicherweise wohl dem Bereich des Mumpitz zuzuschlagen. Die Tarantel ist zwar giftig und meidenswert, aber keineswegs der Auslöser des Tarantismus, jener psychogenen Form der Tanzwut. Wahr hingegen ist, dass das Tanzen der Tarantella einen Trance-Zustand auszulösen in der Lage ist, der sich gewaschen hat. Entsprechend groß ist das Bemühen einiger Künstler, die aus Apulien stammende Tarantella-Kultur in all ihren lokalen Ausprägungen zu pflegen – und ihr dann und wann dezente Neuerungen zuteilwerden zu lassen.

Für den sanftmütigen Lockenkopf Eugenio Bennato (der studierte Physiker ist der Bruder von Neapels Rockstar *numero uno* Edoardo Bennato) ist die Taranta Heimat und Philosophie – und das kulturelle Erbe des abgehängten Südens, als dessen Botschafter er es musizierenderweise im Jahr 2018 bis ins Europäische Parlament schafft. Schon in den 70ern widmet sich Eugenio der musikalischen Wurzelpflege, als Mitglied des neapolitanischen Kollektivs *Nuova Compagnia di Canto Popolare*, kurz: *NCCP*. Nach Meinungsverschiedenheiten verlässt Bennato 1976 gemeinsam mit seinem Kollegen Carlo D'Angiò die Band, um sich künftig mit der von ihm angeführten Gruppe Musicanova der Taranta-Forschung zu widmen. Höhepunkt des Musicanova-Schaffens ist das Album »Brigante se more« (Man stirbt als Räuber), der Soundtrack einer TV-Serie, die sich um die Geschichte der *briganti* rankt, jener Gesetzlosen Süditaliens, die nach der italienischen Einigung in der zweiten Hälfte des 19. Jahrhunderts gegen die Ausbeutung durch den Norden und die örtlichen Landbesitzer kämpften und Robin-Hood-artige Verklärung erfuhren.

Nach vier sehr hübschen Pop-Alben zündet der Musik-Archäologe Bennato mit der Gründung der Taranta-Power-Bewegung in den 90ern die nächste Stufe. Im apulischen Lecce veranstaltet er 1998 eine Zusammenkunft zahlreicher Meisterinnen und Meister der Volksmusik des *Meridione*, des Südens. In der Folge kommt es zu einer viel beachteten »Taranta Power«-Tournee durch Italiens *centri sociali*, wo die archaische Musik des abgehängten Südens auf ein junges, politisch links orientiertes Publikum trifft. Bennato denkt den Begriff des Südens über die Küste Italiens hinaus. Längst finden sich auch arabische Elemente in der Musik des Ensembles, in den Texten klingt häufig das Thema Migration an, zugleich wird die Solidarität der mediterranen Bevölkerung beschworen. Taranta Power ist bis heute Bennatos musikalisches Outlet, mit dem der inzwischen 76-Jährige unermüdlich um den Globus tourt. Die Songs des Esperanto-Anhängers sind unfrankiert abgeschickte Grußpostkarten aus dem Land der Mondkrankheit. Wenn Bennato die Taranta spielt und sich seine Co-Sängerin

Sonia Totaro an seiner Seite im Tanz zu verlieren scheint, erzählt sich dies heute als eine Form der psychedelischen Musik, als Versenkung und Vorform und Weiterführung zeitgenössischer Trance-Spielarten.

Ein Lied, zu dem man sich auch in Castrop-Rauxel ganz wunderbar in die Taranta-typische ekstatische Versenkung zappeln kann, ist »Ritmo di contrabbando« (Rhythmus des Schmuggels). Ein entfesseltes Tamburin trifft auf ein Gitarrenriff, das klingt, als habe es sich auf der Flucht aus einem Stoner-Rock-Song im tiefen Süden Italiens verlaufen. Im Text verwendet Bennato die Idee des Schmuggels als Bild für Kommunikation und Austausch zwischen den Kulturen und beschwört einmal mehr die trotzige Kraft und Schönheit des armen, aber solidarischen Südens: »Quando sona la taranta / È il mio sud che dal suo ghetto / Sta sfidando tutto il mondo / Col suo ritmo maledetto / Sta sfidando anche l'inferno / Il mio sud scomunicato / Quando sona la taranta / Quella musica è il peccato« (Wenn ich die Taranta spiele / Ist es mein Süden, der aus seinem Ghetto / Die ganze Welt herausfordert / Mit seinem verfluchten Rhythmus / Fordert er auch die Hölle heraus / Mein exkommunizierter Süden / Wenn ich die Tarantel spiele / Ist diese Musik die Sünde). Spätestens in dem Augenblick, da der leiernde Gesang der Background-Sängerin einsetzt, bläst es einem noch das letzte Nordlicht aus.

76.

RITORNERAI (1964)

Bruno Lauzi

Man kann nicht behaupten, Bruno Lauzi sei ein allzu angepasster Szenegänger gewesen.

Der Sänger tickt entschieden anders als seine Kollegen der *Scuola genovese*, jener Gruppe aufmüpfiger junger Lieddichter, die sich in der Genueser *Bar Igea* trifft. Im Unterschied zu Umberto Bindi, Fabrizio De André, Gino Paoli und Luigi Tenco, die klassenkämpferisch bis anarchistisch orientiert sind, sieht sich Lauzi als Liberaler, als Mann des Maßes und der Mitte. Statt die Fahne der Revolution zu schwingen, kümmert er sich lieber um den Anbau von *Barbera*-Trauben oder kreucht durch die Wälder Liguriens, um Pilze zu sammeln. Er geht gar so weit, sich als *poeta fungaiolo*, als Pilz-Dichter, zu bezeichnen. »Io canterò politico« (Ich werde politisch singen) heißt sein späteres Spottlied auf die seiner Meinung nach allzu bigotten *cantautori*, die auf Bündeln von Millionen säßen, *seduti sopra pacchi di autentici milioni*. Aber auch wenn seine Kritik hier allzu simpel ausfällt, Lauzi ist kein Idiot, ganz und gar nicht. Er hat einfach seinen eigenen Kopf – und auf diesem Kopf ab Mitte der 70er eine ehrfurchtgebietende Frisur.

Geboren wird Lauzi 1937 in Asmara, der Hauptstadt der damaligen italienischen Kolonie Eritrea. Seine Mutter ist Jüdin, der Vater ein erklärter Antifaschist. Als die Familie noch während der Mussolini-Herrschaft nach Italien zurückkehrt, muss die Herkunft der Mutter aufgrund der herrschenden Rassengesetze verheimlicht werden. Auf dem Genueser Liceo Classico

Andrea D'Oria drückt Bruno die Schulbank mit Luigi Tenco. Die beiden werden Freunde. Nach der Schule widmet er sich dem Studium der Jurisprudenz, schmeißt aber kurz vor dem Abschluss hin – zu stark und laut vernimmt er den Ruf des Musikgeschäfts. Bruno ist fest entschlossen: Er will Liedautor werden. Anfangs singt er noch im Dialekt der ligurischen Hauptstadt und interessiert sich fürs komödiantische Fach, spätestens mit »Ritornerai« (Du wirst zurückkehren) und »Il poeta« (Der Poet) findet der auch schriftstellerisch veranlagte Lauzi zu seinem Ton. Letzteres Lied gilt als inoffizielle Hymne der Genueser Schule, ein Stück über einen jungen Dichter, der sich das Leben nimmt: »Ora dicono, fosse un poeta / Che sapesse parlare d'amore / Cosa importa se in fondo uno muore / E non può più parlare di te« (Jetzt sagen sie, wäre er ein Dichter / Der von der Liebe sprechen könnte / Aber was bedeutet das schon, wenn einer schließlich stirbt / Und nicht mehr von dir erzählen kann).

So geschmeidig er textet, so schwierig ist er im wahren Leben zu handhaben. Lauzi ist dickköpfig, oft mürrisch, unfähig zu Kompromissen. Er gilt als schwierig und eckt vielerorts an; auf linken Kundgebungen gibt er den Störer. Dennoch wird er immer seine Verbundenheit mit den Kollegen der ersten Stunde zum Ausdruck bringen. Besonders nah bleibt ihm Luigi Tenco, obwohl dieser mit seinen sozialkritischen Stücken eine ganz andere Richtung als Lauzi einschlägt.

Tencos Selbstmord 1967 nach seinem Ausscheiden in Sanremo wirft Bruno Lauzi aus der Spur. Er weigert sich strikt, auch nur einen Kommentar zum Tod des Freundes abzugeben. Die Behauptung, sein Stück »Il poeta« handele von Tenco, weist er zurück. Auch einfach weiter Songs zu schreiben, kann er sich nicht vorstellen. Stattdessen komponiert er Kinderlieder. Als Fabrizio De André in Gedenken an Luigi Tenco im Folgejahr das Stück »Preghiera in gennaio« veröffentlicht, zeigt sich Lauzi empört: es entschuldige die extreme Tat ja geradezu.

Anfang der 70er hilft ihm nicht zuletzt die Begegnung mit Lucio Battisti und Mogol aus der Krise. Lauzi wird Mitautor von Stücken wie »L'acquila« (Der Adler) oder »E penso a te« (Und ich denke an dich). Doch auch gegenüber Italiens Songschreibergespann *numero uno* kann Bruno Lauzi nicht mit Kritik hinterm Berg halten: Mogols Texte seien doch oft recht simpel, diktiert er der Presse. 1976 lehnt er eine Rolle in Fellinis »Casanova« ab. In den 80ern tritt er der Liberalen Partei Italiens bei. Zwischendurch arbeitet er mit dem halben italienischen Musikadel: mit Paolo Conte, den La Bionda-Brüdern, Lucio Dalla, Ornella Vanoni. Ganz blendend versteht sich der Eigensinnige mit den großen Sängerinnen Italiens, für die er viele Erfolgslieder schreibt. Vor allem der unglücklichen Mia Martini ist er eng verbunden. Es ist Lauzi, der sie bekniet, wieder in Sanremo aufzutreten, nachdem man die tragisch umflorte Künstlerin dort aufgrund einiger Schicksalsschläge absurderweise als Unglücksbringerin ausgemustert hatte. Das von Mia Martini 1989 aufgeführte »Almeno tu nell'universo« (Wenigstens du im Universum), dessen Text von Lauzi stammt, ist eine Donnerballade vor dem Herrn, ergreifend und ehrfurchtgebietend. Am Schluss des Jahrgangs setzt es für den Song den Kritikerpreis.

Die späten Jahre Lauzis sind stark von seiner Parkinson-Erkrankung geprägt. Seinen Humor verliert er darüber nicht. Als er bei einem Fotoshooting vor lauter Zittern die Gitarre nicht mehr halten kann, schlägt er dem Fotografen vor, er möge in ein paar Jahren wiederkommen, dann könne er ihn mit Rumbarasseln ablichten. Einmal erwägt er, Berlusconis *Forza Italia* zu unterstützen, lässt aber von dem Plan ab, da er bei dem Parteivorsitzenden das Peter-Pan-Syndrom diagnostiziert.

2006 wird Bruno Lauzi der renommierte *Premio Tenco* verliehen, benannt nach seinem Schulfreund und Kollegen. »Ich habe mit Tenco angefangen, ich höre mit Tenco auf«, sagt Lauzi in seiner Dankesrede. Nur wenige Monate später erliegt der Nonkonformist einer Krebserkrankung.

Sein erster großer Erfolg soll an dieser Stelle beispielhaft für sein Werk stehen. »Ritornerai« ist ein reduziert instrumentiertes, vor Spannung knisterndes Pfeifen im Walde des Liebesschmerzes: »Ti senti sola / Con la tua libertà / Ed è per questo / Che tu / Ritornerai« (Du fühlst dich allein / Mit deiner Freiheit / Und darum / Wirst du zurückkommen). Orchesterleiter und Arrangeur Angel »Pocho« Gatti lässt dazu die Geigen durch den Raum fliegen wie süße falsche Hoffnungen auf dem Hexenbesen.

77.

ROMA CAPOCCIA (1972)

Antonello Venditti

Rom. *Città eterna. Caput mundi.*

Die italienische Kapitale ist eine Stadt, die keinen Besucher kaltlässt. »Ach, selbst Römer sein, das wäre was«, denkt mancher gar womöglich. Im Angesicht der Ewigkeit, stets den Atem der Geschichte im Nacken, so die Annahme, kümmern die bedeutungslosen Gegenwartsverrenkungen und kurzlebigen Launen der Moderne wenig. Wie schrieb schon Horaz: »Lebensspendende Sonne, du kannst wohl nichts Größeres erblicken als die Stadt Rom.« Doch es gibt Ärger im Paradies. Die schönste Stadt der Welt versinkt in Bergen von Müll und einem nicht zu bändigenden Verkehrschaos. Wildschweine laufen durch Einkaufsstraßen im Norden der Stadt, und über den Baulichkeiten kreisen, angelockt von weggeworfenen Lebensmitteln, die Möwen. Und die Römerinnen und Römer? Gleichgültigkeitsvirtuosen, die sie sind, nehmen sie all diese Missliebigkeiten ebenso schulterzuckend hin wie die bauliche Pracht. »In Rom zu leben, ist eine Art, das Leben zu verlieren«, schrieb der Aphoristiker Ennio Flaiano.

Der singende Oberrömer ist und bleibt der streitbare *cantautore* Antonello Venditti. Eine Rom-Führung unter des Sängers Ägide – das wäre etwas, womit man Ihrem ergebenen Chronisten eine große Freude machen könnte. Kein anderer Sänger arbeitete sich im Laufe seiner Karriere so sehr an seiner Heimatstadt ab wie der im Stadtteil Trastevere beheimatete Liedchter. Sein Lied »Roma (non si discute, si ama)« (Rom, man diskutiert nicht über sie, man liebt sie) wird als Vereinshymne des *AS Rom* vor jedem Spiel gesungen. Nach siegreichen Spielen schmettert man wiederum »Grazie Roma«, das Venditti 1983 komponierte, als sich der Verein ein zweites Mal zum italienischen Meister krönte. Es existiert ein spektakuläres Video zu dem Stück: Verwackelte Luftbilder der Ewigen Stadt werden hier mit Aufnahmen zusammengeschnitten, die Antonello beim Herumstrolchen im Kolosseum zeigen. Ein Preis gebührt der Person, die die Idee hatte, den Sänger mitsamt seinem weißen Flügel auf Rollen durch das antike Amphitheater zu ziehen, sodass die Illusion eines fahrenden Flügels entsteht. Es stellt eine Herausforderung an die sittliche Reife dar, diese Passagen zu betrachten, ohne dabei in den Bildschirm zu beißen. Am Ende des Videos sind Aufnahmen von Antonellos Konzert aus dem Jahr 1983 im *Circo Massimo* zu sehen, das fast 200.000 Besucher anlockte. Nach dem Video weiß der Betrachter vielleicht nicht allzu viel Neues über Rom, ist aber um einige Anregungen reicher, was sich so alles mit einem Flügel anstellen lässt.

Die Liebe zum *AS Rom* thematisiert der studierte Jurist auch auf seinem berüchtigten Instagram-Kanal. Ich empfehle Vendittis Account ausdrücklich; hier setzt es regelmäßig Tiraden des Sängers. Wir erleben ihn, wie er kettenrauchend und gelegentlich mit freiem Oberkörper in seiner Wohnung sitzt und minutenlang aus kürzester Distanz in sein Telefon monologisiert: über Politik, seine Konzerte, das Wetter, Rom und die letzte *bella partita* seines Vereins. Manchmal springt er mittendrin auf, weil er irgendetwas suchen muss, lässt sein Telefon aber weitersenden; gelegentlich singt er auch. Man muss es erlebt haben! Als er vor Kurzem von einer üblen Knieverletzung geplagt wurde, dokumentierte er auf dem Account ausgiebig den Heilungsverlauf. Ich habe danach nächtelang nicht schlafen können. Die sozialen Medien scheinen erst in den Händen dieses Freigeistes Sinn zu ergeben.

Seinen ersten – und besten – Rom-Song, frei von allen fußballerischen Bezügen, veröffentlicht Venditti schon 1972, mit gerade mal 23 Jahren. »Roma capoccia« (Oberhaupt Rom) ist gleichermaßen Huldigung wie Selbstvergewisserung: »Io t'ho scoperta stamattina« (Ich habe dich heute Morgen entdeckt), singt er wie ein Frischverliebter. Der Sänger streift durch seine Stadt, ergötzt sich am majestätischen Kolosseum, schaut den Liebespaaren hinterher und findet nichts als Schönheit: »Quanto sei bella Roma quando piove« (Wie schön du bist, Rom, wenn es regnet). Am Ende von Umberto Lenzis Polizeifilm »Il gobbo« (Der Bucklige, dt. Titel: »Die Kröte«) hört der Schauspieler und Ehrenrömer Tomás Milián in der Rolle des titelgebenden Ganoven auf der Flucht vor der Polizei das Lied im Autoradio. Beim Mitsingen steigen ihm die Tränen in die Augen. Kurz darauf gerät sein Auto ins Schleudern und stürzt in den Tiber.

Aber wer würde bei Vendittis geschmetterter Beschwörung nicht die Waffen strecken? Wenn sein Tremolo ertönt, werden noch die härtesten Knie weich. Schauen Sie sich unbedingt an, wie Venditti in den 90ern »Roma capoccia« nur am Klavier live darbietet – und Tausende jedes Wort mitsingen: »Roma capoccia der mondo infame« (Rom, Oberhaupt der infamen Welt)! Man ist nach dem Hören geneigt, sofort nach Rom aufbrechen und sich selbst ein kleines bisschen Ewigkeit verdienen zu wollen.

78.

SARÀ PERCHÉ TI AMO (1981)

Ricchi e Poveri

Einer der Italo-Ohrwürmer der 80er schlechthin. Ein italienisches Stück, das selbst Menschen vertraut sein dürfte, die die letzten fünfzig Jahre in einer abgelegenen Blockhütte auf der finnischen Insel Sääminginsalo verbracht haben. Und ein Stück, das an einigen unerwarteten Orten auftauchte.

1981 präsentiert die Genueser Band Ricchi e Poveri ihr Lied »Sarà perché ti amo« (Das ist wohl, weil ich dich liebe) beim *Festival di Sanremo*. Ursprünglich war die Gruppe noch in Viererbesetzung mit Marina Occhiena angereist, doch während der Proben scheppert es gewaltig zwischen ihr und ihrer Bandkollegin Angela Brambati. Am Ende muss Occhiena die Gruppe verlassen, in Windeseile erfinden sich Ricchi e Poveri als Trio neu.

Zwar landet ihr Stück nur auf Platz fünf, doch es entwickelt sich zur meistverkauften Single des Jahres in Italien und zu einem der erfolgreichsten Songs, der es je über die Alpen geschafft hat. Das Stück, eine textlich nicht sonderlich fordernde Beschwörung der Liebe in instabilen Zeiten, ist die Lebensfreude auf Stelzen. Wer dazu nicht schlagartig eine große

Italo-Polonäse anzettelt, hat entweder ein Herz aus Zement oder recht. Ricchi e Poveri sind die Hochdruckversion von Al Bano & Romina Power (die ihren Siegeszug erst ein Jahr später antreten werden), und ihr Stück zählt zum Unverwüstlichsten, was je mit der Akkordfolge C – Am – F – G angestellt wurde. Zwischen 1981 und 2023 entstehen unzählige Coverversionen, unter anderem auf Deutsch, Englisch, Spanisch, Dänisch, Finnisch, Französisch und Niederländisch. In Italien wird das Stück zudem in Werbeclips für Mais-Chips, Dosenthunfisch, eine Pasta-Firma und den Autohersteller *Lancia* verwendet.

Sein erstes unerwartetes Aufschlagen im Kino hat der kregle Song vier Jahre nach Veröffentlichung in dem französischen Adoleszenzdrama »L'Effrontée« (Die Freche, dt. Titel: »Das freche Mädchen«) mit der 14-jährigen Charlotte Gainsbourg in der Titelrolle. 2003 ist es wieder ein französischer Regisseur, der das Stück für einen Film einsetzt. Allerdings ist »Haute tension« (Höchstspannung, dt. Titel: »High Tension«) kein Adoleszenzdrama, eher ein Axtmörderdrama, das unser Lied in konterkarierender Weise zum Gemetzel auf der Leinwand verwendet. 2015 schlagen die Franzosen erneut zu. Der Animationsfilm »Astérix – Le Domaine des dieux« (dt. Titel: »Asterix im Land der Götter«) legt Zeugnis davon ab, dass sich zu dem Lied auch wunderbar römische Soldaten verhauen und Hinkelsteine durch die Gegend tragen lassen. Insgesamt findet der Song auf bislang 15 Film-Soundtracks Verwendung. 2015 erlebt in Mailand das Musical »Sarà perché ti amo« seine Premiere.

Aber nicht nur in Cineastenzirkeln feiert das Stück fröhliche Urständ. Seit einigen Jahren wird es bei Heimspielen des Fußballclubs AC Mailand im Stadion von San Siro mit abgewandeltem Text von der gesamten Südkurve intoniert. Die imposante Interpretation der *tifosi* sorgt dafür, dass der Song ab 2022 auf

Tiktok die Runde macht. Wer je gehört hat, wie die Vereinsanhänger den Song schmettern, läuft Gefahr, sofort und bedingungslos Fan der *Associazione Calcio Milan* zu werden. Beim Oktoberfest 2023 nehmen die Veranstalter einigermaßen irritiert zur Kenntnis, dass das Lied zu den im betreffenden Jahr meistgegröhlten Wiesn-Hits zählt: die Liebe im Bierdunst. Italien in der Lederhose.

Auf Anfrage der *Süddeutschen Zeitung* zeigt sich der Komponist von »Sarà perché ti amo« überrascht vom Erfolg seines Stückes im Umfeld exzessiven Gerstensaftkonsums. Verantwortlich für die einfache, aber effektive Melodie des Songs ist der in Kairo geborene Römer Dario Farina. Als Komponist von Hits wie Al Bano & Romina Powers »Felicità« oder »Tu soltanto tu« (Du, nur du) hat Farina das Italienbild vieler Deutscher zu Beginn der 80er Jahre mutmaßlich entscheidend mitgeprägt. Als *Baby Records*, die Plattenfirma von Ricchi e Poveri und Al Bano & Romina Power, ihre Künstler für die Aufnahmen Anfang der 80er nach München entsendet, reist Farina mit. »Sarà perché ti amo« schreibt er in 15 Minuten auf seinem Zimmer im Münchner Hilton. Ihm gefällt die Stadt, und er bleibt an der Isar hängen. Bis heute lebt der Komponist in *Monaco di Baviera*.

Ein paar Worte zum Arrangeur und Orchesterleiter des Stücks, Gian Piero Reverberi – eine der Schlüsselfiguren der italienischen Popmusik. Die Karriere des Liguriers beginnt, als er 1960 für seinen Freund Gino Paoli dessen Durchbruchsstück »La gatta« (Die Katze) arrangiert. In den Folgejahren ist er in alle Großtaten der Genueser Schule verwickelt: Er dirigiert das Orchester für Luigi Tenco in der schicksalshaften Todesnacht in Sanremo und vertont gemeinsam mit Fabrizio De André auf dessen Album »La buona novella« (Die gute Nachricht) die apokryphen Schriften. In den 70ern ist er ein verlässlicher Gewährsmann bei Lucio Battistis musikalischen Experimenten, parallel dazu veredelt er die Alben von Prog-Bands wie Le Orme und The New Trolls. Auch etliche Soundtracks für Italo-Western, Abenteuerfilme und *gialli*, italienische Thriller, gehen auf sein Konto. Seine beste Filmmusik komponiert er meines Erachtens 1973 für ein frappierend schlechtes Werk, das immerhin mit einem schillernden Titel gesegnet ist: »Rivelazioni di uno psichiatra sul mondo perverso del sesso« (Enthüllungen eines Psychiaters über die perverse Welt des Sex). Ein Mann ohne falsche Berührungsängste. Nach seiner Arbeit für die erfolgreichen Acts auf *Baby Records* reüssiert Reverberi auf dem Label mit seinem Projekt Rondo Veneziano, mit dem er das Konzept »Perücken tragende Musiker spielen glatt polierten Klassik-Muzak im Pop-Arrangement« auf beinahe besorgniserregende Weise zu Ende denkt. Vor allem in Deutschland und der Schweiz finden die *Rondo*-Platten reißenden Absatz.

Auch Komponist Dario Farina ist als Mit-Komponist in das Werk von Rondo Veneziano verstrickt. 1983 produziert er zusammen mit Gian Piero Reverberi die Titelmusik der schönsten deutschen TV-Serie: »Monaco Franze«. 2023 erscheint ein Buch über die Karriere Dario Farinas, geschrieben von seinem Neffen Roberto. Onkel Dario glaube »nicht an Gott, sondern an die Unbeschwertheit«, so sein Neffe. Diese sei »Balsam und süße Brise mitten im Sturm«. Der Titel des Buches: »Sarà perché ti amo«.

79.

SCÉTATE (1969)

Sergio Bruni

Es gibt in meinen bescheidenen Ohren keinen schöneren Klang als den der neapolitanischen Sprache. Mit dem Italienischen scheint sie erst einmal wenig zu tun zu haben. Man könnte, wenn man dem gleichfalls vom Vulgärlatein abgeleiteten *napoletano* lauscht, anfänglich dem Eindruck erliegen, dass sich hier eine Variante des Portugiesischen mit dem Kölschen verbinde. Es ist die reine Melodieseligkeit. Kein Wunder, dass die von den süditalienischen Emigranten in die USA gebrachten *canzoni* gehörig zur Melodisierung der Welt beitrugen. 1958 notierte der große deutsche Komponist und noch größere Gütersloher Hans Werner Henze, *napoletano* sei »ein Durchlaufen aller erdenklichen Klangfarben, immer mit der Tendenz, in Gesang zu münden«. Der Mann, der das Lied des Südens am schönsten – keineswegs aber am schmalzigsten – sang, war Sergio Bruni. Vom Schauspieler und Regisseur Eduardo De Filippo ist überliefert, dass er Sergio Bruni als »die Stimme Neapels« bezeichnete. Ebenso ist tradiert, dass derselbe De Filippo ein großer Bewunderer der von Brunis Frau zubereiteten Ragusoße war, aber hier sollte man keinen Zusammenhang konstruieren.

Guglielmo Chianese, wie Sergio Bruni eigentlich heißt, wird 1921 als jüngstes von neun Kindern in armen Verhältnissen im Dörfchen Villaricca geboren. Noch vor seinem zehnten Geburtstag besucht er die Abendmusikschule. Bevor er professioneller Musiker wird, gilt es Dringlicheres zu erledigen: 1943 schließt er sich als Teil einer Gruppe junger Männer dem Aufstand gegen die deutschen Truppen in Neapel an. Nachdem es den Aufständischen gelingt, die verminte Chiaiano-Brücke zu räumen, wird der damals 22-Jährige auf dem Rückzug von einem Geschoss getroffen, das ihm den Oberschenkelknochen zertrümmert. In einer Irrsinnsaktion wird er inmitten der Gefechte auf einem Karren ins Krankenhaus gebracht und hastig operiert. Unzufrieden mit dem Werk der Ärzte, lässt er sich das Bein ohne Betäubung abermals brechen und beschwert es auf Anraten der Mediziner in der Folge wochenlang mit einem Sack Kartoffeln. Allein, es bringt nichts: Für den Rest seines Lebens behält er ein lahmes Bein zurück. Von der Bühnenkarriere hält ihn das freilich nicht ab. Noch im Krankenhaus wird er von seinem Bettnachbarn, dem Sänger Vittorio Parisi, entdeckt. 1945 beginnt sein Siegeszug als größter Sänger der klassischen *canzone*, im selben Jahr erfolgt auch die Umbenennung in Sergio Bruni.

Bruni, Kommunist und nach seinem großen Erfolg Besitzer einer Villa mit sechs Badezimmern, ist ein raumgreifender Charakter, der seinem Gegenüber gehörig Ehrfurcht einflößen kann – und auch schon mal ausfallend wird. Die *RAI*-Moderatorin Barbara D'Urso beschimpft er im Rahmen eines Gesangsfestivals live vor laufenden Fernsehkameras aufs Kreativste – und Neapolitanischste. Den Moderatorengott Mike Bongiorno lässt er nach einer missliebigen Ankündigung einfach alleine auf der Bühne stehen. Seinen musikalischen Nachfolgern Pino Daniele und Nino D'Angelo sollen bei Begegnungen mit Bruni die Beine geschlottert haben. In Billy Wilders Film »Avanti!« spielt sich der Sänger in einer kurzen Restaurantszene selbst; bei den Dreharbeiten auf Procida bringt er den Regisseur mit seinem Perfektionismus an den Rand des Wahnsinns. Den anderen »Vater des neapolitanischen Liedes«, Roberto Murolo, betrachtet er argwöhnisch als bourgeoisen Antipoden. Brunis Tochter führt das oft polternde Wesen ihres Vaters auf die traumatische Kriegserfahrung zurück. Nur einer bringt ihn zum Verstummen: der in ganz Süditalien verehrte, 2002 heiliggesprochene Padre Pio. Bei der Begegnung mit dem umstrittenen Kapuziner soll sich der Sänger mit den Worten »*Io sono Bruni*« (Ich bin Bruni) vorgestellt haben. Der Mönch gab vor, »*io sono bruno*«, »Ich bin braun«, vernommen zu haben und erwiderte: »*E io sono bianco*« – »Und ich bin weiß«. Der Humor der Heiligen. Brunis auf Knien vorgetragene Bitte, Pios spiritueller Zögling werden zu dürfen, soll der Geistliche seelenruhig mit folgenden Worten pariert haben: »Das bist du schon, mein Sohn, das bist du schon.«

Es muss über diese Stimme gesprochen werden. Schauen Sie sich das Video von Brunis Live-Auftritt mit dem Lied »Palcoscenico« (Bühne) an: die tiefe Versenkung in das dargebotene Stück, die Kontrolle noch über die leisesten Töne, die Atmung. Vibrato, Tremolo, Falsett, all das wirkt bei Bruni so tief verinnerlicht und selbstverständlich, als gehörten diese Techniken ihm allein. Musikwissenschaftler sehen es als Brunis spezifische Leistung an, das neapolitanische Straßenlied mit Akzenten des ländlichen Raums versehen zu haben. Nicht wenige halten ihn für größer als Sinatra. Der Star-Dirigent Riccardo Muti tat einst kund, er sage seinen Schülern, sie müssten Sergio Bruni studieren, um die Kunst des Gesangs zu erlernen.

Mein liebstes Stück des kampanischen Genies ist »Scétate« (Wach auf!), bereits 1887 von Mario Pasquale Costa und Ferdinando Russo komponiert. Sergio Brunis Version des viel geschmetterten Klassikers ist die erhabenste. Eine mollene Nylonsaitengitarre, sich kräuselndes Mandolinen-Geplirre, ein Triangel, verschwenderische Streicher – und dann der ganze Bruni mit dieser sich um sich selbst schlängelnden Stimme. Der

Text adressiert die zentrale Funktion der *canzone*, das Serenadisieren der Angebeteten unter ihrem Fenster, und – oh weh – das Scheitern dieses Unterfangens. Die vom *cantante* aus der engen Gasse angesungene Dame schläft nämlich längst; es ist mal wieder alles so vergebens wie oft in *bella Napoli*. Im süffigen Idiom der Liederstadt entbietet der Verliebte all seine sängerischen Verführungskünste: »Ma staje durmenno, nun te si scetata / 'sti ffenestelle nun se vonno aprì / È 'nu ricamo 'sta mandulinata / Scétate bella mia, nun cchiù durmì« (Aber du schläfst, du bist nicht aufgewacht / Die kleinen Fenster wollen sich nicht öffnen / Dieses Mandolinenlied ist auserlesen / Wach auf, meine Schöne, schlaf nicht mehr).

Die Angesungene wacht im weiteren Verlauf leider nicht mehr auf, doch zumindest die Sterne über der Bucht bezeugen des Sängers Leidenschaft. Hätte er das Lied unter einem Gütersloher Fenster gesungen, wäre vermutlich ein ausgekippter Kübel Wasser der Dank gewesen.

80.

UN SENSO (2004)

Vasco Rossi

Sollte ich je das Leben Vasco Rossis verfilmen, würde der Film wohl »Vasco – ein Mann denkt groß« heißen. Aber, ach, es gibt ja schon ein solches Projekt. Und es hat einen noch weitaus besseren Titel.

2023 erhält Italiens größter Rockstar Vasco Rossi seine eigene *Netflix*-Serie. Er habe die 70er und den Terrorismus der bleiernen Jahre überlebt, raunt Vasco zu Beginn. Er habe die 80er, seine Säufer- und Drogenjahre, überlebt. Auch die

90er, als viele seiner Freunde starben. Im neuen Jahrtausend schließlich habe er drei tödliche Krankheiten bezwungen. Nein, er sei nicht einfach nur ein Überlebender, er sei ein Super-Überlebender. »Il Supervissuto« lautet konsequenterweise denn auch der Titel der sechsteiligen Serie.

Was Vasco Rossi, der wilde Watz des Italo-Rock, unendlich vielen seiner Landsleute bedeutet, ist schwer zu umreißen. Die schiere Liebe, die dem heute 72-Jährigen entgegengebracht wird, würde ausreichen, um davon mehrere internationale Superstars zu ernähren. Die Wertschätzung für den Sänger entspringt nicht zuletzt dem seltsamen Spannungsverhältnis zwischen unverhohlenem Superrockstar-Gehabe im Blockbuster-Format und beispielloser Nahbarkeit. Zu seinen absurd großen Shows in Italiens Fußballstadien reist er mit dem Helikopter an, seine Bühnentechnik übersteigt die Leistung sämtlicher internationaler Konkurrenten, und wenn am Schluss der Shows die Pyrotechnik losballert, wirkt es, als würde Ridley Scott ein Silvesterfeuerwerk inszenieren. Als er 2017 in Modena den Weltrekord für das Solokonzert mit den meisten verkauften Tickets aufstellt, sieht es aus, als spiele er vor einer ganzen Stadt. Sein Gitarrist darf in puncto Posing und Sound alles, was allen anderen Gitarristen weltweit mittlerweile untersagt ist.

Gleichzeitig zeigt sich Vasco, wenn er in der warmen Jahreszeit in seinen Geburtsort Zocca umsiedelt, äußerst zugänglich. Längst hat man sich in dem entlegenen Örtchen an die Fanmassen gewöhnt, die alljährlich herbeiströmen, um ihr Idol zu sehen. Dieselbe Dialektik manifestiert sich auf Vascos Instagram-Account, der im einen Moment gigantöse Auftritte und kommerzielle Rekorde zelebriert, den Sänger im nächsten Moment aber beim ungelenken Plantschen im apulischen Meer zeigt. Der Widerspruch ist Vascos starkes Gewand. Der

Musiker, der wie kein Zweiter den *menefreghismo* (von *me ne frego*, dt.: Das ist mir schnuppe; eine extreme Form der Gleichgültigkeit gegenüber allem und jedem) in die Popmusik trug, präsentiert sich im Verlauf seiner Karriere zunehmend als nachdenklicher Zweifler und grüblerischer Philosoph – als Philosoph in Designer-Glitzerjäckchen und mit umgedrehtem Käppi, versteht sich.

2004 kommt der Grübler-Vasco zu voller Blüte. Die Jahre, in denen er weite Teile Italiens leertrank, gehören endgültig der Vergangenheit an. Herr Rossi sucht den Sinn und komponiert die metaphysischste aller Stadionrockhymnen. Ihr Titel: »Un senso« (Ein Sinn). Gleich zu Anfang heißt es: »Voglio trovare un senso a questa sera / Anche se questa sera un senso non ce l'ha / Voglio trovare un senso a questa vita / Anche se questa vita un senso non ce l'ha« (Ich will einen Sinn in diesem Abend finden / Auch wenn dieser Abend keinen Sinn hat / Ich will einen Sinn in diesem Leben finden / Auch wenn dieses Leben keinen Sinn hat). Im Verlauf des Liedes wendet Vasco die Idee der sinnlosen Sinnsuche noch auf *questa storia* (diese Geschichte), *questa voglia* (diese Lust), *questa situazione* (diese Situation) und *questa condizione* (diesen Zustand) an. Doch ganz gleich, wohin Rossi den Blick schweifen lässt – kein *senso* weit und breit. Vasco wäre freilich nicht Vasco, ließe er im Refrain nicht das Feuerzeug der Hoffnung aufflackern: »Sai che cosa penso / Che se non ha un senso / Domani arriverà / Domani arriverà lo stesso« (Weißt du, was ich denke / Wenn es keinen Sinn gibt / Wird er morgen kommen / Morgen wird er dennoch kommen).

Es ist nicht auszuschließen, dass einigen Hörerinnen und Hörern der Genuss des Liedes durch etliche ästhetische Barrieren vereitelt wird: In der Musik sagen sich große Oper und Metal-Ballade *buonanotte*; die Kombination der Synthie-Streicher mit Hardrock-Sounds lassen gepflegte »Night of the Proms«-Stimmung aufkommen. Im offiziellen Video – gedreht im *Teatro municipale Romolo Valli* in Reggio Emilia – ist alles versammelt, was Vasco ausmacht: die streitbare Kopfbedeckung, die Vokuhila, der rastlos irrende Blick, der in Richtung Firmament gestreckte Finger. Dazu krümmt sich seine Band in allen erdenklichen Posen aus dem Lehrbuch des Rock; am Ende löst sich das Ganze in einem großen »Lalalalalala« auf. Man kann sich leicht darüber lustig machen, man kann sich auch davon rühren lassen. Es sei sein bester Song, sagt der Künstler selbst.

Vor zwei Jahren, als der *supervissuto* an mehreren Abenden nacheinander im römischen *Circo Massimo* spielt, geht endlich mein lang gehegter Wunsch in Erfüllung, Vasco Rossi live sehen und mit emporgereckter Faust »Un senso« mitschmettern zu dürfen. In einem Anflug von Leichtsinn hatte ich Karten für das *pit* erstanden – jenen Bereich direkt vor der Bühne, in dem sich ausschließlich in Vasco-Fahnen gewickelte Extremfans stundenlang in Ekstase brüllen. Was soll ich sagen: Ich bin dort vielen interessanten Betrunkenen begegnet und habe erwachsene Menschen weinen sehen. Ich schaue seitdem anders auf die Dinge. Vieles auf der Welt kommt mir nurmehr wie eine Miniatur vor. Auch ist mein Verhältnis zu Gitarristen, die sich auf Bühnen in piratenartigen Outfits mit schmerzverzerrtem Gesicht an ihrem Instrument biegen, deutlich entspannter geworden.

Er kann eben ganze Leben und Weltanschauungen umkrempeln, dieser Vasco. Er sei wohl übermenschlich, sagt einer seiner Mitarbeiter in der »Supervissuto«-Doku, das mache ihn menschlicher als die meisten anderen.

81.

SE PUOI USCIRE UNA DOMENICA SOLA CON ME (1964)

Gianni Morandi

Am 11. März 2021 versetzt Gianni Morandi, mythenumrankter Heroe der leichten italienischen Musik, seine Landsleute in Angst und Schrecken. Morandi, wegen seiner auffallend großen Hände in seiner Heimat auch »Gianni mit den Riesenhänden« genannt, befindet sich zu Arbeitszwecken im Garten seines Hauses bei San Lazzaro di Savena. Eben erst hat der legendäre Crooner seine Fans via Instagram darüber informiert, dass es ihm nach langem Suchen gelungen sei, Gartenhandschuhe in seiner Größe zu finden, da geschieht das Unglück: Beim Verbrennen von Reisig stolpert der Sänger, fällt mit den Händen ins Feuer und erleidet schwere Verbrennungen, vor allem an den Händen. Die italienische Öffentlichkeit zeigt sich erschüttert über das Schicksal des damals 76-Jährigen. Dass ausgerechnet den dauerfidelen Gianni ein solcher Schicksalsschlag ereilt – man mag es kaum wahrhaben. Italiens oberster Leichtigkeitsverbreiter als Schmerzensmann.

Doch Gianni wäre nicht Gianni, wenn sich der ewig jugendliche Superstar von seinem Schicksal unterkriegen ließe – wir sprechen hier immerhin von einem der engagiertesten Spieler der italienischen Sänger-Fußballnationalmannschaft *Nazionale italiana cantanti*! Im Verlauf des Jahres lässt er seine Fans ausgiebig am zähen Genesungsprozess teilhaben. Seine Follower informiert er munter über Operationsergebnisse und

Verbandswechsel, er lässt sich breit grinsend und beidhändig bandagiert mit dem Pflegepersonal ablichten und präsentiert sich seinen Fans anderthalb Jahre später erstmals wieder ohne Verbände. Im Februar 2022, fast ein Jahr nach dem Unfall, feiert Gianni Morandi sein großes Comeback – natürlich in Sanremo.

Es ist typisch für Morandi, dass er sein persönliches Schicksal nutzt, um seinen Landsleuten ganz nebenbei eine veritable Erbauungsgeschichte zu zimmern: »Seht her«, scheint er der unter Pandemie und Dauerkrise ächzenden italienischen Öffentlichkeit zuzurufen, »ganz gleich, was geschieht, lasst euch nicht unterkriegen!« In diesem Sinne funktioniert auch das Lied, mit dem er beim Festival an der Blumenriviera teilnimmt: »Apri tutte le porte« (Öffne alle Türen), ein Lied gewordener *caffè doppio*, geschrieben von seinem Freund Lorenzo Cherubini alias Jovanotti – wie Gianni selbst ein echter Wonneproppen. Die Gewohnheit sei eine üble Bestie, informiert der Sänger, der es immer wieder in den Hintern zu treten gelte. Am Ende landet er auf Platz drei, verlässt Sanremo jedoch als Sieger der Herzen.

Im Februar 2023, knapp ein Jahr nach seinem Comeback, steht er wieder auf Italiens wichtigster Bühne. Diesmal jedoch als *sidekick* des künstlerischen Leiters und Moderators Amadeus. Ein Glücksgriff, denn Gianni Morandi, wie immer mit Fliege und funkelndem Jackett, dreht im Laufe der fünf Abende enorm auf. Er tritt zum großen Wettsingen mit Massimo Ranieri und Al Bano an, trägt ein Medley seiner schlechtesten Songs (!) vor, und als der junge Sänger Blanco bei seiner Darbietung nach technischen Problemen die Nerven verliert und die Blumenarrangements verwüstet, ist es Gianni, der beherzt zum Besen greift und den Bühnenarbeitern zur Hand geht. Dazwischen joggt der nunmehr 78-Jährige unentwegt zwischen dem Saal des *Ariston* und der Außenbühne hin und her oder plaudert mit den aufgeregten Festival-Teilnehmern, als befände er sich auf ein Getränk in der Bar. Ständig wird er geherzt, abgeklatscht und umarmt, immer wieder ertönen im Publikum »Gianni!«-Rufe. Solange der kleine Mann mit den Riesenhänden zugegen ist, so wohl die allgemeine Annahme, kann wenig schiefgehen. Wenn er ihn nicht längst besäße, müsste man ihm den Orden der Republik verleihen. Jeder Mensch sollte in dunklen Stunden zu Aufbauzwecken einen Gianni haben.

Reisen wir nun noch einmal in das Durchbruchsjahr Morandis. 1964 dichtet ihm der »Volare«-Autor Franco Migliacci seinen ersten Nummer-eins-Hit »In ginocchio da te« (Auf Knien zu dir), den der koreanische Regisseur Bong Joon-ho 2019 mit großem Effekt für seinen Film »Parasite« verwenden wird. Schöner noch ist die B-Seite »Se puoi uscire una domenica sola con me« (Wenn du an einem Sonntag mal alleine mit mir ausgehen kannst), ein aufgekratzter Twist, der – ebenso wie die A-Seite – vom Orchester Ennio Morricones und Alessandro Alessandronis Chor I Cantori Moderni ordentlich aufgerüscht wird. In dem Song umwirbt der Sänger eine junge Dame und macht eine verführerische Offerte: Er könne Papas *Cinquecento* ausleihen und werde die Angebetete klopfenden Herzens erwarten. Das von »La bambola«-Komponist Bruno Zambrini ersonnene Stück klingt wie Peter Kraus auf Juckpulver, was ganz eindeutig eine gute Sache ist. Zu dem Lied findet sich ein Clip, in dem Gianni mit ausgesprochen unansehnlichen Marionetten herumhantiert, die er irritierenderweise im Verlauf des Stücks abzuknutschen beginnt. Seltsam, aber so waren die Zeiten.

Man muss es dem Künstler in diesem Fall nicht zwingenderweise gleichtun. Die eigenen Marionetten können unabgeknutscht im Schrank verbleiben. Lieber brettere man in Gedanken im *Cinquecento* die ligurische Küstenlinie entlang. Mit dem verlässlich fröhlichen Fährmann Gianni Morandi am Steuer kann daraus schnell eine Reise in die Glückseligkeit werden.

82.

SIGNORINA (1982)

Adriano Pappalardo

Adriano Pappalardo darf mit Fug und Recht als ein ungestümer Zeitgenosse bezeichnet werden. Schon gleich zu Beginn seiner Karriere demonstriert der Apulier, dass er kein Typ ist, der die Bühne mit Sicherheitsgurt und Abstandhalter zu betreten beabsichtigt. Als Pappalardo sich 1972 bei *Numero Uno*, dem neu gegründeten Label von Mogol und Lucio Battisti, mit einer Gesangsdarbietung um einen Plattenvertrag bewirbt, schmettert der Sänger sich derart in Rage, dass er sich versehentlich den Kopf an der Decke anschlägt und ihm das Blut über die Stirn läuft. Battisti ist zutiefst beeindruckt vom Körpereinsatz des breitschultrigen Sängers. Ganz klar: Dem Mann muss sofort ein Plattenvertrag gegeben werden! Auch Mogol ist Feuer und Flamme, nur den Namen müsse man ändern, der sei doch vielleicht .... »Nix da!«, kommt es von dem Sänger, entweder Adriano Pappalardo oder gar nicht.

Pappalardo, gebürtig aus der apulischen Provinz Lecce, legt bei *Numero Uno* mit drei Songs los, die ihm Battisti und Mogol auf die raue Röhre maßschneidern und die zu großen Erfolgen werden. Mitte der 70er wechselt er zur Plattenfirma *RCA*; es ist kommerziell betrachtet eine etwas klammere Phase im

Schaffen des kernig auftretenden Artisten. Erst 1979 kann er die frühen Erfolge mit einem Lied toppen, das zu seinem Signatursong werden soll: »Ricominciamo« (Fangen wir von vorne an). Beim Veroneser Sängerwettstreit *Festivalbar* legt Pappalardo eine denkwürdige Performance hin. Schon beim Betreten der Bühne reißt er siegesgewiss die Arme in die Luft. Seine Gestik während des gesamten Vortrags ist so energetisch, beinahe schon aufgebracht, dass man geneigt ist, Diskussionen mit dem Mann vermeiden zu wollen. Sich mit ihm über einen Parkplatz zu streiten, käme nach Betrachten dieses Auftritts einer Mutprobe gleich. Irritierend in diesem Zusammenhang ist lediglich die salopp-jugendliche Garderobe des Sängers, die ihn wirken lässt, als müsse er dringend sein Zimmer aufräumen, wenn er nicht ohne Abendessen ins Bett geschickt werden will. Auch der Text des Stückes macht rasch klar, dass Pappalardo nicht nach Verona gekommen ist, um einen Entschleunigungskurs zu leiten: »E lasciami gridare / Lasciami sfogare / Io senza amore non so stare« (Und lass mich schreien / Lass mich mir Luft machen / Ohne Liebe kann ich nicht sein).

1982 arbeitet Adriano Pappalardo erneut mit Lucio Battisti zusammen, der sich just von Texter Mogol getrennt hat und nach neuen Abenteuern giert. Zwei Alben produzieren die beiden gemeinsam. Das erste, »Immersione« (Tauchgang), ist ein Konzeptwerk über das Meer, ein Herzensthema des leidenschaftlichen Freitauchers Pappalardo. Toningenieur Greg Walsh erinnert sich in einem Interview, dass Pappalardo ganz versessen darauf gewesen sei, die am Album Beteiligten am Abend im örtlichen Schwimmbad in der Tauchkunst zu unterweisen. Auf dem zweiten Album »Oh! Era ora« (Oh! Es war an der Zeit) trifft Pappalardos ungestümes Organ auf glatt poliertes Synthie-Geplucker. Beide Alben seien allen Menschen empfohlen, die tiefer in das Thema der italienischen Popmusik einsteigen möchten; damals blieben es kommerzielle Flops. Da traf es sich gut, dass Spaghetti-Western-Veteran Sergio Corbucci befand, die grobe Physiognomie des Barden sei bestens für die Leinwand geeignet. Seine erste Rolle spielt Pappalardo als Kellner in Corbuccis Komödie »A tu per tu« (dt. Titel: »Wie du mir, so ich dir«). In den Folgejahren sollte er sich verstärkt auf Raubeine und Ganoven verlegen; mit zunehmender Karrieredauer werden ihm auch anspruchsvollere Rollen zuteil.

Im neuen Jahrtausend entwickelt sich Pappalardo mehr und mehr zum Objekt der Klatschpresse. Verantwortlich hierfür ist nicht zuletzt sein Mitwirken in der Show *L'isola dei famosi* (Die Insel der Berühmtheiten), im Rahmen derer er sich gewohnt polternd und erwartungsgemäß ausgesprochen vertraut mit den Gesetzen der Wildnis zeigt. 2006 gerät er bei einem legendär gewordenen Schreiduell mit dem Trash-Film-Darsteller Antonio Zequila in der *RAI*-Sendung *Domenica Inn* derart aneinander, dass er von dem Fernsehsender mit einem Bann belegt wird. In Italien entspinnt sich daraufhin eine Diskussion über den Sinn von Rundfunkgebühren. 2016 stürzt der Heißsporn mit seinem Gleitschirm an der Pontinischen Küste ab, wobei er sich etliche Knochenbrüche zuzieht. Zuletzt sah man ihn in der Sendung *Star in the Star*, bei der sich Prominente als noch Prominentere verkleiden. Pappalardo trat als Zucchero auf.

Adriano Pappalardos beste Platten sind ganz klar die erwähnten 80er-Alben, die er mit Battisti produzierte, wobei der spezifische Reiz in der Kombination von Battistis feiner musikalischer Intuition und Pappalardos rustikalem Gesangsstil liegt. Vor allem »Oh! Era ora« ist ein ganz zauberhaftes Werk, das außerhalb Italiens noch seiner Wiederentdeckung harrt. Battisti verwendet seinen Freund Adriano Pappalardo gewissermaßen als Lichtdouble, das er in seine experimentellen

Pop-Landschaften platziert. Im Grunde handelt es sich um eine vergessene Battisti-Platte mit Pappalardo-Gesang; »Oh! Era ora« ist ein überdrehter 80er-Traum, in dem ein liebeskranker *Fairlight*-Computer Riesenrad fährt. Die irren Texte stammen von dem Dichter Pasquale Panella, der gleichzeitig für Enzo Carella schrieb und nach dieser Platte zu Lucio Battistis neuem Stammtexter werden sollte. Im Einstiegsstück »Signorina« (Junge Frau) heißt es: »Sfiorare un acqua svizzera / Darle del lei / Quell'acqua d'occhi esteri / Darle del lei« (Ein Schweizer Wasser streifen / Sie siezen / Dieses Wasser mit ausländischen Augen / Sie siezen). Wenn man erst einmal solche Zeilen gesungen hat, gibt es nur noch zwei Optionen – totalen Superstar-Status, oder man segelt zur »Isola dei famosi«.

Pappalardo, dieser zünftige *signore* mit dem unsteten Karriereweg, singt heute nur noch selten. Ab und an röhrt er in Fernsehshows seine alte Schwarte »Ricominciamo«. Zum Glück hat sich der Sänger inzwischen so weit im Griff, dass er sich vor lauter Einsatz beim Singen nicht mehr den Kopf stößt.

83.

SIGNOR TENENTE (1994)

Giorgio Faletti

In den 90ern befinden sich weite Teile Westeuropas im Zustand heiterer Weltvergessenheit. Nicht so Italien. Während sich die deutsche Mehrheitsgesellschaft an Wohlstand und politischer Stabilität erfreut, brennt jenseits der Alpen mal wieder die Hütte. Als im Februar 1992 Mario Chiesa, Leiter eines Mailänder Altersheims und Mitglied der Sozialistischen Partei, von einem verdeckten Ermittler auf frischer Tat beim Einsacken von Bestechungsgeldern ertappt wird, weitet sich der Fall binnen kürzester Zeit zum größten Schmiergeldskandal der italienischen Nachkriegsgeschichte aus, in den fast alle alten Parteien verstrickt sind. Fassungslos nimmt die italienische Öffentlichkeit zur Kenntnis, dass das Gros des Polit-Betriebs und der Wirtschaft von einem korrupten System beherrscht werden. Die unter der Bezeichnung »Mani pulite« (Saubere Hände) in die Geschichte eingegangenen staatsanwaltschaftlichen Ermittlungen krempeln das Land von Grund auf um. In der Folge fallen die beiden Großparteien *Democrazia Cristiana Italiana* und der *Partito Socialista* in sich zusammen: das Ende der Ersten Republik – und der Beginn der Ära Berlusconi, der sich als Retter aufspielen kann. 1994 flüchtet Bettino Craxi, ehemaliger Ministerpräsident und als Sekretär des *Partito Socialista* aktiv in den »Tangentopoli«-Skandal verstrickt, nach Tunesien. Er wird in Abwesenheit zu 28 Jahren Gefängnis verurteilt.

Damit nicht genug, erschüttert 1992 noch ein weiteres Drama das Land. Im Mai, beziehungsweise Juli des Jahres kommen die seit Jahren mit Untersuchungen gegen die Mafia befassten Staatsanwälte Giovanni Falcone und Paolo Borsellino bei Attentaten der sizilianischen *Cosa Nostra* ums Leben. Auch Falcones Frau, seine drei Leibwächter und fünf Begleiter Borsellinos sterben. Vor allem der Anschlag auf Falcone stürzt das Land in eine weitere Krise, da sich bald die Anzeichen dafür mehren, dass der innere Kreis der Staatsmacht den Attentätern Hinweise auf Falcones geheimen Aufenthaltsort gegeben hat. Wer die Verdrossenheit der Italiener gegenüber der politischen Kaste verstehen will, findet in den Ereignissen der 90er reichlich Material zur Meditation.

Was Lieder angeht, die sich mit der Situation im Italien jener Ära auseinandersetzen, ist das Angebot überschaubar.

Zwar gibt es das ein oder andere Stück der 90er, das sich mit den Erschütterungen durch »Mani pulite« und »Tangentopoli« beschäftigt – als Beispiel sei Pierangelo Bertolis »Italia d'oro« (Goldenes Italien) genannt –, es lässt sich jedoch nicht leugnen, dass die große Zeit des sozialkritischen italienischen Liedes vorbei ist und den alten und neuen *cantautori* inzwischen mehr an der Erforschung von Innerlichkeiten zu liegen scheint. Überhaupt ist es nicht die Glanzzeit dieses Musikertypus. Es dominieren eher polierte Säuselsängerinnen und -sänger; die sozialpolitische Kommentarfunktion übernimmt nun der HipHop. Auch die Attentate auf Falcone und Borsellino sowie die Mafia-Massaker, die im Folgejahr in Florenz und Mailand geschahen, klingen nur in wenigen Liedern an. Eine Ausnahme bildet Giorgio Falettis »Signor tenente« (Herr Leutnant).

Faletti war bis zu diesem Zeitpunkt vor allem als Komiker aus Unterhaltungsshows bekannt. Hier aber ist Schluss mit lustig: »Minchia signor tenente« (Scheiße, Herr Leutnant) lautet die Eingangswendung zu jeder Strophe. Wir hören den wütenden Monolog eines jungen *carabiniere*, der die Faxen dicke hat, der nicht einsieht, warum er sich für einen Hungerlohn ständig in Lebensgefahr begeben soll. Und der endlich die Aufmerksamkeit und den Respekt einfordert, die ihm nie zugestanden werden. Die *carabinieri* haben es satt zu ertragen, was in diesem Land passiere, in dem die Mafia-Mörder besser bezahlt würden als die Polizisten, die ihnen zum Opfer fielen, lässt Faletti seinen Protagonisten sagen. »Che di coraggio ne abbiamo tanto / Ma qui diventa sempre più dura / Quando ci tocca di fare i conti / Con il coraggio della paura« (Mut, davon haben wir jede Menge / Aber hier wird es immer schwieriger / Wenn wir die Rechnung / mit dem Mut der Angst machen müssen). Und wieder »Minchia, Signor tenente«. Dieses *minchia* ist nicht ganz unwichtig. Es handelt sich um die sizilianische Variante des italienischen *merda* und trägt dem Umstand Rechnung, dass der Großteil der staatlichen Wachkörper damals sizilianischen Ursprungs war. Faletti, ein Norditaliener aus dem piemontesischen Asti, trägt den Text mit schwerem sizilianischen Akzent vor. Es sind wir Süditaliener, die hier verheizt werden, scheint er sagen zu wollen und lässt so auch den inneritalienischen Nord-Süd-Konflikt mitschwingen.

Das Stück – mehr gesprochen als gesungen und nur karg instrumentiert – trifft einen Nerv. Beim *Festival di Sanremo* landet Giorgio Falettis dramatisches Gedicht auf dem zweiten Platz, zudem erhält der Sänger den Kritikerpreis. Künstlerisch sucht Giorgio Faletti sein Glück in den Folgejahren jedoch in der Schriftstellerei. Zwischen 2002 und seinem frühen Tod 2014 schreibt er sechs Kriminalromane, die alle auch in Deutschland veröffentlicht werden.

2017 veröffentlicht der Sänger Marco Masini eine viel beachtete Coverversion des Stückes. Dem Video voran stellt er ein Zitat Giorgio Falettis: »Ho sempre sostituito la paura di non farcela più con la speranza di farcela di nuovo« (Ich habe die Angst, es nicht mehr zu schaffen, immer durch die Hoffnung ersetzt, es erneut zu schaffen).

84.

SPARRING PARTNER (1984)

Paolo Conte

Im heißen italienischen Sommer 2023 zeigt sich die alte Garde lebendig wie eh und je. Gianni Morandi (79) begeistert auf seiner »Go Gianni go«-Tour Zehntausende Menschen zwischen Brescia und *Agrigento*. Auch Al Bano (80) befindet sich im Rampensaumodus und klettert während eines Auftritts beherzt die technischen Aufbauten empor. Paolo Conte (86), ebenfalls auf Tournee, zeigt sich beim Soundcheck rauchend und mit gelb gefasster Sonnenbrille. Geht es nach dem Treiben der männlichen Veteranen der *musica leggera*, dann ist in Italien die Welt in diesem Sommer in Ordnung. Vor allem der Umstand, dass Paolo Conte weiterhin durchs Land zuckelt, kann nur begeistern. Ich erinnere mich, wie ich ihn vor zehn Jahren live sah und dachte: »Gut, dass du diese letzte Gelegenheit genutzt hast.« Es ergibt aber auch schlicht Sinn, dass er immer noch tourt – wer spät kommt, darf eben länger bleiben.

Nachdem der lieddichtende Advokat für Adriano Celentano »Azzurro« geschrieben und Künstlerinnen wie Caterina Caselli, Dalida oder Patty Pravo zu großen Hits verholfen hat, tritt 1969 der Produzent Lilli Greco an ihn heran: Wie es denn mit einem von ihm selbst gesungenen Album wäre? Doch Conte wiegelt ab, seine Stimme sei dazu schlicht zu unbehauen. Stattdessen vertieft sich der Piemonteser wieder in die Jurisprudenz. Knapp fünf Jahre später versucht es Greco erneut. Diesmal lässt Conte sich breitschlagen. 1974 erscheint sein Debütalbum; der Mann aus dem italienischen Norden geht da schon langsam auf die vierzig zu. Dazu passt, dass es eine aus allen Zeiten geplumpste Musik ist, die man auf dem späten Debüt hört: windschiefe Chansons, Bar-Songs und Kunstlieder, genölt und gekrächzt mit einer Stimme, die sich herzlich wenig um technische Fragen schert. Der Liederreigen auf diesem Debüt ist wie eine unter dicken Staubschichten begrabene Erinnerung an etwas, das in Wirklichkeit vielleicht ganz anders war – ein »Amarcord« des italienischen Liedes. Manche sagen bei Erscheinen der Platte »Jazz« dazu, und tatsächlich hört man bei Conte, anders als beim Rock'n' Roll-geprägten Gros seiner Kollegen, die Jugendhelden Fats Waller und Duke

Ellington heraus. Jazz sei für ihn das Gegenteil von Faschismus, hat er einmal gesagt.

Conte ist so vieles gleichzeitig. Reisender unter den Sternen des Jazz. Barsänger der Bildungsbürger. Ironischer Romantiker. Ozeanpianist auf dem Dampfer der Nostalgie. Ein textlich vom Fragment Besessener. Ein Genie der Sublimierung. Ein Virtuose der Nonchalance. Einziger Stammgast der »Bar Mocambo«, seines fiktiven Sehnsuchtsortes, der in vielen Liedern auftaucht. Einer, der selbst im Moment der heftigsten melancholischen Anwehung nicht aus der Rolle fällt. Oder wie Roberto Benigni über ihn sagte: »Der Fürst des italienischen Liedes.«

Ich liebe ihn vor allem für seine Alben der 80er, auf denen er sich zwischen den bewährten Rumpelliedern als großer Melodiker erweist. Stücke wie »Gli impermeabili« (Die Regenmäntel) oder »Max« lassen mich immer wieder an der Decke kleben. Der Reiz dieser spezifischen Sorte Song besteht im Kontrast zwischen der mit dem Drama flirtenden, Opulenz andeutenden Musik und dem hingeworfenen Gesangsvortrag. Die Königin dieser Ausprägung des Conte'schen Liedes ist eindeutig »Sparring Partner« aus dem Jahr 1984.

Die ersten sieben Sekunden der Originalfassung klingen wie Helge Schneider vorm Frühstück, dann weht auch schon die unvergessliche Klaviermelodie heran. In dem Stück steigt ein Paar in den Ring, um sich im Kampf der Liebe zu üben. Gleich in den ersten Zeilen bekommt der männliche Part einige äußerst kreative Schmähungen um die Ohren gehauen: »È un macaco senza storia / Dice lei di lui / Che gli manca la memoria / In fondo ai guanti bui« (Er ist ein Makak ohne Geschichte / Sagt sie über ihn / Dass ihm das Gedächtnis fehlt / Tief in seinen dunklen Handschuhen). Doch sein Blick, so der Text weiter, sei eine Veranda. Der Besungene tritt als rätselhafte Figur auf, undurchschaubar unter seiner eleganten Oberfläche, jedoch scheint er das Geschehen um sich herum sehr genau zu beobachten.

Ihn wiederum vernehmen wir später: »Sono un vecchio sparring partner / E non ho visto mai / Una calma più tigrata / Più segreta di così / Prendi il primo pullmann, via / Tutto il resto è già poesia« (Ich bin ein alter Sparringspartner / Und ich habe noch nie zuvor / Eine derart getigerte Ruhe erlebt / Verschwiegener als so / Nimm den ersten Bus, geh / Der ganze Rest ist schon Poesie). Er kennt seine Rolle, er hat sich in sie gefügt, vielleicht ist er auch nur träge. Aber ganz offenbar ist er an eine Gegnerin gelangt, die das Zeug dazu hat, ihn in die Tasche zu stecken. Die Optionen sind überschaubar: Er kann seine Deckung aufgeben oder flüchten. Die Wendung, derzufolge alles andere schon Poesie sei, wirkt wie ein typisch Conte'scher Verweis auf die künstlerische Konstruiertheit des beschriebenen Zustands. Aber wie so oft in seinen Texten zerbröselt der Versuch der Interpretation vor dem Jazz der Sprache. Es gibt ohnehin nichts »zu verstehen« – es geht um den Klang. Der Star des Stückes ist das durch das Lied geleitende mollene Klavierthema, nach dem man süchtig werden kann – und das 2018 von dem Indie-Heroen Calcutta für seinen Song »Paracetamolo« höchst effektiv zitiert wird.

Die Musik sei immer das Wichtigste gewesen, sagt Paolo Conte in dem Film »Via con me« von 2021. Aber in letzter Zeit denke er öfter, vielleicht bleiben auch die Texte.

85.
SPLENDIDO SPLENDENTE (1979)
Rettore

Der von sympathischen Krawallereien gepflasterte Karriereweg der Donatella Rettore aus dem nordostitalienischen Castelfranco Veneto beginnt ganz harmlos. Und in Deutschland.

Die Sängerin nennt sich noch Donatella, als sie 1976 den Song »Laiola« veröffentlicht, der sich hierzulande – anders als in Italien – zum veritablen Hit mausert und die Sängerin auch in Ilja Richters TV-Show *disco* führt. Doch die Künstlerin hat dauerhaft anderes im Sinn, als dem deutschen Publikum Gelegenheit zum gepflegten Mitklatschen zu geben. Donatella steht der Sinn nach Rabatz und Rebellion. Schon mit elf Jahren hatte sie sich von zu Hause mit der Nachricht »Ciao, ich gehe, um mit Mick Jagger zusammenzuleben« auf ein Rolling-Stones-Konzert verabschiedet. Man muss Ziele haben im Leben. Der tatsächliche Absprung gelingt ihr allerdings erst mit 18. Es zieht sie nach Rom, sie will ins Showgeschäft. 1973 wird sie von Lucio Dalla entdeckt, der bei Donatellas Mutter vorspricht, um sie mit auf Tournee nehmen zu dürfen.

Nach dem Erfolg mit »Laiola« in Deutschland und kurzem Umherirren im künstlerischen Niemandsland kommt es 1978 zur drastischen Imagekorrektur. Aus »Donatella« wird »Rettore«, und anstatt gefällige Balladen zu singen, reitet sie nun auf der Discokugel. Der Durchbruch in Italien gelingt ihr im Folgejahr mit »Splendido splendente« (Herrliches Strahlen), einem bemerkenswert frühen Lied über die Auswüchse der Schönheitsindustrie: »Splendido splendente / L'ha scritto anche il giornale / Io ci credo ciecamente / Anestetico d'effetto / E avrai una faccia nuova / Grazie a un bisturi perfetto« (Herrliches Strahlen / Es steht auch in der Zeitung / Ich glaube blind daran / Wirksames Anästhetikum / Und du wirst ein neues Gesicht haben / Dank eines perfekten Skalpells). Musikalisch ist das Stück ein New Wave/Disco-Hybrid, vorangetrieben von Italiens Schlagzeuggott Tullio De Piscopo.

1980 erschüttert Rettore die Sittenwächter des Landes mit dem Stück »Kobra«, in dem die Giftnatter als Metapher für sexuelles Aufwallen dient: »Il cobra non è un serpente / Ma un pensiero frequente / Che diventa indecente / Quando vedo te« (Die Kobra ist keine Schlange / Sondern ein wiederkehrender Gedanke / Der unanständig wird / Wenn ich dich sehe). Die Musik stammt aus der Feder von Claudio Rego, seit 1977 Donatellas Partner, künstlerisch wie privat; für den Text zeichnet die Sängerin selbst verantwortlich. Während sie das Stück als Hymne auf die sexuelle Selbstermächtigung der Frau sieht, wird von etlichen Stellen nach Zensur gekräht. Mit einigem Erfolg: Für das dem Album beigefügte Textblatt muss der Text gekürzt werden. Während der Darbietung des Stücks beim *Festivalbar*-Gesangswettbewerb fuchtelt die aufgekratzte Sängerin – aus tierschützerischer Sicht fragwürdig – mit einer sich in einer Plexiglas-Box befindlichen Schlange herum. Auch ihr Stück »Benvenuto« (Willkommen), eine weitere Feier sexueller Zwischenmenschlichkeit, begegnet der Schere des Zensors: »Sulla pancia e assetato / Benvenuto in gola e nel palato« (Auf dem Bauch und durstig / Willkommen im Rachen und am Gaumen)« lauten die Zeilen, die etlichen Moralaposteln zu sehr aufstoßen. Italien sei ein rückschrittliches Land, kommentiert die Sängerin aus dem Veneto.

In den Folgejahren flirtet Rettore mit New Wave, Punk und Ska und lässt sich zwischendurch drei Songs von Elton

John schreiben. 1982 veröffentlicht sie das Album »Kamikaze Rock 'n' Roll Suicide«, ein Konzeptwerk über Selbstmord. Im selben Jahr übernimmt sie die Hauptrolle in dem Film »Cicciabomba« (Fleischbombe) unter der Regie des Regisseurs Umberto Lenzi, der zu diesem Zeitpunkt gerade seine Kannibalen- und Zombie-Film-Phase abgeschlossen hatte und befand, dass es mal wieder an der Zeit für eine Komödie sei. Es ist kein Film, der Fans von Antonioni oder Visconti zu Begeisterungsstürmen hinreißen dürfte. Die Sängerin spielt – für die Rolle stark verändert – eine Radiomoderatorin, die unter ihrer Körperfülle leidet. Als sie sich mit einem tödlichen Cocktail aus Schokolade und Gas (!) das Leben nehmen will, findet sie in der Schokoladenschachtel ein Flugticket nach New York (!!). Am Flughafen trifft sie auf eine Baroness (!!!), die sie überredet, als Testimonial für die von ihr entwickelte Schlankheitskur tätig zu werden. Sie sehen: eine hart dem Leben abgerungene Handlung, der Stoff, aus dem Komödien sind. Umberto Lenzi drehte deutlich bessere Filme – Donatella Rettore nicht. 1989 ist sie in »Kinski Paganini« zu sehen, der von Klaus Kinski in den Sand gesetzten ebenso durchgeschepperten wie narzisstischen Interpretation der Lebensgeschichte des Genueser Violinenvirtuosen. Als die Presse dem Film bei der Vorstellung in Cannes Vulgarität vorwirft, bezeichnet Kinski die Journalisten in einem seiner letzten großen Ausraster als »crétins« und rauscht mit seiner 19-jährigen Partnerin, der Schauspielerin Debora Caprioglio, wütend ab.

Das von Donatella Rettore veranstaltete Remmidemmi ist gottlob von deutlich charmanterer Art und letztlich meist darauf ausgerichtet, die moralischen Verkleisterungen in ihrer Heimat aufzulösen. Inzwischen Ende sechzig, gehört sie längst zum Personal der Nation. Echten Streit hatte sie eigentlich nur mit ihrer ehemals guten Freundin Loredana Bertè.

Nach gegenseitigen Angriffen landeten die beiden Damen gar vor Gericht. Sie sind sich vielleicht schlicht zu ähnlich. An ihr solle eine Aussöhnung nicht scheitern, verkündete Rettore unlängst. Überhaupt, sie sei gar nicht so eine Krawallschachtel, wie oft behauptet werde. Sie habe beispielsweise noch nie ein Bußgeldticket fürs Falschparken bekommen.

Wer ein Bußgeldticket fürs Nichttanzen vermeiden möchte, finde sich nun bitte auf der Tanzfläche ein. Soeben hat DJ Cicciabomba das herrliche »Splendido splendente« auf den Plattenteller geschmissen. Ein Lied, zu dem man viele neue Bewegungen ausprobieren kann. Wer braucht da noch eine Schönheits-OP?!

86.

LA STAGIONE DELL'AMORE (1983)

Franco Battiato

Und noch einmal der große Franco Battiato.

Wir haben den Maestro bislang als Komponist für verschiedene Pop-Sängerinnen erlebt, über die Huldigung seines Schülers Morgan gestaunt und der Deutung durch seine Lieblingsinterpretin Alice gelauscht. Hier nun sei Battiato in Reinkultur präsentiert. Wir tauchen ein in seine Popstar-Phase, die 1981 mit dem Album »La voce del padrone« (Die Stimme des Herrn) beginnt, der ersten italienischen Platte, die mehr als eine Million Mal verkauft wurde.

Er muss ein feiner Mensch gewesen sein, dieser Franco Battiato. Ein sizilianischer Gentleman, der voller intellektueller Neugier in die Welt blickte. Ein klassisch ausgebildeter Musiker, der sich in nahezu allen Kunstformen verwirklichte. Ein

Esoteriker und Mystiker, der Kunst und Pop nonchalant zusammendachte. Wie Lucio Battisti, Fabrizio De André, Lucio Dalla und Pino Daniele ist er heute eine mythische Figur. Und ein Künstler, der schmerzlich vermisst wird, weil sein ganz eigenes *sentimento* vielen Italienern das Land zusammengehalten hat. Dies illustriert eindrücklich Nanni Morettis Spielfilm »Palombella rossa« (Rote Taube, dt. Titel: »Wasserball und Kommunismus«) von 1989. Moretti spielt darin den 35-jährigen kommunistischen Abgeordneten und leidenschaftlichen Wasserballspieler Michele Apicella. Als dieser nach einem Unfall sein Gedächtnis verliert, muss er sein Leben neu zusammensetzen. Er weiß noch, dass er Kommunist war, alleine das *Warum* will ihm nicht mehr einfallen. In der Schlüsselszene des Films erinnert sich Apicella bei einem Spiel seiner Wasserballmannschaft, wie er einmal bei einer TV-Sendung zur Krise seiner Partei bedrängt wurde. Als Reaktion lässt Apicella zunächst die üblichen Polit-Phrasen los. Er verzettelt sich, erregt sich mehr und mehr, spricht plötzlich von einem *sentimento popolare*, einem allgemeingesellschaftlichen Gefühl – und fängt schließlich an, völlig schief und entrückt Franco Battiatos »E ti vengo a cercare« (Und ich komme, um dich zu suchen) zu singen. Am Ende stimmt das ganze Publikum im Hallenbad mit ein. Selten wurde die Krise der italienischen Linken kraftvoller dargestellt als in diesem frühen Meisterwerk Morettis. Als er 2023 seinen neuen Film in Cannes vorstellt, drehen der Regisseur und seine Schauspieler sich auf dem roten Teppich mit emporgerissenen Armen zu »Voglio vederti danzare« (Ich will dich tanzen sehen), Battiatos Hymne an den Tanz der Derwische.

Wie so oft in Italien resultiert auch im Falle Franco Battiatos die Zuneigung seiner Landsleute daraus, dass er sich gerade nicht rangeschmissen hat, volkstümlich oder leicht verständlich war. Battiato forderte die Italiener, und genau das liebten sie an ihm. Er war versponnen bis zu den Augenbrauen, niemals aber weltfremd. Keiner streute so verlässlich seinen Feenstaub ins Getriebe wie der Sizilianer. Seine spindelige Version des italienischen Pathos zählt zum Erhabensten, was die *musica leggera* hervorgebracht hat. Wenn er die Stimme in höchste Höhen steigen lässt, hat man oft den Eindruck, ein Kunstprofessor aus Catania habe bei Orchestral Manoeuvres in the Dark als Sänger angeheuert. So auch im Fall von »La stagione dell'amore« (Die Jahreszeit der Liebe) aus dem Jahr 1983. Es ist ein Lied aus seiner Pop-Phase, nach den Jahren als Experimentator und bevor sich der Künstler auf Exkursionen in die Welt der Hochkultur begibt. Nur, dass Pop diesem Battiato vor allem als Vehikel dient, um sich den Komplexitäten des Daseins zu stellen.

Battiato adressiert zu fluffig-digitalen Klängen ein unpopuläres, gleichwohl allzu menschliches Thema: Was, wenn einem mit zunehmendem Alter der Enthusiasmus und die Leidenschaft der Jugend abhandenkommen? Was, wenn zunehmend das Bedauern über Versäumtes übernimmt? Battiato hat beides für uns parat, Schonungslosigkeit und Trost: »La stagione dell'amore viene e va / I desideri non invecchiano quasi mai con l'età / Se penso a come ho speso male il mio tempo / Che non tornerà, non ritornerà più« (Die Jahreszeit der Liebe kommt und geht / Die Wünsche werden mit den Jahren fast nie alt / Wenn ich darüber nachdenke, wie schlecht ich meine Zeit verbracht habe / Die nicht zurückkommen, die nie mehr wiederkehren wird). Doch plötzlich und unbemerkt, weiß Battiato, kann einem das Gefühl einer neuen Begeisterung das Herz wieder pochen lassen. Wir hatten einige Gelegenheiten, singt er und insistiert: Bedauere niemals, sie versäumt zu haben! Man kann den Song auch als Meditation über Alterssexualität lesen.

Das Video zum Song ist mein liebster Italo-Clip der 80er. Was der Dandy Battiato hier ein weiteres Mal unter dem Vorwand des Tanzens veranstaltet, sollte Eingang ins Curriculum aller Tanzakademien der Welt finden. Auch ein Gottesmann wird mit einer leicht zu bewältigenden Choreografie bedacht. »Alles kommt zurück« lautet am Ende die Botschaft des Stückes: die Liebe, die Gelegenheiten, die Zweifel. Warum nicht auch dieser Tanzstil? Wem das alles nichts gibt, darf sich an Battiatos wunderschön anzuschauender Physiognomie freuen.

Es ist so gut wie nichts über das Privatleben des Sizilianers bekannt. Battiato war – es nimmt nicht Wunder – kein Freund gesellschaftlichen Trubels und lebte bis zu seinem Tod ein zurückgezogenes Leben im sizilianischen Örtchen Milo bei Catania (sein Nachbar war für etliche Jahre Lucio Dalla). Als Battiato im Mai 2021 stirbt, ist die traurige Kunde der Aufmacher aller Nachrichtensendungen. Sein »Voglio vederti danzare« schallt aus zahllosen Häusern Catanias. Battiato beim Tanzen zuschauen – ich könnte bis an mein Lebensende nichts anderes mehr tun.

87.

UNA STANZA VUOTA (1966)

Lisa Gastoni

Komplimente sind eine schöne Sache. Die Sache ist bloß, man erhält nicht unbedingt die Komplimente, die man sich wünscht. Über die große italienische Schauspielerin Lisa Gastoni sagte der amerikanische Schriftsteller Truman Capote, sie sei die verstörendste Frau im italienischen Kino. Die französische

Presse drückte es weniger missverständlich aus und bejubelte Gastoni als »Italiens Jeanne Moreau«.

Elisabetta Gastoni kommt 1935 im ligurischen Küstenort Alassio als Tochter eines Italieners und einer Irin zur Welt. Als während des Zweiten Weltkriegs die deutschen Besatzer den klar antifaschistisch positionierten Eltern zusetzen (der Vater wird gar interniert), flieht die minderjährige Lisa mit ihrer Mutter nach Großbritannien. Dort begeistert sie sich nach Kriegsende für das Theater, nebenbei modelt sie. Ihr Debüt auf der Kinoleinwand hat sie 1953, da nennt sie sich noch Jane Fate. 1961 kehrt sie nach Italien zurück, wo gerade ein beispielloser Filmboom einsetzt. Ihre erste Rolle in der alten Heimat führt sie an die Seite des großen Komikers Totò: In »Il monaco di Monza« (Der Mönch von Monza) des späteren »Django«-Regisseurs Sergio Corbucci spielt sie eine Schlossherrin in anderen Umständen. Der Film lohnt alleine schon die Besichtigung, um den Kurzauftritt von Adriano Celentano und seinem Sängerkollegen Don Backy als falsche (dafür aber twistende) Mönche zu erleben. Gastonis erste Begegnung mit Hauptdarsteller Totò verläuft unglücklich. Er sei ein Prinz, verrät ihr der mit Adelstiteln behangene Star. Und sie sei die Königin von England, erwidert Gastoni. Totò habe sehr gekränkt reagiert.

1968 dreht sie den Film, der sie zur Ikone macht: »Grazie, zia« (Danke, Tante, dt. Titel: »Des Teufels Seligkeit«), ein Werk des Regiedebütanten Salvatore Samperi. Der Film, sichtlich ein Produkt des Jahres 1968, erzählt von einem neurotischen Industriellensohn, der ordentlich Hass auf das Großbürgertum schiebt. Die von ihm gewählte Form des Protests ist einigermaßen originell: Er täuscht eine Beinlähmung vor, um aus dem Rollstuhl heraus seine Mitmenschen zu tyrannisieren. Als er in die Obhut seiner Tante (Gastoni) gerät, beginnt er ein psychosexuelles Spiel. Die Rolle der dekadenten und arroganten, gleichwohl unerfüllten Dame aus höheren Kreisen soll die Schauspielerin fortan noch häufig bekleiden. Lisa Gastoni selbst sagt, sie habe sich damals in jeder Hinsicht am richtigen Punkt für den Part befunden und sei körperlich und emotional schlicht die perfekte Besetzung für die Rolle gewesen. Für ihre Darstellung erhält sie den wichtigsten italienischen Filmpreis *David di Donatello*. Die Musik zu »Grazie, zia« stammt von einem gewissen Ennio Morricone und zählt zu den knalligsten Arbeiten des Römers. Apropos ...

Schon zwei Jahre zuvor kreuzen sich die Wege des aufstrebenden Filmkomponisten und der italienisch-irischen *attrice*. Ohnehin ist 1966 ein denkwürdiges Jahr für Lisa Gastoni. Mit dem Regisseur Carlo Lizzani dreht sie den Film »Svegliati e uccidi« (Wach auf und töte, dt. Titel: »Feuertanz«). Die Hauptfigur des Gangsterfilms orientiert sich an dem Ganoven Luciano Lutring, der im Italien der 60er wegen Hunderter Straftaten gesucht wird und es aufgrund seines Modus Operandi zu einer beträchtlichen Popularität in der Bevölkerung bringt. So verstaut Lutring bei Überfällen seine Waffe in einem Geigenkoffer, was ihm den Spitznamen *Il solista del mitra* (Der Maschinengewehrsolist) einträgt. 1965 wird er verhaftet und zu 22 Jahren Haft verdonnert. Nach seiner vorzeitigen Entlassung arbeitet Lutring bis zu seinem Tod 2013 als Autor und Maler; noch auf späten Pressefotos posiert der Mailänder mit Geigenkästen. Im Film spielt Lisa Gastoni die Gemahlin des Maschinengewehrsolisten – »lucky with his wife, unlucky with his gun«, wie es im Trailer heißt.

Für Lisa Gastoni erweist sich der angemessen ruppige Film in mehrfacher Hinsicht als bedeutsam. Zum einen lernt sie während der Dreharbeiten den Produzenten Joseph Fryd kennen, mit dem sie eine Liebesbeziehung eingeht. Als sie für ihre

Rolle als Lutrings Frau in Cannes ausgezeichnet wird, trifft sie kurz vor dessen Tod ihren alten Filmpartner Totò wieder. Der bittet sie, gemeinsam mit ihm nach der Auszeichnung die Bühne zu verlassen, er könne nicht mehr gut sehen.

Für unser Themenfeld entscheidend ist jedoch, dass ihr der Soundtrack Ennio Morricones im Rahmen des Films die Gelegenheit zu einem achtbaren Gesangsauftritt gibt. Der Song »Una stanza vuota« (Ein leeres Zimmer) ist ein weiteres Juwel aus Ennios Liederschatztruhe. So gut Gastoni den dunkel getönten *torch song* auch intoniert, der Star des Liedes ist das gewohnt exzentrische Arrangement des Komponisten: das unheilvolle Piano-Gitarren-Doppel zu Beginn, der Chorgesang der Cantori Moderni ab dem zweiten Vers, das leicht angebläute Gitarrensolo – ein mondäner Sixties-Traum. Und da hat man das tirilierende Schreibmaschinenklavier, das am Ende jeder Strophe auftaucht, noch gar nicht erwähnt. Niemand, wirklich niemand konnte in den 60ern arrangieren wie Ennio Morricone! Lisa Gastoni sollte nur noch ein weiteres Mal in die Rolle der Sängerin zurückfinden. 1971 ist es abermals Morricone, der ihre Stimme für seine berühmte Schicksalsmelodie »Chi mai« (Wer überhaupt) einsetzt, die er später für den Belmondo-Film »Le Professionnel« (Der Profi) wiederverwendet: ein Stück, zu dem sich ganz wunderbar im Trenchcoat existenzialistisch in die Ferne starren lässt.

1979, mit 44 Jahren, zieht sich Lisa Gastoni zurück. Die Regeln des italienischen Filmbetriebs sind ihr zu stressig geworden. Hinzu kommt, dass der mächtige Filmproduzent Mario Cecchi Gori, nachdem sich Gastoni seiner Annäherungsversuche erwehrt hat, ihre Karriere zu sabotieren versucht. Sie vermisse die Freundlichkeit und Eleganz der 60er, sagt sie 2021 in einem Interview, doch diese Zeit werde niemals wiederkommen. Das mag zutreffen. Mit »Una stanza vuota« bringt »die verstörendste Frau im italienischen Kino« die goldene Ära für zwei Minuten und 41 Sekunden zurück.

88.

STASERA MI BUTTO (1967)

Rocky Roberts

Ein Afroamerikaner in Rom, ein folgenreicher Schlag auf die Mappe, und mit etwas gutem Willen das fehlende Bindeglied zwischen Hape Kerkeling und Quentin Tarantino: die Geschichte von »Stasera mi butto«, dem unverwüstlichsten *Northern-soul*-Kracher der italienischen Musik.

Charles Roberts wird 1940 in der Kleinstadt Tanner im US-amerikanischen Bundesstaat Alabama geboren. Nach seinem Umzug nach Florida tritt er der Navy bei. Während seiner Zeit auf einem Flugzeugträger entdeckt er seine erste große Leidenschaft: das Boxen. Er hat schon einige Meistertitel erworben, als seiner Sportkarriere ein jähes Ende gesetzt wird. Während eines Kampfes zieht er sich einen Kieferbruch zu und wird so schwer am Auge verletzt, dass er den Sport aufgeben muss. Die Narbe kaschiert er mit einer dunklen Brille, die im Rahmen seines weiteren Werdegangs zu seinem Markenzeichen wird, denn gottlob schlummert noch eine weitere Leidenschaft in seiner Brust: Als der Countrymusiker Doug Fowlkes mit seiner Band The Airedales ein Gastspiel auf Roberts' Schiff gibt, erkennt er das sängerische Talent des jungen Mannes und lässt ihn fortan regelmäßig mit den Airedales auftreten.

Als Roberts während eines Landgangs in Frankreich einen Gesangswettbewerb gewinnt, beschließt er, mitsamt den

Airedales in Europa zu bleiben. Mitte der 60er verschlägt es ihn und seine Truppe weiter nach Italien, wo just der Beat seine Blüten treibt. In Rom läuft Roberts den Radiomoderatoren Gianni Boncompagni und Renzo Arbore über den Weg – zwei in späteren Jahren immens wirkmächtigen Strippenziehern des italienischen Musikbetriebs. Während Boncompagni als Autor vieler Raffaella-Carrà-Songs (so auch des ikonischen »Tuca Tuca«) reüssieren wird, strebt der Apulier Renzo Arbore ab Anfang der 70er eine ganz eigene Karriere an. Nachdem er zunächst mit *Speciale per voi* (Ein Sonderprogramm für euch) ein bedeutendes Musikformat entwickelt, verlegt er sich ab 1976 aufs Komödiantische, wobei der von ihm gepflegte Humor entschieden surreale Töne anschlägt. 1983 dreht er den Kinofilm »›FF.SS.‹ – Cioè: ›... che mi hai portato a fare sopra a Posillipo se non mi vuoi più bene?‹« (»F. F. S. S.« – Soll heißen: ... wozu hast du mich nach Posillipo gebracht, wenn du mich nicht mehr liebst?«). Das Werk handelt von zwei Herren, die mit dem Auto unter Federico Fellinis Fenster entlangfahren, just als ein Windstoß das jüngste Drehbuch des Genies aus dem Fenster weht, woraufhin die Helden sich entschließen, es kurzerhand selbst zu verfilmen. Am Schluss landet man – natürlich – in Sanremo. Etwa zur gleichen Zeit beginnt Arbore, mit seinen Bands Orchestra Italiana und The Arboriginals Alben mit verblödelter Swingmusik zu veröffentlichen. Zu seinen Erfolgen zählt unter anderem »Sì, la vita è tutt'un quiz«, die italienische Vorlage zu Hape Kerkelings »Das ganze Leben ist ein Quiz«. Arbore ist eine vieldekorierte italienische Legende, deren Humor außerhalb der Landesgrenzen freilich rasch an seine Grenzen stößt.

Zurück im Jahr 1965, wird Rocky Roberts, wie er sich inzwischen nennt, von Arbore und Boncompagni damit beauftragt, den Titelsong für ihre heute legendäre Radioshow *Bandiera gialla* (Die gelbe Fahne) aufzunehmen – ein Musikprogramm, in dessen Rahmen stets »Die gelbe Schallplatte« an den beliebtesten Song der Woche verliehen wird. Das Erkennungsstück, das Roberts für die Show einsingt, trägt den Titel »T-Bird« und wird ein großer Erfolg. Zwei Jahre später gelingt ihm dann der Sommerhit des Jahres mit »Stasera mi butto« (Heut Abend wag ich's). Selten wurde dem unbändigen Drang, einen schon lange gehegten Vorsatz endlich in die Tat umzusetzen, derart drangvoll Ausdruck verliehen. Auch daraus, was das exakte Ziel seines Wagemuts ist, macht der Künstler keinen Hehl: *Stasera mi butto, mi butto con te* (Heut Abend wag ich's, ich wag es mit dir), verkündet der Sänger mit schwerem amerikanischem Akzent zum treibenden Beat des Songs. Wer hier nicht schlagartig mitschnippt, muss wohl Boxhandschuhe tragen. Da der Song in den Charts derart zündet, entsteht in typisch italienischer Manier auch gleich noch ein Film gleichen Titels, in dem der junge Giancarlo Giannini als verklemmter Professor und Rocky Roberts als Rocky Roberts zu erleben ist.

Doch es ist noch ein anderer Song – wieder mit cineastischem Bezug –, der den Sänger aus Alabama unsterblich macht. Bereits ein Jahr vor der Veröffentlichung von »Stasera mi butto« singt Roberts den Titelsong zu Sergio Corbuccis Film »Django«, ein direkt aus dem prallen Leben gegriffener Problemfilm über einen zerrütteten Charakter, der auf seinen Wanderungen durchs irdische Jammertal stets einen Sarg mit einem darin befindlichen Maschinengewehr hinter sich herzieht. *Django, have you never loved again*, fragt Roberts in dem von Luis Bacalov verfassten Todeswalzer. Als Quentin Tarantino 2012 sein Remake des Films dreht, verwendet er das Stück erneut als Titelsong. Mit der Folge, dass der 2005 mit nur 64 Jahren in Rom verstorbene Rocky Roberts fast fünfzig Jahre nach der Aufnahme des Stücks posthum noch einmal in den Charts landet.

»Django« bleibt der beste Song für lehmverschmierte Rachefeldzüge oder andere entbehrungsreiche Momente im Morast des Daseins. »Stasera mi butto« hingegen ist am anderen Ende von Rocky Roberts' Repertoire anzusiedeln: ein immergrünes Stück, das noch den verhangensten Himmel aufzureißen in der Lage ist. In beide Songs hängt sich der Sänger rein, als gäbe es kein Morgen. »Wenn man von der Bühne kommt und nicht geschwitzt hat, hat man nicht gearbeitet«, soll sein künstlerisches Credo gelautet haben. Das Herz eines Boxers.

89.

STORIE DI TUTTI I GIORNI (1982)

Riccardo Fogli

Man kann nicht behaupten, die Band Pooh habe einen Namen gewählt, mit dem sich im angloamerikanischen Sprachraum Eindruck schinden oder gar Coolness-Punkte sammeln ließen. Und auch in ihrer Heimat gilt die Band nicht eben als geeignet, um sich in musikalischer Distinktion zu üben. Als Pooh 2023 beim *Festival di Sanremo* ein Medley ihrer größten Hits zum Besten gibt, ist dies Auswertungen zufolge der Moment, den ein Großteil der jungen Zuschauer dazu nutzt, um auf YouPorn zu wechseln. Geht man rein nach Verkaufszahlen, zählt die Gruppe mit der Aura einer glamourösen Kirchentagskapelle zu den erfolgreichsten italienischen Acts der letzten fünfzig Jahre.

Gegründet wird Pooh 1966 in Bologna vom Schlagzeuger und Liedtexter Valerio Negrini, den Namen entlehnen die Musiker der Kinderbuchfigur Winnie-the-Pooh. Zu Beginn surft die Band auf der Beat-Welle, doch ab 1971 findet sie nach einigen Umbesetzungen nach und nach zu ihrem Signatursound und steht seither für sinfonischen Stadionrock, der keiner mit Falsettstimme geschmetterten Zuckermelodie und keiner klebrigen Leadgitarre aus dem Weg geht. Der wohl berühmteste Song der goldenen Pooh-Ära der 70er ist »Dammi solo un minuto« (Gib mir nur eine Minute) – ELO und Queen gemeinsam auf Limoncello. Zahlreiche Nummer-eins-Hits pflastern den weiteren Karriereweg der Band, und die Lackleder-Schlaghosen glänzen dazu. Pooh ist Italiens Fachband *numero uno* für die hymnischen Lebenslagen, und so sollte es weder verwundern, dass die Gruppe 2022 eine Musical-Version von »Pinocchio« mit Musik versorgte, noch dass von ihr die offizielle Hymne der italienischen Fußballnationalmannschaft zur siegreichen WM 2006 stammt.

Den Kern der Band bilden bis heute Keyboarder Roby Facchinetti und Gitarrist Dodi Battaglia, aber im Laufe der langen Karriere hatte Pooh immer wieder mit personeller Abwanderung zu kämpfen. Der größte Einschnitt ist 1973 der Ausstieg von Sänger Riccardo Fogli, der – offenkundig euphorisiert durch eine Affäre mit der Sängerin Patty Pravo – befindet, dass es an der Zeit für eine Solokarriere sei. Diese läutet er im darauffolgenden Jahr mit dem Stück »Complici« (Komplizen) ein; beim *Festival di Sanremo* fällt das Lied durch. Ganz anders ergeht es dem furiosen »Storie di tutti i giorni« (Alltägliche Geschichten), das Fogli 1982 beim Festival darbietet.

Sein Song gilt als haushoher Favorit, was sich auch einem ausgesprochen seriösen Fürsprecher verdankt: dem Zauberkünstler Giucas Casella. Der hat noch vor Beginn des Wettbewerbs Foglis Sieg prophezeit und den Titel auf offener Bühne auf einen Zettel gekritzelt, der während des Festivals in einem Tresor aufbewahrt und erst nach Foglis tatsächlichem Sieg (vor den Zweitplatzierten Al Bano & Romina Power mit »Felicità«)

verlesen wird. Nach der Veranstaltung werden Stimmen laut, die ein durch die Plattenfirma manipuliertes Ergebnis wittern. Beweise, die diese Theorie untermauern könnten, werden nie geliefert.

Dabei war »Storie di tutti i giorni« schlicht der beste Song des Jahrgangs: ein ebenso drangvolles wie mondänes Stück Pop, einer der Höhepunkte der *musica leggera* der 80er, italienischer als ein *Dolomiti*-Eisfleck auf dem Versace-Sakko. Riccardo Fogli singt das Stück im Smoking mit Fliege, ihm zur Seite steht – schnauzbärtig und ganz in weiße Ballonseide gekleidet – der Gitarrist Roberto Puleo, der zuvor kurzzeitig bei den Gruselrockern Goblin gespielt hatte. Das Stück erreicht nach dem Festival den ersten Platz der italienischen Charts, in Deutschland klettert es bis auf Platz dreißig.

Früher dachte ich, der Song handele davon, wie man – eine Flasche Schaumwein in der Hand – mit der schönsten Ferienbekanntschaft der Welt durch eine italienische Sommernacht stürmt, denn genauso klingt das Stück. Doch weit gefehlt! Wie der Titel sagt, rankt sich das Lied um Alltäglichkeiten. Mehr noch, darum, wie der Alltag und die ewige Wiederkehr desselben noch den frohgemutesten Zeitgenossen seelisch zu zermalmen in der Lage sind: »Storie di noi brava gente / Che fa fatica, s'innamora con niente / Vita di sempre, ma in mente grandi idee / Un giorno in più che se ne va / Un orologio fermo da un'eternità / Per tutti quelli così come noi« (Geschichten von uns anständigen Leuten / Die sich abmühen, sich leicht verlieben / Das immer gleiche Leben, aber im Kopf große Ideen / Noch ein Tag mehr, der vergeht / Eine Uhr, die seit einer Ewigkeit still steht / Für all jene, die so sind wie wir). Es ist, offen gesagt, die Trostlosigkeit auf Stelzen, von der der Text von Guido Morra, der auch Gianni Tognis »Luna« dichtete, erzählt: Früher war eben auch schon alles schlechter.

Es sollen die zahlreichen internationalen Coverversionen des Liedes nicht unerwähnt bleiben. Die meisten haben herzlich wenig mit dem Text der Ursprungsfassung zu tun. 1994 sang der italienstämmige Niederländer Marco Borsato »Dromen zijn bedrog« (Träume sind Betrug) – auch eine betrübliche Erkenntnis. Noch weiter vom Original entfernte sich 1996 Roland Kaiser mit »Sag ihm, dass ich dich liebe«. Nino de Angelo coverte den Song auf Italienisch und Riccardo Fogli selbst brachte eine spanischsprachige Fassung heraus. Die Magie des Originals lassen sämtliche Versionen vermissen.

»Storie di tutti i giorni« sollte Riccardo Foglis größter Hit bleiben. Inzwischen tritt er gelegentlich wieder mit Pooh auf, unter anderem bei deren Konzert im Juli 2023 vor 50.000 Fans im Mailänder San-Siro-Stadion. Einmal Pooh, immer Pooh, Winnie Pooh.

90.

TI CHIEDO IN NOME DELL'AMORE

(1966)

Nicola Di Bari

Nirgendwo sonst beginnen Sängerkarrieren auf so schillernde Weise wie in Italien.

Michele Scommegna ist 16, als er bei einem Fest in seinem apulischen Heimatdorf Zapponeta einem bedauernswerten Eisverkäufer aus der Patsche hilft. Eine plötzliche Heiserkeit hat den Unglücklichen überkommen, sodass an die üblichen »Lecker, lecker Eis!«-Lockrufe nicht mehr zu denken ist. Nichts geht bekanntlich mehr zu Herzen als ein heiserer Eisverkäufer, und so übernimmt der Knabe an seiner statt. Der schmächtige Junge mit der großen Brille belässt es jedoch keineswegs beim Rufen – er singt auch. Wie es das Drehbuch seines Lebens will, kommt ein Talentscout des Weges und stellt dem perplexen jungen Mann ein Engagement im Norden in Aussicht. Zugegeben, als Deutscher wundert man sich, sind hiesige Dorffeste doch in der Regel vorrangig Anlass dazu, Rekorde auf dem Sektor des Gerstensaftkonsums aufzustellen; Talentscouts finden sich eher selten unter den Bierathleten. Aber erstens sind wir hier nun mal in Italien, und zweitens: Wer wollte die vom Sänger selbst kolportierte Entdeckungsgeschichte schon infrage stellen?

Gegen den Willen seiner Eltern folgt Michele dem Ruf des Showgeschäfts nach Mailand. Hier schwingt der junge Mann tagsüber die Maurerkelle, abends singt er in wechselnden Amüsierschuppen der Stadt. Was die Wahl seines Künstlernamens angeht, beweist der Süditaliener Originalität. Den Namen Nicola Di Bari leiht sich der lokalpatriotisch veranlagte Sänger vom Schutzpatron seiner Heimatstadt Nikolaus von Myra, jenem Herrn, dem hierzulande am 6. Dezember gehuldigt wird. Was soll mit solch einem Pseudonym schon schiefgehen?! Nachdem er sich eine Weile durch die Clubs der norditalienischen Metropole gesungen hat, wird er dem Chef der renommierten Plattenfirma *Jolly* Walter Guertler vorgestellt. Der nimmt ihn bereitwillig unter Vertrag, lässt ihn aber parallel dazu im Lager der Firma ackern – Lehrjahre sind keine Herrenjahre. Bei *Jolly* freundet sich der Apulier zudem eng mit einem Herrn an, der eigentlich so ganz anders tickt als der bodenständige junge Mann aus der Nähe von Bari – Luigi Tenco.

Erste Erfolge stellen sich ein, als Nicola Di Bari 1967 zum Label *RCA* wechselt. Der ganz große Durchbruch gelingt dem Mann mit der imposanten Brille aber erst 1970 mit dem Lied

»La prima cosa bella« (Die erste schöne Sache), das von der Geburt seines ersten Kindes inspiriert ist. Er bietet es zunächst Schwiegermutterschwarm Gianni Morandi an, doch der winkt ab. Auch Patty Pravo, Domenico Modugno und Sergio Endrigo erteilen Nicola abschlägigen Bescheid. Bitte, dann singt er es eben selbst! Das Stück erscheint auf Lucio Battistis und Mogols Label *Numero Uno*; die begleitende Gitarre spielt Battisti selbst. Ursprünglich war dessen Part nur als Stütze für den Sänger während der Aufnahme gedacht, doch Produzent Gian Piero »Rondo Veneziano« Reverberi entscheidet, ihn beizubehalten. »La prima cosa bella« macht den Mann vom Stiefelabsatz endgültig zum Star. Und Nicola legt nach: Im Sommer desselben Jahres verkündet er auf seiner nächsten Single, ein »Vagabondo« zu sein. Das rührt nicht nur die Italiener an – es etabliert Nicola Di Bari auch in Spanien und Südamerika und führt dazu, dass der Sänger fortan zweigleisig fährt und seinen Liedern regelmäßig hispanisierte Fassungen angedeihen lässt. Im späteren Verlauf seiner Karriere ist er im spanischsprachigen Ausland sogar noch erfolgreicher als in seiner Heimat.

Die frühen bis mittleren 70er sind seine Glanzphase. Er kann jetzt alles singen und tut es auch. Berüchtigt ist seine Coverversion des Doors-Hits »Light My Fire« als »Dammi fuoco« (Gib mir Feuer) – eine Fassung, der das Dionysische des Originals gänzlich abgeht. Vier Jahre nach dem Tod seines Freundes Luigi Tenco nimmt Nicola ein viel beachtetes Album mit Stücken des dunkel umwölkten Liedpioniers auf. Tencos Mutter habe ihn darum gebeten, berichtet er der Presse, »Nur du schaffst das!« habe sie zu ihm gesagt. Nicolas Karriereweg führt ihn auch auf die Kinoleinwand. In dem Ganovendrama »Torino nera« (Schwarzes Turin, dt. Titel: »Der Sizilianer«) von 1972 findet er sich an der Seite Bud Spencers wieder und sieht in seiner Rolle als Anwalt Mancuso verwirrenderweise Nicola

Di Bari zum Verwechseln ähnlich. In den 80ern kommt seine Karriere ins Stagnieren. Im Folgejahrzehnt hält er es für eine gute Idee, seine größten Erfolge in zeitgenössischen Neubearbeitungen aufzulegen, die allerdings oft klingen, als sei einem Alleinunterhalter am *Golfo di Manfredonia* die Begleitautomatik des Keyboards außer Kontrolle geraten. Aber wie es die italienische Showlogik nun einmal will: Wenn man sich nur lange genug durch künstlerisches Brachland geschleppt hat, werden einem im Alter irgendwann automatisch mythische Weihen zuteil. So auch Nicola Di Bari – heute zählt er zum künstlerischen Inventar der Republik Italien.

Wiederkehrendes Motiv im Werk Nicola Di Baris ist der Abschied von und die Sehnsucht nach der heimischen Scholle – letztlich das ewige italienische Thema der Auswanderung. Man sollte von den Stücken des Sängers jedoch keine profunden Analysen zum Thema »Binnenmigration« erwarten; seine Schmetterstimme empfiehlt den Künstler als Interpret zupackender Schlager und würziger Balladen. Es geht hier ganz klar darum, mit Schmackes und ohne falsche Scham auf die Tube der Sentimentalität zu drücken. Die Kulturtechnik des Schmachtens – hier wird sie in Formvollendung zelebriert. Nehmen wir nur das vorliegende Stück. Allein der Titel kündet schon von der Bereitschaft zum Drama: »Ti chiedo in nome dell'amore« (Ich bitte dich im Namen der Liebe). Gleich zu Beginn: dramatische Streicher! Dann kommt Nicola, sein Ton ist drangvoll bis bebend: »Noooo – Non andare via, non mi dire addio« (Nein, geh nicht fort, sag mir nicht Lebewohl), fleht der Sänger und weiß doch um die Vergeblichkeit seines Ersuchens. Des Sängers Lied spielt dort, wo im Herzen des Gegenübers längst kein Gras mehr wächst. Nein, er wird die Angesungene wohl nicht zum Bleiben bewegen können – aber der staunenden Hörerin daheim schmilzt das *gelato* dahin.

Selbst wenn Sie sich nicht für Nicola Di Baris inbrünstige Lieder begeistern können, so hat dieses Kapitel vielleicht wenigstens zur Folge, dass Sie mobilen Eisverkäufern künftig ein wenig anders begegnen.

91.
TIENATÉ (2022)
Nu Genea

Noch einmal geht es nach Neapel, die Stadt, in der ich knapp vierzig Jahre nach Erhalt meines Führerscheins endlich Autofahren gelernt habe. Alleine die am Golf praktizierte Kulturtechnik des Hupens liegt mir so viel mehr als die hiesige. Während in Deutschland das ebenso insistierende wie enervierende »Mööööööööööööööööööööp« von der Präsenz entnervter Lenkradlehrmeister kündet, kommuniziert das kurze »Möpp!« Süditaliens – neben der Warnung, gleich mit erhöhtem Tempo gegen die Einbahnstraße um die Ecke gebrettert zu kommen – eher die Freude am Dabeisein, am kollektiven Groß-Event namens Straßenverkehr. »Möpp! Da bin ich. Ich hab Lust, Auto zu fahren. Wie sieht es bei euch aus?«, scheint das kurze Hupen zu sagen. In der Regel wird mit einem vielstimmigen »Möpp!« der übrigen Verkehrsteilnehmer geantwortet – und dann geht es auch schon rund. Verlierer dieses austauschintensiven Herumkurvens sind alleine zaudernde Touristen, Menschen mit Atemwegserkrankungen oder Fußlahme.

Aber nicht nur der Besucher aus dem Norden lernt staunend vom gleichermaßen chaotischen wie kommunikativen Fahrstil der Bewohner Parthenopes. Auch der gebürtige *napoletano* Lucio Aquilina kommt nicht umhin, dem Verkehr in seiner Heimatstadt lehrreiche Wirkung zu attestieren. Wenn man in Neapel Auto fahren könne, sei man auch überall sonst dazu in der Lage. Das Gleiche, so Aquilina, gelte für das Musikmachen.

Dieser Lucio Aquilina bildet zusammen mit seinem Freund Massimo Di Lena das Duo Nu Genea, das in den letzten Jahren auch außerhalb beinharter Italo-Pop-Zirkel für Korkenknallen sorgen konnte. Im Jahr 2014 verlagern die beiden ihre künstlerische Wirkstätte von *bella Napoli* nach Berlin-Friedrichshain, wo sie zu jenem Zeitpunkt die besseren Arbeitsbedingungen für junge Musiker vermuten. Gleich für ihr erstes Album »The Tony Allen Experiments« arbeiten sie mit dem namensgebenden legendären Afrobeat-Schlagzeuger zusammen. Als 2018 ihr nächstes Album erscheint, ist das Heimweh schon so groß, dass sie eine Zeichnung des Vesuvs aufs Cover packen und das Werk »Nuova Napoli« (Neues Neapel) nennen. Die Musik auf der Platte entführt den Zuhörer sofort in die Gassen der kampanischen Hauptstadt: Disco-Geigen, Polizeifilm-Synthesizer und entfesselte Perkussion verbinden sich zu einem brodelnden Sound, der sich nicht zwischen früher und heute, zwischen selbst gebrautem Traditionsstoff und Einflüssen aus Afrika und anderen Kulturkreisen entscheiden will. Das Stück »Je vulesse« (Ich würde gern) gründet sich auf ein Gedicht des neapolitanischen Dichters und Schauspielers Eduardo De Filippo. Man sieht beim Hören des Albums Pulcinella durch den Feinstaub tanzen.

»Nuova Napoli« entsteht noch vollständig am heimischen Rechner. Aber noch schneller als Aquilina und Di Lena »Pizza fritta« sagen können, flattern den beiden bis dahin vornehmlich als DJs umtriebigen Künstlern die Live-Angebote ins Haus. Klare Sache, eine Band muss her. Sieht man diese sechsköpfige

Band um die beiden kreativen Köpfe heute live, fühlt man sich endgültig in jene Ära der 70er und 80er zurückkatapultiert, da der Funk aus jedem Gullydeckel zwischen den Vierteln Sanità und Porto zu dringen schien. Es kommt einer Wiedergeburt gleich: Der groovige Blues Pino Danieles, der Prog-Jazz von Napoli Centrale, die kunstvolle Rhythmik von Toni Esposito und Tullio De Piscopo, aber auch die Soul-Anleihen von Enzo Avitabile und die entrückten Liedertänze Teresa De Sios klingen durch.

2022 erscheint mit »Bar Mediterraneo« ein weiteres Album, eine Platte, der die Arbeit mit der Live-Band anzumerken ist, die deutlich saftiger ist und der die Sonne aus jeder Rille scheint. Auch die Stimme von Sängerin Fabiana Martone erstrahlt hier noch mal um einiges glanzvoller.

Inzwischen haben sich Aquilina und Di Lena entschieden, ihren Lebensschwerpunkt wieder in den italienischen Süden zu verlagern. Es seien nicht zuletzt nichtmusikalische Gründe gewesen, die sie zur Rückkehr bewogen hätten: mal eben einen vernünftigen Mozzarella essen oder ans Meer spazieren zu können. Inzwischen sehen sich die beiden als Botschafter eines erblühenden *Napoli*, dessen einmalige aufgekratzte Energie in ganz Europa ohne Beispiel sei. Die Stadt, von vielen Italienreisenden lange wegen ihres Chaos gemieden und allenfalls als zwangsläufiger Zwischenstopp auf dem Weg nach Capri oder Ischia besucht, habe sich dem Tourismus geöffnet. Natürlich gingen damit die Probleme aller Urlaubsstädte einher, man müsse beobachten, ab wann die vielen *Airbnb*-Wohnungen in der Innenstadt die Einheimischen aus Vierteln wie Spagnoli vertrieben. Für den Moment sei es eine erfreuliche Entwicklung.

Jetzt aber möchte ich voller Lebensfreude für das tolle Stück »Tienaté« (Behalt es!) auf die Hupe drücken. Der von Fabiana

Martone mit breit lächelnder Stimme vorgetragene Text erzählt eine Situation, wie sie sich im Alltag der Wimmelstadt unter dem Vesuv wohl tagtäglich abspielt: Ein Freund leiht etwas vom anderen aus, doch statt es zurückzugeben, verschwindet er. Der neapolitanische Text ist selbst für Italiener schwer aufzudröseln, aber in Neapel zählt ohnehin vor allem der Klang. Tanzend versteht man den Song im Übrigen deutlich besser. Wer wie Ihr Chronist je einen Konzertsaal voller Süditaliener zu dem Song herumhüpfen sah, wird es sein Lebtag nicht vergessen. Hüpfen Sie mit – es ist leichter, als in *Napoli* Auto zu fahren.

92.

TORNERÒ (1974)

I Santo California

Vor gut zehn Jahren bestellte ich in einem toskanischen *ristorante* ein denkwürdiges Menü. Mein Italienisch war damals noch unterentwickelt, und so orderte ich einfach beherzt drauflos, wobei ich mich vom Klang der Speisen auf der Karte leiten ließ. Was ich nicht ahnte: Alle drei bestellten Gänge – *antipasto*, *primo* und *secondo* – enthielten beträchtliche Mengen erhitzten Käses. Die Erinnerung an die folgende Nacht hat sich mir unauslöschlich eingebrannt. Kugelrund und von mir bislang nicht bekanntem Schmerz geplagt, wälzte ich mich im Bett und bekam kein Auge zu, was mir immerhin die ausgiebige Gelegenheit bot, in unsachlichster Manier alle toskanischen Käseköche zu verfluchen – und die der umliegenden Regionen gleich mit. »Erhitzter Käse – Geißel der Menschheit« lautet seither mein Glaubenssatz.

Der Song »Tornerò« (Ich werde zurückkommen) ist das Lied gewordene Gegenstück zu diesem käselastigen Drei-Gang-Menü. Alles an diesem Stück ist ein fädenziehendes Vielzuviel, und es würde mich nicht wundern, wenn es dazu in der Lage wäre, sensible Zeitgenossen um den Schlaf zu bringen. Dennoch muss über das Werk gesprochen werden. Zum einen, weil man dieser Schwarte von einem Lied einen gewissen Charme nicht absprechen kann, zum anderen, weil »Tornerò« zu den erfolgreichsten italienischen Lied-Exporten der 70er zählt.

I Santo California gründen sich Anfang der 70er in der süditalienischen Region Kampanien, die fünf Bandmitglieder stammen aus Nocera Inferiore und Angri in der Provinz Salerno. Zu Beginn nennt die Band sich noch La Nuova Frontiera (Die neue Grenze). Unter diesem Namen tut sie das Sinnvollste, was man als kampanische Band dieser Epoche tun kann: Sie spielt die Diskotheken der Amalfiküste rauf und runter, auch auf Dorffesten und in Badeanstalten schnallen die Musiker die Instrumente um. Als sie 1974 bei einer Feier zu Ehren Prisco de Noceras, des ersten Bischofs und Stadtpatrons Noceras, aufspielen, befindet sich im Publikum ein Mann, der für die weitere Karriere der Musiker von entscheidender Bedeutung sein soll. Sein Name: Elio Palumbo. Ein faszinierender Zeitgenosse, der sein Glück schon in verschiedenen künstlerischen Bereichen versucht hat. In den 60ern war er für die *RAI* als Regisseur von Krimiserien tätig, 1972 drehte er unter dem genialen Pseudonym Helia Colombo (!) den türkisch co-produzierten, sehr kostengünstigen Thriller »La polizia brancola nel buio« (Die Polizei tappt im Dunkeln) – allein schon deshalb ein faszinierender Film, weil darin kein einziger Polizist vorkommt.

Palumbo ist ob des Gebotenen ganz aus dem Häuschen und bugsiert die Band zwecks Albumproduktion nach Rom. Dort verpasst er den Musikern nicht nur ihren neuen Namen I

Santo California (Heiliges Kalifornien), er macht die Gruppe auch zum Aushängeschild seiner neu gegründeten Plattenfirma *Yep* und schreibt zudem den Text zu ihrem Durchbruchshit »Tornerò«.

Selbst wenn man des Italienischen nicht mächtig ist, wird beim Hören rasch klar, dass hier das bittere Lied des Schmerzes, des Liebesleids gesungen wird. Bereits der Uuuhhh-Chor, der sich eingangs über die Akkorde G, e-Moll, C und D legt, verortet das Lied klar in den frühen 70ern. Nun ist Balladen jener Epoche fast immer eigen, dass keine Gefangenen gemacht werden, stattdessen gilt es, allen Subtilitäten streng die Tür zu weisen. Hier aber trieft es in einem Ausmaß, dass man geneigt ist, den Putzlappen hervorzukramen. Auftritt des California-Sängers Pietro Barbella: »Rivedo ancora il treno / Allontanarsi, e tu / Che asciughi quella lacrima« (Ich sehe noch den Zug / Der sich entfernt, und du / Die du diese Träne trocknest). Es ist das scharfe Schwert des Abschieds, das hier besungen wird. Doch Sänger Barbella versichert im weiteren Verlauf (oft, sehr oft): »Tornerò« (Ich werde zurückkommen). Der Refrain schließlich zieht selbst hartgesottenen Hörern die Plomben. Mit gellender Kopfstimme vorgetragen heißt es dort: »Sei / Sei la vita mia / Quanta nostalgia / Senza te / Tornerò / Tornerò« (Du bist / Du bist mein Leben / Wie viel Nostalgie / Ohne dich / Ich werde zurückkommen / Ich werde zurückkommen). Man muss fairerweise sagen, dass bei Abschieden an Bahnhöfen selten allzu Tiefsinniges gesagt wird – es ist das Gefühl, das zählt. Ebenso fair ist es allerdings anzumerken, dass die Versicherung zurückzukehren an den wenigsten Bahnhöfen mit derart schriller Kopfstimme getätigt wird. Im zweiten Teil des Liedes tritt dann noch eine Sängerin – besser: Sprecherin – auf und stellt die weibliche Sicht auf den Abschied dar. Häufig wurde von Beobachtern vermutet, der Song thematisiere italienische Emigrationsbewegungen, was wohl aber nicht in Texter Palumbos Absicht lag. Trotzdem verselbstständigt sich das Lied. In den Nullerjahren etwa wird »Tornerò« zu einer inoffiziellen Hymne der im Kosovo stationierten italienischen Soldaten.

Die zu besichtigenden TV-Auftritte der Band aus den 70ern frappieren. Zum einen ist da die, nun ja, gebremste Performance von Sänger Pietro Barbella: Der Mann ist definitiv nicht daran interessiert, in der Manier zahlreicher Kollegen die Bühne zusammenzufalten. Selten sah man einen italienischen Sänger so verhalten, ja beinahe verzagt agieren. Vermutlich ist er einfach *in character* und spürt dem betrübten Songtext nach. Beim Auftritt in der ZDF-Samstagabendshow *disco* verblüffen aber vor allem die übrigen Mitglieder der Band, die den erwähnten schrill-schönen Refrain intonieren. Nicht genug damit, dass die Gitarristen ihre E-Gitarren schrammeln, als wären es akustische Lagerfeuerinstrumente, sie sehen auch noch aus wie die Absolventen des Studiengangs Elektrotechnik 1974 an der Uni von *Sorrento*.

»Tornerò« landet auf Platz zwei der deutschen Charts, in der Schweiz schafft der Song es gar bis auf Platz eins. Mit Entdecker Elio Palumbo überwerfen sich die Bandmitglieder schon bald: Die Musiker nehmen es ihrem Labelboss verständlicherweise krumm, dass sie trotz Millionen verkaufter Platten weiterhin von ihren Eltern finanziert werden müssen. Ende der 70er zieht sich die Band von den großen Bühnen zurück, heute tritt das Quartett häufig auf Nostalgieveranstaltungen auf und singt dort das Lied der ewigen Wiederkehr. Apropos Wiederkehr: Sänger Pietro Barbellas Haar ist heute deutlich voller als vor fünfzig Jahren. Die Magie des Südens!

Käse oder nicht, in »Tornerò« sind weite Teile der 70er gespeichert. Doch Obacht: nicht auszuschließen, dass einem beim Hören Schlaghosen wachsen. Zudem konnten viele

Menschen, die sich zu diesem Song in den Klammerblues begaben, danach nur unter Mühen wieder vom Tanzpartner getrennt werden.

93.

TU (1978)

Umberto Tozzi

Umberto Tozzis Durchbruch kommt mit einem »Ich liebe dich«, das sich gewaschen hat. 1977 tritt der Turiner Sänger mit »Ti amo« beim Gesangswettbewerb *Festivalbar* in der *Arena di Verona* an. Seine Plattenfirma hatte ursprünglich einen anderen Song – »Se tu mi aiuterai« (Wenn du mir helfen wirst) – als Wettbewerbsbeitrag im Sinn, aber in einer harten Auseinandersetzung kann sich Tozzi durchsetzen. Das von ihm gemeinsam mit seinem Texter Giancarlo Bigazzi verfasste Stück basiert auf einer der simpelsten aller Akkordfolgen (C, a-Moll, d-Moll, G), aber wie diese harmonische Überschaubarkeit inszeniert wird, hat es in sich. Anfangs ist Tozzis Stimme nur ein Hauchen, dann packt er die Rockröhre aus, nur um schließlich im obersten Register zu reüssieren. Im weiteren Verlauf des Liedes werden diese Stimmen übereinandergelegt und gegeneinander verschoben; es ist ein recht vielstimmiges »Ich liebe dich«. Dazu das schwüle, spannungsgeladene Slow-Disco-Arrangement mit dem grandios stumpfen Schlagzeug, der Sechzehntel-Perkussion und den Streichern. Derart verpackt kann die schlichte Liebesbekundung den Adressaten kaum verfehlen.

Es nimmt nicht Wunder, dass Tozzi in Verona gewinnt; am Schluss lässt er euphorisiert das Sakko überm Kopf kreisen.

Dringend anschauenswert ist aber vor allem ein Studioauftritt Tozzis mit dem Song aus demselben Jahr: Der Künstler trägt hier die braunste Lacklederhose Italiens. Aus solch einer Hose heraus »Ti amo« zu singen, zeugt von einer feinen künstlerischen Intuition. Was der Barde bei dieser Darbietung wiederum mit seinen Händen veranstaltet, gemahnt an eine Mischung aus Luftgitarrenspiel und italienischem Marcel Marceau. Gut, die Lacklederhose hatte er auch schon in der *Arena di Verona* an, aber bei besagtem Studioauftritt erstrahlt sie in noch schönerem Glanz. Einige Passagen des Textes irritieren damals wie heute, am meisten sicherlich die Zeile, in der ein *guerriero di carta igienica* (ein Toilettenpapier-Krieger) vor der Tür steht. Aber sei's drum: »Ti amo« wird der größte Hit des italienischen Sommers 1977, vom 23. Juli bis zum 22. Oktober verbleibt die Ballade auf Platz eins. Ein endloser Sommer der Liebe. Auch im angrenzenden Ausland schmilzt man dahin. In Deutschland versucht sich Howard Carpendale mit einer Übersetzung des Texters Fred Jay am Verbreiten von *italianità*: »Ti amo / Du sagtest: Ti amo / Das heißt: Ich lieb dich so / Was ist geblieben von deinem mich Lieben?«. Im Sommer 1977 gelingt es Carpendale, mit seiner Fassung die Ursprungsfassung Tozzis in den hiesigen Charts zu überholen. Während das Original auf Platz vier *peakt*, schafft es die Jay-Bearbeitung bis auf Platz zwei. Den erwähnten Toilettenpapier-Krieger sucht man in der deutschen Fassung vergebens.

Trotz Tozzis Erfolg in Verona bleibt man in Italien skeptisch und hält den Mann mit dem blassen Teint für eine musikalische Eintagsfliege. Doch der Sänger belehrt seine Landsleute rasch eines Besseren. 1978 bringt er auf Lucio Battistis Label *Numero Uno* sein drittes Album »Tu« (Du) heraus. Der ausgekoppelte Titelsong sorgt erneut für Hochwasser in italienischen Planschbecken. Wieder gründet der Song auf einer sehr einfachen Akkordfolge, wieder arbeitet sich der Sänger durch die Oktaven – mit dem Unterschied, dass er es diesmal zu einem beschwingteren Rhythmus tut.

Und auch zu diesem Lied gibt es einen tollen TV-Auftritt. Tozzi hat die Siegerhose eingemottet und präsentiert hier ein neues Outfit: ein unten zusammengeknotetes knallrotes Hemd, das er mit einer weißen Hose kombiniert. Was unvorbereitete Betrachter aber wirklich in den Bann schlagen muss, ist des Sängers Tanztechnik, der es gelingt, das Geschmeidige mit dem Albernen zu vermählen, was ja in jeder Hinsicht das nobelste Ziel auf Erden sein sollte.

Giancarlo Bigazzi, Tozzis treuer Texter, hat für das Lied wieder metrisch souveräne Lyrik gedichtet. Im Grunde formuliert der Text wie auch schon »Ti amo« zwischenmenschliche Hingezogenheit im fortgeschrittenen Stadium. Das namenlose Gegenüber wird über alle Maßen bezirzt, zugleich feiern die Zeilen auch die zwischenmenschliche Nähe im Alltäglichen. Und wie so oft bei Bigazzi sind da auch Passagen, die irritieren. Hier heißt es etwa: »Il mio letto è forte e tu / Pesi poco di più / Della gommapiuma« (Mein Bett ist stark und du / Wiegst kaum mehr / Als Schaumgummi). Ob es sich hierbei um einen zeitlos guten Anmachspruch handelt, sei dahingestellt. Unstrittig hingegen ist, dass dem Gespann Tozzi/Bigazzi in den folgenden Jahren noch etliche weitere Hits gelingen werden.

Ein paar Worte noch zu diesem Giancarlo Bigazzi, einem der denkwürdigsten Liedautoren seines Heimatlandes. 1969 ist der Florentiner Gründungsmitglied der berüchtigten Anarcho-Band Squallor (Elend), die es Zeit ihrer Karriere darauf absah, sich mit halb Italien anzulegen. Die denkwürdige Geschichte der Gruppe, deren Werk oft wirkt wie ein Crossover aus Frank Zappas Mothers of Invention und den Gebrüdern Blattschuss, wird uns einige Kapitel später noch beschäftigen. Von den ebenso grenzüberschreitenden wie unterleibsfixierten Provokationen der frivolen Schimpfpoeten sind die Lieder, die Bigazzi mit Umberto Tozzi schrieb, freilich weitgehend befreit – auch wenn Wendungen wie der »Toilettenpapier-Krieger« deutlich von Bigazzis komödiantischer Provenienz künden.

Nun aber viel Freude mit einem Song, der die Welt schlagartig in die satten Farben des italienischen Sommers 1978 taucht. Die hochgradig eingängige *hook line* kann man auch mitsingen, wenn man des Italienischen unkundig ist. *Allora*: »Dan, dabadan, dabadan, badadan, bam, bam, bam, bam ...«.

94.

TU SI' 'NA COSA GRANDE (1964)

Domenico Modugno

Vor ein paar Jahren ermittelte Italiens Musikrechte-Verwertungsgesellschaft SIAE, welches das weltweit meistgespielte italienische Lied aller Zeiten sei. Die Antwort dürfte kaum verwundern: Mit einigem Abstand liegt Domenico Modugnos »Nel blu, dipinto di blu (Volare)« (Im Blau, blau angemalt (Fliegen)) ganz vorne, jenes Stück, mit dem der Sänger 1958 die italienische Popmusik überhaupt erst abheben ließ. Es ist die Stunde null der *musica leggera*. Ebenso wie Modugno das italienische Lied neu denkt, erfindet sich ganz Italien neu – als boomende Wirtschaftsnation, mit »Volare« als Soundtrack.

Als erster italienischer Künstler der Nachkriegszeit erobert Modugno in der Folge Amerika, wo sich sein Stück dreizehn Wochen lang auf Platz eins der Charts hält, und das, obwohl den meisten Plattenkäufern der italienische Text komplett unverständlich sein dürfte: ein Novum. Noch im Erscheinungsjahr kann der Sänger zwei Grammys einsacken. Er unternimmt eine große USA-Tournee, während derer er sich von einem im Regen turtelnden Liebespaar zu seinem Song »Piove« (Es regnet) inspirieren lässt, der als »Ciao ciao bambina« ein weiterer Welterfolg wird. 1962 und 1966 gewinnt er abermals in Sanremo. Er arbeitet mit Pier Paolo Pasolini und Ennio Morricone und spielt in zahlreichen Komödien mit. Als 1968 das für die Liedauswahl zuständige Komitee in Sanremo Modugnos Lied »Meraviglioso« (Wunderbar) ablehnt – vermutlich weil man fürchtet, der Text über einen Suiziddversuch, der von einem Engel vereitelt wird, könne auf Luigi Tencos Freitod im vorangegangenen Jahr bezogen werden –, entwickelt sich das Stück dennoch zum Hit. Vor allem aber singt Domenico Modugno wie kein Zweiter immer wieder das Lied des italienischen Südens, von Armut, Ausbeutung und Heimatverlust. Am liebsten auf Sizilianisch. Was einigermaßen erstaunlich ist, denn Modugno ist Apulier, 1928 im Küstenort Polignano a Mare geboren. Doch er denkt den Süden als Ganzes und schreibt und singt in allen Dialekten des *Mezzogiorno*. 1964 gelingt ihm ein großer Erfolg mit dem auf Neapolitanisch dargebotenen Stück »Tu si' 'na cosa grande« (Du bist etwas Großes). Das Stück des Apuliers mit dem sizilianischen Herzen gilt als letzte klassische *canzone napoletana*.

Es ist das Lied eines Verliebten, in das sich jedoch Klage und Zweifel mischen. In der ersten Strophe legt der Sänger dar, wie einzigartig ihm das begehrte Gegenüber erscheint; alleine schon die schiere Anwesenheit der angesungenen Person löse emotionales Überschwappen aus. Ja, er fühle sich, als sterbe er! Es lässt sich nicht leugnen, dass damit ein gewisser Druck aufgebaut wird, aber schließlich sind wir hier im Königreich des neapolitanischen Straßenliedes, wo das lyrische Frittierfett immer etwas verschwenderischer eingesetzt wird. Doch in die überschwängliche Liebesbekundung mischen sich Zweifel – und Klagen. Im Refrain fleht der Sänger geradezu darum, das soeben seiner Liebe versicherte Gegenüber möge doch auch seinen Gefühlen Ausdruck verleihen. Modugno barmt hier geradezu um Rückversicherung. Allein, das Objekt seiner Zuneigung schweigt und lässt den Sänger im Unklaren.

»Tu si' 'na cosa grande« ist ein Stück, das ein weiteres Mal Zeugnis vom performativen Genie Modugnos ablegt. Wie er noch in den leisesten Momenten das Stück kontrolliert, sein typisches An- und Abschwellenlassen der Stimme, das Verschleppen der Konsonanten – all das bläst dem ergriffenen Hörer den Puderzucker von der *sfogliatella*. Der Mann tanzt förmlich mit der Stimme. Dazu das spannungsgeladene Arrangement von perkussivem Geklöppel, Orgel und Akkordeon, das dem Magier viel Platz für seine Zauberei lässt: ganz toll. Der Drang, sofort in neapolitanischer Manier Wäsche vors Fenster zu hängen, lässt sich kaum kontrollieren. Besagtes Arrangement stammt von Orchesterleiter Enrico Simonetti, Vater von Claudio Simonetti, der später mit der Band Goblin das Konzept des Horrorfilm-Soundtracks revolutionieren sollte. Doch auch Papa Enrico zeichnet für einige Filmmusiken verantwortlich, unter anderem zu einem Werk mit dem anbetungswürdigen Titel »Lustschrei im Urwald«. Auf den wartet man in Modugnos Song vergeblich – mutmaßlich eine gute Nachricht.

Modugno stellt das Stück 1964 beim *Festival di Napoli* vor, allerdings nicht alleine. Ähnlich wie ehedem beim Gesangswettbewerb an der Blumenriviera will es auch das Prozedere beim Liederwettbewerb von Neapel, dass ein Lied von zwei Künstlern separat präsentiert wird. Neben Modugno tritt in Neapel die junge Ornella Vanoni an. »Tu si' 'na cosa grande« gewinnt den Wettbewerb haushoch. Beide Versionen werden Verkaufserfolge, und alle sind glücklich. Nur ein paar Miesepeter stoßen sich daran, dass ein echter Neapolitaner nicht »grande«, sondern »grossa« sagen würde. Bis heute ist es ein Stück, das von italienischen Sängerinnen und Sängern unterschiedlichster Ausrichtung immer wieder aufgeführt wird.

Modugnos Karriere soll ihn in den folgenden zwanzig Jahren noch an etliche Gestade des Erfolgs führen – bis 1984, als der damals 56-jährige Kettenraucher während einer TV-Aufzeichnung einen Schlaganfall erleidet, was die Sängerkarriere des Lied-Erneuerers beendet. In seinen letzten zehn Lebensjahren widmet er sich der Politik. Er kandidiert für den linksliberalen *Partito Radicale* und engagiert sich für die Rechte psychisch Kranker. 1993 kommt es zu einem kurzen, unverhofften Comeback: Gemeinsam mit seinem Sohn Massimo singt er das Lied »Delfini«. Mit seinem Rauschebart ist er bei den gemeinsamen TV-Auftritten kaum wiederzuerkennen, und wenn Massimo beim Singen die Hand des sichtlich angeschlagenen Vaters ergreift, kann dies sensible Zeitgenossen nach der Taschentuchpackung tasten lassen.

Modugno stirbt im folgenden Jahr in seinem Haus in Sichtweite der Isola dei Conigli, der Kanincheninsel, auf Lampedusa. Der überlebensgroße Domenico Modugno, der im Alleingang die italienische Popmusik erfand, ist bis zum Schluss ein Mann des Südens.

95.
VAFFANCULO (1979)
Daniele Pace

Der Verlauf der Karriere von Daniele Pace ist ausgesprochen faszinierend und führt den vielseitigen Künstler in die entlegenen Bezirke des italienischen Showgeschäfts. Und das, obgleich Pace immer ein Insider war. Seinen Anfang nimmt dieser künstlerische Werdegang auf See.

Ende der 50er sagt der in Mailand geborene Sohn apulischer Eltern den genormten Vorstellungen eines gelungenen Lebens *addio*, um fortan als Musiker auf Vergnügungsschiffen durch die Gegend zu schippern. In der kleinen Band, mit der er auftritt, wirkt auch ein Herr mit, der Italien in späteren Jahren gehörig mit seinem außermusikalischen Wirken prägen sollte: Silvio Berlusconi. In späteren Interviews behauptet der *cavaliere*, sein damaliger Künstlername sei Danì Daniel gewesen. Tatsächlich war es Daniele Pace, der unter diesem Alias auftrat. Ein weiterer Fall von Berlusconis elastischem Verhältnis zur Wahrheit.

Zu Beginn der 60er verlagert Pace sein musikalisches Treiben an Land, wo er sich als Auftragstexter für die Plattenfirma *Compagnia Generale del Disco* (*CGD*) verdingt. 1966 schreibt er für Adriano Celentano den Beat-Fetzer »Nessuno mi può giudicare« (Keiner kann über mich urteilen). Celentano wird jedoch nicht wirklich warm mit dem Stück, der Song wird dann in der Folge von Caterina Caselli zum präfeministischen Hit verwandelt. 1967 textet Pace für Orietta Berti »Io, tu e le rose« (Ich, du und die Rosen) – das Stück, dessen Publikumserfolg beim *Festival di Sanremo* Luigi Tenco in seinem berühmten Abschiedsbrief mitverantwortlich für seinen Suizid macht. Weitere Erfolgslieder aus Paces Feder sind Loredana Bertès »E la luna bussò« (Und der Mond klopfte an) und Ricchi e Poveris »Sarà perché ti amo« (Das ist wohl, weil ich dich liebe). Aber der Hit-Autor hat noch eine ganz andere Seite.

1971 nimmt Daniele Paces Karriere eine entscheidende Wende, als er mit den Kollegen Alfredo Cerruti, Giancarlo Bigazzi, Totò Savio und Elio Gariboldi die Band Squallor (Elend) gründet, von deren 14 Alben sich Italien nie wieder erholt hat. Squallor werden bis heute als die ungekrönten Könige des *Rock demenziale* (Verrückter Rock) gehandelt – eine allzu sachliche Kategorisierung, die dem frei laufenden Irrsinn der Band nicht annähernd gerecht wird. Man stelle sich vielmehr vor, Monty Python hätten eine politisch inkorrekte Blödel-*trattoria* in Mailand eröffnet, dann bekommt man eine dezente Ahnung vom künstlerischen Ansatz der Band. Dass die vier Bandmitglieder im Hauptberuf als Hit-Lieferanten für die erfolgreichsten Sängerinnen und Sänger des Landes tätig sind, macht den Fall noch faszinierender. Tagsüber schreiben und produzieren die Squallor-Mitglieder Songs für die Stars der *musica leggera* (darunter Riesenhits wie »Ti amo«, »Maledetta primavera« und »Self Control«), abends machen sie sich während der Aufnahmesessions über die Granden des Betriebs lustig. »Nach den Beatles, Pink Floyd und Orietta Berti nun Squallor!« lautet der Werbespruch der Band. Im Laufe ihrer Karriere legen sich Squallor mit dem halben Polit- und dem gesamten Showbetrieb Italiens an und sorgen aufgrund ihres Hangs zu Obszönitäten allenthalben für rot glühende Ohren. Vor allem letzterer Punkt sorgt dafür, dass die Band von den Radioanstalten boykottiert wird. Man habe damals im Radio nichts sagen dürfen, also hätten sie einfach alles gesagt, kommentiert die Frau von

Squallor-Mitglied Totò Savio in einer Dokumentation über die Band. Legendär sind ihre stets alkoholbefeuerten nächtlichen Aufnahmesessions, bei denen im Vorhinein nie ganz klar ist, was passieren wird, und in deren Rahmen die Mitglieder konstant darum bemüht sind, einander mit immer irreren Gags aus der Fassung zu bringen. Alles ist möglich, Hauptsache man tritt dem bigotten Italien jener Tage in die Weichteile. In dem Stück »Famiglia Cristiana« (Christliche Familie) erpresst ein Sohn seinen korrupten Vater damit, dessen Machenschaften auszuplaudern, während »Unisex« vom sexuellen Verhältnis zwischen einem jungen Mann und einem Priester berichtet. Auch transgressiver Nonsens zählt zum Portfolio. In dem Song »Bla bla bla« (Textauszug: *Blablablablablabla ...*) parodiert die Band die zu jener Zeit populären Säuselduette, während in dem Stück »Vacca« (Kuh) ein Auftritt der gleichnamigen fiktiven Rockband angekündigt wird, deren Mitglieder sich allesamt längst umgebracht haben. Den Bassisten der Band Pooh können Squallor während einer der nächtlichen Sessions überreden, als Gast bei einem Stück mitzumischen – als Rülpser. Zwischendurch erweisen sich Squallor als Pioniere des Telefonscherzes, indem sie willkürlich Menschen aus dem Mailänder Telefonbuch anrufen und in haarsträubende Gespräche verstricken. 1984 dreht die Band mit dem Regisseur Ciro Ippolito den Trash-Western »Arrapaho«, der von einem Stamm amerikanischer Ureinwohner erzählt, der komplett aus Neapel stammt und nur Ferkeleien im Sinn hat. Im Jahr darauf veröffentlicht die Gruppe die »We are the World«-Parodie »USA for Italy«, in der die Band die amerikanischen Künstler ersucht, im Rahmen eines weiteren Charity-Songs doch bitte auch ein wenig Geld für Neapel und Bari zusammenzusingen. Squallor sind gewissermaßen die Rache für alles, der Band gewordene Staatsfeind Nummer eins.

Das einzige Soloalbum eines Squallor-Mitglieds ist Daniele Paces 1979 erschienenes Werk »Vitamina C« – beinahe ein vergessenes Meisterwerk. Darauf findet sich auch ein Lied, dessen Titel sich einer beliebten italienischen Grußformel befleißigt: »Vaffanculo« (wörtlich: steck ihn in den Hintern; tatsächlich legt die Wendung der angesprochenen Person nahe, sie möge sich doch bitte selbst penetrieren). Das Stück ist eine Parodie auf Serge Gainsbourgs »Je t'aime ... moi non plus«. Mit brummendem Bariton führt Pace das schlüpfrige Geraune des französischen Nationalheiligtums ad absurdum: »Dottore, mi scusi, non chiavo da mesi / Eh l'artereosclerosi, sì ... ma vaffanculo« (Doktor, entschuldigen Sie, ich ficke seit Monaten nicht / Oh, Arteriosklerose, ja ... aber fick dich).

Squallor zu hören, schrieb der italienische *Rolling Stone*, sei eine Übung in Freiheit. Gleiches lässt sich über dieses Solostück ihres Mitglieds Daniele Pace sagen. 1985, kurz nach dem Western-Abenteuer mit »Arrapaho«, stirbt der Mann, der mühelos das Fabrizieren von Hits und die lustvolle Provokation unter ein Dach bekam, überraschend mit nur fünfzig Jahren an einem Herzinfarkt. In die Bestürzung seiner Kollegen mischt sich erwartungsgemäß der Squallor-Humor. So kommentiert Bandkollege Alfredo Cerruti den betrüblichen Anlass mit dem Satz »Jetzt sind wir nur noch zu dritt – wie The Police«.

96.

VIA DEL CAMPO (1967)

Fabrizio De André

Wer im Genueser Stadtviertel Prè nicht durch die Via del Campo geschlendert ist, hat Genua nicht gesehen.

Hier in der Altstadt, unweit des Hafens wandelt man auf den Spuren Fabrizio De Andrés, des Vaters der *cantautori* – oder wie es die Literaturkritikerin Fernanda Pivano formulierte, »des größten italienischen Poeten des 20. Jahrhunderts«. Fans und Freunde nennen ihn nur *Faber,* ein Spitzname, den ihm sein enger Freund, der Schauspieler Paolo Villaggio, aufgrund des Dichters Vorliebe für Schreibgerät der Firma *Faber-Castell* verpasst hat. Zu Beginn der 60er lebt De André hier in Prè mit einer Freundin, einer Prostituierten namens Anna. Eines seiner schönsten Lieder, »Via del Campo«, lässt diese Jahre auferstehen.

»Via del Campo, c'è una graziosa / Gli occhi grandi color di foglia / Tutta notte sta sulla soglia / Vende a tutti la stessa rosa« (In der Via del Campo gibt es eine Grazie / Mit großen blattgrünen Augen / Sie bleibt die ganze Nacht an der Türschwelle / Verkauft allen dieselbe Rose). Wir begegnen hier dem klassischen De André der 60er: an der Chanson geschult, mit samtweicher Stimme, karg in der musikalischen Umsetzung. Anders als im Fall seiner Genueser Kollegen Gino Paoli, Bruno Lauzi oder Luigi Tenco, die der *musica leggera* mit ihren Liedern zu Bodenhaftung verhelfen und echte Hits haben, ist der heute überlebensgroße *Faber* damals gewissermaßen ein Kult-Act. Das Radio spielt ihn nicht, im Fernsehen ist er so gut wie nie zu sehen; man muss sich schon seine Alben besorgen und sich tief in diese Lieder versenken.

»Via del Campo, c'è una bambina / Con le labbra color rugiada / Gli occhi grigi come la strada / Nascon fiori dove cammina« (In der Via del Campo gibt es ein kleines Mädchen / Mit taufarbenen Lippen / Die Augen grau wie die Straße / Es wachsen Blumen, wo sie geht). De André, Anarchist und Pazifist, ist der Sänger der Menschenwürde. Seine Nähe zu den Geschundenen ist keine Pose – er ist schlicht nicht zur Pose fähig. 1969 wird er in einem Interview gefragt, warum er nie live auftrete. *Fabers* Antwort: Er sei kein Freund des Spektakels. Erst in der zweiten Hälfte der 70er ändert er seine Meinung und geht mit den Musikern der Band Premiata Forneria Marconi auf Tournee. Aufs Spektakel verzichtet er weiterhin. De André spielt die umjubelten Konzerte konsequent im Sitzen.

»Via del Campo, c'è una puttana / Gli occhi grandi color di foglia / Se di amarla ti vien la voglia / Basta prenderla per la mano« (In der Via del Campo gibt es eine Hure / Mit großen blattgrünen Augen / Wenn sie zu lieben dein Wunsch ist / Nimm sie einfach bei der Hand). Die Frau, die erst Schönheit, dann Kind war, ist nun eine Prostituierte. Doch all diese Zuschreibungen, scheint De André zu sagen, erzählen mehr über den, der sie äußert als über den solcherart beschriebenen Menschen. Er sehe sich vorrangig als Autor, weniger als Sänger, sagte De André einmal. Auch der von ihm komponierten Musik maß er anfangs nicht allzu viel Bedeutung bei. Die Musik zu »Via del Campo« borgte sich De André bei seinem Mailänder Kollegen Enzo Jannacci, der wiederum angab, bei einem Volkslied aus dem 16. Jahrhundert geklaut zu haben. *It's all one song.*

Hört man »Via del Campo« oder eines der vielen anderen Lieder De Andrés aus den 60ern, ist man geneigt, in ihm den quintessenziellen einsamen Klampfer, den Poeten im Elfenbeinturm zu sehen. Dabei war er das Gegenteil. Der Genueser liebte den künstlerischen Austausch, seine besten Arbeiten entstehen in Zusammenarbeit mit so unterschiedlichen Kollegen wie Francesco De Gregori, Massimo Bubola, Mauro Pagani oder Ivano Fossati. *Faber* kann teilen, künstlerische Eitelkeit ist dem kettenrauchenden Rauner fremd.

In der letzten Strophe von »Via del Campo« findet sich eine seiner berühmtesten Sentenzen: »Ama e ridi se amor risponde / Piangi forte se non ti sente / Dai diamanti non nasce niente / Dal letame nascono i fior« (Liebe und lache, wenn die Liebe antwortet / Weine laut, wenn sie dich nicht hört / Aus Diamanten wächst nichts / Aus dem Mist wachsen Blumen).

Die finalen Zeilen des Liedes finden sich heute auf einer an der Via del Campo angebrachten Bronzetafel. Geht man die dunkle Straße weiter in Richtung Westen, stößt man auf die einladende Piazza Fossatello mit der *Antica Pasticceria Liquoreria Marescotti di Cavo*. Hier backt man zu Ehren von Fabrizio De Andrés Geburtstag am 18. Februar stets eine große Geburtstagstorte. Und hier – nur hier! – kredenzt man den *Faber*, meinen absoluten Lieblingsdrink, aus Chinotto, Kirschlikör und Rum.

Salute, maestro!

97.

LA VITA COM'È (2015)

Max Gazzè

Morgens wenn die *moka* gluckert, ist in Italien die Welt noch in Ordnung. Das beim Aufsteigen des Wassers aus dem Sockel durch den Filter in die obere Kammer erzeugte Brodeln wiegt allmorgendlich Millionen von Italienerinnen und Italienern in Sicherheit; die Mühen und Unbill des Tages scheinen noch fern. So gerne man tagtäglich mehrfach in die *bar* rennt – der erste *caffè* des Tages entstammt in der Regel heimischer Zubereitung aus der landauf, landab beliebten und in manchen Kreisen gar kultisch verehrten Alukanne. 1979 sang Riccardo Cocciante in seinem Lied »Io canto« (Ich singe): »L'odore del caffè nella cucina / La casa tutta piena di mattina« (Der Geruch von Kaffee in der Küche / Die Wohnung morgens ganz angefüllt).

Wie etliche der *cibi*, Lebensmittel, die man im *Bel Paese* zur Leitkultur zählt, stammt der *caffè* natürlich nicht ursprünglich aus Italien. Die Magie der gerösteten Bohne soll zuerst von dem islamischen Religionsstifter Mohammed entdeckt worden sein, nachdem der Erzengel Gabriel ihm eine Tasse des Getränks gereicht habe. Verbürgt ist, dass die Bohne irgendwann zwischen dem 9. und dem 15. Jahrhundert von Äthiopien aus ihren Siegeszug um die Welt antrat. Im 16. Jahrhundert kommt der Kaffee im arabischen Sprachraum an, kurz darauf findet die Bohne über Venedig, die damals bedeutendste Handelsmacht Europas, auf unseren Kontinent. Es ist die in Mailand zu Beginn des 20. Jahrhunderts etablierte Darreichungsweise als *espresso*, die zur Marke *Made in Italy* zu zählen ist. Der Name leitet sich von dampfbetriebenen Expresszügen ab.

Es nimmt wenig Wunder, dass die Kulturtechnik des Kaffeetrinkens Eingang in viele italienische Songs gefunden hat. Das erste populär gewordene Lied zum Thema, »'A tazza 'e cafè«, wurde konsequenterweise von einem ausgewiesenen Fachmann verfasst: Giuseppe Capaldo, seines Zeichens Kellner des *Caffè Portorico* im Zentrum Neapels. Zu Ruhm brachte das Lied Roberto Murolo, der Vater der *canzone napoletana*. Doch auch die ganz Großen des italienischen Pop lassen sich nicht lumpen, wenn es um das Besingen der aufputschenden Flüssigkeit geht: Bei Lucio Battisti finden die für seine Lieder typischen Alltagsszenarien nicht selten in Begleitung von Kaffee statt. In »Anna« lässt sich Lucio gleich in der ersten Strophe einen Kaffee zubereiten; in »Anche per te« (Auch für dich) ist es eine Krankenschwester, die zur nachtschlafenden Zeit die *Moka* befüllt. Ivano Fossati wiederum lässt in seinem Lied »I treni a vapore« (Die Dampfzüge) ausgesprochen poetisch den Winter »zwischen einem Glas Schnee und einem Kaffee« vergehen. Weniger lyrisch gibt sich der gewohnt burschikose Vasco Rossi in seinem Song »Toffee«, wo er die besungene Dame fragt, ob der Kaffee schon fertig sei.

Manche übertreiben es erwartungsgemäß auch. Gleich »7000 caffè« müssen es bei Alex Britti sein. Riccardo Del Turco wiederum fragt sich in »Ma cosa hai messo nel caffè«, was zur heiligen Bohne die Geliebte ihm bloß in den Kaffee getan habe. Fiorella Mannoia verwendet den »Caffè nero bollente« (Siedend heißer schwarzer Kaffee) als Bild für sexuelle Selbstermächtigung. Adriano Celentano zeigt sich 1976 wieder ganz als Mann populistischer Sozialkritik, wenn er in »Svalutation« (Entwertung) beklagt, dass ein *caffè* heute einen Monatslohn koste. Was nicht stimmt: Die Kaffeepreise in Italien sind ausgesprochen stabil, zu stabil vielleicht, wenn man es hinsichtlich der Wertschöpfungskette betrachtet.

1977 widmet auch Neapels Sangesgigant Pino Daniele, bekannt und beliebt aus Kapitel 57, dem Erbauungstrunk ein Lied. In Pinos »'Na tazzulella 'e cafè« (Ein Tässchen Kaffee) ist der Kaffee ein Mittel der Mächtigen, um das Volk ruhigzustellen. Man gebe den Leuten ihr Tässchen, mehr bräuchten sie nicht zu wissen, insinuiert der Sänger. Daniele bekommt in diesem Song etliche in Italien virulente Themen unter: Korruption und Machtmissbrauch, die daraus resultierende eklatante Politikverdrossenheit und *la dietrologia*, jene italienspezifische

Form der Verschwörungserzählung, der zufolge hinter nahezu allem eine Schweinerei biblischen Ausmaßes steckt. Die Menschen kämen vor Hunger um, jeder wisse es, klagt Pino Daniele an, aber abgespeist werde man mit einem Tässchen. Die in Italien verbreitete Obrigkeitsskepsis – hier ist sie in Lied gewordener Formvollendung zu bestaunen.

Bei dem 1967 in Rom geborenen Sänger Max Gazzè wird *il caffè* wieder ganz seiner eigentlichen Bestimmung zugeführt: als Zeittotschläger, als Begleiter kontemplativen Herumstehens, als kleines *divertimento*, als Vorwand, als Trost. Die Geliebte ist fort, es gab irgendeinen Krach, aber das ist kein Grund zur Verzweiflung. In »La vita com'è« (Das Leben, wie es ist) singt Gazzè, ein Pop-*cantautore* der vierten Generation, der sich oft am Rande des Komödiantischen bewegt, zu beschwingtem Balkan-Pop: »Ma tu, guarda me, prendo tutta la vita com'è / Non la faccio finita ma incrocio le dita e mi bevo un caffè / Ammazzo il tempo provando con l'auto meditazione, canto un po' / Nella testa (uh uh uh uh uh uh uh uh uh uh uh uh)« (Aber, du, schau mich an, ich nehme das ganze Leben so, wie es ist / Ich bring mich nicht um, sondern drück die Daumen und trink einen Kaffee / Ich schlag die Zeit tot, indem ich mich an Meditation versuche und singe / Im Kopf (uh uh uh uh uh uh uh uh uh uh uh uh uh uh uh uh uh uh uh).

Dieses *Uh uh uh uh uh uh uh uh uh uh uh uh* stellt sich auch verlässlich ein, wenn es des Kaffees mal wieder zu viel war. Im Genussfachland Italien kehrt sich die Sinnesfreude, wie wir schon erfahren durften, für den untrainierten Besucher nicht selten in eine Belastungsprobe. Die demutsvolle Erkenntnis: Lebensfreude verlangt Training. *La vita com'è.*

98.

VIVA LA RAI (1982)

Renato Zero

Das Verhältnis der Italiener zum Fernsehen ist gelinde gesagt intensiv. In vielen Privathaushalten läuft die Kiste durch, ganz gleich, ob gerade die Live-Übertragung einer päpstlichen Messe vom Petersplatz, der *Giro d'Italia*, eine quietschige Spielshow, die Trauerfeier für einen verstorbenen Prominenten oder das *Festival di Sanremo* gesendet wird. Beim abendlichen Herumsitzen auf italienischen Balkons ertappen meine Frau und ich uns oft dabei, wie wir höflich flüstern, um die nebenan wohnenden Italiener nicht beim lauten Fernsehschauen zu stören. Auch in zahlreichen *bars* und *trattorie* gehört das TV-Gerät zum festen Inventar. Nicht selten laufen mehrere Programme gleichzeitig; die Kakofonie der übereinander dröhnenden Sender gehört zum Soundtrack des Landes. Besonders eng ist das Verhältnis der Italienerinnen und Italiener zur öffentlich-rechtlichen Rundfunkanstalt *Radiotelevisione Italia*, kurz *RAI* (das Kürzel steht für *Radio Audizioni Italiane*). Wie familiär das Verhältnis ist, zeigt sich daran, dass man in Italien – wenn auch ironisch – von *mamma RAI* spricht. Nun ist das Verhältnis zu Mutti naturgemäß nicht immer das Beste, sie kann einem auch gehörig auf die Nerven gehen. Aber am Ende des Tages, wenn das Land die Füße hochlegt, ist *la mamma* eben verlässlich da.

Am 3. Januar 1954 geht das TV-Programm der *RAI* auf Sendung. Anfangs können nur wenige Menschen den Sender empfangen, von den Kosten für ein Fernsehgerät ganz zu schweigen.

Doch der Einfallsreichtum und die soziale Ader der Italiener sorgen für Linderung: Privatwohnungen und vor allem *bars* werden zu nachbarschaftlichen Treffpunkten in Sachen TV-Grundversorgung. Was das Programm angeht, nimmt man anfangs den Bildungsauftrag enorm ernst; man sendet bevorzugt kunstsinnige Programme und trägt zur Alphabetisierung des Landes bei. Mit dem *boom economico* können sich immer mehr Menschen ein Endgerät leisten, 1965 sehen bereits über sechs Millionen Haushalte das Programm.

In den 80ern sieht sich die *RAI*, inzwischen auf drei Programme angewachsen, mit dem Siegeszug von Silvio Berlusconis Privatsendern konfrontiert, die statt kulturlastiger Inhalte auf grelle Bespaßung und Nuditäten setzen. Eine Folge für die öffentlich-rechtlichen Kanäle: Werbebuchungen werden zunehmend wichtig. Heute stammt fast die Hälfte der Einnahmen aus dem Werbezeitenverkauf, die andere Hälfte speist sich aus Gebühren. Was die *RAI* vom deutschen öffentlich-rechtlichen TV unterscheidet, ist der Umstand, dass die Politik einen starken Einfluss auszuüben in der Lage ist, da der Sender vom Ministerium für Wirtschaft und Finanzen kontrolliert wird. Das war 2023 mehr als deutlich spürbar.

Denn um die *RAI* tobt nach Amtsantritt der Regierung Meloni ein erbitterter Kulturkampf. Nur zu verständlich: Die nationale Erzählung Italiens wird bis heute zu einem nicht unbeträchtlichen Teil davon bestimmt, was über den staatlichen Sender geht. Es ist in Italien daher gängig, dass nach einem Regierungswechsel bei der *RAI* durchgeputzt wird. (Freilich nie so, dass an grundsätzliche Fehlkonstruktionen gerührt würde.) Doch Meloni geht es darum, die kulturelle Hegemonie der Linken zu brechen, daraus macht sie keinen Hehl. Zuerst traf es den Sender-CEO Carlo Fuortes. Noch als Oppositionschefin hatte Giorgia Meloni kurz vor der Wahl bei der Medienaufsichtsbehörde Beschwerde gegen Fuortes eingelegt, nachdem der französische Philosoph Bernard-Henri Lévy auf dem Sender die italienische Rechte heftig angegriffen hatte. Auch diverse allzu aktivistisch angehauchte Auftritte beim letzten *Festival di Sanremo* wurden vonseiten der Rechten scharf kritisiert. In ihrer Rolle als neue Ministerpräsidentin wandte Meloni Anfang Mai 2023 einen Trick an, um den unliebsamen Senderchef hinauszukomplimentieren, indem sie per Dekret eine neue Stelle für Fuortes als Leiter des *Teatro di San Carlo* in Neapel freiräumen ließ – faktisch ein Abschiebeposten. Als der CEO schließlich entnervt hinwarf, wies Meloni jeden Vorwurf der Einflussnahme von sich. Wenig später gab der Starmoderator Fabio Fazio auf, kurz darauf ging unter Verweis auf tiefe Meinungsverschiedenheiten über den Meloni'schen Kurs die renommierte Polit-Journalistin Lucia Annunziata. Mit ihrem Vorgehen, so Vittorio Di Trapani, Vorsitzender der Journalistengewerkschaft *FNSI*, zerstöre die Regierung ein wichtiges Stück Demokratie. Eine echte Reform der *RAI*, darin sind sich Beobachter aller Seiten einig, ist überfällig. Aber jenseits des üblichen Postengeschachers ist hier nicht viel zu erwarten. Dennoch darf man gespannt sein, wohin der große Tanker in den nächsten Jahren steuert.

Zur Überprüfung lohnt es, den Blick auf das *Festival di Sanremo* zu richten. Denn wie schon angedeutet – auch um den Publikumsmagneten schlechthin gibt es Gezänk. Unter Moderator und Festivalleiter Amadeus sei der Liederwettbewerb zu *queer*, zu migrantisch, zu aktivistisch, so ließen sich die Vorwürfe wohl zusammenfassen. Im Juli 2023 brachte der rechtsliberale Kulturunterstaatssekretär Vittorio Sgarbi seinen Protegé, den umstrittenen Musiker Morgan, als neuen künstlerischen Direktor ins Spiel. Amadeus sei nicht fähig. Nun, sekundierte Morgan, dass Amadeus einen Vertrag über fünf Jahre habe, sei tatsächlich »undemokratisch«. Amadeus' Kommentar: Solange sie schwiegen, wirkten selbst Idioten wie kluge Menschen. Bedauerlich, dass die Idioten ständig reden wollten.

Bereits 1982 (also noch vor dem Siegeszug der Privatsender Berlusconis) setzte der große Renato Zero der *RAI* mit seinem Lied »Viva la RAI« ein musikalisches Denkmal. Der stets schillernd gewandete Exzentriker tat dies in bewährt extrovertierter Manier. Ein im Internet zu bestaunender Clip eines alten TV-Auftritts (natürlich auf *Rai Uno*!) zeigt, wie der Sänger im Goldlamé-Fummel und mit einer riesigen Pfauenfeder geschmückt einer Limousine entsteigt und im Folgenden in einer Polonaise aus schrill gewandeten Tänzerinnen und Tänzern durchs Sendergebäude zieht. Es ist davon auszugehen, dass das Kostümbudget des Senders nach Zeros Auftritt verbraucht war. Es lebe die *RAI* mit ihren Genies und den Schlachten auf den Korridoren der Senderzentrale in der römischen Viale Mazzini, singt Zero. Dort spielten sie wie Kinder und: »In fondo è la tua mamma / Ti allatta dall'antenna / Mamma RAI non ti abbandona mai« (Im Grunde ist sie deine Mutter / Sie stillt dich durch die Antenne / Mama RAI wird dich nie verlassen).

99.

VOGLIA 'E TURNÀ (1982)

Teresa De Sio

In einem italienischen *ristorante* kann, wenn man Glück hat, so einiges passieren. Manchmal beginnt hier auch eine Sängerinnenkarriere. Zumindest die von Teresa De Sio, der wichtigsten Erzählerin des italienischen Südens, die man in ihrer Heimat die »Königin von Neapel« und *La Brigantessa*, die Gesetzlose, nennt.

Teresa De Sio ist *die* weibliche Stimme der kampanischen Hauptstadt. Und was für eine Stimme das ist! Anfangs mag das, was die Sängerin da veranstaltet, dem mitteleuropäischen Ohr als ein großes Zuviel erscheinen. Man meint beinahe, Kate Bush und Joan Baez gemeinsam das Lied des italienischen Südens singen zu hören. Doch warum sich beschweren? Schließlich gründet sich Neapels gesamte Anmut auf einem einzigen Zuviel. Nehmen Sie es dankbar an, *zu wenig* gibt es schließlich überall. Keinesfalls aber bei Teresa. In ihrem Nachtigallentremolo begegnen sich Leidenschaft und Ironie, Feinnervigkeit und Entschlossenheit, Melancholie und Jauchzen. Es sind Lieder wie tief im neapolitanischen Asphalt verankerte fliegende Traumschiffe, frei und mit offenem Herzen gesungen.

Wie bei vielen Künstlerinnen des italienischen Südens geht es bei ihr immer auch um Wurzelforschung. Ihre Ahnentafel verpflichtet: Teresa De Sios Vorfahren stammen aus Übersee und gehörten dem indigenen Stamm der Dakota an; ihr Urgroßvater wirkte als Arzt in Little Italy und soll die Geburt Frank Sinatras betreut haben. Als kleines Mädchen wird Teresa von ihrem *nonno* im neapolitanischen Viertel Scampia zur Musik gebracht – sie sitzt auf seinem Schoß, während er ihr das Klavierspielen beibringt. In Salerno wird sie an der *Scuola di Ballo del Teatro di San Carlo* in der Kunst des Tanzes unterrichtet und spielt schon früh am Theater in Stücken von Brecht, Pasolini und in den griechischen Tragödien. Auf einer Tournee mit einer Theatergruppe durch Italien kommt es 1976 in Turin zum angekündigten *ristorante*-Vorfall. Womöglich beseelt von der piemontesischen Küche, erhebt sich Teresa zwischen den Gängen und schmettert drauflos, woraufhin der zufälligerweise am Nebentisch speisende neapolitanische Musikarchäologe Eugenio Bennato sie bittet, die Sängerin seiner neuen Band Musicanova zu werden.

Nach einigen Alben mit der Gruppe erscheint 1978 ihr erstes Solowerk. Spätestens mit ihrem dritten, schlicht »Teresa De Sio« betitelten Werk umarmt sie die Popmusik. Es ist eine der schönsten neapolitanischen Platten überhaupt – bald süffige, bald ätherische Melodien des italienischen Südens treffen auf gleißende Pop-Oberflächen. Die Platte zählt zu den meistverkauften Alben des Jahres in Italien und macht Teresa De Sio zur wichtigsten *cantautrice* ihrer Generation. Im weiteren Verlauf ihrer Karriere arbeitet sie unter anderem mit Brian Eno, Fabrizio De André, Caetano Veloso, Police-Schlagzeuger Stewart Copeland und Paul Buckmaster. Doch auch wenn sie das Stimmenspiel des *Meridione* beherrscht wie keine Zweite, reicht ihr die Musik nicht. Zusätzlich zu Gesang, Tanz und Schauspiel widmet sie sich dem Schreiben. Ihr erster Roman »Metti il diavolo a ballare« (Lass den Teufel tanzen) erzählt vom apulischen Mythos des Tarantelbisses, das Nachfolgewerk »L'attentissima« (Die höchst Aufmerksame) ist die Transformationsgeschichte einer Frau, die im Körper eines Mannes lebt. Vor Kurzem reüssierte die Vielbegabte zudem als Modedesignerin.

Im Laufe der Jahre ändert sich ihre Stimme, sie lasse dies im Gegensatz zu anderen Sängerinnen bewusst zu, erzählt sie in einem Interview. Die Folge ist, dass an die Stelle des grazilen Tons ihres Frühwerks ein eher erzählender Gestus getreten ist. Hier und jetzt sei aber der Hit aus De Sios erwähntem Erfolgsalbum von 1983 präsentiert. In »Voglia 'e turnà« (Lust, zurückzukehren) besingt sie die neapolitanische Nacht, die Sinnlichkeit *Napolis*, die beinahe erotische Verführungskraft der Stadt unter dem Vulkan: »Uocchie comme aulive nere / Che guardano senza parlà« (Augen wie schwarze Oliven / Die schauen, ohne zu sprechen). Ihre Sicht auf die Heimatstadt ist originell. Neapel sei immer eine Stadt des Kampfes und der Avantgarde gewesen. Hier passierten die Dinge, bevor sie anderswo passierten, sagte sie einmal, die Neapolitaner seien gewissermaßen fähig, die Zukunft vorherzusehen.

Aber Teresa weiß selbstverständlich auch um die Schattenseiten Parthenopes. Im ebenfalls sehr erfolgreichen Stück »Aumm Aumm« (Neapolitanisch für etwas Illegales, Verborgenes) nimmt sie allerhand krumme Machenschaften aufs Korn. Erstaunlich für eine selbst ernannte Gesetzlose? Wohl weniger. Wie sang schon Bob Dylan: *To live outside the law you must be honest.*

100.

YUPPI DU (1975)

Adriano Celentano

Jede Reise geht einmal zu Ende und entlässt uns wieder in den vertrauten Schwitzkasten des Alltags. Zum Abschied von *Bella Italia* sei noch mal über den in Deutschland populärsten musikalischen Botschafter seines Heimatlandes gesprochen. Arme in die Luft für den Gewinner des silbernen *BRAVO-Ottos* 1982 – und für ein Stück, das künstlerische Sorglosigkeit und hanebüchenen Mumpitz aufs Schönste vermengt. Es möge ein flammendes Zeugnis dafür sein, dass im italienischen Musikbetrieb alles möglich ist. Zumindest wenn man Adriano Celentano heißt und sich selbst den seltsamsten Film-Titelsong aller Zeiten komponiert.

Das Wirken des Allroundkünstlers Celentano war schon immer geprägt von ambitioniertem Firlefanz und einer Tendenz zum charmanten Größenwahn. Anfang der 70er befindet er sich diesbezüglich auf dem Zenit. Italiens Superstar *numero uno* kann sich alles leisten – und tut es auch. Er veröffentlicht mit »Prisencolinensinainciusol« einen Funken schlagenden Proto-Rap in Fantasiesprache, dreht unter der Regie der späteren Horrorikone Dario Argento eine Komödie über die bewaffneten Aufstände gegen die österreichische Herrschaft im März des Jahres 1848 in Mailand und veröffentlicht den Jazz-Funk-Song »L'unica chance« (Die einzige Chance), in dem er die Verbrechen der Lebensmittelindustrie geißelt. 2013 tat der Musiker Prince kund, dass er ein großer Fan des Stücks sei. Wer Celentano auf dem Höhepunkt seiner tänzerischen Extravaganzen erleben möchte, schaue sich seinen TV-Auftritt mit dem Lied an. Die Frage »Mensch oder Tänzer?« hallt noch lange nach. Nichts von alledem bereitet jedoch auf Celentanos durchgescheppertstes Projekt dieser Phase vor – den 1974 entstandenen Kinofilm »Yuppi du«, dessen Titellied hier vorliegt. Regie, Hauptrolle, Drehbuch, Musik und Schnitt: Adriano Celentano.

Es geht schon damit los, dass man nicht weiß, was dieser Film sein soll. Eine Komödie? Ein Drama? Ein surrealer Essay über den Zustand Italiens? Celentano weiß es spürbar selbst nicht, aber das scheint ihm herrlich egal zu sein. Der Profiteur dieser Sachlage ist der fassungslose Zuschauer. »Yuppi du« erzählt die Geschichte des Witwers Felice, der in armen Verhältnissen mit seiner zweiten Frau Adelaide und seiner Tochter Monica in Venedig lebt. Das einfache Glück der drei wird allerdings dadurch kompromittiert, dass Felice von Erinnerungen an seine erste Frau Silvia heimgesucht wird, die sich unter ungeklärten Umständen das Leben genommen hat. Eines Tages taucht die Verstorbene wieder auf und bescheidet Felice, dass sie ihren Freitod nur vorgetäuscht habe, weil sie des Lebens in Armut überdrüssig gewesen sei. Kurz ist das Paar wieder vereint, da verreist Silvia mit der gemeinsamen Tochter – und kehrt nicht wieder zurück. Als Felice sie schließlich in Mailand in den Armen ihres wohlhabenden neuen Partners aufstöbert, macht dieser Sorgerechtsansprüche auf Felices Tochter geltend. Nach einigem Handeln verkauft Felice seine Tochter für 45 Millionen Lire. Auf der Rückfahrt im Zug begegnet ihm eine Frau, die Silvia täuschend ähnlich sieht …

Selbst im Kontext des italienischen Kinos der 70er, das unzählige cineastische Bizarrerien zeitigte, stellt »Yuppi du« eine Herausforderung für Anhänger filmischer Konventionen dar. Jedes erzählerische Mittel ist recht, nichts findet zusammen, ständig wird unmotiviert getanzt, Gewaltszenen und Geblödel stehen nebeneinander wie Partygäste, die einander nicht vorgestellt wurden. Hätte Federico Fellinis Friseur in Venedig »Jesus Christ Superstar« nach Skizzen des Meisters neu inszeniert, das Ergebnis könnte nicht irritierender sein. Die *commedia all'italiana* auf Pilzen. Die Rolle der Silvia wird von Charlotte Rampling interpretiert. Celentano sei eines der originellsten Talente, die sie jemals getroffen habe, ließ sich die britische Schauspielerin vernehmen. Sie spreche kein Italienisch und er kein Englisch, man habe sich aber blendend verstanden. Als Celentanos italienische Co-Stars sind seine Frau, die Schauspielerin Claudia Mori, die gemeinsame damals achtjährige Tochter Rosita und Celentanos Neffe und häufiger Songschreiber Gino Santercole zu sehen. Einige Szenen können als würzige Kritik an der Ausbeutung von Lohnarbeitern gelesen werden – vielleicht eine Wiedergutmachung Celentanos nach der Kritik an seinem Streikbrecher-Song »Chi non lavora non fa l'amore«. Meine bescheidene Theorie zu diesem Werk: Es ist schlicht ein Vehikel für den Vogelscheuchentanz, der zum Ende des Films aufgeführt wird und den man unbedingt regelmäßig nachtanzen sollte. »Ein irrwitziger Totentanz am Canale Grande«, urteilte die *FAZ* 1975 über das Film gewordene Ideenkonvolut, der *Filmdienst* hingegen erlebte »eine mit Symbolen überladene Collage«. 2008 wird »Yuppi du« in Anwesenheit Celentanos bei der *Biennale del cinema di Venezia* wieder aufgeführt. Dass ihn die morbid-blödelige Lagunenpoesie immer noch umtreibt, zeigt sich auch daran, dass er dem Film einen kompletten Neuschnitt hat angedeihen lassen.

»Yuppi du«, der Song zum Tanz, existiert in zwei Versionen: einmal als semiinstrumentale Fassung und einmal mit von Celentano und Claudia Mori in erhabenem Italo-Englisch vorgetragenen Strophen. Was der Titel bedeute, wird Celentano 1975 auf der Pressekonferenz bei den Filmfestspielen in Cannes gefragt. Seine Antwort: alles und nichts. Es sei ein Schrei der Liebe, der Freude und des Schmerzes, in allen Sprachen, ein universeller Schrei. Wie der Film ist das Lied zunächst einmal ein 70er-Jahre-Kuriosum. Man mag sich daher fragen, warum dieser liebenswerte Kokolores von einem Song am Ende unseres musikalischen *Giro d'Italia* steht. Natürlich weil sein Schöpfer – gleichwohl ein Fall für sich – am Ende doch eine Kultur repräsentiert, in der das Erhabene und der schiere Quatsch oft nur ein *carpaccio*-Scheibchen voneinander entfernt sind. Weil mir die Chuzpe, die hier am Werke ist, typisch für vieles im italienischen Showgeschäft zu sein scheint. Und weil ein Lied, für das sein Schöpfer sich eigens einen ausgesprochen beknackten Tanz hat einfallen lassen und dessen einzige mir bekannte Coverversion vom deutschen Allroundkünstler Martin Kippenberger stammt, eine angemessene letzte Süßigkeit, *un ultimo dolce,* vor dem Befahren der Passroute in die Heimat ist.

Nach seiner Intention für »Yuppi du«, den Film, befragt, erzählt Adriano Celentano 1975 einem Journalisten, er wolle einem System, das Gefühle töte, den Garaus machen. Besser hätte er auch die Absicht dieser Liederreise nicht beschreiben können.

QUELLEN

Ankli, Ruedi/Burri, Peter: »Cantautore Republic« (Lenos 1985)

Benz, Valerio: »Der italienische Liedermacher Gianmaria Testa« (Radiobeitrag, SRF 2014)

Baasner, Frank: »Poesia Cantata« (Niemeyer, 1997)

Baasner, Frank: »Poesia Cantata 2« (De Gruyter, 2002)

Calvino, Italo: »Sechs Vorschläge für das nächste Jahrtausend« (Fischer, 2012)

Castaldo, Gino: »Il cielo bruciava di stelle – La stagione magica dei cantautori italiani« (Mondadori, 2023)

Fabbri, Franco/Plastino, Goffredo: »Made In Italy – Studies in Popular Music« (Routledge, 2014)

Falanga, Gianluca: »Italien – Ein Länderporträt« (bpp, 2016)

Gadda, Carlo Emilio: »Die Wunder Italiens« (Wagenbach, 1998)

Giacovelli, Enrico: »C'era una volta la Commedia all'Italiana« (Gremese, 2015)

Groothuis, Rainer, Lofert, Christoph: »Rom – Ewige Stadt, Sehnsucht im Klischee?« (Corso, 2010)

Heinrich, Sebastian: »Kurz gesagt: Italien« (Podcast)

Igel, Regine: »Musica Siciliana Fantastica« (Radiobeitrag, DLF Kultur 2021)

Keßler, Christian: »Willkommen in der Hölle« (Terrorverlag, 2001)

Krause, Anna-Bianca: »Gegen die Unmenschlichkeit – Der Ausnahmekünstler Gianmaria Testa« (Radiobeitrag, WDR 2023)

Malaparte, Curzio: »Die Haut« (Zsolnay, 2006)

Nannini, Gianna: »Ich« (Ullstein, 2007)

Pasolini, Pier Paolo: »Die lange Straße aus Sand« (Edel, 2009)

Pietro, Marcello: »Per Lucio« (Film) (The Match Factory, 2021)

Romanoff, Pepsy: »Vasco Rossi – Il supervissuto« (Serie) (Netflix, 2023)
Richter, Dieter: »Neapel – Eine literarische Einladung« (Wagenbach, 1998)
Salvatori, Dario: »Il grande dizionario della Canzone italiana« (Rizzoli, 2006)
Severgnini, Beppe: »Überleben in Italien«, Karl Blessing Verlag, 2007)
Tornatore, Giuseppe: »Ennio Morricone, Der Maestro« (Film) (Plaion Pictures, 2022?)
Verdelli, Giorgio: »Paolo Conte – Via con me« (Film) (Prokino, 2020)

Mein Dank gilt darüber hinaus den folgenden Publikationen, deren Beiträge, Meldungen oder Artikel bei der Recherche für dieses Buch unverzichtbar waren:

Ansa.it, ARD, ARTE, Cantautoresimo, Canzoneitaliana.it, Il Corriere della Sera, Dpa, Donnesulweb.it, Eroicafenice.com, L'espresso, Festival della Canzone Italiana, Frankfurter Allgemeine Zeitung, Geo.de, Il Giornale, Italyonthisday.com, italysegreta.com, kulturwoche.at, Lalucedimaria.it, Lenius.it, lerane.net, Il Messaggero, minimaetmoralia.it, musica 361.it, Neue Zürcher Zeitung, Notiziemusica.it, Ondarock.it, Orrore a 33 giri – Musica Diversamente Bella, Das Politikteil (Podcast), Rai – Radiotelevisione Italiana, Red Bull Music Academy, La Repubblica, Rockit.it, Rolling Stone Italia, Schlager.de, Ilsetaccio.eu, La Stampa, Süddeutsche Zeitung, taz, tiraccontounacanzone.altervista.org, Tutto Rock Magazine, Die ZEIT Zetapress.it, 150canzoni.tumblr.com, 3Sat

REGISTER

DANKSAGUNG

Mein besonderer Dank gebührt meinem Lektor David Rupp und meiner Frau Ina Kalvelage, die immer wussten, wo es zum nächsten spiaggia libera ging. Wann immer mich mein Italienisch verließ, war Pia Oddo zur Stelle, dafür mein Dank.

Philip Achilles, Gaetano Bevilacqua e Caffetteria Gelateria Clara, Marcus Bäcker, Claudia Barczevski, Claudia Cosmo, Paula Döring, Lino Frisoli, Kerstin Gleba, Stephan Glietsch, Sebastian Heinrich, Alfred Jansen, Reinhold Joppich, Aenne Kalvelage, Lukas Kettler, Julia Krumhauer, Bettina Latak, Pino Marcone, Christian Meier-Oehlke, August Pfeil, Katharina Pfeil, Wolfgang Proppe, Claudia Rauchfuß, Ciro Rinaldi, Polly Roche, Zarko Serafimoski, Rina Schmeing, Antonio Spinelli, Ilse Stammberger, Jörg Streichert, Dott. Mario Torre, Trattoria Sant'Angelo, Marco Verhülsdonk

e i comuni di Roma, Terracina e Napoli